»Ich aber suchte in allen Büchern nach Liebesgeschichten und dem Versprechen künftiger geheimnisvoller Begebenheiten.«

Keto von Waberer

Haben Sie schon einmal darüber nachgedacht, was für ein intimer Vorgang das Lesen doch eigentlich ist? Ein Autor, eine Autorin, eine Leserin oder ein Leser. Der eine spricht von dem, was ihn bewegt, der andere läßt sich bewegen. Eine Begegnung, die man sich persönlicher und privater nicht vorstellen kann.

Dabei sprechen wir noch gar nicht vom *heimlichen* Lesen, gar vom Laster des Lesens. Nein, ganz öffentlich kann so ein Flirt mit dem Geist eines anderen sich abspielen. Da können Räder unter uns rattern oder Triebwerke jaulen, da können die Kinder toben oder der Fernseher brüllen, wenn wir lesen, umfängt uns eine Aura der Stille, und wir lassen unsere Vorstellungskraft schweben.

Ist sie altmodisch, diese Idylle, paßt sie nicht in unsere hektische Welt?

Nun ja, genausogut könnte man sagen, daß Gefühle altmodisch sind und Gedanken. Aber beide sind hochaktuell. Und die Gedanken, die einen beim Lesen bewegen, sind meist auch nicht sehr idyllisch. Einsicht, Erkenntnis, Zorn, Liebe und Lust, alles ist möglich. Das Gehirn ist nun einmal die erogenste Zone des Menschen, nicht nur beim schönen Geschlecht...

Haben Sie auch bemerkt, wie interessant eine Lesende oder ein Lesender für die anderen ist? Wie sie fragen möchten: »Was liest du denn da?«

Nun, wenn sie hübsch, höflich [illegible] können wir's ihnen ja sagen!

D1859349

Verführung zum Lesen

Herausgegeben von
Lutz-W. Wolff

Deutscher
Taschenbuch
Verlag

Ebenfalls im Deutschen Taschenbuch Verlag erschienen:
Das Urlaubslesebuch (10411)
Das neue Urlaubslesebuch (11046)
ReiseTaschenBuch (11201)
Weißbuch (10559)
Das Spaßbuch (10707)
HerzensSachen (10893)
Erstes Allgemeines Nicht-Reise-Buch (11299)
Schöne Sommerzeit (dtv großdruck 2568)
Schöne Winterzeit (dtv großdruck 25037)
Eine Mutter hat man nur einmal (dtv großdruck 2586)
Weil wieder Weihnachten wird (dtv großdruck 25046)
Das Großdruck-Lesebuch (dtv großdruck 25092)

Originalausgabe
Mai 1991
2. Auflage August 1991
Deutscher Taschenbuch Verlag GmbH & Co. KG,
München
Alle Rechte vorbehalten
(Siehe auch Quellenhinweise S. 386ff.)
Umschlaggestaltung: Celestino Piatti
Satz: IBV Satz- und Datentechnik, Berlin
Druck und Bindung: C. H. Beck'sche Buchdruckerei,
Nördlingen
Printed in Germany · ISBN 3-423-11376-6

Inhalt

Siegfried Lenz
Der Amüsierdoktor

Nichts bereitet mir größere Sorgen als Heiterkeit. Seit drei Jahren lebe ich bereits davon; seit drei Jahren beziehe ich mein Gehalt dafür, daß ich die auswärtigen Kunden unseres Unternehmens menschlich betreue: wenn die zehrenden Verhandlungen des Tages aufhören, werden die erschöpften Herren mir überstellt, und meinen Fähigkeiten bleibt es überlassen, ihnen zu belebendem Frohsinn zu verhelfen, zu einer Heiterkeit, die sie für weitere Verhandlungen innerlich lösen soll. »Heiter der Mensch – heiter die Abschlüsse«: in diese Worte faßte der erste Direktor meine Aufgabe zusammen, der ich nun schon seit drei Jahren zu genügen suche. Wodurch ich für diese Aufgabe überhaupt geeignet erschien, könnte ich heute nicht mehr sagen, den Ausschlag jedenfalls gab damals meine Promotion zum Doktor der Rechte – weniger meine hanseatische Frohnatur, obwohl die natürlich auch berücksichtigt wurde.

Als Spezialist für die Aufheiterung der wesentlichen Kunden fing ich also an, und ich stellte meine Fähigkeiten in den Dienst eines Unternehmens, das Fischverarbeitungsmaschinen herstellte: Filettiermaschinen, Entgrätungsmaschinen, erstklassige Guillotinen, die den Fisch mit einem – vorher nie gekannten – Rundschnitt köpften, sodann gab es ein Modell, das einen zwei Meter langen Thunfisch in vier Sekunden zu Fischkarbonade machte, mit so sicheren, so tadellosen Hackschnitten, daß wir dem Modell den Namen »Robespierre« gaben, ohne Besorgnis, in unseren Versprechen zu kühn gewesen zu sein. Ferner stellte das Unternehmen Fischtransportbänder her, Fangvorrichtungen für den Fischabfall und Ersatzteile in imponierendem Umfang. Da es sich um hochqualifizierte und sensible Maschinen handelte, besuchten uns Kunden aus aller Welt, kein Weg war zu lang: aus Japan kamen sie, aus Kanada und Hawaii, kamen aus Marokko und von der Küste des Schwarzen Meers, um über Abschlüsse persönlich zu verhandeln. Und so hatte ich denn nach den Verhandlungen die Aufgabe, gewissermaßen die ganze Welt aufzuheitern.

Im großen und ganzen ist es mir auch – das darf ich für mich in Anspruch nehmen – zum Besten des Unternehmens gelungen. Chinesen und Südafrikaner, Koreaner und Norweger und selbst ein seelisch vermummter Mensch aus Spitzbergen: sie alle lernten durch mich die erquickende Macht des Frohsinns kennen, die jeden Verhandlungskrampf löst. Unsere abendlichen Streifzüge durch das Vergnügungsviertel warfen so viel Heiterkeit ab, daß man sie durchaus als eine Art Massage des Herzens beziehungsweise der Brieftasche ansehen konnte. Indem ich auf nationale Temperamente einging, jedesmal andere Zündschnüre der Heiterkeit legte, gelang es mir ohne besondere Schwierigkeiten, unsere Kunden menschlich zu betreuen oder, wenn man einen modernen Ausdruck nehmen will: für *good will* zu sorgen. Auf kürzestem Weg führte ich die Herren ins Vergnügen. Der Humor wurde mein Metier, und selbst bei dem seelisch vermummten Menschen aus Spitzbergen war ich erfolgreich und überlieferte ihn dem Amüsement. Ich ging in meinem Beruf auf, ich liebte ihn, besonders nachdem sie mir eine zufriedenstellende Gehaltserhöhung zugesichert hatten.

Doch seit einiger Zeit wird die Liebe zu meinem Beruf durch Augenblicke des Zweifels unterbrochen, und wenn nicht durch Zweifel, dann durch einen besonderen Argwohn. Ich fürchte meine Sicherheit verloren zu haben, vor allem aber habe ich den Eindruck, daß ich für meine Arbeit entschieden unterbezahlt werde, denn nie zuvor war mir bewußt, welch ein Risiko ich mitunter laufe, welch eine Gefahr. Diese Einsicht hat sich erst in der letzten Zeit ergeben. Und ich glaube nun zu wissen, woraus sie sich ergeben hat.

Schuld an allem ist einzig und allein Pachulka-Sbirr, ein riesiger Kunde von der entlegenen Inselgruppe der Aleuten. Ich erinnere mich noch, wie ich ihn zum ersten Mal sah: das gelbhäutige, grimmige Gesicht, die Bärenfellmütze, die zerknitterten Stiefel, und ich höre auch noch seine Stimme, die so klang, wie ich mir die Brandung vor seinen heimatlichen Inseln vorstelle. Als er mir von der Direktion überstellt wurde und zum ersten Mal grimmig in mein Zimmer trat, erschrak ich leicht, doch schon bald war ich zuversichtlich genug, auch Pachulka-Sbirr durch Frohsinn seelisch aufzulockern. Nach einem Wasserglas Kirschgeist, mit dem ich ihn anheizte, schob ich den finsteren Kunden ins Auto und fuhr ihn in unser Vergnügungsviertel – fest davon überzeugt, daß meine Erfahrungen in der Produktion von Heiterkeit auch in seinem Fall ausreichen würde.

Wir ließen die Schießbuden aus, den Ort, an dem unsere japanischen Kunden bereits fröhlich zu zwitschern begannen, denn ich dachte, daß Pachulka-Sbirr handfester aufgeheitert werden müßte, solider sozusagen. Wir fielen gleich in Fietes Lokal ein, in dem sich, von Zeit zu Zeit, drei Damen künstlerisch entkleideten. Ich kannte die Damen gut; oft hatten sie mir geholfen, verstockte skandinavische Kunden, die in Gedanken von den Verhandlungen nicht loskamen, in moussierende Fröhlichkeit zu versetzen, und so gab ich ihnen auch diesmal einen Wink. Sie versprachen, mir zu helfen.

Der Augenblick kam: die Damen entkleideten sich künstlerisch, und dann, wie es bei Fiete üblich ist, wurde ein Gast gesucht, der als zivilisierter Paris einer der Damen den Apfel überreichen sollte. Wie verabredet, wurde Pachulka-Sbirr dazu ausersehen. Er ging, der riesige Kunde, in die Mitte des Raums, erhielt den Apfel und starrte die entkleideten Damen so finster und drohend an, daß ein kleines Erschrecken auf ihren Gesichtern erschien und sie sich instinktiv einige Schritte zurückzogen. Plötzlich, in der beklemmenden Stille, schob Pachulka-Sbirr den Apfel in den Mund, das brechende, mahlende Geräusch seiner kräftigen Kauwerkzeuge erklang, und unter der sprachlosen Verwunderung aller Gäste kam er an unseren Tisch, setzte sich und starrte grimmig vor sich hin.

Ich gab nicht auf. Ich wußte, wieviel ich dem Unternehmen, wieviel ich auch mir selbst schuldig war, und ich erzählte ihm aus meinem festen Bestand an heiteren Geschichten, deren Wirkung ich bei schweigsamen Finnen, bei Iren und wortkargen Färöer-Bewohnern erfolgreich erprobt hatte. Pachulka-Sbirr saß da in einer Haltung grimmigen Zuhörens und regte sich nicht.

Irritiert verließ ich mit ihm Fietes Lokal, wir zogen zu Max hinüber, fanden unsern reservierten Tisch und bestellten eine Flasche Kirschgeist. Spätestens bei Max war es mir gelungen, brummige Amerikaner, noch brummigere Alaskaner in Stimmung zu versetzen. Denn im Lokal von Max spielte eine Kapelle, die sich ihren Dirigenten unter den Gästen suchte. Amerikaner und Alaskaner sind gewohnt, über weites Land zu herrschen; das Reich der Melodien ist ein weites Land, und sobald unsere Kunden darüber herrschen durften, löste sich bei ihnen der Krampf der Verhandlungen, und Heiterkeit, reine Heiterkeit, erfüllte sie. Da die Aleuten nicht allzu weit von Alaska entfernt sind, glaubte ich Pachulka-Sbirr in gleicher Weise Heiterkeit verschaffen zu können, und nach heimlicher Verständigung stapfte er zum Dirigentenpult – die Bärenfellmütze, die er nie ablegte, auf dem Kopf und an den Füßen die zerknitterten Stiefel. Er nahm den Stab in Empfang. Er ließ ihn wie eine Peitsche durch die Luft sausen, worauf sich die Musiker spontan duckten. Gemächlich zwang er sodann den Stab zwischen Hemd und Haut, um sich den riesigen Rücken zu kratzen. Ich weiß auch nicht, wie es geschehen konnte: unvermutet jedoch riß er den Stab heraus, zerbrach ihn – offenbar reichte er nicht bis zu den juckenden Stellen seines Rückens – und schleuderte ihn in die Kapelle. Mit düsterem Gesicht, während sich die Trompeten einzeln und bang hervorwagten, kam er an den Tisch zurück.

Verzweifelt beobachtete ich Pachulka-Sbirr. Nein, ich war noch nicht bereit, aufzugeben: mein Ehrgeiz erwachte, ein Berufs-Stolz, den jeder empfindet, und ich schwor mir, ihn nicht ins Hotel zu bringen, bevor es mir nicht gelungen wäre, auch diesen Kunden froh zu stimmen. Ich erinnerte mich daran, daß sie mich in der Fabrik den »Amüsierdoktor« nannten, und zwar nicht ohne Anerkennung, und ich wollte beweisen, daß ich diesen Namen verdiente. Ich beschloß, alles zu riskieren. Ich erzählte ihm die Witze, die ich bisher nur gewagt hatte, einem sibirischen Kunden zu erzählen – als letzte Zuflucht gewissermaßen. Pachulka-Sbirr schwieg finster. Das finstere Schweigen schwand nicht von seinem gelbhäutigen Gesicht, welche Mühe ich mir auch mit ihm gab. Der Ritt auf einem Maultier, der Besuch in einem Zerrspiegel-Kabinett, erotische Filme und einige weitere Flaschen Kirschgeist: nichts schien dazu geeignet, seine Stimmung zu heben.

Wanda hatte ich mir bis zuletzt aufgehoben, und nachdem alles andere seine Wirkung verfehlt hatte, gingen wir zu Wanda, die allnächtlich zweimal in einem sehr großen Kelch Champagner badete. Auf Wanda setzte ich meine letzten Hoffnungen. Ihre Kinder und meine Kinder gehen zusammen zur Schule, gelegentlich tauscht sie mit meiner Frau Ableger für das Blumenfenster; unser Verhältnis ist fast familiär, und so fiel es mir leicht, Wanda ins Vertrauen zu ziehen und ihr zu sagen, was auf dem Spiel stand. Auch Wanda versprach, mir zu helfen. Und als sie nach einem Gast suchte, der ihr beim Verlassen des Sekt-Bades assistieren sollte, fiel ihre Wahl mit schöner Unbefangenheit auf Pachulka-Sbirr. Ich glaubte, gewonnen zu haben; denn schon einmal hatte mir Wanda geholfen, einen besonders eisigen Kunden vom Baikalsee aufzutauen. Diesmal mußte es ihr auch gelingen! Doch zu meinem Entsetzen mißlang der Versuch. Ja, ich war entsetzt, als Pachulka-Sbirr auf die Bühne trat, vor das sehr große Sektglas, in dem sich Wanda – was man ihr als Flüchtling nicht zugetraut hätte – vieldeutig räkelte. Sie lächelte ihn an. Sie hielt ihm ihre Arme entgegen. Die Zuschauer klatschten und klatschten. Da warf sich Pachulka-Sbirr auf die Knie, senkte sein Gesicht über den Sektkelch und begann schnaufend zu trinken – mit dem Erfolg, daß Wanda sich in kurzer Zeit auf dem Trocknen befand und nun keine Hilfe mehr benötigte. Sie warf mir einen verzweifelten Blick zu, den ich mit der gleichen Verzweiflung erwiderte. Ich war bereit, zu kapitulieren.

Doch gegen Morgen kam unverhofft meine Chance. Pachulka-Sbirr wollte noch einmal die Maschinen sehen, derentwegen er die weite Reise gemacht hatte. Wir fuhren in die Fabrik und betraten die Ausstellungshalle. Wir waren allein, denn der Pförtner kannte mich und kannte auch bereits ihn und ließ uns ungehindert passieren. Düster sinnend legte Pachulka-Sbirr seine Hand auf die Maschinen, rüttelte an ihnen, lauschte in sie hinein, ließ sich noch einmal die Mechanismen von mir erklären, und dabei machte er Notizen in einem Taschenkalender. Jede Maschine interessierte ihn, am meisten jedoch interessierte ihn unser Modell »Robespierre«, das in der Lage ist, einen zwei Meter langen Thunfisch in vier Sekunden zu Fischkarbonade zu machen, und zwar mit faszinierenden Schnitten. Als wir vor dem »Robespierre« standen, steckte er den Taschenkalender ein. Er ging daran, den Höhepunkt unserer Leistung eingehend zu untersuchen. Gelegentlich pfiff er vor Bewunderung durch die Zähne, schnalzte oder stieß Zischlaute aus, und ich spürte wohl, wie er diesem Modell zunehmend verfiel. Zur letzten Entscheidung aber, zu dem befreienden Entschluß, unsern »Robespierre« zu kaufen, konnte er offenbar nicht finden, und um

Pachulka-Sbirr diesen Entschluß zu erleichtern, sprang ich auf die Maschine und legte mich auf die metallene, gut gefederte Hackwanne. Der Augenschein, dachte ich, wird seine Entscheidung beschleunigen, und ich streckte mich aus und lag wie ein Thunfisch da, der in vier Sekunden zu Fischkarbonade verarbeitet werden soll. Ich blickte hinauf zu den extra gehärteten Messern, die lustig über meinem Hals blinkten. Sie waren sehr schwer und wurden nur von dünnen Stützen gehalten, die mit einem schlichten Hebeldruck beseitigt werden konnten. Lächelnd räkelte ich mich in der Hackwanne hin und her, denn ich wollte Pachulka-Sbirr verständlich machen, daß es auch für den Thunfisch eine Wohltat sein müßte, auf unserem Modell zu liegen. Pachulka-Sbirr lächelte nicht zurück. Er erkundigte sich bei mir, durch welchen Hebeldruck die Messer ausgeklinkt würden. Ich sagte es ihm. Und da ich es ihm sagte, sah ich auch schon, wie die Stützen blitzschnell die Messer freigaben. Die Messer lösten sich. Sie sausten auf mich herab. Doch unmittelbar vor meinem Hals blockierten sie und federten knirschend zurück: die Schnittdruck-Vorrichtung klemmte. Zitternd, zu Tode erschreckt, zog ich mich aus der Hackwanne heraus. Ich suchte das Gesicht von Pachulka-Sbirr: ja, und jetzt lag auf seinem Gesicht ein zufriedenes Lächeln. Er lächelte, und in diesem Augenblick schien mir nichts wichtiger zu sein als dies.

Heute allerdings ist unser Modell »Robespierre« noch mehr ausgereift, die Schnittvorrichtung klemmt niemals, und ich frage mich, wie weit ich gehen darf, wenn wieder ein Pachulka-Sbirr von den Aleuten zu uns kommt. Durch ihn habe ich erfahren, wie groß mein Risiko ständig ist und daß berufsmäßige Verbreitung von Heiterkeit nicht überbezahlt werden kann. Ich glaube, daß ich die Gefahr erkannt habe, denn wenn ich heutzutage an Heiterkeit denke, sehe ich über mir lustig blinkende Messer schweben, extra gehärtet...

TAMA JANOWITZ
Fondue

Zum Abendessen machte ich Käsefondue. Ich war ganz wild auf das Zeug, schon seit zwei Tagen. Das Fondue kam von der Firma *Swiss Knight,* die Packung für drei Dollar fünfzig im Supermarkt. Ich machte die Schachtel auf. Das Fondue war in Aluminiumfolie verpackt, ich brauchte es bloß heißzumachen und ein französisches Brot im Ofen aufzubacken. Stash würde erst spät heimkommen. Ich aß ohne ihn, hob ihm aber die Hälfte sorgfältig auf.

Dann stellte ich mir den Fernseher an, und während ich das Brot in den flüssigen Käse eintunkte, begann ich zu heulen. Das Fondue war zwar schon salzig genug, aber jetzt tropften zusätzlich dicke Tränen von meinem Gesicht in den blubbernden Käse. Als ich das letzte Mal Fondue gegessen hatte, war ich achtzehn gewesen und hatte ein Jahr lang in England studiert. Es war allerdings kein Käse-, sondern ein Schokoladenfondue gewesen. Meine Mutter hatte mir die Namen und Adressen verschiedener Leute gegeben, die sie in London gekannt hatte. Einer davon war ein Lord, ein Professor an der Londoner Universität.

All diesen Bekannten meiner Mutter schickte ich einen Brief, den ich mit einiger Mühe abgefaßt hatte:

»Ich bin eine junge Amerikanerin, die ein Jahr lang in London studiert. Ich habe die Vereinigten Staaten bisher nie verlassen. Meine Mutter hat mir geraten, Ihnen zu schreiben. Ich glaube, es ist Ihre Pflicht, daß Sie als brillante englische Persönlichkeit einem unwissenden jungen Mädchen helfen, Kultur zu erwerben.«

Auf den Umschlag zeichnete ich jeweils ein kleines, haariges Gesicht mit verschiedenen tierischen Attributen: riesige Fellohren, ein Hundehalsband mit Leine, einen Männerkopf mit einer langen Schnauze voller Zähne. Meine Mutter hatte meine künstlerischen Bestrebungen stets unterstützt; sie wußte allerdings nicht, ob sich irgendeiner der Angeschriebenen noch an sie erinnern würde, denn sie hatte insgesamt nur eine Woche in London verbracht, und das war zehn Jahre her, aber sie war der Ansicht, ich sollte nichts unversucht lassen.

Jeden Tag sah ich in meinem Postfach im Studentenheim nach. Manche Freunde meiner Mutter fragten, was ich eigentlich genau von ihnen wolle, und ließen durchblicken, daß sie sehr viel zu tun hätten. Andere machten sich gar nicht erst die Mühe zu antworten. Dann, nach drei Wochen, kam eine Einladung zum Lunch bei Lord Simeon.

Die anderen amerikanischen Studentinnen in unserem Wohnheim fanden die Einladung sehr aufregend. Beim Nachtisch in der Mensa – einem Schüsselchen blaßgrüner Stachelbeeren mit Vanillesoße – schlug meine beste Freundin vor, ich solle unbedingt Lord Simeons Mätresse werden – jedenfalls, wenn er bereit wäre, mich trotz meines Aussehens zu nehmen. »Warum gehst du nicht an meiner Stelle?« fragte ich sie. Ich wußte, meine Mutter würde meine Einstellung nicht billigen, aber ich wußte nicht, wie ich diesem Mann gegenübertreten sollte mit grünen Haaren.

Das war nämlich so: Bei einer meiner Exkursionen in den Nebenstraßen der City war ich am Vidal-Sassoon-Haarstudio vorbeigekommen. Da hatte ich noch langes schwarzes Haar bist fast zu den Hüften. Ein paar von den Haarkünstlern standen vor der Tür auf der Straße und rauchten. Sie hielten mich an und fragten, ob ich Lust hätte, mir von ihnen die Haare neu machen zu lassen. »Okay«, sagte ich. »Krieg' ich ein paar Fotos zum Heimschicken?« Sie führten mich ins Innere und ließen mich Platz nehmen. Eine ganze Horde von Friseuren stand hinter meinem Stuhl. Sie spielten mit meinem Haar und diskutierten mit ihren schrillen englischen Stimmen. Ich konnte kaum verstehen, was sie überhaupt sagten. Ich hatte das Gefühl, der erste weiße Mensch zu sein, den ein entlegener afrikanischer Stamm zu Gesicht bekam.

Man erklärte mir, daß die Haare nicht dauerhaft grün bleiben würden, sondern daß sich die Farbe ganz leicht wieder herauswaschen ließe. Die Herstellung der Frisur dauerte insgesamt drei Tage, jeweils von neun Uhr morgens bis zum Spätnachmittag. Erst wurden meine Haare gebleicht, dann gefärbt, und schließlich wurde mir noch eine Dauerwelle verpaßt. In den letzten Jahren ist meine Mutter einmal die Woche in einen Schönheitssalon gegangen, ich kann mir gar nicht vorstellen, wie sie das aushält. Die ganze Prozedur war so qualvoll, ich kam mir vor wie ein Pfingstochse.

Die Ausstellung war am Abend des dritten Tages in der Royal Albert Hall. Das Publikum bestand aus zweitausend japanischen Haarkünstlern, die eigens nach London gekommen waren, um neue Tricks und Methoden zu lernen. Ich wurde unter ein Bettlaken mit einem Loch für den Kopf drin gesteckt und zusammen mit fünf anderen Mädchen hinaus auf die Bühne geschoben.

Wir sollten eine Obstschale darstellen – meine Haare waren die Weintrauben. Einem anderen Mädchen hatten sie die Haare wie eine Kugel geschnitten. Sie war ein Apfel mit roten und grünen Strähnen. Vorn hingen ihr die Haare bis über die Augen, und sie mußte sich bei mir anklammern, damit sie nicht fiel. Oben waren ihre Haare ganz glatt, bis auf ein kleines, mit einem Pfeifenreiniger befestigtes Schwänzchen, das den Stiel des Apfels darstellen sollte. Die anderen waren eine Banane, eine Erdbeere und eine Orange, und ihre Haare waren entsprechend gefärbt und geformt.

Von der Bühne aus sahen die zweitausend japanischen Haarkünstler alle genau gleich aus. Sie hatten alle glänzendes schwarzes Haar und glatte Gesichter und kicherten höflich. Ich versuchte so zu tun, als wäre ich irgendwo anders. Die Fotografen schrien zu mir hinauf: »Kopf hoch, Mädchen! Und lächeln!« Sie müssen von meiner Mutter geschickt worden sein. Geblendet vom Blitzlicht, verzog ich das Gesicht. Der Apfel, der unter seinen Haaren nichts sehen konnte, stolperte nach rechts weg. Aber es wußte ohnehin keiner, wohin wir eigentlich sollten. Wir waren wie siamesische Fünflinge, die unter einem weißen Bettlaken dahintorkelten. Trotzdem bekam die Obstschale viel Beifall.

Ich ging sofort nach Hause, um mir die Haare zu waschen. In unserem Wohnheim gab es keine Duschen. Nachdem ich gebadet hatte, war das Wasser in der Wanne giftgrün, aber meine Haare sahen noch genauso aus wie zuvor. Es war nur ganz wenig Farbe rausgegangen.

Mein Lunch mit Lord Simeon war zwei Tage später. In den langen, dunklen Korridoren der Universität, wo wir verabredet waren, kam ich an einer Glasvitrine vorbei mit der Aufschrift HIER RUHEN DIE STERBLICHEN ÜBERRESTE DES GRÜNDERS DIESER UNIVERSITÄT, JEREMY BENTHAM, aber die

Vitrine war leer. Horden von Studenten waren zum Unterricht oder in die Mittagspause unterwegs, und meine grünen Haare verschafften mir eine Menge Aufmerksamkeit. Da ich auch nicht älter als sie war, dachten sie sicher nicht, daß ich auf dem Weg war, mit einem ihrer Professoren zu speisen.

Ich nahm die Stufen zum vierten Stock. Lord Simeons Büro war wie eine private Bibliothek: an den Wänden überall Bücher, auf dem Boden ein Orientteppich. Die Sekretärin, sehr korrekt, fragte mich, was sie für mich tun könnte. »Ich bin Eleanor«, sagte ich. »Ich bin zum Essen da.«

»Ah, ja«, sagte die Sekretärin und stand von ihrem Schreibtisch auf. »Lord Simeon ist in einer Besprechung, aber er muß jeden Augenblick kommen. Möchten Sie ein Glas Sherry, während Sie warten?«

»Okay«, sagte ich nervös. Ich bin in den Wäldern aufgewachsen, in South Carolina. Alles, was ich über Situationen dieser Art wußte, hatte ich in Romanen gelesen. Und was ich gelesen hatte, war das, was meine Mutter mir in die Hand gedrückt hatte. Meine Mutter hatte zwar immer gesagt, ich könne alles sein, wenn ich nur wolle, aber ich konnte mich nicht entscheiden zwischen Marjorie Morningstar, Tess d'Urberville, Isabelle Archer und Miss Gamelon. Es war ziemlich schwer, diesen Vorbildern in die Gegenwart zu folgen.

Andererseits war das Leben, nach Ansicht meiner Mutter, ein Abenteuer. Und wenn man zu Hause keine Abenteuer erlebte, mußte man eben hinausziehen und welche erzwingen, so wie man Forsythienzweige dazu bringen kann, mitten im Winter zu blühen. Bisher war ich nur einem einzigen Menschen begegnet, der ständig Abenteuer erlebte, und das war das Mädchen, mit dem ich im ersten Semester das Zimmer im Wohnheim geteilt habe. Meine Mutter, die mir geholfen hatte, mein Zimmer einzuräumen, warf nur einen einzigen Blick auf Sage – eine Blondine von über einsachtzig mit Plateausohlen – und erklärte sofort, ich hätte ein Mordsglück, das sei ein Mädchen, das könne mir zeigen, wo's langgeht. Leider wollte Sage mit mir absolut nichts zu tun haben. Ich war bloß dazu da, ihre Erfahrungen für sie nachzuempfinden. Wenn sie im Morgengrauen ins Wohnheim zurückkehrte, berichtete sie regelmäßig, was sie erlebt hatte: Sie war von einem bekannten Rockstar mitgenommen worden, der gerade mit seiner Limousine vorbeikam, hatte in einem Nachtclub getanzt und gefeiert, Kokain genascht jede Menge. Später brach Sage dann ihr Studium ab und heiratete einen Medizinstudenten, den sie schon von der Highschool kannte. Aber während der ersten beiden Semester war es eine bittere Enttäuschung für mich, daß sie mich gesellschaftlich ablehnte. Sage war sehr reich, sie trug kleine Hüte mit Schleier, die sechzig Dollar kosteten. Ich mußte mich mit allen möglichen Jobs als Werkstudentin durchschlagen. Ich servierte in der Mensa matschigen Rosenkohl, aufgeweichte Hühnerschenkel und verbrutzelte Leber mit Zwiebeln.

Aber jetzt in London kamen die Dinge, ganz wie meine Mutter gesagt hatte, in Schwung. Ein Mädchen von meinem Aussehen war ziemlich exotisch in England, wo alle so blaß und so blond waren. Einmal verfolgte mich ein Mann durch die Tate Gallery und lud mich zu einer Party ein. Er sah ein bißchen wie ein junger Andy Warhol aus, stammte aus Neptune, New Jersey, und hatte irgendwas mit der Modeabteilung des Victoria und Albert Museums zu tun. Ich fand ihn ein bißchen schleimig, aber dann stellte er mich seiner englischen Frau vor, Fiona, die eine Lunchtime-Stripperin in verschiedenen Pubs war. Danach fühlte ich mich in seiner Gesellschaft etwas wohler, schließlich war er verheiratet – nicht einfach so 'n Typ, der einen irgendwo anquatscht.

Trotzdem entwickelte sich dieses spezielle Abenteuer nicht so besonders. Ich ging eines Tages zum Dinner zu ihnen, wo mir verschiedene sexuelle Geräte vorgeführt wurden. Ich reagierte freundlich und interessiert. Nach dem Essen half ich beim Abwaschen. Fiona zeigte mir die Wäsche, die sie bei ihrer Strip-Show anhatte, und deutete an, sie könne mir auch so einen Job verschaffen, wenn ich kein Geld hätte.

»Aber, Fiona, ich bin doch ganz flachbrüstig«, sagte ich.

»Das macht nichts«, sagte sie, »was die Leute wollen, ist Abwechslung. Du könntest leicht dreizehn Pfund am Tag verdienen.«

Ich sagte, ich würde mal darüber nachdenken. Dann gingen wir zu dieser Party, die im Haus eines bekannten Schuh-Designers in der Nähe des Towers stattfand. Der Schuh-Designer sah aus wie der Verrückte Hutmacher. Er trug einen hellblauen Zylinder und eine Reihe Glühbirnen um die Hüften, die andauernd an- und ausgingen. Die Party fand anläßlich des *Pancake Day* statt, den die Engländer alljährlich feiern. Um ein Uhr morgens gingen alle Leute nach draußen, rannten über den Rasen und warfen dabei Pfannkuchen hoch. Ich war nicht besonders beeindruckt. Mitch und Fiona kamen zu mir, um mich mit nach Hause zu nehmen. Es war Zeit zu gehen, und es schien ihnen sehr viel daran gelegen, daß ich mit ihnen kam.

»Danke«, sagte ich, »danke nein.« Sie wohnten gar nicht in meiner Richtung. Die U-Bahnen fuhren nicht mehr, und Taxis waren nirgends zu sehen. Schließlich mußte ich irgendwelche Franzosen bitten, mich nach Hause zu fahren, von denen auf der ganzen Fahrt keiner ein Wort zu mir sagte.

Für den nächsten Brief an meine Mutter war das natürlich genau richtig. In allen Einzelheiten beschrieb ich ihr das Pfannkuchenwerfen: die betrunkenen Gäste mit ihren bunten, gepunkteten Ballkleidern und Spielanzügen aus Plastik und falschem Fell, die wie Gorillas aussahen, mit gewaltigen Bratpfannen durchs Gelände stolperten und überall klebrige Pfannkuchen verstreuten. Was ich nicht erwähnte, war, daß den ganzen Abend niemand ein Wort gewechselt hatte mit mir.

Die Sekretärin im Büro von Lord Simeon schenkte mir ein winziges, papierdünnes Sherryglas voll. Ich kippte es in einem Zug runter. Dann bemerkte ich meinen Fauxpas und tat so, als wäre noch etwas drin. Mehrfach nippte ich an dem leeren Glas. Das mit den grünen Haaren war mir jetzt schrecklich peinlich. Die Sekretärin hatte ein Tweedkostüm an, ihr blondes Haar sah sehr ordentlich aus. Verschämt saß ich auf der Vorderkante eines lederbezogenen Sessels und hoffte, sie würde mir noch ein Glas Sherry anbieten. Meine Hände waren heiß und feucht. Ich begriff überhaupt nicht, wie ich jemals so dumm hatte sein können, den Empfehlungen meiner Mutter zu folgen und diesen komischen Brief an Lord Simeon zu schreiben. Ich hätte wenigstens so schlau sein sollen, in der Bibliothek nachzusehen, was Lord Simeon überhaupt lehrte. Vielleicht war er ein Experte für die Krankheiten tropischer Vögel, für Sheridans Stücke oder für Renaissancemöbel (zu diesem Thema wußte ich etwas, denn ich besuchte darüber ein Seminar).

Schließlich betrat eine Gruppe von Männern den Raum. Ich erhob mich ein Stück weit von meinem Sitz, sank wieder zurück und erhob mich dann wieder zur Hälfte. Ich erinnerte mich vage, daß meine Mutter alle möglichen Höflichkeitsregeln für solche Situationen erwähnt hatte. Meine fehlenden Manieren waren ja noch nie auf Unhöflichkeit zurückzuführen gewesen, sondern immer nur auf Ungeschicklichkeit und Nervosität. Manchmal war ich schrecklich steif, bei anderen Gelegenheiten knallte ich den Leuten die Tür ins Gesicht.

Bis dahin hatten mich die Leute allerdings stets auf mein schlechtes Benehmen aufmerksam gemacht. Bei einer meiner Wanderungen durch London hatte ich zum Beispiel eines Nachmittags die Lobby eines großen Hotels aufgesucht, um auf die Toilette zu gehen. Ich trocknete mir gerade die Hände ab, als eine Frau hereinstürmte und mich anschnauzte. »Jetzt sehen Sie sich mal an, wie es hier aussieht! Das ist doch eine Schweinerei! Warum haben Sie nicht wenigstens die Handtücher gewechselt?« Sie hatte ein weißes Kleid an und sah völlig geistesgestört aus. Ich zuckte die Achseln und ging hinaus. Ich hatte einfach Angst, ihr zu sagen, daß ich nicht im Hotel arbeitete.

Bei einer anderen Gelegenheit, nach meinem Fiasko als Coiffeur-Modell, stellte ich mich bei einer Modell-Agentur vor. Es war mein Traum, ein Mannequin der Spitzenklasse zu werden. Ich würde meiner Mutter aus Übersee Geld schicken, damit sie sich einen Sportwagen kaufen konnte und einen Pelzmantel; unser Leben würde sich vollkommen ändern. Als ich im Büro der Agentur saß, zog ich einen dicken roten Lutscher heraus – meine Mutter hatte mir nach einem besonders heimwehkranken Brief eine ganze Kiste davon geschickt – und begann, an der Zuckerstange zu lecken, während ich darauf wartete, daß die Chefin ihr Urteil über mich fällte. Was sie dann auch prompt tat: Es sei außerordentlich unhöflich, in ihrer Gegenwart einen Lolli zu lutschen, ich hätte wohl überhaupt keine Erziehung? Die Frau hatte natürlich vollkommen recht, und ich war sehr gedemütigt. Trotzdem, war es nicht auch sehr unhöflich von ihr, mich so bloßzustellen? Im übrigen, so fuhr sie fort, hätte ich durchaus eine gewisse Begabung: Wenn ich ihr für die nötigen Fotos hundert Pfund zahlen würde, würde sie in Betracht ziehen, mich zu nehmen. Ich schämte mich so, daß ich nicht einmal zugeben mochte, daß ich soviel Geld gar nicht hatte.

Sehr jovial stellte Lord Simeon sich vor. Er war dick und

fast kahl und trug eine Halbbrille, die ziemlich wackelig an seiner Nasenspitze hing. Die anderen Männer starrten mich neugierig an und musterten vor allem mein Haar. Weitere Vorstellungen folgten; Lord Simeon sagte, er sei ein alter Freund meiner Mutter. Ich fragte mich bereits, ob wir wohl alle zusammen speisen würden, und stellte mir schon vor, wie wir alle an einem langen mittelalterlichen Tisch in einer großen Halle saßen und uns mit gewaltigen Humpen zuprosteten. Ich erinnerte mich daran, was meine Mutter immer gesagt hatte: »Du wirst Suleika Dobson sein, Suleika, die Schöne von Oxford.« Alle Männer begehrten Suleika; und aus unerwiderter Liebe stürzten sich die netten Professoren und Studenten von Oxford massenweise in die örtlichen Gewässer. Meine Mutter hatte gesagt, ganz London warte auf eine wie mich, ich müsse bloß endlich meine Minderwertigkeitskomplexe abstreifen. Ich drückte allen die Hände, lächelte und schüttelte meine grasgrüne Mähne.

Mit sichtlichem Widerstreben sagten schließlich alle Herren mit Ausnahme von Lord Simeon, wie nett es gewesen sei, mich kennenzulernen, und verließen den Raum.

Lord Simeon fragte, ob ich schon ein Glas Sherry bekommen hätte.«

»Oh, ja, vielen Dank«, sagte ich.

»Wir essen im Turmzimmer«, sagte er. »Ich hoffe, das ist Ihnen recht. Im allgemeinen esse ich lieber gleich hier, statt draußen irgendwo mit den Massen zu ringen.«

Auf dem Weg die Treppe hinauf fragte ich ihn nach der Vitrine in der Eingangshalle, die angeblich den Leichnam von Jeremy Bentham enthalten sollte, in Wirklichkeit aber leer war.

»Ach, ja«, sagte er, »das ist diese alte Rivalität mit dem King's College. Das Rugby-Team vom King's College entführt jedes Jahr einmal die Leiche und gibt sie dann für ein Lösegeld wieder zurück.«

»Wirklich?« sagte ich, während ich die ausgetretenen Stufen hinaufstolperte. Es war zu schade, daß wir nicht auswärts aßen. Ich hätte so gern all diese neugierig spähenden Blicke gespürt, die uns verfolgten, aber da hatte ich Pech. Es waren vier Stockwerke bis zu seinem Arbeitszimmer hinauf, und die Treppe war steil und sehr eng. Der Raum selbst war achteckig, und anstelle von Fenstern gab es nur Schießscharten.

Dafür war aber der Tisch schon gedeckt: Auf dem Geschirr prangte das Siegel der Universität, und ein großer Blumenstrauß stand auf dem Tisch.

Ein hochgewachsener Inder in einem weißen, zwangsjakkenähnlichen Nehru-Mantel trat ein. Ich erhob mich. *»How do you do?«* sagte ich.

»Das ist Virez, mein Butler«, sagte Lord Simeon.

Der Mann starrte mich haßerfüllt an. Lord Simeon sprach das Wort »Butler« mit ganz hartem »t« aus. Das Ganze verblüffte mich unheimlich. Ich hatte noch nie einen Butler getroffen. Aus einer Flasche, die bereits auf dem Tisch atmete, goß der Butler uns Wein ein. »Zum Wohl«, sagte Lord Simeon und hob sein Glas hoch. »Es freut mich, Sie endlich kennenzulernen. Ihr Brief hat mich wirklich entzückt.«

»Ach, der«, sagte ich und trank mein Glas mit einem Zug leer.

»Nur ein kleiner Imbiß«, sagte Lord Simeon. »Ich hoffe, das ist Ihnen recht.«

»Ja, sehr«, murmelte ich.

»Ich esse nie viel zu Mittag. Davon werde ich immer so müde.« Er goß mir ein zweites Glas Wein ein.

Der Butler hielt mir ein silbernes Tablett hin, auf dem Käsewürfel und ein paar sehr trocken aussehende Scheiben Salami dekorativ arrangiert waren. Ich nahm mir mit Hilfe von Löffel und Gabel, außerordentlich klobigen, schweren Geräten. Zu Hause hatten wir immer nur Plastikgeschirr. »Sagen Sie mir«, bat Lord Simeon, während ich mit einem Käsestück kämpfte, »wie geht es meiner Clarice?«

»Meinen Sie meine Mutter?« fragte ich.

»Nehmen Sie dazu etwas Brot«, sagte Lord Simeon und reichte mir einen Korb mit großen, harten Brötchen.

Ich schielte unauffällig zu dem Inder hinüber. Er lehnte an der Wand mit geschlossenen Augen. Sein Gesicht war lang und fahlbraun, er hätte aus einem Dickensroman stammen können. Plötzlich seufzte er, seine Augen öffneten sich für eine Sekunde, starrten mich an und schlossen sich wieder. Ich trank mein zweites Glas Wein. »Es geht ihr gut«, sagte ich. »Sie hat sich scheiden lassen und dann wieder geheiratet.«

»Was für eine außergewöhnliche Frau, Ihre Mutter«, sagte Lord Simeon. »Eine wunderbare Idee von ihr, Sie zu mir zu schicken.«

»Ja, das stimmt«, sagte ich.

»Ich glaube, wir haben uns jetzt seit ungefähr zehn Jahren nicht mehr gesehen«, sagte Lord Simeon. »Ihre Mutter war wirklich erstaunlich. Sie hatte allerdings nicht so grüne Haare wie Sie.«

»Nein, sie hat rote.«

»Wissen Sie, als ich acht Jahre alt war, wurde ich mal zu meiner Tante Helen geschickt«, sagte Lord Simeon. »Seither habe ich eine Schwäche für Frauen mit Flaum auf der Oberlippe. Oh, ich glaube, über so etwas sollte ich vielleicht lieber nicht reden...«

»Warum nicht?« sagte ich. »Ist doch sehr interessant. Genau wie mein Bruder – in der zweiten Klasse hat ihn mal eine Blondine auf dem Schulhof über den Haufen gerannt, und bis zum heutigen Tag schaut er Brünette nicht an.«

»Wie lustig«, sagte Lord Simeon und füllte mein Glas wieder. »Nehmen Sie etwas Salat?« Der Butler brachte eine Schüssel mit Kopfsalat, und ich mußte niesen. Die Soße war mit Senf angerührt. Rasch trank ich noch einen Schluck Wein. »Oh, das schmeckt ja so köstlich«, säuselte ich. »Was für eine herrliche Sauce!«

»Sie schmeckt Ihnen?« sagte Lord Simeon. »Wirklich? Das freut mich. Ich habe sie selbst gemacht. Nach einem eigenen Rezept.« Der Butler kehrte in seine Ruhestellung zurück und lehnte sich an die Wand.

»Sie ist wirklich sehr gut«, sagte ich. Der Wein schmeckte jetzt verschimmelt und bitter, aber ich wagte nicht, den mürrischen Butler um ein Glas Wasser zu bitten. »Bitte, sagen Sie mir doch, wie sie gemacht wird.«

»Wissen Sie, das ist mein geheimes Spezialrezept«, sagte Lord Simeon und beugte sich vor. »Aber Ihnen werde ich sagen, wie man sie macht; meine Familie weiß das Rezept sowieso nicht zu schätzen. Also, ich nehme ein winziges bißchen trockenen Senf, Walnuß-Essig, Olivenöl und frischgemahlenen Pfeffer...«

Ich zerkaute eine Scheibe Salami und entfernte anschließend ein Stückchen Papier aus meinem Mund. Der Butler seufzte geräuschvoll.

»Jetzt müssen Sie mir aber alles erzählen, was Sie bisher in London erlebt haben«, sagte Lord Simeon.

Ich berichtete ihm von meinen Erlebnissen als Haarmodell. »Erstaunlich«, murmelte Lord Simeon, »ganz erstaunlich.« Ich fragte mich wieder, wie alt er wohl war. Er wirkte so schrecklich betagt mit seiner Glatze und seinem roten Gesicht. Das Turmzimmer schien sich um mich zu drehen. Bestimmt war er schon fünfundvierzig. Echt eine Schande, denn er war wirklich so nett. Aber ich konnte mir einfach nicht vorstellen, die Geliebte eines Mannes zu werden, der eine solche Antiquität war. Ich trank noch einen Schluck Wein. Lord Simeon fragte mich, ob ich Curry gern äße.

»Ich hab' noch nie welchen gegessen«, sagte ich.

»Nie welchen gegessen!« sagte Lord Simeon. »Aber Sie müssen unbedingt Curry essen! Ich mache ganz köstlichen Curry!«

»Das wäre«, sagte ich und stellte mein leeres Glas weg, »das wäre ganz wunderbar.«

»Ich kenne auch ein phantastisches indonesisches Restaurant. Da müssen Sie unbedingt mal zum Essen mit mir hingehen. Versprechen Sie das?«

»Oh, ja«, sagte ich, holte einen tiefroten Lippenstift aus meiner Handtasche und machte mir sorgfältig den Mund rot.

»Möchten Sie lieber Tee oder Kaffee zum Nachtisch?« fragte Lord Simeon.

»Kaffee«, sagte ich.

»Dacht' ich's mir doch!« sagte Lord Simeon. »Ich weiß doch, wie die Amerikaner ihren Kaffee lieben.«

Zusammen mit dem Kaffee brachte der Butler einen Fondue-Topf mit herrlicher, bitterer Schokolade, in die wir riesige englische Erdbeeren eintauchten. Allerdings war ich inzwischen schon viel zu betrunken, um das wirklich genießen zu können. Die Kombination von scharfer Salatsoße, trockener Salami, salzigem Käse und Wein war schon bedrohlich genug – und jetzt auch noch Kaffee und Schokolade. Aber die fast tomatengroßen, dunkelroten Erdbeeren mit ihren kleinen grünen Samen sahen wirklich sehr schön aus.

Lord Simeon und der Butler schienen auch sehr stolz auf diesen Nachtisch zu sein; der Butler löste sich von der Wand und kam zwei Schritte näher, und obwohl er seinen gelangweilten Gesichtsausdruck beizubehalten versuchte, beobachtete er mich doch genau. »Kommen Sie, nehmen Sie doch noch eine«, sagte Lord Simeon. »Ich fürchte, irgendwie war das Essen nicht ganz nach Ihrem Geschmack.«

»Aber nein, es war alles sehr gut«, sagte ich.

»Das freut mich«, sagte Lord Simeon. »Habe ich Ihnen erzählt, daß ich als Berater bei einem Film mitwirke? Es macht richtig Spaß. Sie drehen draußen in Elstree – ich berate Al Pacino wegen seinem Akzent.«

»Ach«, sagte ich. »Das ist ja super.«

»Tja, ich glaube, ich muß jetzt gehen«, sagte Lord Simeon. »Ich wünschte, ich könnte den ganzen Nachmittag hier verbringen, aber ich habe lauter schreckliche Termine.«

Ich stand auf. »Wissen Sie was?« sagte ich. »Ich kann dieses Curry-Dinner gar nicht erwarten. Ich freue mich richtig darauf.« Ich sah Lord Simeon direkt ins Gesicht und dachte daran, daß ich ihn bei diesem Abendessen bitten könnte, mich mit ins Studio nach Elstree zu nehmen.

»Oh, ich werde Sie sehr bald anrufen«, sagte er und schüttelte mir die Hand, ohne mir dabei in die Augen zu sehen.

Als ich durch die langen Korridore hinausging, wünschte ich mir, ich könnte allen Studenten, die an mir vorbeikamen, irgendwie zeigen, daß ich gerade mit ihrem Professor gespeist hatte. Vielleicht war es ja doch nicht so schrecklich, eine Affäre mit ihm zu haben. Es würde mir zahllose Türen öffnen und wäre wahrscheinlich außerordentlich interessant. Meine Mutter wäre bestimmt stolz auf mich.

Mit dem Bus fuhr ich zurück ins Studentenwohnheim. Irgendwo rutschte ich in einer Kurve vom Sitz. Abgesehen vom Schaffner war der Bus vollkommen leer. Der Mann kam zu mir, um mir wieder auf die Beine zu helfen. »Schlückchen zuviel gehabt?« fragte er. »Hübsche Haarfarbe hast du, mein Schatz.«

Ich hatte die Tür des Studentenwohnheims noch nicht ganz erreicht, da lag ich auch schon auf dem Bett und schloß meine Augen. Ich dachte an meine Mutter. Sie hatte immer versucht, mich zu einer *femme fatale* zu erziehen. Ich weiß gar nicht, warum ihr Unterricht bis dahin so wenig genutzt hatte. Wahrscheinlich hatte sie zu spät angefangen. Jetzt wußte ich, mein Leben würde sich ändern. Dann wurde ich ohnmächtig.

Na ja, das Ganze ist jetzt acht Jahre her. Lord Simeon hat mich nie mehr angerufen wegen des Essens. Ich machte Schmuck, der sich nicht besonders verkaufte, und hatte einen

Freund, der sich in der Öffentlichkeit nicht mit mir zeigte. Es war bitter, fast dreißig und so wenig liebenswert zu sein. Die zweite Ehe meiner Mutter hatte sich hingegen recht gut entwickelt: Sie besaß antikes Tafelgeschirr für achtundvierzig Personen und gab gerne Parties.

Ich heulte also in mein Fondue, und Stashs Hund sah mir dabei betrübt zu. Schließlich beschloß ich, meine Mutter anzurufen, um mich ein bißchen trösten zu lassen. Unsere Beziehung war immer gut gewesen. Ich hielt mich immer noch streng an ihre Anweisungen, auch wenn ihre Ideen ziemlich oft Rohrkrepierer zu sein schienen. Als Signal, daß sie mich zurückrufen sollte, ließ ich ihr Telefon einmal kurz klingeln. Auf diese Weise verhinderte ich, daß ich Stash zuviel fürs Telefon schuldete. »Mein Apartment ist jetzt fertig«, sagte ich. »Morgen kommt ein Mann von einer Umzugsfirma aus der ›Village Voice‹. Er sagt, er wiegt zweihundertfünfzig Pfund.« Ich fing an zu schluchzen. »Stash hat recht«, sagte ich, »ich hab' einfach kein Selbstwertgefühl, ich bin schlampig, und niemand kann mit mir leben.«

»Das ist doch nicht wahr«, sagte meine Mutter. »Mit einem Mann, der dauernd beleidigt ist, kann niemand in einem Raum leben. Sei doch nicht verrückt! Und was deine Schlampigkeit angeht: Ich erinnere mich noch genau, daß die Bädematte bei ihm völlig verschimmelt war, als du bei ihm eingezogen bist. Und rings um die Toilette wuchsen Pilze, die aussahen wie Rice Crispies. Das hast du mir selbst erzählt. Stash war so faul, daß erst Roland nach New York kommen mußte, um den kaputten Klodeckel zu wechseln. Soll ich noch mehr aufzählen? Ich sag' dir eins: Stash ist der typische Junggeselle und will es auch bleiben. Aber du suchst doch ein bißchen mehr.«

Ich mußte nachdenken. Sie hatte ja so recht. Intellektuell wußte ich schon lange, daß meine Beziehung zu Stash ein Problem war. Aber ich war doch immer bereit gewesen, eine Lösung zu suchen. Meine kleinen Nervenenden waren ganz ausgefranst. »Vielleicht hast du recht«, sagte ich. »Trotzdem tut es mir weh.«

»Ich erinnere mich noch, wie es war, als dein Vater und ich uns scheiden ließen«, sagte sie. »Ich habe gedacht, da komme ich nie drüber hinweg. Aber nach ein paar Monaten dachte ich mir: Hast du eigentlich wirklich dein ganzes Leben lang

Ziegenkäse machen wollen? Ich hatte doch ganz offensichtlich immer bloß eine Rolle gespielt, die gar nichts mit mir zu tun hatte. Sobald ich erkannt hatte, welche Möglichkeiten das Leben mir bot, habe ich meine ganzen gesunden Baumwollschlüpfer weggeschmissen und mir richtig schicke Unterwäsche besorgt. Dann habe ich Stanley kennengelernt, der hat mir einen Mikrowellenherd gekauft und war mit mir im Club Med.«

»Du bist eben anders als ich«, sagte ich. »Ich werde ganz einsam sein. Ich werde in diesem Apartment sitzen und in mein Fondue heulen.«

»Hör schon auf«, sagte meine Mutter. »Was war an dem Kerl denn schon dran?«

»Ich weiß nicht«, sagte ich. »Er war nett. Wenn er nicht geschmollt hat, ist er manchmal in der Wohnung rumgetanzt und hat mir ein kleines Lied vorgesungen.«

»Klingt auch nicht anders als andere Männer.«

»Bitte, mach keine Witze!« sagte ich. »Weißt du, zwei Jahre lang war ich mir nicht einmal sicher, ob ich überhaupt mit ihm zusammensein wollte. Und kaum hatte ich beschlossen, daß ich ihn liebte, hat er mir gesagt, er würde mich sowieso nie heiraten, weil ich letzten Sommer mal mit einem anderen Mann zum Kaffee gegangen bin.«

»Du solltest dir ein Tonband zulegen, das dir immer wieder sagt, was für ein wunderbarer Mensch du bist«, sagte meine Mutter. »Dieser Stash hat dich immer so behandelt, als hättest du Aussatz. Geh wieder nach London! Da haben dich doch die Männer gemocht, oder?«

»Ich mußte gerade an meinen Lunch mit Lord Simeon denken«, sagte ich. »Er hat sich gleich an dich erinnert, obwohl er dich seit zehn Jahren nicht mehr gesehen hatte, als ich bei ihm war. Du mußt etwas an dir haben, was ich nicht habe. Habe ich dir erzählt, daß ich vor ein paar Monaten in der Cooper Union war, wo er einen Vortrag über Ethik gehalten hat?«

»Ja, und wie war es?«

Ich fing wieder an zu heulen, meine Mutter war so ein gutes Publikum. »Ich esse gerade«, sagte ich. »Ich hatte so schrecklichen Appetit auf Fondue. Zwei Tage lang war ich ganz wild darauf, und schließlich habe ich mir zum Abendessen ein Päckchen gekauft.«

»Das hast du von mir, nicht wahr?« sagte meine Mutter sofort.

»Nein«, sagte ich. »Wie kommst du denn darauf?«

»Das hab' ich dir doch erzählt, oder? Vorgestern hatte ich ein paar Leute auf ein Glas Wein hier. Eine von den Frauen rief in letzter Minute an und sagte, sie könne zu meinem ›Dinner‹ leider nicht kommen. Daraufhin hab' ich natürlich die Panik gekriegt. Ich dachte plötzlich, die Leute erwarten alle etwas zu essen. Also rannte ich los und habe eine Packung *Swiss Knight* gekauft. Eigentlich war es nur ein Zwei-Personen-Fondue, aber geschmeckt hat es köstlich.«

»Das hast du mir gar nicht erzählt«, sagte ich.

»Was für eine Sorte hast du dir gekauft?«

»Auch *Swiss Knight*«, sagte ich. »Hat drei Dollar fünfzig gekostet.«

»So was!« sagte meine Mutter. »Ich habe fünf Dollar bezahlt. Wenn du mich das nächste Mal besuchst, könntest du gleich ein paar Packungen mitbringen. Ich fand, es hat wirklich köstlich geschmeckt. Hab' ich dir das wirklich nicht erzählt?«

»Nein«, sagte ich.

»Und was war nun eigentlich, als du den Vortrag von Lord Simeon gehört hast?«

»Ich bin nach dem Vortrag hingegangen zu ihm«, sagte ich.

»Warte mal«, sagte meine Mutter. »Ist die Leitung bei dir auch so gestört? Hörst du auch diese beiden anderen Leute reden?«

»Nein«, sagte ich.

»Das ist hochinteressant«, sagte meine Mutter. »Ich muß da mal zuhören. Das Mädchen sagt gerade, sie würde ihre Aktentasche verbrennen.« Ich wartete, während meine Mutter den anderen Stimmen zuhörte. »Okay, okay«, sagte sie schließlich. »Also, was war mit Lord Simeon?«

»Nach dem Vortrag bin ich zu ihm hin und habe gefragt, was mit der Leiche von Jeremy Bentham passiert sei. Er war sehr liebenswürdig, hatte aber offensichtlich keine Ahnung mehr, wer ich war. Er hatte vielleicht sogar Angst. Sobald er konnte, hat er sich verdrückt.«

»Er hat doch so nette Augen, nicht wahr?«

»Kann sein«, sagte ich und fragte mich, wie die Leiche des

Universitätsgründers wohl aussah. Trug er eine Perücke? Oder eine Melone und eine Halskrause? Lag er verwirrt in seiner Glasvitrine voller Fingerabdrücke gefangen? Ich konnte mir sein Gesicht genau vorstellen: amüsiert, leicht überheblich, mit einem Schuß Wehmut. So lag er da in der Halle, und eine endlose Prozession von Studenten zog an ihm vorbei, ein Leben nach dem Tode. Vielleicht steckte er aber auch noch in irgendeinem Schrank im King's College, immer noch unerlöst.

Christa Wolf
Beispiele ohne Nutzanwendung
Stockholmer Rede

»Literatur in Verkleidung«? Ist das nicht, dachte ich zuerst, der berühmte »weiße Schimmel«? Ist Verkleidung, zumindest Entkleidung, nicht das Wesen von Literatur, insofern sie nicht Realität erster Ordnung, sondern von dieser abgeleitet ist? Wäre dann nicht dieses Thema ein allzu weitgespannter Schirm, unter den alle Probleme sich drängen ließen, die Literaten heutzutage interessieren, beunruhigen, betreffen? Oder sollte eine neue Realität neue Arten von Verkleidung der Literatur erfordern?

Selten werden wir Zeuge jenes Augenblicks, da ein Mensch ein Stück Literatur in seiner gleichnishaften Verkleidung als grundlegenden Verweis auf sein eigenes widersprüchliches Da-Sein erfährt. Ich hatte kürzlich dieses Glück. Einem fünfeinhalbjährigen Mädchen, meiner Enkeltochter, hatte ich zur Nacht jenes alte Volkslied vom Jäger vorgesungen, das sie zum erstenmal in Frage stellte. Sie fragte nach jeder Strophe: Warum? – Das Lied lautet in der Fassung, die ich kenne:

Es blies ein Jäger wohl in sein Horn,
und alles, was er blies, das war verlorn.

Soll denn mein Blasen verloren sein,
viel lieber möchte ich kein Jäger mehr sein.

Er warf sein Netz wohl über den Strauch,
da sprang ein schwarzbraunes Mädchen heraus.

Ach schwarzbraunes Mädchen, entspring mir nicht,
ich habe große Hunde, die holen dich.

Deine großen Hunde, die fürcht ich nicht,
sie kennen meine hohen weiten Sprünge nicht.

Deine hohen weiten Sprünge, die kennen sie wohl,
sie wissen, daß du heute noch sterben sollst.

Und sterb ich heute, so bin ich tot,
begräbt man mich unter Rosen rot.

Er warf ihr sein Netz wohl über den Leib,
da ward sie des jungschönen Jägers Weib.

Warum!

Ich sah es ein, die Frage war berechtigt und gar nicht leicht zu beantworten; denn das Thema »Liebe« hat sich in diesem Lied fast zur Unkenntlichkeit verkleidet – jedenfalls für ein Kind, dachte ich. – Warum war alles, was er blies, »verlorn«? – Weil niemand ihn blasen hörte. – Das mochte angehn. Plausibel schien auch, daß das schwarzbraune Mädchen, im Strauch versteckt, ihn heimlich belauscht hatte.

Warum? Sie mochte den Jäger vielleicht. Gut. Der aber nun: Warum bedroht er sie mit seinen Hunden, mit Mord und Totschlag? Auf die Gefahr hin, meine Glaubwürdigkeit zu verlieren, wagte ich die Behauptung: Er liebt sie auch. – Schweigen. – Dann: Aber lieb ist er nicht gerade zu ihr. Darauf ich: Vielleicht hat er große Angst, daß sie ihm wieder wegläuft. Und sie: Vielleicht solln die Hunde sie gar nicht richtig totbeißen? Und das Mädchen wollte nicht richtig wegrennen und begraben sein?

Sicher nicht.

Ich schwieg und überließ sie ihren Erfahrungen mit Liebe, Angst, Aggressivität, Verstellung und Selbstmitleid, die mit fünf, sechs Jahren schon bemerkenswert sind. Ich kannte auch die Grenzen dieser Erfahrung, aber »erklären« konnte ich nichts; hier ist ein Grundmuster gelegt, das jeder entweder annehmen und nach Vermögen ausfüllen oder verweigern muß. Gespannt wartete ich auf ihre nächste Frage. Die lautete: Aber wie sah das Mädchen aus?

Das hieß: Etwas in ihr hatte das Muster erkannt und akzeptiert, so fremd und seltsam es war. Etwas in ihr verlangte nach stärkerer Identifikation. Ich war gerührt, blieb aber auf der Hut. Was wollte sie: Sollte das Mädchen ihr gleichen? Die Wahrscheinlichkeit schien groß. Ich berief mich auf das einzige Wort, welches das Mädchen beschreibt – »schwarzbraun«; sie selbst ist braunhaarig. Also waren sie beide einander ähnlich.

Das traf es nicht. Sie wollte wissen: Hatte sie glattes Haar oder Locken!

Ich war in der Klemme, denn dies ist für sie die heikelste aller Fragen; man muß wissen, sie hat braune Locken, die jedermann reizend findet, mit einer Ausnahme: sie selbst. Aus Gründen, die wir niemals erfahren werden, steht unverrückbar vor ihrem inneren Auge das Idealbild eines Mädchens mit langem, glattem, schwarzem Haar, und ich weiß nicht, was sie nicht tun würde, um diesem Bild zu gleichen. Ich aber glaubte ihr entgegenzukommen, indem ich vermutete, das Mädchen des Liedes habe Locken gehabt, wie sie. Da gab sie ein unbeschreiblich enttäuschtes und angewidertes Stöhnen von sich, und ich begriff, daß ich auf dem Holzweg war. Die Heldin sollte »schöner« sein als sie.

Da ich nicht zurückkonnte, ging ich aufs Ganze. Stell dir das Mädchen ruhig mit langem glattem Haar vor! sagte ich.

Aber wie sieht sie in Wirklichkeit aus?

Sie trieb mich weiter. – In Wirklichkeit? Das wissen wir nicht. Der Dichter hat an das Mädchen gedacht, das er am liebsten hatte. Und jeder, der das Lied singt, kann sich auch sein liebstes Mädchen vorstellen. – Bestimmt? – Kannst es glauben. – Darauf sie, erleichtert: Das find ich gut.

Der Vorgang, so einfach er war, bewegte mich. Alles hatte seine Richtigkeit. Das Gleichnis – Literatur in Verkleidung – wurde als Schlüssel zum Verständnis einschneidender eigner Erfahrung benutzt: daß Hingabe auch Vernichtung ist. Es hatte diesen Sinn preisgegeben, indem es seinerseits entschlüsselt – nicht entzaubert – worden war; Mittel und Wirkung zeigten sich in glücklicher Übereinstimmung; der »Zweck«, falls es ihn gab, etwas wie »Selbstfindung«, war erreicht; eine winzige Spur mag sich in das Gedächtnis des Kindes eingeritzt haben, die durch spätere Kunsterlebnisse vertieft werden kann – vorausgesetzt, das Kind hört nicht auf, sich auch seinen schmerzlichen Erfahrungen unverkleidet, ohne Maske, zu stellen. In diesem, wie mir scheint, immer häufiger werdenden Fall allerdings steht die Literatur vor neuen Tatsachen.

Gestern – ich schreibe dies am 2. Mai 1978 – las ich in einer schottischen Zeitung folgende Meldung: Eine Polizistin hatte ein ganz junges Mädchen, das sich aus dem 18. Stock eines Wohnhauses hatte hinunterstürzen wollen, so lange am

Mantel zwischen Himmel und Erde festgehalten, bis zwei weitere Polizisten ihr zu Hilfe kamen und das Mädchen hereinzogen. Die Gerettete sagte, sie hätte nichts, wofür sie leben könnte.

Keine vier Wochen vorher hörte ich von einer Radiomeldung, die, wie man mir sagte, aus Schweden kommen soll: Man erwäge es, Kliniken für Selbstmordkandidaten einzurichten – nicht, um die zum Selbstmord Entschlossenen von ihrem Plan abzubringen, sondern um ihnen die Ausführung zu erleichtern. Wie denn? dachte ich. Womöglich mit Hilfe des Personals? Der instinktive Griff des Mit-Menschen nach dem Mantelzipfel dessen, der sich in den Abgrund stürzen will, soll ersetzt werden durch »vernünftige«, »humane« Überlegungen; diese Worte kamen in der Meldung bestimmt nicht vor, müssen aber im Kontext mitgeklungen haben, denn für vernünftig, human *muß* sich eine Überlegung ausgeben, die den hippokratischen Eid außer Kraft setzen will: In Würde, hieß es, solle der Todeswillige sterben können, und ohne andere zu gefährden.

In Sekundenschnelle stand die Klinik, ein Werk der Fiktion, vor meinem innern Auge, ein Betrieb, der wie am Schnürchen lief, hygienisch, antiseptisch, mit Schwestern, Ärzten, Psychologen in weißen Kitteln, mit Köchen, Küchenhilfen und Reinemachefrauen, einem Gärtner und einer außergewöhnlich großen Zahl von Studenten, die in der Anatomie ihre Studien trieben; denn dieses Krankenhaus produzierte nicht Gesundheit, sondern Tod. Der Arzt, der sich mit dem Patienten bekannt gemacht, vielleicht tagelang erfolglos versucht hat, seiner Todessehnsucht entgegenzuwirken, legt ihm am Abend eine rasch wirkende Tablette auf den Nachttisch und gibt der Nachtschwester einen Wink, das Zimmer nicht mehr zu betreten, die wiederum für den nächsten Morgen die beiden Männer mit der Bahre bestellt.

Alles funktioniert, und alles ist verkehrt.

Ich fürchte sehr, daß dies ein Gleichnis ist für die Vertauschung von Mittel und Zweck, einen Grundzug der Welt, in der wir leben und schreiben, in der die Mittel zu unserer Erhaltung entartet sind in Mittel zur Vernichtung unserer Umwelt, die Mittel zu unserer Verteidigung in Mittel zur Selbstvernichtung, in der die »eigentlichen« Zwecke, denen unsre Mittel einst untergeordnet waren, hinter den Horizont unseres Bewußtseins gesunken sind und wir wahnhaftes Denken an die Stelle der Vernunft setzen müssen, um diesen Zustand vor uns selbst verborgen zu halten. So daß wir eher bereit sind, Geld auszugeben, um Menschen, die an dieser schönen Welt verzweifeln, rasch und unauffällig beiseite zu schaffen, als unsere Anstrengungen darauf zu richten, die Grundlagen dieser fragwürdig gewordenen Zivilisation zu ändern.

Und die Literatur? Sie, verkleidet von ihrem Wesen her, trifft auf Verkleidete, auf »Wirklichkeit in Verkleidung«, auf Leser, denen das Verhängnis verborgen bleibt, womöglich als »Glück« erscheint. Als Kind habe ich der Hexe in meinem Märchenbuch, die Schneewittchen den vergifteten Apfel hinhält, die Augen ausgekratzt. Das Märchen hat mich nicht davor bewahren können, später mehr als einmal in die vergiftete Seite des Apfels zu beißen und die Erfahrung zu machen, wie schwer es ist, das Gift wieder loszuwerden. Was aber, wenn das vergiftete Schneewittchen behauptet, sich ganz wohl zu fühlen? Erklärt, eben dies sei das Ziel ihrer Wünsche gewesen: im gläsernen Sarg zu liegen und beweint zu werden? Den Prinzen, der sie lieben will, abweist, da sie Liebe nicht vermißt?

Dieses Schneewittchen würde das Lied vom Jäger und seinem Mädchen nicht betreffen; seine eigene Geschichte, erzählte man sie ihm, würde von ihm nicht verstanden werden; in seinem Sarg liegt es »wie lebendig«, lächelnd und sehr schön und unerreichbar für uns in seinem gut gepanzerten Versteck. Und die sieben Zwerge verteilen glänzend aufgemachte Broschüren an die Touristen, in denen Wissenschaftler beweisen, daß dem Kind nichts fehlt.

Sie fühlen, und ich fühle es auch, daß diese Sammlung von Anekdoten noch der Nutzanwendung auf uns und unser Thema bedarf. Eben die aber, muß ich gestehen, fällt mir schwer, denn die Gefahr, auf Täuschung mit Selbst-Täuschung zu reagieren, liegt auch hier sehr nahe. Schon die Frage kann falsch gestellt sein, ich stelle sie trotzdem: Wie kann Literatur dazu beitragen, eine in ihrem Fortschrittswahn gefangene Realität – sprich: Leserschaft – zu befreien? Oder, vielleicht richtiger, die gleiche Frage ohne das Wie am Anfang: *Kann* Literatur dazu beitragen…

Das weiß ich nicht. Bescheidenheit ist am Platze. Auch Literaten sind nicht immun gegen irgendeine Art von Wahn, ebensowenig wie gegen Mutlosigkeit, Angst oder Resignation. Vorausgesetzt aber, es gelänge uns immer wieder, selbst bei Verstand zu bleiben und den Mut aufzurichten – müßten wir nicht neu nachdenken, mit welcher Art von Schlüssel man Menschen heutzutage ihre tief verschlüsselte – »entfremdete« – Realität aufschließen kann? Sollte Literatur der Selbstmaskerade so vieler Menschen ihrerseits zu begegnen suchen, indem sie sich immer weiter maskiert, unkenntlich macht, in Kostüme flüchtet, mit Bildern, Gleichnissen, Mythen arbeitet? Sich »in Verkleidung« einschleicht hinter die Abwehrpanzerung ihrer Leser? Oder sollte sie, im Gegenteil, der Codifizierung der Welt unverstellt entgegentreten, nackt und bloß, auf die Strukturen weisen und in dürren Worten sagen, was ist?

Solche Fragen stellen heißt, sie nicht beantworten können. Alle Mittel, scheint mir, sind erlaubt, alte wie neue, wenn wir sie unter eine strenge Selbstkontrolle stellen: daß sie nicht der Manipulation dienen; das heißt, daß nicht auch in unsere Arbeit jenes Gift eindringt, das Zwecke verschwinden läßt und Mittel mißbraucht. Jene Polizistin, die das Mädchen festhielt, hörte und spürte den Stoff des dünnen Mantels reißen, aber sie ließ nicht los. Wer kann wissen, ob das Mädchen nicht im nächsten Jahr, oder in zehn Jahren, seinem Leben einen Sinn gibt. Mir kommt es so vor, daß die Literatur es in diesem Punkt der beharrlichen Polizistin gleichtun muß: Sie darf nicht loslassen.

Isaac B. Singer
Das Interview

Ich bin in meinem Leben einer Reihe weiblicher Rebellen begegnet, aber die erste hat sich meinem Gedächtnis eingeprägt. Ich war erst neunzehn Jahre alt und Korrektor des jiddischen literarischen Magazins ›Literarische Bleter‹. Der Redakteur schickte mich zu einem wichtigen Besucher Warschaus, dem alten Philosophen, Essayisten und Ästheten Dr. Gabriel Levantes, um ihn zu interviewen. Er hatte über zwanzig Jahre in Berlin gelebt, wo er Mitherausgeber einer jüdischen Enzyklopädie gewesen war. Ich hatte vor einigen Tagen Gelegenheit gehabt, ihn im Schriftsteller-Klub zu beobachten. Er war klein und gebeugt, mit für seine Größe zu breiten Schultern, und sein Bauch stand vor wie der Leib einer Schwangeren. Er hatte einen enormen weißen Haarschopf. Bart und Schnurrbart waren auch weiß. Nur in seinen buschigen Brauen waren ein paar schwarze Haare zu sehen. Darunter spähten schwarze durchdringende Augen, wie die eines Igels hervor. Er trug eine Pelerine, die bis zu den Füßen reichte, und einen breitkrempigen Plüschhut. In einer Warschauer jiddischen Zeitung hieß es über ihn, daß niemand ihn je ohne Schirm oder ohne Zigarre im Mund gesehen habe. Man witzelte über ihn, daß er sogar mit der Zigarre zwischen den Lippen schlafe.

Dieses Interview war mein erster Versuch im Journalismus, und ich hatte mich schon tagelang damit beschäftigt. Am Abend vorher konnte ich kaum schlafen. Gegen elf Uhr vormittags rief ich im Hotel Bristol an, in dem Dr. Levantes abgestiegen war. Er schien sehr schwerhörig zu sein, denn ich mußte jedes Wort dreimal wiederholen. Er schrie mit mir, als sei ich der Taube: »Junger Mann, kommen Sie pünktlich um vier Uhr – nicht eine Sekunde später.«

Um drei Uhr fünfzehn begab ich mich von meinem Zimmer in der Nowolipkistraße zum Hotel Bristol, wo ich um zwölf Minuten vor vier ankam. Draußen war es kalt, und jetzt begann es zu schneien, fein und stachlig wie mit Nadeln. Ich lief vor dem Eingang auf und ab, um nicht, Gott behüte, zu früh anzukommen. Mein Wintermantel hatte sein wattiertes Futter verloren, und ich zitterte vor Kälte. In der Eile und aus Angst zu spät zu kommen, hatte ich meinen Schal und meine Gummistiefel vergessen. Der Hotelportier, in einer Uniform mit goldenen Knöpfen und den Schulterstücken eines Generals, sah mich mißtrauisch von oben bis unten an. Droschken und sogar einige Taxis, die zu der Zeit noch eine Seltenheit waren, hielten vor dem Hotel. Der stürmische Wintertag war kurz, und die Straßenlaternen wurden früh angezündet. Der Himmel reflektierte den violetten Schein eines unvollendeten Sonnenuntergangs. Ich sah dauernd auf meine Armbanduhr, die beschlagen war. Drei Minuten vor vier versuchte ich das Hotel zu betreten, aber der Portier hielt mich mit seiner weiß behandschuhten Hand zurück. »He, Sie da, wohin wollen Sie denn?«

»Zu Dr. Levantes.«

»Ich glaube, eine Dame ist bei ihm.«

Nach einigem Zögern gab mir der Portier die Erlaubnis, Dr. Levantes zu besuchen, aber ich mußte vier Treppen hinaufgehen, da ich den Lift nicht benutzen durfte, der für wichtigere Besucher reserviert war. Der Portier hieß mich meine Schuhe abputzen und den Teppich auf den Marmorstufen nicht zu beschmutzen.

Punkt vier Uhr läutete ich, und Dr. Levantes öffnete die Tür. Er trug einen langen Morgenrock mit geflochtenem Gürtel und riesige Hausschuhe. Ich erblickte sofort die Frau, von der der Portier gesprochen hatte. Sie saß auf dem Sofa gegenüber dem Schreibtisch von Dr. Levantes und trug einen kurzen, knielangen Rock nach der gängigen Mode. Sie schien mir Ende dreißig zu sein, vielleicht sogar vierzig. Sie hatte einen Hut auf, der einem umgekehrten Topf ähnelte, und trug Stiefel, die bis zu ihren kräftigen Waden reichten. Sie war nicht geschminkt, und ich glaubte auf ihren hohen Backenknochen Pockennarben zu sehen. Sie hielt eine ausgegangene Zigarette zwischen den Fingern der rechten Hand.

Dr. Levantes führte mich zum Sofa, und er selbst setzte sich auf einen Plüschstuhl, so daß er uns beide sehen konnte. Am Rande seines Schreibtischs bemerkte ich ein schmales, ungebundenes Buch, eine Broschüre. Ich konnte den Titel und Namen des Autors auf der ersten Seite lesen: Die nackte

Wahrheit, von Machla Krumbein. Dr. Levantes hob die Broschüre mit Daumen und Zeigefinger auf, sah sie kurz an und legte sie geziert wieder hin.

Er sagte zu mir: »Sie müssen ein wenig warten mit Ihrem Interview. Diese Frau kam unangemeldet zu mir. Sie hält sich für eine Dichterin.« Er wandte sich der Frau zu. »Wo, haben Sie gesagt, kommen Sie her?«

Die Frau erwähnte den Namen eines Dorfes.

»Wo ist dieses gottverlassene Schtetl?« fragte Dr. Levantes. »Meine liebe Dame«, sagte er ärgerlich, »dieser junge Mann ist das Kind einer Mutter, wahrscheinlich ein ehemaliger Jeschiwaschüler, gerade aus dem Ei gekrochen, und ich will ihn nicht verderben, indem ich ihm von Ihrer Art Dichtung spreche. Ich sehe bereits, wie Sie vorgehen. Kunst ist so heilig, daß in ihrem Namen alles koscher ist, sogar Schweinshaxe in Talg gekocht. Lassen Sie mich ganz klar und deutlich sagen: Pornographie ist nicht Literatur. Der Sinn der Literatur ist, den Geist zu erhöhen, dem Leser nahezubringen, was schön und erhaben ist, und nicht seine niedrigsten Instinkte wachzurufen. Ich weiß, seit dem letzten Krieg gibt es eine neue Richtung in der Literatur – in Deutschland, Frankreich und besonders in Rußland, unter den Bolschewiken. Sie haben alles auf den Kopf gestellt. Das Böse ist gut, häßlich ist schön, krumm ist gerade. Wir haben in Berlin einen gewissen Rilke, der seine Gedichte in einem Sack herumträgt wie ein Hausierer. Man kann kein Wort verstehen von dem, was diese Dichter schreiben. Ihr Slogan ist ›Zurück zum Chaos‹, aber ich bin zu alt dafür und dieser junge Mann zu jung. Da gibt es in Rußland einen Verrückten, einen gewissen Majakowski, der hat ein Gedicht über eine Wolke in Hosen geschrieben, und der wird mit großer Bewunderung zitiert. Wie kann eine Wolke Hosen tragen, wenn sie aus lauter Dampf besteht? Sie könnte genausogut Gamaschen und einen Pelzmantel tragen. Einige dieser sogenannten Dichter sind Juden. Wie heißt diese verrückte Frau? Irgend etwas wie Lasker. Nun, ich kann noch verstehen, daß all dies in Berlin oder Paris – sogar noch in Petersburg, Petrograd, oder wie immer das jetzt heißt, stattfindet. An diesen Orten wimmelte es immer von Futuristen, Dadaisten und Nihilisten– alle Arten von ›isten‹. Aber wie ist es möglich, daß eine Frau aus einem anständigen jüdischen Dorf so eine widerwärtige Sprache benutzt? Versuchen Sie die Irren von Sodom und Gomorrha zu imitieren?«

»Ich versuche niemanden zu imitieren«, sagte die Frau mit fast männlicher Stimme. »Aber da alle menschlichen Wesen, ohne Ausnahme, von der Wiege bis zum Grabe an sexuelle Beziehungen denken, wie kann da die Dichtung dieses Thema ignorieren?«

»Alle menschlichen Wesen?« rief Dr. Levantes aus. »Ich denke nicht einmal eine Stunde in der Woche daran. Ebensowenig mein großer Freund Professor Hermann Cohen. Wenn sich das menschliche Gehirn immerfort mit wollüstigen Gedanken beschäftigen würde, dann würden die Menschen sich noch heute wie die Affen bewegen und in Höhlen leben. Da gibt es in Wien einen gewissen Dr. Freud, ein halber Scharlatan und ein ausgewachsener Dilettant, und der versucht uns davon zu überzeugen, daß wir alle eine Bande von Sexbesessenen sind. Er versucht, der Newton des menschlichen Verhaltens zu werden. Er hat einen ganzen Klüngel von Anhängern. Darf ich Ihnen eine persönliche Frage stellen?«

»Ja, Doktor, natürlich«, sagte die Frau.

»Haben Sie einen Mann oder sind Sie unverheiratet?«

»Ich hatte einen.«

»Was ist aus ihm geworden?«

»Wir sind geschieden.«

»Darf ich fragen, warum Sie geschieden sind?«

»Sie dürfen alles fragen. Ich habe ihn verlassen, weil er mich nicht befriedigen konnte. Bevor er noch guten Abend gesagt hatte, war es bereits gute Nacht. Er war so schnell wie ein Kaninchen.«

So jung ich war, verstand ich doch, was sie meinte, und ich errötete. Ich hatte bereits Professor Forels Buch über die sexuelle Frage gelesen, und ich glaube, ich hatte sogar Kenntnis von Krafft-Ebing. Dr. Levantes fing an zu knurren und zu husten. Er zog ein großes Taschentuch aus der Tasche und spuckte hinein.

Die Frau stand auf. »Dr. Levantes«, sagte sie, »in der Zeitung stand ein Artikel über Sie, und der Verfasser nannte Sie einen unabhängigen Denker. Deshalb bin ich zu Ihnen gekommen. Aber ich sehe, daß Sie die Voreingenommenheit aller Fanatiker besitzen. Wahrscheinlich danken Sie Gott jeden Tag dafür, daß er Sie nicht als Frau erschaffen hat. Lassen Sie mich Ihnen sagen, Herr Doktor, Sie haben viele Bücher studiert, aber ich habe das Leben studiert. Im Krieg war unser Dorf von Österreichern besetzt, und sie brachten uns erst die Cholera und dann eine Hungersnot. Viele Mädchen und junge Frauen wurden Schmuggler. Sie packten Fleisch um ihren Körper, unter den Kleidern, und schmuggelten es in das ehemalige Galizien. Auf dem Rückweg schmuggelten sie Tabak und andere Sachen, die sie in ihrer Unterwäsche versteckten. In der Nähe der Grenze lagen Gendarmen, Finanzer genannt, auf der Lauer. Wenn sie eine dieser Frauen erwischten, zwangen sie sie, sich auszuziehen, und machten mit ihr, was sie wollten. Ich kann Ihnen sagen, Herr Doktor, eine Tatsache –«

»Ich will es nicht hören, ich will es nicht hören!« schrie Dr. Levantes. »Wenn Sie mir erzählen wollen, daß die meisten Menschen noch Tiere sind, da werde ich Ihnen zustimmen, aber Gedichte werden für die besseren menschlichen Wesen geschrieben, nicht für den Pöbel.«

»Ihre besseren menschlichen Wesen sind genauso an sexuellen Dingen interessiert wie der Pöbel«, sagte die Frau. »All das, was Sie, Herr Doktor, Kultur nennen, hat damit zu tun. Was ist das Theater? Was malen die Maler? Was bildhauern die Bildhauer? Brüste, Bäuche, Hinterteile. Lassen Sie diesem jungen Mann die Wahl zwischen dem wunderbarsten Buch und einer wollüstigen Frau, da werden Sie sehen, was er wählen wird.«

»Bitte gehen Sie!« schrie Dr. Levantes.

Es war so dunkel geworden, daß das Gesicht der Frau sich in ein Bündel von Schatten verwandelt hatte. Nur ihre Augen glänzten in dem winterlichen Zwielicht. Ich wollte sagen, daß ich eher das Buch wählen würde als die Frau – vielleicht Dr. Levantes zu Gefallen –, aber meine Kehle war ganz ausgetrocknet und ich begann zu schwitzen. Die Frau tat ein paar Schritte rückwärts und zögerte. Plötzlich lief sie auf mich zu und ergriff mein Handgelenk mit solcher Kraft, daß ich fast aufschrie vor Schmerz. »Ich werde unten auf Sie warten«, flüsterte sie und küßte mich hinter dem Ohr. Sie warf die Tür mit solcher Gewalt zu, daß die Fensterscheiben klirrten.

Dr. Levantes rief hinter ihr her: »Hure! Dirne! Miststück!«

Er zitterte und sagte keuchend: »Ich erkenne meine polnischen Juden nicht mehr!«

Ich hatte eine lange Liste von Fragen für Dr. Levantes aufgeschrieben, aber schon auf die erste Frage antwortete er mit einer langen Rede. Er blies den Rauch seiner Zigarre direkt in mein Gesicht und sprach von vielen Dingen gleichzeitig – von Spenglers ›Untergang des Abendlandes‹, Bergsons ›Schöpferische Entwicklung‹, von der Balfour-Deklaration, der Bolschewistischen Revolution, sogar von Einsteins Relativitätstheorie. Wieder und wieder griff er Freud an. Obwohl der Dampf in der Zentralheizung zischte, bildeten sich auf den Fensterscheiben Eisblumen. Ich schrieb die klugen Worte von Dr. Levantes so schnell ich konnte auf, aber mein Gehirn beschäftigte sich nur mit einem Gedanken: würde Machla Krumbein wirklich auf mich warten? Es war zu kalt, um draußen zu warten. Als ob Dr. Levantes gespürt hätte, daß ich an sie dachte, versuchte er ihre Argumente zu widerlegen. Er verglich die »menschlichen Affekte«, wie Spinoza sie genannt hatte, mit einem Vulkanausbruch. Man mußte die glühende Lava vermeiden, nicht versuchen, darin zu schwimmen. »Es gibt nur eine Frage«, sagte er. »Warum hat Gott oder die Natur den Homo sapiens mit einem derartigen Überfluß an Gefühlen ausgestattet? Was ist ihre biologische Funktion? Weder Plato noch Spinoza, noch Schopenhauer haben darauf eine Antwort gefunden.«

Es waren schon zwei Stunden vergangen, und Dr. Levantes versprühte noch immer seine Gelehrsamkeit. Das Zimmer füllte sich mit dem Rauch seiner Zigarrenringe. Ich bildete mir ein, daß der Rauch nicht nur aus dem Mund von Dr. Levantes kam und aus seinen Nasenlöchern, sondern auch aus seinen behaarten Ohren, seinem Bart und sogar seiner Weste, als ob er innerlich verbrenne. Als ich schließlich ging, zitterten meine Knie und mir war schwindlig. Ich öffnete die Tür zur Straße und atmete die kalte Luft ein, und da war Machla Krumbein. Sie stand an dem Schaufenster eines Ladens, das von kleinen Gasflammen erwärmt wurde, um das Zufrieren zu vermeiden. Ich berührte ihre Schulter, und sie fuhr zusammen. Ich fragte sie, ob sie die ganze Zeit über dort draußen gewartet hatte.

Ihr Gesicht war weiß von der Kälte, aber ihre Augen strahlten freudig wie die eines jungen Mädchens. »Was macht das?« sagte sie. »Ich bin die Kälte wie auch das Warten gewöhnt. Ich habe Tag und Nacht Sachen geschmuggelt, auch wenn sibirische Kälte herrschte. Warum hat das Interview so lange gedauert? Gehen wir irgendwohin. Ich bin ein Eisblock.«

»Warum haben Sie nicht in der Halle gewartet?«

»Der Portier hat mich hinausgejagt. Ihm gefiel wahrscheinlich nicht, wie ich angezogen bin. Ein armer Teufel schnauzt einen anderen an. Haben Sie etwas Geld bei sich? Ich besitze keinen Pfennig.«

Sie hängte sich zwanglos bei mir ein. Die Restaurants und Cafés in dieser wohlhabenden Nachbarschaft waren nichts für unsereinen. Wir gingen in die Richtung der Senatorskastraße und von dort in das jüdische Viertel. Machla redete die ganze Zeit. »Was war denn das für ein Interview? Wo soll es denn veröffentlicht werden? Ich bin in den Schriftsteller-Klub gegangen, aber die Empfangsdame ließ mich nicht hinein. Wenn die gesehen hätten, was ich schreibe, hätten sie mich aus dem Fenster geworfen. Wie war doch Ihr Name? Ich habe ihn noch nie gedruckt gesehen. Ich mußte mein kleines Buch selbst bezahlen. Deshalb bin ich jetzt pleite. Was schreiben Sie denn?«

»Ich möchte Geschichten schreiben.«

»Geschichten? Werden Sie wenigstens die Wahrheit sagen, oder werden Sie alles beschönigen und verniedlichen, wie es die anderen Lügner tun? Sie sehen noch wie ein ehrlicher Mensch aus, aber wenn die Schmierfinken Sie in ihre Gesellschaft aufnehmen, dann werden Sie genauso ein Betrüger werden wie sie.«

»Was nennen Sie denn die Wahrheit?«

»Die nackte Wahrheit. Als mich diese österreichischen Gendarmen zwangen, mich auszuziehen, dachte ich, ich müßte vor Scham sterben. Aber wenn man etwas tun muß, dann tut man es. Gott sei Dank, daß es Sommer war und nicht Winter. Sie machten mit mir, was sie wollten – vier Männer, einer immer kräftiger als der andere. Dann spuckten sie mich an und gingen, als sei nichts geschehen. Ich lag da und weinte lange, bis mir einfiel, daß, was geschehen war, alles in allem keine große Katastrophe war. Damals wurde mir zum erstenmal klar, daß Frauen dafür geschaffen sind.«

»Um vergewaltigt zu werden?«

»Ja.«

Ihre Worte machten mich schaudern. Wir kamen zu einem kleinen Café, vor dem das Bild einer Kuh hing, zum Zeichen, daß sie Milchprodukte servierten. Obwohl ich damals noch nicht Vegetarier war, aß ich dort öfter, weil es billig war. Wir gingen hinein und nahmen am letzten freien Tisch Platz. Ich hatte etwas Geld bei mir. Die Besitzerin, eine ältere christliche Frau, brachte uns Buchweizen mit Milch, Brot, Hering und Kaffee mit Zichorie.

Obwohl ich mit Frauen sehr schüchtern war, machte mich Machla Krumbein, die alt genug aussah, um meine Mutter zu sein, und die wie eine Hure redete, wagemutig. »Was wäre geschehen, wenn die Gendarmen Sie geschwängert hätten?« fragte ich.

»Das konnte nicht passieren – ich kann keine Kinder bekommen. Ich habe sieben Jahre mit meinem Mann gelebt und blieb unfruchtbar. Er taugte nichts, und nach einigen Jahren suchte ich mir Liebhaber.«

»Was für welche?«

»Was immer ich bekommen konnte – einen Juden, einen Nichtjuden, einen Kutscher. Einmal habe ich es mit einem Jungen, der noch nicht lange aus der Schule war, getrieben, er war so etwa zwölf Jahre alt. Ich hatte angefangen, Romane zu lesen, und mir war klargeworden, daß die Verfasser alle schamlose Lügner waren. Sie gingen immer wie die Katze um den heißen Brei herum und kamen nie zur Hauptsache. Sie schwatzten endlos von der Liebe. Es gibt keine Liebe. Das ist alles erfunden, ein Pferdemarkt im Himmel.«

»Ich selbst war einmal sterblich verliebt in ein Mädchen«, sagte ich. Ich konnte kaum mein Zittern unterdrücken.

»Sterblich verliebt, huhu. Und was geschah?«

»Nichts.«

»So hört jede Liebe auf. Liebe ist nichts anderes als eine in die Länge gezogene Krankheit. Ein Mann sollte sofort das bekommen, was er will, und nicht mit einem Haufen sentimentalen Gewäschs gefüttert werden. Haben Sie jetzt jemanden?«

»Nicht wirklich.«

»Wenn Sie wollen, können Sie mich haben heute abend. Alles, was wir brauchen, ist ein Bett.«

»Ich lebe in Untermiete.«

»Haben Sie ein eigenes Zimmer?«

»Ich muß durch ihr Wohnzimmer gehen. Dort ist ein Mädchen, und wir beide –«

»Sind Sie verliebt in sie?«

»Wir lesen gemeinsam Bücher.«

»Was für Bücher?«

»Verschiedene Themen – Biologie, Psychologie. Kürzlich haben wir Flammarion gelesen.«

»Wer ist das?«

»Ein französischer Astronom.«

»Ist Ihr Mädchen noch Jungfrau?«

»Ja, aber wir sprechen nie über solche Dinge.«

»Nehmen Sie mich mit«, sagte Machla Krumbein, »und ich werde deutlich mit ihr reden. Diese koscheren Jungfrauen haben vor mir ebensolche Angst wie der Teufel vor dem Weihrauch.«

»Das kann ich nicht tun.«

»In dem Fall sind Sie kein Mann, sondern ein Schaf. Ich würde Sie mit zu mir nehmen, aber ich wohne bei einer alten Tante, und sie hat nur ein Zimmer und ein Bett. Sie ist so fromm wie eine Rebbezin. Die ganze Nacht hindurch stöhnt sie und murmelt heilige Worte. Sie läßt mich nicht schlafen. Ihr Mann, mein Onkel Nahum, ist vor zweiundzwanzig Jahren gestorben, und sie hat nie einen anderen Mann angerührt – sie ist meinem Onkel noch immer treu. Das haben die Lügner und Bigotten den Frauen eingeredet.«

Ich wollte ihr antworten, aber meine Kehle war wie zugeschnürt. Sie nahm eine Broschüre aus ihrer Handtasche und sagte: »Hier, lesen Sie das. Das ist mein Buch ›Die nackte Wahrheit‹.«

Es waren zweiunddreißig Seiten Gedichte, jede Zeile hatte nicht mehr als vier oder fünf Worte. Ich brauchte etwa fünfzehn Minuten, um es durchzulesen. Ich hatte nie zuvor solche Obszönitäten gelesen. Ich wußte nicht, was stärker in mir war, meine Begierde oder mein Ekel. Ich warf einen Blick auf die Verfasserin. Sie lächelte und entblößte zwei Reihen breiter, kräftiger Zähne. Sie fragte mich: »Haben Sie je so heiße Sachen gelesen?«

»Niemals.«

»Mein Vater war ein Cohen. In früheren Zeiten hätte man

mich zum Scheiterhaufen verurteilt. So steht es im Pentateuch.«

»Ja.«

»Wenn Sie zehn Zlotys haben, können Sie mit mir in ein billiges Hotel gehen.«

»Da muß man einen Paß vorweisen. Ich habe keine zehn Zlotys, und außerdem muß ich noch unser Abendessen bezahlen.«

»Es gibt kleine Hotels, wo sie einen ohne Paß einlassen«, sagte sie. »Vielleicht können Sie irgendwo etwas Geld borgen.«

»Jetzt? Am Abend?«

Wir saßen schweigend da. Ich blickte mich nach den anderen Tischen um. An jedem Tisch saßen ein junger Mann und ein Mädchen. Sie unterhielten sich über die politische Lage in Polen, die Nachrichten aus Sowjetrußland, Palästina. Einige von ihnen kannte ich. Sie waren Kommunisten, Mitglieder der linken Organisation »Workers of Zion«, sogar ein Anarchist – ein Vegetarier. Machla Krumbein lachte und blinzelte mir zu. »Ich habe eine Idee«, sagte sie. »Leihen Sie etwas Geld von dem Mädchen, mit dem Sie Bücher lesen. Wenn das Interview erscheint, können Sie ihr das Geld zurückgeben.«

Ich wußte, daß das Unsinn war, aber ich stand auf und bezahlte die Rechnung. Wir gingen gemeinsam zur Nowolipkistraße und kamen zu dem Haus, in dem ich wohnte. Ich wußte, daß meine Ilka mit einer Freundin ins Kino gegangen war. Ihre Mutter konnte ich nicht um Geld bitten, da ich ihr schon drei Monate Miete schuldig war. Ich sagte das, und Machla Krumbein antwortete: »Alle Mächte sind heute gegen uns. Wenn dieser alte Narr Levantes nicht so ein Fanatiker wäre, könnten wir uns zu dritt vergnügen.«

»Mit diesem alten Mann?«

»Ich liebe alte Männer. Einige von ihnen sind schärfer als die Jungen. Ein Trio mit ihm und Ihnen hätte Spaß gemacht, aber es sollte nicht sein.«

»Glauben Sie an Gott?« fragte ich.

»Alles kommt von ihm.«

Wir standen am Tor meines Hauses, und Machla Krumbein sagte: »Vielleicht wird Ihr Mädchen bald vom Kino zurückkommen. Wenn ihnen der Film nicht gefällt, dann gehen diese Mädchen sofort. Ich habe schon lange aufgehört, ins Kino zu gehen – es langweilt mich tödlich. Ein Mann trifft ein Mädchen, und im Augenblick, in dem er sie küßt, ist er auf ewig in sie verliebt. Die Heldinnen sind alle unsagbar schön. Und die nicht schön sind, die kommen in diesen Phantasien gar nicht vor. Die Männer sind alle riesengroß und reich und scharf darauf, zu heiraten. Lügen, Lügen. In der ganzen Literatur habe ich nur einen Schriftsteller gefunden, der die Wahrheit schreibt – Strindberg. Er ist ins Jiddische übersetzt. Was er über uns Frauen sagt, ist wahr. In meinem Dorf habe ich nur Todfeinde. Sie verwünschen mich mit den gemeinsten Flüchen. Warum können Sie mich nicht mit in Ihr Zimmer nehmen? Wenn Sie dort wohnen, so haben Sie das Recht, Gäste mitzubringen.«

»Meine Vermieterin erlaubt es nicht. Einmal besuchte mich ein Mädchen, und die Alte befahl mir, die Tür offen zu lassen.«

»Sie sind eifersüchtig, daran liegt es. Sie sind wie Hunde, die einen Heuhaufen beobachten: sie können das Heu nicht selber fressen und sie erlauben auch anderen nicht, es zu fressen. Wie soll ich nur mein Buch verkaufen? Der Drucker hat fünfhundert Exemplare hergestellt. Würde vielleicht eine Buchhandlung sie übernehmen?«

»Ich fürchte, keine Buchhandlung würde das tun.«

»Das heißt, daß ich auch in Warschau bereits exkommuniziert bin. Die Drucker in Lublin weigerten sich, es zu drukken, aber ich habe einen alten Junggesellen gefunden, und der wurde mein Verleger – natürlich anonym. Ich gab ihm, was ein Mann will, und er wurde romantisch und tat alles für mich. Er hat mir sogar einen Heiratsantrag gemacht, aber ich will den Engel des Todes heiraten.«

»Warum sagen Sie das? Sie sind noch jung.«

»Nicht ganz so jung.«

»Was tun Sie in dem Dorf?« fragte ich sie.

»Ich bin Schneiderin. Die Frauen wollen mir keine Arbeit geben, aber die Männer kommen zu mir und lassen mich Maß nehmen für ihre Hemden und Unterwäsche. Während ich Maß nehme, kitzele ich sie. Ach, ich muß lachen.«

»Was ist so komisch?«

»Diese Heuchler! Vor einigen Tagen wurde ich vierzig, und ich beschloß, noch fünf Jahre zu leben, nicht einen Tag länger. Aber für diese fünf Jahre habe ich mir vorgenommen, allen meinen Launen nachzugeben. Frauen wie ich sollten nicht alt werden. Der Vorsteher der Beerdigungsgesellschaft hat mir gesagt, wenn ich sterbe, wird er mich hinter dem Zaun, bei den Selbstmördern und Huren, begraben, und ich habe ihm gesagt, daß, was mich angeht, er mich in Stücke schneiden und den Hunden vorwerfen kann. Alles, was in den heiligen Büchern geschrieben steht, ist Unsinn. Es gibt einen Gott, aber er hat nie das Rote Meer zerteilt. Es hat nie die Tora gegeben. Moses hat das alles aus seinem Kopf geschrieben. Er hat sich selbst mit einer schwarzen Frau vergnügt. Wann wird das Tor hier geschlossen?«

»Vielleicht schon bald.«

Kaum hatte ich diese Worte ausgesprochen, als der Hausmeister mit dem großen Schlüssel und mit seinem alten hinkenden Hund aus seinem Verschlag trat. Er sah uns beide ärgerlich an und fragte: »Wollen Sie beide hinein oder heraus? Ich schließe.«

Machla Krumbein gab mir ihre Adresse. Sie küßte mich auf den Mund. Sie biß mich sogar. Der Hausmeister warf das Tor vor ihr zu, und anstatt die dunkle Treppe hinaufzugehen, ging ich zum Abfallkübel im Hof und wischte meinen Mund mit dem Taschentuch ab. Im Licht der einzigen Birne, die über dem Eingang brannte, sah ich Blut.

Jemand läutete, und der Hausmeister öffnete das Tor. Es war Ilka – klein, mit krausem Haar, das so struppig wie das eines Schafes war. Ilkas Vater war in der Typhusepidemie gestorben. Ihre Mutter verkaufte getragene Kleider im Basar am Karcelak Platz. Ilka hatte das Gymnasium besucht, war aber beim Schlußexamen durchgefallen. Kürzlich hatten wir zusammen ein Buch mit dem Titel ›Das Leben einer Amöbe‹ gelesen. Wir sprachen oft von Chromosomen, Zentrosomen und Zellplasma. Ich stand auf der Seite der Vitalisten und Ilka auf der der Mechanisten. Wir hatten auch Bucharins Arbeit über den historischen Materialismus und Otto Weiningers ›Geschlecht und Charakter‹ diskutiert. Als Ilka den Hof betrat und mich am Abfallkübel stehen sah, fragte sie: »Warum stehst du hier im Dunkeln? Hast du das Interview gehabt?«

»Ja.«

»Was hat er gesagt?« fragte sie.

»Er hat gesagt, daß Mädchen nicht dafür geschaffen sind,

über Amöben zu lesen, sondern um mit Männern zu schlafen«, sagte ich und war erstaunt über meine eigenen Worte.

Ilka schien noch verblüffter zu sein als ich. Wir standen beide sprachlos da. Dann hörte ich sie sagen: »Wenigstens hast du den Mut gefunden, die Wahrheit zu sagen. Eine Frau ist für dich nichts anderes als ein Stück Fleisch. Ist das richtig?«

»Ja, ganz richtig.«

»In dem Fall müssen wir unsere Beziehung beenden.«

»Wenn du meinst.«

»Was hat es für einen Sinn, hier am Abfallkübel zu stehen? Laß uns hinaufgehen.«

Wir gingen die dunklen Stufen bis zum ersten Treppenabsatz hinauf und hielten an. Ich umarmte Ilka, und sie wehrte sich nicht. Ich küßte sie, und sie küßte mich. Ich spürte ihr glühendes Gesicht. Sie stieß mich zurück und sagte: »Du bist ein Schwein wie alle anderen Männer.«

»Das bin ich.«

»Du hast mich bitter enttäuscht.«

Wir stiegen noch eine Treppe hinauf, hielten wieder an und küßten uns. Hinter einer Tür schrie ein Baby, und ich hörte die Mutter ein Wiegenlied singen, das wie ein Klagelied klang.

»Was für ein Abend«, sagte Ilka. »Erst ein scheußlicher Film, der mir den Magen umdrehte, dann dein merkwürdiges Verhalten. Manchmal glaube ich, daß der Tod der einzige Ausweg ist.«

»Ja, laß uns zusammen sterben, aber bevor wir sterben, laß uns all unseren Wünschen nachgeben.«

»Warum willst du mit mir sterben?« fragte Ilka. »Da du mich nicht liebst.«

»Liebe gibt es nicht«, verkündete ich.

»Was gibt es denn?«

»Nur Begierde.«

»Du tötest alles.«

Wir klopften an unserer Tür, und Ilkas Mutter öffnete. Sie schrie mich an: »Wer hat Ihren Mund blutig geschlagen?« Sie klatschte in die Hände und brüllte: »Deiner auch, Ilka! Weh mir und meinem elenden Leben.«

Ilka lief ins Badezimmer. Ich rannte in mein Zimmer. Gewöhnlich tranken wir Tee und aßen Brot und Marmelade, bevor wir schlafen gingen. Jetzt warf ich mich in den Kleidern aufs Bett. Von der anderen Seite der Tür konnte ich die keifenden Worte der alten Frau hören, und Ilkas Antwort: »Laß mich in Ruhe. Langweile mich nicht. Sei ruhig.«

Die Tür ging plötzlich auf, und die alte Frau steckte ihren Kopf herein. Sie hatte ihre Perücke abgenommen und ihren rasierten Kopf mit einem Tuch bedeckt. Sie hatte bereits ihre falschen Zähne herausgenommen und in ein Wasserglas gelegt, so daß ihr Mund eingefallen war. »Bitte seien Sie so gut und räumen Sie morgen unverzüglich das Zimmer«, sagte sie.

»Ja, ich werde es tun.«

»Und bezahlen Sie, was Sie mir schulden.«

»Nicht, ehe das Interview bezahlt worden ist.«

»Sie wildes Tier!« Sie spuckte aus und schlug die Tür zu.

Ich machte die Gasbeleuchtung aus und lag still im Dunkeln. Ich konnte noch immer das Nörgeln der Mutter und die ärgerlichen Antworten der Tochter hören. Ich fiel in einen tiefen Schlaf. Mitten in der Nacht berührte mich jemand an der Schulter. Ich wachte auf und es war Ilka. Sie murmelte: »Hier ist dein Stückchen Fleisch.«

Ich streckte meine Hand aus, um sie an mich zu ziehen, aber sie wehrte sich. Ich küßte sie und schwor ewige Liebe, und sie sagte: »Schamloser Lügner.«

Etwa fünfzig Jahre waren vergangen, und ich hatte den Namen Machla Krumbein nie wieder gehört, weder in Warschau noch in New York, wo ich seit meiner Emigration nach Amerika lebte. Ich suchte ihr kleines Buch in jiddischen Bibliotheken und Bibliographien, aber sowohl die Verfasserin wie das Buch waren ohne eine Spur zu hinterlassen verschwunden. Wann immer ich jemanden aus ihrer Gegend traf, fragte ich, ob er je von ihr gehört hatte, und die Antwort war immer nein. Ich begann daran zu zweifeln, daß diese Episode je stattgefunden hatte. Ich wußte aus Erfahrung, daß gewisse Ereignisse, von deren Realität ich überzeugt war, sich später als Träume oder Phantasien erwiesen hatten. Jahrelang hatte ich geträumt, in Sibirien zu sein. Ich sah sibirische Städte und Wälder vor mir. Ich reiste durch die sibirische Taiga und Tundra. Wenn ich in der Nacht aufwachte, dann war ich davon überzeugt, daß ich wirklich dort gewesen war, aber nach einigem Überlegen und Nachdenken wurde mir klar, daß ich nicht dort gewesen sein konnte, es sei denn in einer früheren Reinkarnation. Vielleicht war meine Begegnung mit Machla Krumbein auch diese Art von Erfindung.

Im Jahr 1974 war ich eingeladen, in Oxford an der Universität zu sprechen. Am Tag nach dem Vortrag machte der Bibliothekar der jüdischen Abteilung mit mir eine Tour durch die Abteilung der alten hebräischen und jiddischen Bücher und Manuskripte in der Bodleian Library. Ich fand eine Anzahl kleiner Geschichtenbücher, die ich als Kind gelesen und von denen ich angenommen hatte, daß sie die Vernichtung nicht überlebt hätten. Ich erkannte die verblichenen Umschläge wieder, die Typographie, sogar die Druckfehler auf den dünnen abgenutzten Seiten. Plötzlich fiel mein Blick auf ein kleines Buch, das auf einem Metallgestell lag und keinen Bibliotheksstempel trug, ohne Einband – ein ungebundener Rest eines Buches, das auch nicht katalogisiert worden war. Großer Gott, ich sah den Namen Machla Krumbein und den Titel ›Die nackte Wahrheit‹. Als ich es in die Hand nahm, zerfiel es zwischen meinen Fingern. Der Bibliothekar war ans Telephon gerufen worden, und in etwa zehn Minuten las ich das Buch von Anfang bis zu Ende. Nein, es war kein Traum und auch keine Illusion. Hier war es, mit seinen schiefen Zeilen, provinzlerischen Ausdrücken und dilettantischem Stil. Wiederum verwirrte es mich und setzte meine Phantasie mit der gleichen unheimlichen Kraft in Brand wie damals an jenem Winterabend in dem kleinen vegetarischen Restaurant. Jedes Gedicht zeugte von der Sinneslust einer Frau, die nichts von literarischen Konventionen wußte und sich nicht darum kümmerte. Diese Dorfschneiderin hatte sich gewünscht, daß alle weiblichen Wesen in einer biologischen Katastrophe umkommen würden und sie, Machla Krumbein, als einzige Frau in der ganzen Welt übrigbleiben würde. Alle Männer würden dann in langen Reihen anstehen, von Spanien bis Wladiwostok, von Alaska bis zur Antarktis, und sie würde sich mit jedem einzigen vereinigen – jung und alt, Chinesen und Türken, Zulus und Pygmäen, Leprakranken und Perversen, Mördern und Geisteskranken. Nein, Machla war keine Idealistin. Sie wollte alle Männer für sich allein.

Aus irgendeinem Grund trödelte der Bibliothekar am Telephon, und ich las das Büchlein von vorn nach hinten und von hinten nach vorn. Ich kann mich nicht erinnern, daß der Bibliothekar zurückgekommen oder daß ich zu dem Wagen gegangen wäre, der mich abholen sollte. Während all der Jahre war ich überzeugt gewesen, daß Machla Krumbein und ihre Bücher, wenn sie wirklich existiert haben sollten, in Treblinka, Majdanek, in einem der Gettos oder Konzentrationslager verbrannt worden waren. Aber ein letztes Exemplar war übriggeblieben, damit ich es lesen und würdigen sollte vor dem endgültigen Vergessen. Hatte ein freundlicher Geist, ein Kobold oder ein Teufelchen, es wunderbarerweise wiederhergestellt und mir hier von einem Aschenberg zugeführt?

Christine Nöstlinger
Der Schrei nach der Mama

Mütter sind natürlich wirklich nicht dazu da, den Kindern alle Schwierigkeiten, die das Leben mit sich bringt, aus dem Weg zu räumen, aber bei den Schwierigkeiten, das Leben zu meistern, sollten sie ihren Kindern schon tatkräftig beistehen.

Sind die Kinder erwachsen geworden, lehnen sie mütterlichen Rat und Beistand in »großen Angelegenheiten« zwar meistens ab, doch geht es um die kleinen Tücken des Alltags, schreien sie noch immer gern wie in Kinderzeiten: »Mama!«

Der Mama-Schrei ertönt, wenn man ein Kleidungsstück nicht finden kann, wenn die Tortencreme geronnen ist, wenn eine Masche von der Stricknadel gefallen ist, wenn knapp vor dem Weggehen ein Knopf abgerissen ist, wenn der Hammer statt auf den Nagel auf den Daumen geschlagen hat und wenn die Wäsche in der Waschmaschine rosa geworden ist.

Der Mama-Schrei kann auch durchs Telefon kommen, wenn die letzte Straßenbahn weg und kein Taxigeld vorhanden ist, wenn Schlüssel samt Handtasche verloren sind oder wenn im Urlaub das Geld ausgegangen ist.

Meistens können die Mamas ja auch helfen. Sie finden gesuchte Kleider schneller, können Cremes besser reparieren und Maschen hochholen und Knöpfe annähen und »Heile, heile Segen« murmeln und Entfärber benutzen.

Sie können auch Chauffeur spielen und das Haustor aufsperren und – fluchend, aber doch – Lire an sonnige Strände schicken. Doch hin und wieder muß die Mama das erwachsene Kind auch enttäuschen! So einen Akt der Enttäuschung setzte ich eben jetzt, als meine Tochter »Mama« brüllte und mir schreckensbleich mitteilte, daß auf dem Klo eine sechs Zentimeter lange Spinne sitze!

Abgesehen davon, daß die Spinne höchstens – samt Beinen – vier Zentimeter lang war, ist meine Spinnenangst um nichts geringer als die meiner Tochter. Es ist daher nicht einzusehen, warum gerade ich die eine der zwei erwachsenen Frauen sein soll, die das Ungeheuer wegschafft! Da ich aber eine gütige Seele im Leib habe, die auch mit erwachsenen Töchtern Mitgefühl hat, brüllte ich »Mama!«, und meine Mutter kam und entfernte das Untier.

Ob die alte Frau der Ansicht ist, sie müsse ihre mütterliche SOS-Haltung bis zum Lebensende durchhalten, oder ob sie ganz einfach keine Spinnenangst hat, weiß ich nicht.

AMY TAN
Vier Himmelsrichtungen

Ich hatte meine Mutter zum Mittagessen in mein Lieblings-China-Restaurant eingeladen, in der Hoffnung, sie dadurch in gute Laune zu versetzen, doch es war ein glatter Reinfall.

Als wir uns im Vier-Himmelsrichtungen-Restaurant trafen, musterte sie mich sofort mit kritischer Miene: »Ai-ya! Was hast du denn mit deinen Haaren gemacht?« fragte sie mich auf chinesisch.

»Ich habe sie bloß kürzer schneiden lassen.« Mr. Rory hatte mir diesmal einen schrägen Pony geschnitten, der links etwas kürzer war – eine modische, aber keineswegs extravagante Frisur.

»Sieht ja wie abgehackt aus«, meinte sie. »Du mußt dein Geld zurückverlangen.«

Ich seufzte. »Laß uns jetzt erst mal in Ruhe essen, okay?«

Sie studierte mit verkniffener Miene die Speisekarte und nörgelte dabei vor sich hin: »Die scheinen hier ja keine besondere Auswahl zu haben.« Dann klopfte sie dem Kellner auf den Arm, wischte mit den Fingern über ihre Stäbchen und schnüffelte angewidert: »Soll ich etwa mit diesen fettigen Dingern essen?« Sie spülte ostentativ ihre Reisschale mit heißem Tee aus und empfahl den anderen Restaurantbesuchern in unserer Nähe, das gleiche zu tun. Dann wies sie den Kellner an, darauf zu achten, daß die Suppe auch ja heiß genug sei – und natürlich war sie, ihrem fachmännischen Urteil zufolge, »noch nicht mal *lauwarm*«.

»Du solltest dich nicht so aufregen«, ermahnte ich meine Mutter, nachdem sie lauthals gegen den Zuschlag von zwei Dollar für den Chrysanthementee protestiert hatte. »Außerdem ist unnötiger Streß schlecht für dein Herz.«

»Mein Herz ist vollkommen in Ordnung«, erwiderte sie gereizt, während sie den Kellner mißtrauisch im Auge behielt.

Das stimmte allerdings. Obwohl sie sich – und andere – dauernd unter Streß setzt, sind alle Ärzte sich einig, daß sie mit ihren neunundsechzig Jahren den Blutdruck eines sechzehnjährigen Mädchens hat und stark wie ein Pferd ist. Und sie ist tatsächlich ein Pferd, Jahrgang 1918, dickköpfig und ehrlich bis zur Taktlosigkeit. Sie und ich passen schlecht zusammen, denn ich bin ein Hase, Jahrgang 1951; Hasen gelten als sensibel und äußerst kritikempfindlich.

Nach unserem mißratenen Mittagessen gab ich die Hoffnung auf, je einen günstigen Moment für meine große Neuigkeit abzupassen – die Ankündigung, daß Rich Schields und ich vorhaben zu heiraten.

»Wovor hast du eigentlich Angst?« fragte meine Freundin Marlene Ferber mich neulich abend am Telefon. »Rich ist doch schließlich kein Penner, sondern Steuerberater, genau wie du. Was kann sie daran schon auszusetzen haben?«

»Du kennst eben meine Mutter nicht«, meinte ich. »Die findet an allem und jedem was auszusetzen.«

»Dann heirate ihn doch einfach heimlich«, schlug Marlene vor.

»Das hab ich damals schon mit Marvin gemacht.« Marvin war mein erster Mann, meine Jugendliebe.

»Na also!« sagte Marlene.

»Und als meine Mutter es erfuhr, hat sie mir ihren Schuh an den Kopf geworfen – und das war erst der Anfang.«

Meine Mutter hat Rich bisher noch nicht einmal kennengelernt. Immer wenn ich seinen Namen erwähnte – wenn ich zum Beispiel erzählte, daß Rich und ich im Konzert waren oder daß er mit meiner vierjährigen Tochter Shoshana im Zoo war –, wechselte meine Mutter schnell das Thema.

»Hab ich dir schon erzählt, wie gut es Shoshana neulich mit Rich im Exploratorium gefallen hat? Er hat...«

»Ach, übrigens«, unterbrach mich meine Mutter prompt, »das hab ich dir ja noch gar nicht erzählt – dein Vater, weißt du, die Ärzte meinten schon, er braucht eine explorierende Operation. Aber zum Glück war es ein falscher Alarm, alles in Ordnung, es war nur die Verstopfung.« Also gab ich es auf. Und dann folgte unser übliches Ritual.

Ich zahlte mit einem Zehndollarschein und drei einzelnen Dollarscheinen. Meine Mutter nahm die Eindollarscheine wieder weg und zählte statt dessen den genauen Betrag von dreizehn Cents auf den Tisch. »Kein Trinkgeld!« erklärte sie und warf starrsinnig den Kopf zurück.

Während sie auf der Toilette war, steckte ich dem Kellner heimlich einen Fünfdollarschein zu. Er nickte verständnisinnig. Inzwischen legte ich mir einen neuen Plan zurecht.

»*Choszle*!« – Da stinkt's wie die Pest! – murmelte meine Mutter, als sie zurückkam. Sie hielt mir eine Packung Papiertaschentücher hin; fremdes Toilettenpapier war ihr suspekt: »Willst du auch?«

Ich schüttelte den Kopf. »Aber bevor ich dich absetze, laß uns noch schnell bei mir zu Hause vorbeifahren. Ich möchte dir etwas zeigen.«

Seit Monaten hatte meine Mutter meine Wohnung schon nicht mehr betreten. Als ich jungverheiratet war, hatte sie sich angewöhnt, unangemeldet hereinzuschneien, bis ich ihr eines Tages nahelegte, doch lieber vorher anzurufen. Seitdem läßt sie sich nur noch blicken, wenn ich sie in aller Form einlade.

Ich war gespannt, wie sie auf die Veränderungen in meiner Wohnung reagieren würde. Früher, als ich nach meiner Scheidung plötzlich zu viel Zeit für mich hatte, war dort alles immer vorbildlich aufgeräumt – doch nun herrschte in allen Räumen ein fröhliches Chaos. Im Flur stolperte man schon über Shoshanas buntes Plastikspielzeug; im Wohnzimmer lagen Richs Hanteln herum, auf dem Couchtisch standen zwei benutzte Gläser, und in einer Ecke waren die kläglichen Überreste eines Telefons verstreut, das Rich und Shoshana neulich auseinandergenommen hatten, um herauszufinden, wo die Stimmen herkommen.

»Es ist hier hinten«, sagte ich und lotste sie ins Schlafzimmer. Das Bett war ungemacht, die Kommodenschubladen standen offen, mit heraushängenden Socken und Krawattenenden garniert. Meine Mutter stieg über Turnschuhe, noch mehr Spielzeug, Richs schwarze Mokkassins, einen Stapel Hemden, die frisch aus der Reinigung zurück waren.

Ihre Miene drückte nichts als schmerzliche Abwehr aus – wie damals, als sie uns Kinder einmal zum Impfen in die Klinik gebracht hatte. Als mein Bruder an der Reihe war und markerschütternd brüllte, sah meine Mutter mich gequält an und versicherte: »Nächste Spritze tut nicht weh.«

Doch nun mußte sie ja wohl zur Kenntnis nehmen, daß Rich und ich zusammenlebten und daß es nicht mehr zu ändern war, auch wenn sie nichts davon wissen wollte. Jetzt mußte sie sich endlich dazu äußern.

Ich ging zum Schrank und kam mit der Nerzjacke zurück, die Rich mir zu Weihnachten geschenkt hatte. Noch nie hatte ich so ein sündteures Geschenk bekommen.

Ich zog die Jacke an. »Eigentlich ist es ja ein bißchen übertrieben«, sagte ich befangen. »In San Francisco ist es meistens nicht kalt genug, um Nerz zu tragen. Aber anscheinend gilt es neuerdings als schick, seiner Freundin so was zu schenken.«

Meine Mutter sagte noch immer nichts. Sie blickte zu dem offenen Schrank hinüber, der mit Schuhen, Krawatten, Kleidern und Anzügen vollgestopft war. Dann strich sie mit den Fingern über den Pelz.

»Keine besonders gute Qualität«, bemerkte sie abfällig. »Lauter zusammengenähte Reststücke. Und besonders flauschig ist sie auch nicht.«

»Wie kannst du an einem Geschenk rummäkeln!« protestierte ich verletzt. »Das ist immerhin ein Zeichen seiner Liebe!«

»Eben, deswegen mache ich mir ja Sorgen«, entgegnete sie trocken.

Ich blickte in den Spiegel und fand nicht mehr die Kraft, ihrer Willensstärke standzuhalten, dieser unheimlichen Fähigkeit, weiß in schwarz zu verwandeln. Plötzlich kam mir die Jacke nur noch schäbig vor, wie eine billige, anmaßende Nachahmung echter Romantik.

»Und sonst hast du nichts zu sagen?« fragte ich leise.

»Wozu denn?«

»Na, zu dieser Wohnung? Was du hier siehst?« Ich deutete mit einer Armbewegung auf all die unübersehbaren Beweise von Richs Präsenz.

Sie blickte sich im Zimmer um: »Du hast deine Karriere. Du bist sehr beschäftigt. Du lebst anscheinend gern in so einem Saustall. Was kann ich da noch sagen?«

Meine Mutter versteht es, mit untrüglicher Sicherheit den Nerv zu treffen. Und es tut mir mehr weh als jeder andere Schmerz. Jedesmal trifft es mich wie ein elektrischer Schlag und gräbt sich unauslöschlich in mein Gedächtnis. Ich weiß noch, wie ich es zum ersten Mal zu spüren bekam.

Damals war ich zehn Jahre alt. Obwohl ich noch so jung war, wußte ich schon, daß mein Talent fürs Schachspielen eine Gabe war, für die ich nichts konnte. Es fiel mir einfach in den Schoß. Ich konnte auf dem Schachbrett Dinge sehen, die allen anderen verborgen blieben; ich konnte mir unsichtbare Schutzwälle errichten, und diese Gabe verlieh mir unerschütterliches Selbstvertrauen. Zug um Zug wußte ich immer schon voraus, was meine Gegner machen würden. Ich wußte, an welchem Punkt ihre Miene Bestürzung widerspiegeln würde, wenn meine scheinbar simple, kindliche Taktik sich unweigerlich als verhängnisvoll offenbarte. Das Gewinnen machte mir großen Spaß.

Und meiner Mutter machte es Spaß, mit mir anzugeben, als wäre ich einer der Pokale, die sie täglich polierte. Sie fachsimpelte über meine Spiele, als hätte sie die Strategien alle selbst ausgeheckt.

»Du mußt den Gegner mit deinen Pferden überrennen, hab ich meiner Tochter gesagt«, teilte sie einem Verkäufer im Laden mit. »Und so hat sie ganz schnell gewonnen.« Natürlich hatte sie mir das vor dem Spiel tatsächlich empfohlen, wie all die anderen sinnlosen Tips, die ich mir vor jedem Turnier anhören mußte und die nicht das geringste mit meinen Siegen zu tun hatten.

Unseren Freunden gegenüber räumte sie bescheiden ein: »Man muß eigentlich gar nicht so schlau sein, um beim Schach zu gewinnen. Man muß nur genug Tricks kennen. Man bläst von Norden, Süden, Osten und Westen auf den Gegner ein, bis er ganz durcheinander ist. Dann weiß er nicht mehr, wohin er fliehen soll.«

Ich konnte es nicht ausstehen, wie sie immer alle Anerkennung für sich beanspruchte. Und eines Tages schrie ich es ihr mitten auf der Stockton Street ins Gesicht, vor allen Leuten: Sie solle endlich den Mund halten und mit dem Angeben aufhören, schrie ich, sie verstünde doch sowieso nichts vom Schach. Oder so ähnlich.

Am Abend und den ganzen nächsten Tag redete sie kein Wort mit mir. Sie wandte sich nur noch mit verbiesterter Miene an meinen Vater und meine Brüder, als ob ich Luft für sie wäre – und zwar Luft, die nach verfaultem Fisch stank.

Ich kannte diese hinterhältige Strategie zur Genüge, mit der man jemanden dazu verleitet, blindlings vorzupreschen und prompt in der Falle zu landen. Also ignorierte ich meine Mutter ebenfalls. Ich wartete darauf, daß sie als erste klein beigeben würde.

Nachdem schon eine Reihe von stummen Tagen vergangen waren, saß ich in meinem Zimmer, starrte auf die vierundsechzig Felder meines Schachbretts und versuchte, eine andere Lösung zu finden. Und ich beschloß, das Schachspielen aufzugeben.

Natürlich nicht für immer; höchstens für ein paar Tage, dafür aber so demonstrativ wie möglich. Statt wie üblich abends in meinem Zimmer zu trainieren, kam ich ins Wohnzimmer marschiert und machte mich auf dem Sofa vor dem Fernseher breit. Meine Brüder sahen mich feindselig an, wie einen Störenfried, und ich beschloß, sie in meine Taktik mit einzubeziehen; ich knackte mit den Fingernägeln, um sie zu ärgern.

»Ma!« schrien sie sofort los. »Sag ihr, daß sie aufhören soll! Schick sie doch raus!«

Aber meine Mutter schwieg beharrlich.

Ich machte mir noch immer keine ernsthaften Sorgen, doch nun schien mir ein spektakulärer Zug angebracht. Ich beschloß, das nächste Turnier ausfallen zu lassen. Dann würde meine Mutter sicher mit mir reden müssen, weil alle Sponsoren sie beknien würden, mich umzustimmen.

Das Turnier kam und ging, ohne daß sie mich gefragt hatte, warum ich nicht mitspielen wollte. Und ich war ganz betreten, als ich erfuhr, daß ein Junge es gewonnen hatte, den ich schon zweimal geschlagen hatte.

Ich mußte einsehen, daß meine Mutter mehr Tricks kannte, als ich je gedacht hätte. Doch allmählich reichte es mir. Ich wollte mich wieder auf das nächste Turnier vorbereiten. Also beschloß ich, als Klügere nachzugeben und mein Schweigen als erste zu brechen.

»Ich will jetzt doch wieder spielen«, verkündete ich und erwartete, daß sie mich freudestrahlend fragen würde, was sie mir Gutes kochen sollte.

Doch sie runzelte nur die Stirn und sah mir streng in die Augen, als könnte sie dort meine wahren Gründe lesen.

»Warum sagst du mir das?« fragte sie schließlich in scharfem Ton. »Du glaubst wohl, du kannst es dir so leicht machen. Einen Tag aufhören, am nächsten wieder anfangen.

So packst du alles an, so unbeschwert, so wendig, so gerissen.«

»Aber ich hab doch gesagt, ich spiele weiter«, verteidigte ich mich mit weinerlicher Stimme.

»Nein!« fuhr sie mich an, und ich zuckte erschrocken zusammen. »Jetzt ist es nicht mehr so einfach.«

Ich zitterte, obwohl mir nicht recht klar war, was sie damit meinte. Dann schlich ich wie ein begossener Pudel in mein Zimmer zurück. Lange grübelte ich über den vierundsechzig Feldern meines Schachbretts, wie ich dieses unselige Kuddelmuddel entwirren sollte. Schließlich kam es mir vor, als wären die weißen Felder schwarz und die schwarzen weiß, und als wäre alles wieder im Lot.

Meine Mutter war tatsächlich bald wieder besänftigt. Noch in derselben Nacht bekam ich hohes Fieber, und sie saß neben meinem Bett und schalt mich sanft, daß ich nicht ohne Pullover zur Schule hätte gehen dürfen. Am Morgen fütterte sie mich mit Reis in Hühnerbrühe, was die Windpocken angeblich im Handumdrehen vertreiben sollte. Und nachmittags setzte sie sich zu mir ins Zimmer und strickte mir einen rosa Pullover, wobei sie sich lang und breit darüber ausließ, was für einen scheußlichen Pullover Tante Suyuan gerade für ihre Tochter June gestrickt hatte, natürlich wieder grellbunt und aus der schlechtesten Wolle. Ich war erleichtert, daß meine Mutter wieder ganz die alte war.

Als ich wieder gesund war, merkte ich, daß sie sich doch geändert hatte. Sie sah mir nie mehr beim Schachspielen über die Schulter. Sie hörte auf, ständig an meinen Pokalen herumzupolieren. Sie schnitt auch keine Zeitungsnotizen mehr aus, in denen mein Name erwähnt wurde. Es war, als hätte sie eine unsichtbare Mauer um sich gezogen, die ich jeden Tag insgeheim abtastete, um zu sehen, wie hoch sie schon war.

Beim nächsten Turnier schnitt ich zwar nicht schlecht ab, doch die Gesamtpunktzahl reichte nicht zum Sieg. Schlimmer noch als das Verlieren war die Reaktion meiner Mutter: Sie sagte gar nichts, sondern setzte nur eine selbstzufriedene Miene auf, als sei mein Versagen ausschließlich auf ihre Taktik zurückzuführen.

Ich war erschüttert. Jeden Tag grübelte ich stundenlang darüber nach, was ich verloren hatte. Es war ja nicht nur das letzte Turnier. Ich erforschte gründlich jeden Zug, jede einzelne Figur und jedes Feld auf dem Schachbrett und mußte feststellen, daß meine unfehlbare Klarsicht verschwunden war. Ich konnte die geheimen Waffen der Figuren nicht mehr genau erkennen; ich sah nur noch meine Fehler und Schwächen – als hätte ich meine Zauberrüstung verloren. Meine Verletzlichkeit trat nunmehr offen zutage.

Während der nächsten Wochen, Monate und Jahre spielte ich noch weiter Schach, aber mein früheres Selbstvertrauen kehrte nie mehr zurück. Ich kämpfte verzweifelt und voller Angst. Wenn ich gewann, war ich dankbar und erleichtert. Wenn ich verlor, wuchs die Angst weiter, daß ich meine Gabe verloren hatte und kein Wunderkind mehr war, sondern nur noch ein gewöhnlicher Schachspieler, wie alle anderen auch.

Nachdem ich zum zweiten Mal gegen den Jungen verloren hatte, den ich vor einigen Jahren noch so mühelos geschlagen hatte, gab ich das Schachspielen ganz auf. Niemand hatte etwas dagegen. Ich war vierzehn Jahre alt.

»Also weißt du, ich verstehe dich einfach nicht«, sagte Marlene, als ich sie nach der Sache mit der Nerzjacke anrief. »Das Finanzamt steckst du spielend in die Tasche, aber gegen deine eigene Mutter kommst du nicht an.«

»Ich versuch's ja immer wieder, aber dann verpaßt sie mir jedesmal so hinterhältige Gemeinheiten, so gezielte Sticheleien und...«

»Warum sagst du ihr denn nicht endlich, daß sie aufhören soll, dich zu quälen? Sag ihr einfach mal, daß sie ihr Schandmaul halten soll.«

»Sehr witzig«, antwortete ich mit einem halbherzigen Lachen. »Ich soll meine Mutter auffordern, das Maul zu halten?«

»Genau.«

»Also, vielleicht steht's ja nicht direkt im Gesetzbuch, aber einer chinesischen Mutter kann man nicht den Mund verbieten. Sonst riskiert man womöglich eine Anzeige wegen Beihilfe zu seiner eigenen Ermordung.«

Ich hatte eigentlich weniger Angst vor meiner Mutter als Angst um Rich. Ich wußte nur zu gut, wie sie es anstellen würde: Erst würde sie ihn ganz ruhig beobachten, dann irgendeine Kleinigkeit kritisieren, und dann noch eine, und mit jedem Wort eine Handvoll Sand aus einer neuen Richtung werfen, bis schließlich kein gutes Haar mehr an ihm blieb. Und obgleich ich ihre Heckenschützen-Taktik so gut durchschaute, hatte ich Angst, daß irgendein kleiner Wahrheitssplitter auch in meinem Auge landen und mir die Sicht verwischen könnte – so daß Rich sich von dem vollkommenen Wesen, als das er mir schien, nach und nach in einen ganz alltäglichen Menschen mit unangenehmen Gewohnheiten und störenden Fehlern verwandeln würde.

Genau das passierte nämlich mit meinem ersten Mann, Marvin Chen, den ich mit achtzehn heimlich geheiratet hatte. Er war damals neunzehn und in meinen Augen eine Art Halbgott. Nach einem brillanten Collegeabschluß hatte er ein volles Stipendium für Stanford erhalten. Er spielte gut Tennis. Er hatte stramme Waden und hundertsechsundvierzig glatte schwarze Haare auf der Brust. Er brachte immer alle zum Lachen, und sein eigenes Lachen war tief und männlich. Er machte sich einen Spaß daraus, die Wochentage und Tageszeiten nach verschiedenen Sex-Stellungen einzuteilen; Er brauchte nur »Mittwochnachmittag« zu sagen, und schon lief mir ein Schauer über den Rücken.

Doch bis meine Mutter mit ihm fertig war, hatte sie es geschafft, meine Perspektive völlig umzukrempeln. Ich sah nun, daß sein Verstand vor Faulheit träge geworden war und nur noch dazu diente, Ausreden zu erfinden; daß er nur hinter Tennis- und Golfbällen herjagte, um sich vor der Verantwortung für seine Familie zu drücken; daß er ständig anderen Mädchenbeinen nachschaute; daß er gern protzige Trinkgelder verteilte, aber mit Geschenken um so knickeriger war; daß er lieber den ganzen Nachmittag seinen roten Sportwagen wienerte, statt seine Frau darin auszuführen.

Meine Gefühle für ihn schlugen nie in Haß um. Eigentlich war es fast schlimmer – ein allmählicher Zersetzungsprozeß, von Enttäuschung über Verachtung bis zu apathischer Langeweile. Erst als wir uns schon getrennt hatten, fing ich an den langen, einsamen Abenden an mich zu fragen, ob meine Mutter nicht vielleicht doch unsere Ehe vergiftet hatte.

Gott sei Dank blieb wenigstens meine Tochter Shoshana von ihrem Gift verschont. Beinah hätte ich sie nämlich abgetrieben. Als ich schwanger wurde, war ich entsetzt. Insgeheim bezeichnete ich meine Schwangerschaft nur als »wachsenden Groll«. Ich schleppte Marvin mit zur Klinik, damit er auch seinen Teil der Unannehmlichkeiten abbekam. Aber dann stellte sich heraus, daß wir am falschen Ort gelandet waren. Wir mußten erst mal einen gräßlichen Film über uns ergehen lassen – die totale puritanische Gehirnwäsche. Ich sah diese kleinen Wesen, die schon im Siebenwochenstadium als Babys bezeichnet wurden. Angeblich konnten sie sogar schon die winzigen, durchsichtigen Finger bewegen, und wir sollten uns vorstellen, wie sie sich am Leben festkrallten, an der Chance, an dem Wunder des Lebens teilzuhaben. Hätten sie irgend etwas anderes gezeigt als ausgerechnet diese winzigen Finger – zum Glück taten sie es nicht. Denn Shoshana war wirklich ein Wunder. Sie war einfach vollkommen. Alles an ihr begeisterte mich – ganz besonders, wie sie ihre Fingerchen strecken und krümmen konnte. Vom ersten Moment an, als sie ihre kleine Faust aus dem Mund riß und losbrüllte, wußte ich, daß meine Liebe zu ihr unverbrüchlich feststand.

Doch um Rich machte ich mir Sorgen. Denn meine Gefühle für ihn waren noch verletzbar und würden den abschätzigen Bemerkungen und Unterstellungen meiner Mutter nicht so leicht widerstehen. Ich hatte Angst, ihn zu verlieren. Rich Schields liebte mich nämlich mit der gleichen Bedingungslosigkeit wie ich meine Tochter. Seine Gefühle für mich waren endgültig und unabänderlich. Er erwartete nichts weiter von mir, als daß ich einfach da war. Er behauptete sogar, sich durch mich zum Besseren gewandelt zu haben. Er war so sentimental und romantisch, daß es schon fast peinlich war, doch er meinte, früher sei er ganz anders gewesen. Dadurch kamen mir seine kleinen romantischen Gesten noch rührender vor. Wenn er in der Arbeit zum Beispiel irgendwelche Akten, die ich noch durchzusehen hatte, unter »FIZ – Für Informationszwecke« ablegte, versah er sie immer mit der Notiz »FIZ – Für immer zusammen«. Da in der Firma niemand über unser Verhältnis Bescheid wußte, war ich von seiner kühnen Ritterlichkeit um so mehr beeindruckt.

Was mich am meisten überrascht hatte, war unsere Übereinstimmung im Bett. Ich hatte ihn eigentlich für einen dieser ungeschickten Softys gehalten, die einen fragen, ob es weh tut, wenn man überhaupt nichts spürt. Doch er stellte sich so sehr auf mich ein, als könnte er meine geheimsten Wünsche erraten. Er kannte keinerlei Hemmungen, und wo er welche bei mir entdeckte, half er mir mit größter Einfühlsamkeit darüber hinweg. Er durchschaute mich bis ins Innerste, bis zu Eigenschaften, die ich sorgfältig zu verbergen trachtete, meine Kleinlichkeit, meine Mißgunst, meinen Selbsthaß. Vor ihm war ich auch seelisch nackt und vollkommen ausgeliefert; wo ein falsches Wort genügt hätte, mich für immer in die Flucht zu schlagen, fand er immer das richtige im richtigen Moment. Ihm konnte ich nichts vormachen. Er faßte mich bei den Armen, sah mir fest in die Augen und sagte mir noch einen weiteren Grund, weshalb er mich liebte.

Eine so vollkommene Liebe hatte ich mir nie träumen lassen, und darum hatte ich Angst, daß meine Mutter sie zerstören könnte. Ich nahm mir vor, alles Liebenswerte an Rich gut im Gedächtnis zu behalten und meine Eltern nicht eher einzuweihen als nötig.

Schließlich überlegte ich mir einen fabelhaften Plan, wie Rich auf Anhieb meine Mutter für sich einnehmen könnte. Ich fädelte es so ein, daß sie sogar darauf bestehen würde, für ihn zu kochen. Tante Suyuan half mir dabei. Sie war die älteste Busenfreundin meiner Mutter, was bedeutete, daß sie sich gegenseitig ständig mit Prahlereien und Geheimnistuereien provozierten. Also spielte ich Tante Su ein Geheimnis zu, mit dem sie vor meiner Mutter angeben konnte.

Eines Sonntags schlug ich Rich nach einem Strandspaziergang vor, auf einen Sprung bei Tante Su und Onkel Canning vorbeizuschauen. Sie wohnten im gleichen Viertel wie meine Eltern. Es war spät am Nachmittag, also gerade rechtzeitig, um Tante Su bei der Abendessenvorbereitung zu überraschen.

»Bleibt doch zum Essen da«, forderte sie uns prompt auf.

»Nein, nein«, wehrte ich ab, »wir wollten doch nur kurz guten Tag sagen.«

»Ich hab sowieso genug für euch mitgekocht. Seht mal, eine Suppe und vier verschiedene Gerichte. Wenn ihr nicht miteßt, muß ich's nur wegwerfen. Schade drum!«

Wie hätten wir da noch ablehnen können? Drei Tage später bekam Tante Su einen Dankesbrief von uns. »Rich meint, er hat noch nie so gut chinesisch gegessen«, schrieb ich ihr.

Am nächsten Tag rief meine Mutter an, um mich zu einem nachträglichen Geburtstagsmahl für meinen Vater einzuladen. Mein Bruder würde seine Freundin Lisa Lum dabeihaben, also sollte ich auch einen Freund mitbringen.

Ich hatte gewußt, daß sie so reagieren würde, denn ihre Kochkunst war ihr ganzer Stolz; so drückte sie ihre Liebe und ihre Macht aus, und sie mußte natürlich beweisen, daß sie besser kochen konnte als Tante Su. »Hauptsache, du sagst ihr, daß du noch nie so was Gutes gegessen hast und daß es dir noch viel besser geschmeckt hat als bei Tante Su«, schärfte ich Rich ein.

Am Abend des Festessens saß ich bei ihr in der Küche und sah ihr beim Kochen zu. Ich versuchte wieder einmal, den richtigen Augenblick abzupassen, um ihr von unseren Hochzeitsplänen zu erzählen. Wir wollten in etwa sieben Monaten heiraten, im Juli. Sie war gerade damit beschäftigt, Auberginen in Würfel zu schneiden, und ereiferte sich dabei über Tante Suyuan: »Die kann ja nur nach Rezept kochen. Ich habe meine Rezepte in den Fingern und merke schon allein am Geruch, welche Zutaten noch fehlen!« Sie hackte so kräftig auf das Gemüse ein, fast ohne ihr scharfes Küchenmesser zu beachten, daß ich schon fürchtete, ihre Fingerspitzen würden ebenfalls als Zutaten zu den Auberginen mit Schweinefleisch in den Topf wandern.

Ich hoffte, daß sie als erste von Rich anfangen würde. Ich hatte ihr gezwungenes Lächeln beobachtet, als sie uns die Tür öffnete, und wie sie ihn von Kopf bis Fuß musterte, während sie sicher ihren Eindruck mit Tante Suyuans Beschreibung verglich. Ich versuchte, ihre Kritikpunkte schon im Kopf vorwegzunehmen.

Rich war nicht nur *kein* Chinese, er war obendrein ein paar Jahre jünger als ich. Und leider wirkte er noch jünger, als er war, mit dem roten Lockenkopf, der blassen Haut und den Sommersprossen auf der Nase. Er war etwas klein geraten und kompakt gebaut. In seinem förmlichen dunklen Anzug sah er wie ein Allerweltstyp aus, wie irgendein x-beliebiger Neffe bei einer Beerdigung. Deswegen hatte ich ihn auch das ganze erste Jahr lang in der Firma übersehen. Meine Mutter übersah jedoch nichts.

»Und wie findest du Rich?« fragte ich sie schließlich und hielt den Atem an.

Sie kippte die Auberginenstücke ins heiße Öl, das heftig aufzischte. »Hat viele Flecken im Gesicht«, antwortete sie.

Ich fühlte ein gereiztes Prickeln im Nacken hochsteigen. »Das sind doch bloß Sommersprossen. Die bringen sogar Glück, weißt du«, sagte ich ziemlich laut, um die Küchengeräusche zu übertönen.

»So?« versetzte sie mit Unschuldsmiene.

»Na klar, je mehr, desto besser. Das weiß doch jeder.«

Sie überlegte einen Moment und sagte dann lächelnd auf chinesisch: »Das mag ja stimmen. Als du noch klein warst, da warst du auch sehr glücklich, als du die Windpocken hattest und wegen der vielen Flecken zehn Tage nicht zur Schule zu gehen brauchtest.«

In der Küche vermochte ich Richs Ansehen nicht mehr zu heben. Und beim Essen gelang es mir ebensowenig.

Er hatte eine Flasche französischen Wein mitgebracht, was meine Eltern überhaupt nicht zu schätzen wußten; sie besaßen ja noch nicht mal Weingläser. Und dann machte er auch noch den Fehler, zwei volle Gläser davon zu trinken, während alle anderen nur einen kleinen Schluck »zum Probieren« nahmen.

Ich reichte ihm eine Gabel, doch er bestand darauf, die rutschigen Eßstäbchen zu benutzen, und hielt sie so ungeschickt, daß sie wie X-Beine aussahen, als er damit ein großes Stück Aubergine aus der Soße fischte. Auf halbem Wege zu seinem Mund landete es prompt auf der blütenweißen Hemdbrust und rutschte mit einer schönen roten Spur weiter bis auf die Hose. Es dauerte einige Zeit, bis Shoshana aufgehört hatte, vor Lachen laut zu quietschen.

Dann häufte er sich mächtige Portionen von den Krabben und Erbsen auf den Teller, ohne am Beispiel der anderen zu merken, daß er nur höfliche kleine Mengen hätte nehmen dürfen, bis alle sich bedient hatten.

Und die sündteuren zarten Bohnenschößlinge verschmähte er, was Shoshana ihm natürlich sofort nachmachte; sie zeigte mit dem Finger auf ihn und rief trotzig: »Er hat sie auch nicht gegessen!«

Er hielt es wohl für besonders höflich, auf einen Nachschlag zu verzichten; statt dessen hätte er es jedoch wie mein Vater machen sollen, der sich noch mehrmals kleine Portionen von diesem und jenem auftat, weil es einfach zu köstlich sei und er nicht widerstehen könne, wie er immer wieder genüßlich schmatzend betonte.

Aber den schlimmsten Fehler machte er, als er unwissentlich die Kochkunst meiner Mutter kritisierte. Wie jede chinesische Köchin fand sie immer irgendwas an ihrem Werk auszusetzen. An jenem Abend bemängelte sie ausgerechnet eine ihrer Spezialitäten, die sie immer mit besonderem Stolz auftischte: das gedünstete Schweinefleisch in eingelegtem Gemüse.

»Ai! Da ist nicht genug Salz dran«, mäkelte sie nach dem ersten Bissen. »Ist ja ungenießbar.«

Das war dann immer unser Stichwort, von dem Gericht zu kosten und es überschwenglich zu loben. Doch diesmal kam Rich uns zuvor: »Ach, das haben wir gleich, da fehlt nur ein bißchen Sojasoße.« Und damit kippte er einen ganzen Schwall von dem salzigen schwarzen Zeug über die Platte. Meine Mutter sah aus, als traute sie ihren Augen nicht.

Ich hatte die ganze Zeit gehofft, daß sie doch noch für seine sympathische Art, seinen Humor und seinen jungenhaften Charme empfänglich sein würde. Doch nun stand fest, daß er auf der ganzen Linie versagt hatte.

Rich war da allerdings ganz anderer Meinung. Als wir wieder zu Hause waren und Shoshana ins Bett gebracht hatten, bemerkte er bescheiden: »Also, ich finde, das haben wir doch prima hingekriegt.« Dabei sah er mich mit treuherzigem Dalmatinerblick an, als warte er auf seine wohlverdienten Streicheleinheiten.

»Hm-hm«, entgegnete ich nur. Ich zog mir ein altes Nachthemd über den Kopf, ein Wink, daß mir nicht nach Zärtlichkeiten zumute war. Innerlich schauderte ich immer noch bei der Erinnerung, wie er meinen Eltern zum Abschied kräftig die Hand geschüttelt hatte, mit der gleichen unbekümmerten Vertraulichkeit, die er unsicheren Kunden gegenüber an den Tag legte. »Linda, Tim«, hatte er gesagt, »hoffentlich auf ein baldiges Wiedersehen!« Meine Eltern heißen Lindo und Tin Jong, und außer den ältesten Freunden nennt niemand sie beim Vornamen.

»Und, was hat sie gesagt?« Ich wußte, daß er auf unsere Heiratspläne anspielte. Ich hatte ihm gesagt, daß ich es erst meiner Mutter erzählen wollte, damit sie es meinem Vater dann schonend beibringen konnte.

»Ich bin überhaupt nicht dazu gekommen, es ihr zu sagen«, antwortete ich wahrheitsgemäß. Wie hätte ich denn mit unseren Heiratsplänen herausrücken können, wo meine Mutter sich bei jeder Gelegenheit darüber ausließ, wie viel teuren Wein Rich in sich hineinschüttete, wie blaß und ungesund er aussah und wie unglücklich Shoshana zu sein schien.

Rich lächelte gutmütig. »Wie lange dauert es denn zu sagen, Mom, Dad, wir wollen heiraten?«

»Das verstehst du nicht. Du kannst meine Mutter nicht verstehen.«

Rich schüttelte den Kopf. »Uff! Das kann man wohl sagen, bei dem faustdicken Akzent, den die drauf hat! Stell dir vor, als sie das von dem Toten erzählte, der im ›Denver Clan‹ auftaucht, hab ich tatsächlich gemeint, das wäre vor ewigen Zeiten in China passiert!«

An jenem Abend lag ich schlaflos und angespannt im Bett und grübelte verzweifelt über diesen neuerlichen Mißerfolg nach. Daß Rich überhaupt nichts davon mitbekommen hatte, machte das Ganze nur noch schlimmer. Wie mitleiderregend er bei dem Essen gewirkt hatte! *Mitleiderregend*, allein schon dieses Wort! Das war wieder mal das Werk meiner Mutter – wie sie weiß in schwarz verwandelte. In ihren Händen war ich immer nur der Bauer. Ich konnte nur fliehen. Und sie war die Königin, die sich nach allen Richtungen frei bewegen durfte und unbarmherzig die Verfolgung aufnahm, um mich mit tödlicher Sicherheit an meinem schwächsten Punkt zu treffen.

Ich wachte spät auf, mit zusammengebissenen Zähnen, immer noch genauso angespannt. Rich war schon auf und geduscht und saß über die Sonntagszeitung gebeugt beim Frühstück. »Morgen, Schatz«, sagte er und kaute geräuschvoll auf seinen Cornflakes. Ich zog den Jogginganzug an und machte, daß ich hinauskam, stieg ins Auto und fuhr zu der Wohnung meiner Eltern.

Marlene hatte ganz recht. Ich mußte es meiner Mutter endlich sagen – daß ich sie durchschaute, mit ihrer boshaften, hinterhältigen Unterdrückungstaktik. Als ich dort ankam, war ich wütend genug, um tausend fliegenden Küchenmessern die Stirn zu bieten.

Mein Vater öffnete mir die Tür und machte ein überraschtes Gesicht. »Wo ist Ma?« fragte ich atemlos. Er deutete zum Wohnzimmer hin.

Ich fand sie fest schlafend auf dem Sofa vor, den Kopf auf ein weiß besticktes Schondeckchen gestützt. Ihr Mund stand halb offen, und alle Falten waren aus ihrem Gesicht verschwunden. Sie wirkte fast wie ein junges Mädchen, verletzlich, arglos und unschuldig. Der eine Arm hing schlaff über die Sofakante, und ihre Brust bewegte sich nicht. All ihre Kraft war von ihr gewichen. Ihre Waffen und Dämonen waren lahmgelegt. Sie wirkte ihrer ganzen Macht beraubt, wie besiegt.

Plötzlich packte mich die Angst, daß sie vielleicht tot sein könnte, gestorben, während ich so schreckliche Dinge über sie dachte. Ich hatte sie aus meinem Leben fortgewünscht, und sie hatte sich meinem Wunsch gefügt und ihren Körper verlassen, um meinem Haß zu entfliehen.

»Ma!« stieß ich heftig hervor. »Ma!« Ich fing an zu weinen.

Langsam schlug sie die Augen auf. Sie wandte mir mit verschlafenem Blinzeln den Kopf zu. »*Schemma*? Meimei-ah? Bist du es?«

Ich war sprachlos. Sie hatte mich schon jahrelang nicht mehr Meimei genannt. Sie setzte sich auf, und nun traten die Falten in ihrem Gesicht wieder in Erscheinung, doch sie wirkten weniger ausgeprägt, wie sanfte Sorgenfalten. »Was machst du denn hier? Warum weinst du? Was ist passiert?«

Ich wußte nichts zu erwidern. In Sekundenschnelle hatte meine Wut über ihre Kraft sich in Verblüffung über ihre Unschuld und Angst wegen ihrer Verletzlichkeit verwandelt. Ich fühlte mich seltsam hilflos und schwach, als hätte jemand plötzlich den Stecker rausgezogen und den Stromkreis in mir unterbrochen.

»Nichts ist passiert. Alles in Ordnung. Ich weiß selbst nicht genau, warum ich hergekommen bin«, sagte ich schließlich heiser. »Ich wollte nur mal mit dir reden... ich wollte dir sagen... Rich und ich wollen nämlich heiraten.«

Ich kniff die Augen zu und erwartete den unvermeidlichen Proteststurm, ihr empörtes Gejammer, irgendeine abschätzige Bemerkung.

»*Jrdaule* – das hab ich gewußt«, sagte sie ruhig, als wundere sie sich, wieso ich es ihr noch mal erzählte.

»Was? Das wußtest du schon?«

»Natürlich. Auch wenn du's mir nicht gesagt hast.«

Das war ja noch schlimmer, als ich mir vorgestellt hatte. Sie hatte es also schon die ganze Zeit gewußt, als sie die Nerzjacke schlechtmachte, über seine Sommersprossen spottete und seine Trinkgewohnheiten kritisierte. Sie lehnte ihn ab. »Ich weiß, du kannst ihn nicht leiden«, sagte ich mit zitternder Stimme. »Du findest ihn nicht gut genug, aber ich...«

»Wie kommst du denn darauf?«

»Du willst doch nie mit mir über ihn reden. Neulich, als ich dir von ihm und Shoshana im Exploratorium erzählen wollte, da hast du schnell das Thema gewechselt und von Dads Operation angefangen...«

»Was ist denn wichtiger, Spaß oder Krankheit?«

Diesmal sollte sie mir aber nicht so leicht davonkommen. »Und dann hast du gestern gleich seine Flecken im Gesicht erwähnt!«

Sie blickte mich verwundert an. »Aber die hat er doch auch!«

»Ja, klar, aber du hast es extra gemacht, um mich zu verletzen...«

»Ai-ya, wie kannst du nur so schlecht von mir denken?« Ihr Gesicht wirkte ganz eingefallen vor Kummer. »Du glaubst also, deine Mutter ist so boshaft. Du bildest dir ein, daß ich immer irgendwelche fiesen Sachen unterstellen will. Dabei tust du das selbst! Ai-ya! Für so böse hältst du mich also!« Kerzengerade und würdevoll saß sie da, die Lippen fest zusammengepreßt, die Hände ineinandergekrampft, mit Zornestränen in den Augen.

Oh, ihre Kraft! Ihre Verletzlichkeit! – Ich fühlte mich wie gebeutelt, zwischen Verstand und Gefühl hin und her gerissen. Ich ließ mich neben ihr aufs Sofa sinken. Wir hockten stumm nebeneinander.

Ich kam mir wie besiegt vor, obwohl ich doch eigentlich gar nicht gekämpft hatte – nur noch leer und ausgepumpt. »Ich fahr' jetzt nach Hause«, sagte ich schließlich. »Ich fühle mich nicht so besonders.«

»Bist du krank?« erkundigte sie sich besorgt und legte mir die Hand auf die Stirn.

»Nein.« Ich wollte nur noch fort. »Ich... ich weiß auch nicht, was mit mir ist.«

»Dann werde ich es dir sagen«, antwortete sie. Ich starrte

sie verblüfft an. »Die Hälfte von allem, was in dir ist«, erklärte sie auf chinesisch, »stammt von deinem Vater. Das ist ganz natürlich. Der Jong-Klan kommt aus Kanton. Es sind gute, rechtschaffene Leute, wenn auch manchmal etwas griesgrämig und knickerig. Du weißt ja, wie dein Vater manchmal sein kann, wenn ich ihn nicht ermahne.«

Warum erzählt sie mir das alles, dachte ich. Was hat das denn damit zu tun? Doch meine Mutter redete eifrig weiter und unterstrich ihre Worte mit ausladenden Gesten: »Und die andere Hälfte hast du von mir; die stammt vom Sun-Klan aus Taiyuan.« Sie malte die Schriftzeichen auf einen Briefumschlag, obwohl ich gar keine chinesische Schrift lesen konnte.

»Wir sind ein starker, gewitzter Menschenschlag, der für seine Siege im Krieg berühmt ist. Du kennst doch Sun Yatsen?«

Ich nickte.

»Der stammt auch aus dem Sun-Klan. Aber seine Familie ist schon vor Jahrhunderten nach Süden gezogen, deswegen ist er nicht direkt mit uns verwandt. Meine Familie hat immer in Taiyuan gelebt, sogar schon vor der Zeit von Sun Wei. Weißt du, wer das war?«

Ich schüttelte den Kopf. Es war mir zwar immer noch nicht klar, worauf sie hinauswollte, aber ich war erleichtert. Zum ersten Mal seit langem schienen wir eine annähernd normale Unterhaltung zu führen.

»Er hat gegen Dschingis Khan gekämpft. Und als die Mongolen auf Sun Weis Truppe schossen – he! –, da prallten ihre Pfeile von den Schilden ab wie Regentropfen von Steinen. Sun Wei hatte so starkes Rüstzeug, daß Dschingis Khan es für verzaubert hielt.«

»Dann muß Dschingis Khan sich aber auch Zauberpfeile beschafft haben«, warf ich ein, »denn immerhin hat er dann schließlich China erobert.«

Meine Mutter tat so, als hätte sie mich nicht richtig verstanden: »Das stimmt, wir haben schon immer zu siegen gewußt. Und jetzt weißt du, was du in dir hast, fast nur die guten Wesenszüge aus Taiyuan.«

»Dann haben wir uns wohl inzwischen dahin entwickelt, unsere Siege nur noch in der Spielzeug- und Elektronikbranche davonzutragen«, bemerkte ich trocken.

»Woher weißt du das?« fragte sie gespannt.

»Das sieht man doch überall. *Made in Taiwan.*«

»Ai!« rief sie empört. »Ich bin doch nicht aus Taiwan!«

Und schon hatte unser kurzfristiges Einverständnis sich wieder verflüchtigt.

»Ich bin in China geboren, in *Taiyuan*«, sagte sie mit Nachdruck. »Taiwan ist doch nicht China!«

»Ich hab ja auch nur gedacht, daß du Taiwan meinst, weil es genauso klingt!« verteidigte ich mich gereizt. Wie konnte sie einen harmlosen Irrtum nur so ernst nehmen?

»Das klingt überhaupt nicht genauso! Das sind total verschiedene Länder!« beharrte sie gekränkt. »Die Leute in Taiwan bilden sich bloß ein, daß es zu China gehört, weil Chinesen sich innerlich niemals von ihrer Heimat trennen können.«

Darauf schwiegen wir beide. Es war eine Patt-Situation. Doch auf einmal leuchteten ihre Augen auf. »Hör zu. Du kannst Taiyuan auch Bing nennen. Alle Einheimischen tun das. Das ist leichter auszusprechen. Bing ist so was wie ein Kosename.«

Sie malte das Schriftzeichen dafür auf, und ich nickte, als sei nun alles klar. »Das gibt's hier ja auch«, fügte sie auf englisch hinzu. »Für New York sagt man Apple. Und San Francisco nennt man Frisco.«

»Niemand nennt San Francisco so!« lachte ich. »Höchstens die Leute, die es nicht besser wissen.«

»Na also, jetzt verstehst du, was ich meine«, stellte meine Mutter befriedigt fest.

Ich lächelte.

Denn ich hatte sie tatsächlich endlich verstanden.

Ich begriff, wofür sie gekämpft hatte: Für mich, ein kleiner Angsthase, der vor langer Zeit einmal fortgelaufen war zu einem Ort, wo er sich in Sicherheit gewähnt hatte. Und in meinem Versteck, hinter dem unsichtbaren Schutzwall, wußte ich, was auf der anderen Seite drohte: ihre Angriffe aus dem Hinterhalt. Ihre Geheimwaffen. Ihr untrügliches Gespür für meine Schwächen. Aber nun, da ich einen Blick über meinen Schutzwall riskiert hatte, konnte ich endlich erkennen, wer mir wirklich gegenüberstand: Eine alte Frau, die nur ihr Kochgeschirr als Rüstzeug besaß und ihre Stricknadel als Schwert, und die allmählich etwas ungehalten wurde, weil ihre Tochter sie schon so lange draußen warten ließ.

Rich und ich haben beschlossen, noch etwas länger mit unserer Hochzeit zu warten. Meine Mutter meint, daß der Juli nicht die richtige Zeit ist für eine Hochzeitsreise nach China. Sie muß es wissen, denn sie ist erst kürzlich mit meinem Vater von einer Reise nach Beijing und Taiyuan zurückgekehrt.

»Im Sommer ist es da zu heiß. Da kriegst du nur noch mehr Flecken im Gesicht, bis es feuerrot ist!« hat sie zu Rich gesagt. Darauf grinste Rich belustigt und wies mit dem Daumen auf sie: »Nicht zu fassen, was die für Sprüche bringt! Jetzt weiß ich auch, wo du dein sagenhaftes Taktgefühl her hast.«

»Ihr müßt im Oktober fahren. Das ist die beste Zeit. Nicht zu heiß, nicht zu kalt. Ich habe mir schon vorgenommen, dann auch wieder hinzufahren«, sagte sie in entschiedenem Ton und fügte hastig hinzu: »Aber natürlich nicht mit euch zusammen!«

Ich lachte nervös, und Rich flachste: «Das wär' doch prima, Lindo, dann könntest du uns immer die Speisekarten übersetzen. Auf diese Weise brauchten wir wenigstens keine Angst zu haben, aus Versehen Schlangen oder Hunde zu essen!« Ich hätte ihm beinahe einen Tritt versetzt.

»Nein, nein, das wollte ich damit nicht sagen«, versicherte meine Mutter abwehrend. »Das kann ich wirklich nicht verlangen.«

Aber ich weiß, was sie wirklich möchte. Sie würde nur zu gern mit uns zusammen reisen. Und ich fände es grauenhaft. Drei Wochen lang ihr Gemäkel über schmutzige Eßstäbchen und kalte Suppe mit anhören zu müssen, und das dreimal pro Tag – die vorprogrammierte Katastrophe.

Andererseits ist der Gedanke vielleicht doch nicht so abwegig – wie wir drei unsere Uneinigkeiten einmal hinter uns lassen, zusammen das Flugzeug besteigen und Seite an Seite abheben, gen Westen, um im Osten anzukommen.

Julien Green
»Haben Sie Angst?«

Joseph lehnte die Stirn gegen die Scheibe, um besser zu sehen, als er hinter sich das leise Knarren eines Schlüssels im Türschloß hörte. Als er sich umwandte, sah er Moira.

Sie stand ein paar Schritte von ihm entfernt. Langsam ließ sie die Finger in den Ausschnitt ihres Kleides gleiten.

»Ja, ich bin es«, sagte sie.

Joseph rührte sich nicht. Er hatte den Eindruck, als bewegte sich die Frau in einer Art Nebel auf ihn zu und dann wieder zurück.

»Sehen Sie mich nicht an, als ob ich der Teufel wäre«, sagte sie.

Sie hatte eine tiefe Stimme und einen etwas singenden Tonfall. Da Joseph schwieg, begann sie zu lächeln.

»Warum sagen Sie nichts?« fragte sie.

Er sah, daß sie ein schwarzes Kleid trug, das ihre Schultern verbarg, aber die Arme über den Ellbogen frei ließ, und in dem unsicheren Licht, das die kleine Lampe am Kopfende des Bettes spendete, ging eine Würde von ihr aus, die er bisher an ihr noch nicht entdeckt hatte. Ein paar Sekunden lang fragte er sich, ob sie die junge, anmaßende und harte Frau war, die er in Erinnerung hatte. Vor allem ihre Stimme schien anders, von einer fast zärtlichen Milde, trotz der leichten Ironie, die er darin zu vernehmen meinte. Aber den roten Mund, den er heimlich betrachtete, erkannte er wieder.

Sie blickte sich im Zimmer um.

»Komisch, so ein Junggesellenzimmer«, sagte sie. »Nichts liegt herum...«

»Gehen Sie!« sagte er plötzlich.

»Nein, Herr Day. Seit mehr als einer Viertelstunde warte ich auf Sie. Sehen Sie, ich habe meinen Mantel auf Ihr Bett gelegt, damit er trocknet.«

Er folgte ihrer Bewegung und sah den marineblauen Mantel auf dem Bett liegen. Ohne sich zu rühren, sagte er wieder: »Gehen Sie!«

»Aber nein. Dazu müssen Sie erst Ihren Schlüssel da wegnehmen, wo ich ihn hingesteckt habe (sie faßte an ihre Brust), und ich hoffe, daß Sie das nicht wagen.«

Diese letzten Worte wurden von einem ruhigen Lächeln begleitet, das an das listige Lächeln eines Schulmädchens erinnerte. Dann sagte sie: »Ein seltsames Gefühl, dieser Schlüssel auf der Haut. Heiß und eiskalt zugleich. So ungefähr wie Sie, jedenfalls sagen das die anderen.«

Er wurde rot.

»Weshalb sind Sie zu mir gekommen?« fragte er.

»Das werden Sie schon noch erfahren. Ich habe mir vorgenommen, hier ein paar Stunden zu verbringen. Sollte meine Anwesenheit Sie aber auf schlechte Gedanken bringen, was man so schlechte Gedanken nennt, dann rate ich Ihnen, sie von vornherein aufzugeben. Deswegen bin ich nicht gekommen.«

Er fühlte, wie der Zorn in ihm aufstieg, und ging einen Schritt auf Moira zu, die sich nicht rührte.

»Darf ich mich setzen?« fragte sie leise.

Diese Frage verwirrte ihn, und er blieb stehen. Sie kam geradewegs auf ihn zu und setzte sich, ohne ihn anzusehen, in den Schaukelstuhl, der einen Meter entfernt von ihm stand.

»Gut«, sagte er und bemühte sich, seiner Erregung Herr zu werden. »Da Sie das Zimmer nicht verlassen wollen, werde ich es tun.«

»Und der Schlüssel?« fragte sie und setzte den Schaukelstuhl in Bewegung. »Wie wollen Sie die Tür ohne den Schlüssel öffnen?«

Er zeigte auf das Fenster.

»Oh, nein«, sagte sie lächelnd. »Wenn Sie das Fenster auch nur berühren, schreie ich Zeter und Mordio. Ich kann sehr laut schreien, wenn ich will. Und dann, Herr Day, welcher Skandal! Man würde in Ihrem Zimmer eine Frau finden...«

»Das wäre für Sie genauso schlimm wie für mich.«

»Keineswegs. Mir ist das einerlei. Ihnen aber nicht. Oder doch?«

Er sah sie mit irrem Blick an. Seit einigen Minuten war er derartig verwirrt, daß er nicht mehr wußte, was er sagen sollte. Die Frau mit Gewalt aus dem Zimmer zu entfernen war wegen des damit verbundenen Lärms unmöglich. Mit ihr zu sprechen, sie zu überzeugen, schien ebenfalls schwierig. Sie hatte auf alles eine Antwort. Und dann konnte er nicht gut sprechen. Er sah sich vor ihr auf den Knien liegen und sie anflehen, das Zimmer zu verlassen. Aber schon der Gedanke an eine derart demütigende Haltung machte ihn wütend. Moira würde sich über ihn lustig machen. Sie hatte ihn einen Augenblick lang durch ihr sanftes, fast bescheidenes Gesicht überrascht, aber dieses artige Jungmädchengesicht war eine List: sie erinnerte an jemand, der einen Nachbarn besucht und nach einem Gesprächsstoff sucht. Joseph fürchtete vor allem das Lachen, das er eben gehört hatte, und wieder ließ die Wut das Blut in seinen Ohren dröhnen.

Plötzlich fiel ihm ein, was Killigrew ihm gesagt hatte: Man wollte ihm einen Streich spielen. Ja, das war es. Man kannte seine religiösen und moralischen Anschauungen und fand es komisch, ihm eine Frau ins Zimmer zu schicken, und Moira gab sich zu diesem üblen Scherz her. Gott sei Dank! Wenn es sich nur um einen Spaß handelte, so sah alles sehr viel weniger ernst aus.

»Wie lange wollen Sie bleiben?« fragte er.

Sie lehnte den Kopf an die Rückenlehne des Schaukelstuhls, und ihre großen, meergrünen Augen wurden verträumt. »Stundenlang, das habe ich Ihnen doch schon gesagt.«

Er senkte den Blick und sah, daß sie halbhohe Gummistiefel trug, die ihre Beine gegen den Schnee schützen sollten. Ohne zu wissen, weshalb, kamen sie ihm gemein und unpassend vor. Er wandte den Blick ab.

»Ärgert Sie das?«

»Was?«

»Daß ich bleibe.«

»Nein«, erwiderte er und zuckte die Schultern.

Er lachte.

»Ihr Lachen klingt nicht gut«, sagte Moira. »Sie haben gar keine Lust zu lachen und hassen mich.«

»Ich möchte, daß Sie jetzt gehen«, sagte er.

»Sie müssen nicht immer dasselbe sagen, das geht mir auf die Nerven und dann... Außerdem darf man einer Frau niemals sagen, was man bei ihr erreichen möchte. Wußten Sie das nicht?«

Frech schaukelte sie sich in dem Stuhl, und in den folgenden Sekunden hörte man nur diesen hin- und herschaukelnden Stuhl und das Knarren einer locker gewordenen Diele.

Von da, wo Joseph stand, sah er Moira fast von vorn; sie war so beleuchtet, daß eine Hälfte ihres Gesichtes im Schatten lag. Sie kam ihm kleiner vor und viel zerbrechlicher, als er gedacht hatte. Ihr schwarzes Haar, die leuchtenden Augen und eine gewisse Zerbrechlichkeit ihrer ganzen Person ließen an einen Vogel denken. Plötzlich erreichte ihn der Duft des Parfüms, das sie benutzt hatte, leichter Fliederduft, so zart, daß er sofort verflog. Aber er erkannte ihn doch gleich wieder, und eine seltsame Erregung kam über ihn, die aus Freude und zugleich aus Wut über diese Freude bestand.

»Warum sehen Sie mir nicht in die Augen?« fragte sie. »Sie sehen aus wie ein Kind, das unartig gewesen ist.«

Er schwieg. Sie schaukelte in dem Stuhl hin und her und fuhr mit ihren Fragen fort: »Haben Sie Angst, Herr Day?«

»Angst? Vor wem?«

»Vor sich selbst.«

Diese Antwort traf ihn wie ein Schlag ins Gesicht, und er fühlte, wie er rot wurde. Leise fügte sie hinzu, wie jemand, der in der Dunkelheit spricht: »Vor mir doch sicher nicht?«

»Ich habe vor niemandem Angst«, erwiderte er und machte dazu eine Handbewegung.

Wieder hatte sie das tückische Lachen, das verletzender für ihn war als die härtesten Worte. Augenscheinlich machte sie sich über ihn lustig, über sein linkisches Wesen, aber sie erriet wohl auch die Wirkung ihrer spöttischen Worte auf Joseph, denn plötzlich schwieg sie.

»Können Sie mir nicht etwas zu trinken geben?« fragte sie endlich mit gespielter Schüchternheit.

Ohne zu antworten nahm er die Wasserkaraffe vom Kamin, füllte ein Glas und reichte es Moira. Sie betrachtete ihn mit halbgeöffnetem Munde.

»Wasser!« sagte sie verdutzt.

Er stand vor ihr und hielt das Glas in der Hand.

»Herr Day«, sagte Moira, »Sie sind von einer Unschuld...« Sie suchte ein passendes Wort, fand es nicht und sagte dann schließlich: »...die erschreckend ist.«

Sie starrte ihn an.

»Woher kommen Sie eigentlich?« fragte sie.

Er nannte seinen Geburtsort.

»Ach so«, sagte sie, als wäre das eine Erklärung für das Glas Wasser und alles andere. »Aus den Bergen...«

»Ja, aus den Bergen«, erwiderte er, ohne sich zu rühren.

»Hier«, sagte sie mit rauher, fast männlicher Stimme, »meinen wir Alkohol, wenn wir um etwas zu trinken bitten.«

»Alkohol...«

Moira sah, wie der Zorn in Josephs Augen aufflammte. Seine Hand begann zu beben. Sie erriet seine Absicht und stieß die Hand, die das Glas hielt, zurück. Das Wasser ergoß sich zwischen ihnen auf den Fußboden. Mit einem Stoß ihres Absatzes versetzte die junge Frau den Stuhl wieder in Bewegung.

»Verzeihung«, sagte sie, »aber Sie waren im Begriff, eine Dummheit zu begehen. (Sie lachte leise.) Sie wollten mir das Wasser ins Gesicht schütten.«

Er stellte das Glas auf den Kamin.

»Geben Sie zu, daß Sie ein mieser Charakter sind«, sagte sie, ihm die Augen zuwendend, »und mit Frauen nicht sprechen können.«

»Ich will mit Ihnen nicht sprechen«, sagte er und verschränkte die Arme.

»Meinen Sie, ich hätte das nicht schon längst gemerkt? Und gerade das macht mir Spaß.«

Ohne darauf einzugehen, durchquerte er das Zimmer und setzte sich auf den Bettrand, neben den kleinen Tisch, auf dem die Lampe brannte. Mit einer Bewegung, die ihm vertraut war, griff er nach seiner Bibel. Aber er legte sie gleich wieder hin, als wäre es ungehörig, in Gegenwart dieser Frau in der Heiligen Schrift zu lesen. In Wirklichkeit aber scheute er sich und fürchtete, daß sie sich über ihn lustig machen würde. An Stelle der Bibel öffnete er den kleinen Shakespeare, den David ihm geschenkt hatte.

Moira schaukelte noch ein paar Minuten lang, dann stand sie auf und ging durch das Zimmer. Ihre Gummistiefel dämpften das Geräusch ihrer Schritte, und sie ging in diesem Zimmer hin und her, als wäre sie allein, und betrachtete die altmodischen Stiche an den Wänden. Kein einziges Mal sah sie Joseph an, aber von der Seite beobachtete sie ihn, wie er sich eifrig über das Buch beugte. Er hatte die Beine übereinandergeschlagen, und sein kämpferisches Profil zeichnete sich wie ein Scherenschnitt auf dem Schirm der kleinen Lampe ab: Wie eine Garbe fiel das dichte, goldene Haar über die niedrige Stirn, und unter den Brauen funkelten die tiefschwarzen Augen. Sie ging jetzt an Joseph vorbei, um eine kleine Stickerei zu betrachten, die in einem schwarzen Rahmen in der Nähe des Bettes hing: Es war ein Alphabet, und darunter stand in gotischen Lettern der Satz: »Der Herr behüte unser Heim.«

Als sie schließlich ihre Neugierde befriedigt hatte, blieb sie mitten im Zimmer stehen und sagte plötzlich: »Herr Day, ich möchte einen Brief schreiben. Geben Sie mir doch bitte einen Bogen Papier.«

Er hob den Kopf. »Sie finden alles in meiner Schreibtischschublade«, antwortete er mit ruhiger Stimme.

Sie setzte sich an den Tisch, der an der Wand stand, etwa einen Meter vom Bett entfernt.

»Aber hier kann ich nichts sehen«, sagte sie.

Ohne ein Wort zu sagen, stellte er die Lampe so, daß ihr Licht auf die Hände der jungen Frau fiel. Nach kurzem Zögern nahm Moira einen Briefbogen und einen Umschlag aus der Schublade und begann zu schreiben:

»Meine liebe Célina,
bis jetzt noch nichts. Wenn ich sonst mit einem Mann allein zwischen vier Wänden bin, geschieht meist etwas. Aber mein heutiger Kunde ist ein wenig anders als die anderen. Ja, lache nur. Ich lache nicht. Ich langweile mich und wünschte, das alles wäre vorbei. Im Grunde ist mir die Wendung, die die Geschichte genommen hat, unangenehm.

Ich habe mich ohne Schwierigkeiten in sein Zimmer geschlichen. Das war wirklich nicht schwer. Ich brauche dir nicht zu sagen, daß man hier alles offenstehen läßt, wie in einer Mühle.

Aber da ich wußte, daß ich es mit einem scheuen Wild zu tun hatte, habe ich die Tür abgeschlossen und den Schlüssel in den Ausschnitt gesteckt. Ich wußte, wenn er hier erst einmal suchte, wäre er verloren, aber das scheint er auch zu wissen. Jedenfalls ist er wütend auf mich. Gewöhnlich ist das ein gutes Zeichen, denn Wut, meine Liebe, ist eine Form der Begierde, und nichts ist der Zärtlichkeit näher als Schläge. Augenblicklich komme ich nicht weiter, denn er schmollt. Er liest oder tut wenigstens so.«

Ohne den Kopf zu bewegen, hob sie die Lider und wagte einen Blick zu Joseph.

»Du glaubst gar nicht, wie böse er aussieht, wenn er liest. Als wollte er gleich beißen. Er ist noch rothaariger, als ich dachte. Ich mag die Rothaarigen nicht. Sie haben eine milchige Haut, und dieser ist derart unbehaart... Manchmal sieht er aus wie eine sehr schöne Frau. Ja, er gleicht der Statue der Republik oder der Freiheit, die die Welt erleuchten. Er ist nicht mein Typ. Du glaubst vielleicht, daß ich das hier lustig finde, aber wenn ich richtig darüber nachdenke, habe ich gar keine Lust, mich über ihn lustig zu machen. Ich wünschte, er machte mir ganz artig seine Erklärung, dann könnte ich ihn abblitzen lassen und gehen. Ich habe wahnsinnige Lust auf eine Zigarette, aber ich habe mein Zigarettenetui bei Mac Allister liegengelassen, und Du kannst Dir ja vorstellen, daß der Würgengel nicht raucht. Eben habe ich ihn um etwas zu trinken gebeten, und er hat mir ein Glas Wasser gebracht. Ein Glas Wasser! Wenn ich auch wußte, daß er ein seltsamer Kerl ist, das hat mir doch die Sprache verschlagen. Wenn er sich jemals in eine Frau verliebt, wird das eine langweilige Geschichte. Er wird sie achten, und das ist schlimmer als alles andere.

Ich schreibe weiter, obwohl ich Dich in ein oder zwei Stunden treffen werde, weil ich irgend etwas tun muß. Wenn ich das Haus hier verlasse, werfe ich den Brief in den Kasten: Wir werden uns darüber totlachen, morgen nachmittag. Augenblicklich kann ich hier noch nicht fort, ohne mich in den Augen dieses Herrn lächerlich zu machen, der zweifellos glauben würde, er hätte die Partie gewonnen. Einen Moment lang sah es so aus, als wollte er mich ohrfeigen. Mit einem Mann, der einen ohrfeigt, kommt man schon zurecht. Das bildet den Ausgangspunkt eines Gespräches, das sehr interessant sein kann, aber dieser Mensch beherrscht sich immer zur rechten Zeit. Immerhin hatte er die Absicht, mir sein Glas Wasser ins Gesicht zu schütten, ich habe ihn aber daran gehindert wegen der Schäden, die das verursacht hätte: meine Dauerwellen, meine Schminke usw. Ich hätte ausgesehen wie ein begossener Pudel. Aber ich gebe die Hoffnung nicht auf, ihn zu meinen Füßen liegen zu sehen. Ich kenne die Männer und weiß, woran sie denken. Aber es wird lange dauern, und es ist bereits halb zehn. Jetzt scheint er mich ganz vergessen zu haben, aber er vergißt, die Seiten umzublättern. Es sollte mich gar nicht wundern, wenn er das Buch verkehrtrum hielte, wie damals der Junge im Park, von dem Bill uns erzählt hat.

Es ist nicht einfach, einen solchen Klotz zu verführen. Ich bedaure es fast, mich darauf eingelassen zu haben. Man glaubt, es genügten ein paar gepfefferte Frechheiten, um ihm Feuer in die Adern zu gießen, daß sie brennen wie Weihnachtspudding, aber dieser Kerl ist von ganz besonderer Art. Seine Unbeweglichkeit hat etwas Beängstigendes. Am liebsten würde ich ›Joseph‹ rufen, damit dieser Bursche, der über sein Buch gebeugt dasitzt, sich mal bewegt. Er ahnt gar nichts von der Verlegenheit, in die er mich stürzt. Er ist wie ein Schauspieler, der seinen Text vergessen hat. Das Stück geht nicht weiter. Aber ich kann doch nicht die ganze Nacht hier sitzen und Dir schreiben, was mir durch den Kopf geht. Am Ende würde ich Dir noch sagen, was ich denke. Als er sich damals in meinem Zimmer vor mir bückte, um seinen Sweater aufzuheben, habe ich gesehen, wie gut er gebaut ist. Schließe aus dieser Bemerkung nichts, denn ich mache sie nur, um wieder eine Zeile voll zu haben. Und dann weiß ich auch nicht mehr, was ich Dir schreiben soll. Du hast mich dazu veranlaßt, Mac Allisters dumme Herausforderung anzunehmen. Ich war ja auch so selbstsicher, so überheblich, nicht wahr? Sagen wir es ruhig. Wenn irgendwo ein schöner Junge auftaucht, dann gehört er immer zuerst Moira, nicht wahr? Du glaubtest, daß das bei dem Würgengel vielleicht nicht klappen würde. Im Grunde magst Du mich nicht, Célina. Du hast einfach Angst vor mir. Aber ich bin doch nicht das Biest, für das ihr mich alle haltet. Ich bin es leid, die Freudenmaschine zu sein.«

Sorgfältig und so, daß sie unleserlich wurden, strich sie die letzten Zeilen aus, die sie geschrieben hatte.

Dann fügte sie hinzu:

»Ich bin verloren, Célina. Ich habe mich verliebt.«

Seit einer Viertelstunde hatte sich Joseph nicht gerührt. Seine rechte Hand begann zu ermüden, aber er schien zu glauben, daß er, wenn er sich nicht bewegte, die Gefahr von sich fernhielt. Zehn- oder zwölfmal schon hatte er, ohne sie zu verstehen, die Worte Othellos vor dem Dogen und den Senatoren von Venedig gelesen: *Sehr mächtige, würdige und verehrte Herren ...*

Vielleicht kam David auf den Gedanken, bei ihm anzuklopfen. Was würde er in diesem Fall tun? Vor ein paar Stunden noch hatten beide vom Himmel gesprochen. Und jetzt... dies. Aber er würde es David erklären. Wie sehr bedauerte er jetzt, ihm verschwiegen zu haben, was Killigrew ihm über den beabsichtigten Streich erzählt hatte. Die Frau schrieb immer noch. Wie lange wollte sie eigentlich bleiben? Sie schrieb sehr langsam, machte immer wieder eine Pause, aber einmal würde ja der Augenblick kommen, wo sie genug hätte und nach Hause ginge. Über den Rand des Buches hinweg sah er ihren Kopf und ein wenig von ihrer Brust. Man sah ihre Brüste, wenn sie sich vorbeugte, aber das kam von der Haltung: Die zusammengepreßten Brüste wölbten sich nach vorn. Vielleicht wußte sie gar nicht, daß er das sah, aber Killigrew hatte ihm zu verstehen gegeben, daß sie einen schlechten Lebenswandel führte, und Frauen ihrer Art stellten sich zur Schau, zeigten Teile ihres Körpers, ihre Arme, ihre Brust. So eine gab es auch in seiner Heimatstadt, aber nur die Verworfenen wagten es, sie anzusehen. Man wußte, daß der Apothekergehilfe ihr drei Dollar gegeben hatte, damit sie mit ihm sündigte, und auch andere, die es nicht zugaben. Man nannte sie Goldie, wegen ihres Haares, auch sie zeigte ihre Brüste, aber nie hatte er an sie gedacht. Wenn er sie von ferne sah, ging er einfach auf die andere Straßenseite, und sie existierte für ihn nicht, und wenn er heute abend an sie dachte, dann war Moira daran schuld. Aber Moira war schöner, trotz der rot geschminkten Lippen. Ihre Augen waren sehr groß. Ihre Haut glänzte ein wenig, wie Seide, an den Armen und der Brust. Sie war da, so nahe, daß er sie atmen hörte. Sie war gekommen, um ihm einen Streich zu spielen. Zum Glück hatte er das erfahren. »Wenn Sie auf schlechte Gedanken kommen...« oder vielmehr »was man so schlechte Gedanken nennt...« Er wußte nicht genau, was sie damit meinte. Vielleicht sie auf den Mund küssen, oder sogar die Sünde mit ihr tun. Die Sünde mit ihr tun. Aber sie würde gehen, wenn sie erkannte, daß er sich nicht rühren würde.

Mit ihr das tun, was der Apothekergehilfe mit Goldie getan hatte. Deshalb hatte sie gesagt: »Wenn Sie auf schlechte Gedanken kommen...« Sie hoffte vielleicht, daß er vor ihr auf die Knie sinken und ihr eine Liebeserklärung machen würde wie auf dem Theater, um ihn dann auslachen zu können. Aber er würde sich nicht rühren. Wie aus Stein gemeißelt würde er dasitzen, bis sie seines Anblickes überdrüssig würde; dann würde sie gehen. Sie würde den Schlüssel da herausnehmen, wo sie ihn verborgen hielt, aus dem Ausschnitt ihres Kleides, zwischen den Brüsten. Sie würde die Tür öffnen und fortgehen, und sie würde nicht sagen können, daß er ihr eine Liebeserklärung gemacht hatte. Sie würde sich nicht über ihn lustig machen können, das würde sie nicht wagen.

Langsam fühlte er sich ruhiger und stärker. Es war nicht seine Schuld, wenn er sie begehrte. Sein männlicher Körper begehrte sie, aber der Körper führte in die Hölle, wenn man ihm nachgab. Was sein Körper wollte, das wollte seine Seele nicht. Wie Paulus, hatte auch er einen Dorn im Fleisch, und der Engel Satans peinigte ihn. Deswegen klopfte ihm das Blut in den Schläfen, deshalb zogen seine Eingeweide sich zusammen. Und es gab noch etwas anderes, das peinlich und demütigend war, wofür er nichts konnte.

Warum schrieb die Frau plötzlich so schnell? Und jetzt strich sie durch, was sie geschrieben hatte, nahm einen Umschlag, auf den sie eine Adresse schrieb, und klebte den Umschlag zu.

»Wollen Sie mir bitte eine Briefmarke geben, Herr Day?« fragte sie leise.

Ohne aufzublicken, sagte er nach kurzem Zögern: »In der Schublade steht eine kleine Schachtel, in der liegt ein Markenheftchen.«

»Danke.«

Er hörte, wie sie in der Schublade nach der Schachtel suchte, und den Blick auf die Seiten des kleinen Buches geheftet, fragte er sich, was sie nun wohl tun würde. Ob sie noch einen Brief schreiben würde? Das würde er nicht ertragen. Er würde ihr das Papier wegnehmen. Sie hatte kein Recht, hier zu sein, und am liebsten hätte er sie geschlagen, aber jedesmal, wenn er seine Augen über den Rand des Buches hob, machte seine Wut einer großen Unruhe Platz. Satzfetzen kamen ihm in den Sinn, die er gehört hatte, als er noch bei Frau Dare wohnte, alles, was die Studenten über die Frauen gesagt hatten. Und das war so deutlich gewesen, daß man es nie wieder vergessen konnte.

Sie klebte die Marke auf den Umschlag und sagte: »Sie können zufrieden sein, Herr Day. Ich gehe jetzt.«

Er machte eine derart heftige Bewegung, daß ihm das Buch aus den Händen glitt.

»Sie wollen gehen?« fragte er verdutzt.

»Ja. Aber weshalb sind Sie darüber so erstaunt?«

Er fühlte, wie ihm die Röte ins Gesicht stieg, und beeilte sich, den kleinen Shakespeare-Band aufzuheben.

»Ich bin nicht erstaunt«, murmelte er. »Aber Sie hatten doch gesagt, Sie würden stundenlang bleiben.«

»Ich hab's mir anders überlegt«, erwiderte sie, nahm den Brief und stand auf.

Wieder sah er ihre Gummistiefel und wandte den Blick.

Als er sich aufrichtete, hielt er immer noch den Kopf ein wenig gesenkt, denn seine Ohren und Backen glühten, und er schämte sich dieser Röte, die nicht weichen wollte.

»Die Frauen ändern dauernd ihre Meinung«, erwiderte sie. »Wußten Sie das nicht?«

Er stand auf und stellte die Lampe wieder an ihren alten Platz.

»Geben Sie mir bitte den Schlüssel«, sagte er.

»Ich schließe schon alles auf«, erwiderte Moira und ging zur Tür. »Oder haben Sie Angst, ich würde Ihren Schlüssel behalten?« fügte sie lächelnd hinzu.

»Ja«, sagte er und ging hinter ihr her.

Erstaunt öffnete sie den Mund.

»Ich glaube, Sie wissen gar nicht, was Sie sagen, Herr Day.«

Joseph biß sich auf die Lippen: Sie hatte recht. Er wußte wirklich nicht mehr, was er sagte. Plötzlich machte er ein so verlegenes Gesicht, daß Moira lachen mußte.

»Sie bekommen Ihren Schlüssel schon wieder.«

Sie griff in den Ausschnitt ihres Kleides.

»Er ist runtergerutscht«, sagte sie ein wenig verwirrt. »Ihr Schlüssel ist runtergerutscht. Ich muß... sehen Sie bitte weg.«

Fast heftig drehte er sich zur Wand und verschränkte die

Arme, während sie mit der Hand unter das Kleid griff. Einen Augenblick später hörte er den Schlüssel auf den Fußboden fallen.

»Sie können sich wieder umdrehen«, sagte Moira.

Er gehorchte und sah ihr in die Augen.

»Was werden Sie Ihren Freunden sagen?« fragte er.

»Nichts. Die Wahrheit.«

»Werden Sie erzählen, ich hätte Ihnen eine Liebeserklärung gemacht?«

Sie lachte laut auf.

»Eine Liebeserklärung! Rausgeschmissen haben Sie mich. Heben Sie den Schlüssel auf. Glotzen Sie mich nicht so an, Herr Day. Heben Sie den Schlüssel auf.«

Er bückte sich, und seine Hand nahm den Schlüssel, der sich, wie er meinte, noch ganz warm anfühlte. Im gleichen Augenblick fühlte er Moiras Finger in seinem dichten Haar.

»Angsthase«, flüsterte sie kaum hörbar.

Er fuhr in die Höhe.

»Weshalb haben Sie mich angefaßt?« schrie er.

Sie wich zurück, mit dem Rücken zur Tür, und ihr Gesicht wurde kreidebleich. Im Halbdunkel sah sie Josephs Augen funkeln, wie sie es noch bei keinem Mann gesehen hatte, und plötzlich packte sie das Entsetzen.

»Öffnen Sie die Tür«, sagte sie.

Er machte einen Schritt auf sie zu. Auf ihrer Stirn und ihren Augen fühlte sie den Atem des jungen Mannes, der wie ein wildes Tier den Kopf vorstreckte.

»Nein«, sagte Moira mit leiser Stimme. »Nein! Ich will nicht. Ich will nicht.«

Peter Handke
Der Schuhputzer von Split

Nachdem der Reisende am 1. Dezember 1987 lange die Schnitzfiguren am Holzportal der Kathedrale von Split betrachtet hatte, mit dem Johannes, der beim Letzten Abendmahl wieder den traurigen Kopf an die Schulter des Jesus legt, dabei mit einer Hand – Variante – Trost suchend im Ärmel seines Meisters, ging er hinunter auf die sonnige Strandpromenade, wo er einen greisen Schuhputzer sah, wie er, wohl schon lange unbeschäftigt, anfing, sich selber die Schuhe zu putzen. Diese hatten das auch nötig. Und er tat das so sorgfältig wie für jemand andern, konnte gar nicht anders, langsam, bedachtsam, Lederstück für Lederstück. Und seine Schuhe, zuletzt noch schön gestreichelt, begannen nun zu glänzen und leuchteten endlich, unter der Palme, wo der Putzer saß. »So werde nun auch ich hingehen und mir von ihm die Schuhe putzen lassen!« dachte der Reisende. Das geschah. Schon die Handhabung der gekrümmten Staubbürste durch den Schuhputzer war dann von einer Zartheit und zugleich Festigkeit, die beide zusammen als Wohltat für die Füße, den Rist, die Kuppen der Zehen wirkten. In seiner Cremedose war nur noch ein fingernagelkleiner Klumpen, doch er schaffte damit, Tupfer für Tupfer, das sachte, vollständige, tiefgreifende Einreiben des ganzen, weit über knöchelhohen Schuhpaars, mit einer jeden Flocke ging er sorgsam um, nicht zwei davon an dieselbe Stelle. Sogar den Oberteil der Dose drehte er zuletzt um, weil er da noch einen Cremerest zu finden hoffte. Die Schuhbänder knüpfte er dem Reisenden, sehr gemach und gleichmäßig, mit fast feierlichem Zugriff, fester und steckte sie ihm, bevor er mit dem Eincremen an die Laschen kam, zwischen Schuhschaft und Socken. (Die Socken des Schuhputzers selber hingen herab, eine lange, am Saum eingedunkelte Unterhose schaute ihm bei der Hose hervor, und ebenso gab der völlig eingeschwärzte Hemdkragen oben das Bild eines völlig Einsamen oder allein auf sich Gestellten.) Als er mit den beiden Glanzbürsten kam und abwechselnd über den Schuh fuhr, verwandelte sich sein Tätigsein in ein Werk, und das Streichen der Bürsten drang durch den Tumult der Hafenpromenade als eine sehr leise, rauschende, begeisternde Musik, der Besen eines besonders konzentrierten, in sich hineinlauschenden Jazzschlagzeugers, nein, viel feiner noch, zarter, eindringlicher, der unerhörte Beiklang zum Mahnlied des Muezzin oben auf dem Minarett. Die von der Palme gefallenen dunklen Beeren schlossen sich in den Pfützen der Winterregen der Vortage zu einem großen, sonneglänzenden Archipel zusammen; darüber der runde, sich wiegende Kopf des Schuhputzers mit dem weißen Haarkranz, der gebräunten Kopfhaut. Sooft der Reisende den Fuß wechseln sollte, klopfte der alte Mann mit einer wie eigens dazu bestimmten kleinen Bürste hart und schnell auf seinen Kasten. Die Schuhe glänzten nun schon wie nie zuvor, aber er kam noch mit seinem winzigen schwarzen Glanztuch, zum Finale, schüttelte das Tüchlein zuvor in einem Miniaturzeremoniell aus und strich dann zum Ausklang über die Schuhkappen – nur über diese –, daß von ihnen ein letztes, nie für möglich gehaltenes Zusatzschimmern ausging, aus den schmalsten, erstmals sichtbar werdenden Ritzen und Rillen des Leders heraus. Dann war er mit seinem Werk fertig und klopfte kurz ab. Im Weggehen freute sich der Reisende wie noch nie an dem Strahlen der Schuhe an seinen Füßen. Im Restaurant zog er die Beine unter den Tisch, damit niemand daran streifte und sie etwa zufällig befleckte. Noch im Bus später hielt er die Füße knapp am Sitz, vermied jedes Lässigtun hinaus in den Mittelgang, kein Neuzusteigender sollte den Schuhen auch nur nahe kommen. Mitten im Werk des Schuhputzers hatte er das Bild gehabt, dieser sei sein Porträtzeichner, ganz anders als der tatsächliche Touristenzeichner vom Vortag, ungleich richtiger, wahrhaftiger, dem Reisenden entsprechend. Kurz sah er in dem Schuhputzer von Split einen Heiligen: den Heiligen der Sorgsamkeit, oder den »Heiligen der kleinen Gewichte«. Tags darauf, beim Regen, weiter im Süden, ließ er die Schuhe im Zimmer. In den folgenden Wochen aber trug er sie im Schnee von Makedonien, im Kräuterstaub der Berge des Peloponnes, im gelben und grauen Sand der Libyschen und der Arabischen Wüste. Und noch Monate später, eines Tages in Japan, genügte es, kurz mit dem Tuch über das Leder zu wischen, und der ursprüngliche Glanz der Promenade von Split erschien wieder, unversehrt.

Heinrich Böll
Im Lande der Rujuks

Die großen Fähigkeiten von James Wodruff sind schon früh einem kleinen Kreis von Spezialisten bekannt geworden, und wenn ich kurz von diesen Fähigkeiten berichte, statte ich eine alte Dankesschuld ab, denn immerhin – obwohl ich seit Jahren mit ihm verkracht bin –, James Wodruff war mein Lehrer: Er hatte (hat noch) den einzigen Lehrstuhl für Rujukforschung inne, den es auf dieser Welt gibt, gilt mit Recht als der Begründer der Rujukforschung, und wenn er auch innerhalb der letzten dreißig Jahre nur zwei Schüler gehabt hat, so ist sein Verdienst nicht zu unterschätzen, denn er hat diesen Volksstamm entdeckt, seine Sprache, seine Sitten, seine Religion erforscht, hat zwei Expeditionen auf eine unwirtliche Insel südlich Australiens geleitet, und sein Verdienst bleibt, wenn er auch Irrtümern unterlegen ist, unschätzbar für die Wissenschaft.

Sein erster Schüler war Bill von der Lohe, von dem aber nur zu berichten ist, daß er sich im Hafen von Sydney eines Besseren besann, Geldwechsler wurde, heiratete, Kinder zeugte und später im Inneren Australiens eine Rinderfarm betrieb: Bill ging der Wissenschaft verloren.

Wodruffs zweiter Schüler war ich: Dreizehn Jahre meines Lebens habe ich darauf verwandt, Sprache, Sitte und Religion der Rujuks zu erlernen; fünf weitere Jahre verbrachte ich damit, Medizin zu studieren, um als Arzt bei den Rujuks zu leben, doch verzichtete ich darauf, das Staatsexamen abzulegen, weil die Rujuks – mit Recht – sich nicht für die Diplome europäischer Hochschulen, sondern für die Fähigkeiten eines Arztes interessieren. Außerdem war nach achtzehnjährigem Studium meine Ungeduld, wirkliche Rujuks kennenzulernen, zu einer Krise gekommen, und ich wollte keine Woche, wollte keinen Tag mehr warten, um endlich lebende Exemplare eines Volkes zu sehen, dessen Sprache ich fließend sprach. Ich packte Rucksäcke, Koffer, eine transportable Apotheke, meinen Instrumentenkasten, überprüfte mein Travellerscheckbuch, machte – für alle Fälle – mein Testament, denn ich besitze ein Landhaus in der Eifel und bin Inhaber der Nutzungsrechte eines Obstgutes am Rhein. Dann nahm ich ein Taxi zum Flugplatz, löste eine Flugkarte nach Sydney, von wo mich ein Walfänger mitnehmen sollte.

Mein Lehrer James Wodruff begleitete mich. Er selbst war zu hinfällig, noch eine Expedition zu riskieren, drückte mir aber zum Abschied noch einmal seine berühmte Schrift ›Volk nahe der Arktis‹ in die Hand, obwohl er genau wußte, daß ich diese Schrift auswendig herzusagen verstand. Bevor ich das Flugzeug bestieg, rief Wodruff mir zu: »Bruwal doidoi duraboi!«, was (frei übersetzt) heißen könnte: Mögen die Geister der Luft dich beschützen! Genau würde es wohl heißen: Der Wind möge keine widerspenstigen Geister gegen dich senden!, denn die Rujuks leben vom Fischfang, und die Gunst des Windes ist ihnen heilig.

Der Wind sandte keine widerspenstigen Geister gegen uns, und ich landete wohlbehalten in Sydney, bestieg dort den Walfänger, wurde acht Tage später an einer winzigen Insel ausgesetzt, die, wie mein Lehrer mir versichert hatte, von den P-Rujuks bewohnt sein sollte, die sich von den eigentlichen Rujuks dadurch unterscheiden, daß ihr ABC das P enthält.

Doch die Insel erwies sich als unbewohnt, jedenfalls von Rujuks unbewohnt. Ich irrte einen Tag lang zwischen mageren Wiesen und steilen Felsen umher, fand zwar Spuren von Rujuk-Häusern, zu deren Bau sie eine Art Fischleim als Mörtel benutzen, aber der einzige Mensch, den ich auf dieser Insel traf, war ein Waschbärjäger, der für europäische Zoos unterwegs war. Ich fand ihn betrunken in seinem Zelt, und als ich ihn geweckt, ihn von meiner Harmlosigkeit überzeugt hatte, fragte er mich in ziemlich ordinärem Englisch nach einer gewissen Rita Hayworth. Da ich den Namen nicht genau verstand, schrieb er ihn auf einen Zettel und rollte dabei lüstern die Augen. Ich kannte eine Frau dieses Namens nicht und konnte ihm keine Auskunft geben. Drei Tage war ich gezwungen, die Gesellschaft dieses Banausen zu ertragen, der fast nur von Filmen sprach. Endlich konnte ich ihm gegen Überschreibung von Travellerschecks im Werte von achtzig Dollar ein Schlauchboot abhandeln, und unter Lebensgefahr ruderte ich bei stiller See zu der acht Kilometer entfernten Insel hinüber, auf der die eigentlichen Rujuks wohnen sollten. Diese Angabe wenigstens erwies sich als richtig. Schon von weitem sah ich Menschen am Ufer stehen, sah Netze aufgehängt, sah einen Bootsschuppen, und heftig rudernd und winkend näherte ich mich dem Ufer, den Ruf auf den Lippen: »Joi wuba, joi wuba, buweida guhal!« (Vom Meer, vom Meer, komme ich, euch zu helfen, Brüder!)

Doch als ich dem Ufer näher gekommen war, sah ich, daß die Aufmerksamkeit der dort Stehenden einem anderen Fahrzeug galt: Das Tuckern eines Motorbootes näherte sich von Westen, Tücher wurden geschwenkt, und ich landete völlig unbeachtet auf der Insel meiner Sehnsucht, denn das Motorboot kam fast gleichzeitig mit mir an, und alle rannten zum Landungssteg.

Ich zog müde mein Boot auf den Strand, entkorkte die Kognakflasche meiner transportablen Apotheke und nahm einen tiefen Schluck. Wäre ich ein Dichter, würde ich sagen: Ein Traum brach mir entzwei, obwohl Träume ja nicht brechen können.

Ich wartete ab, bis sich das Postboot entfernt hatte, schulterte mein Gepäck und ging auf ein Gebäude zu, das die schlichte Aufschrift »Bar« trug. Ein bärtiger Rujuk hockte dort auf einem Stuhl und las eine Postkarte. Ich sank erschöpft auf eine hölzerne Bank und sagte leise: »Doidoi kruw mali.« (Der Wind hat meine Kehle ausgedörrt.) Der Alte legte die Karte beiseite, sah mich erstaunt an und sagte in einem Gemisch aus Rujuk und Film-Englisch: »Komm her, mein Junge, sprich deutlich. Willste Bier oder Whisky?«

»Whisky«, sagte ich matt.

Er stand auf, schob mir die Postkarte zu und sagte: »Da lies, was mein Enkel mir schreibt.«

Die Karte trug den Poststempel Hollywood, und auf der Rückseite stand ein einziger Satz: Zeuger meines Erzeugers, komm übers große Wasser, hier rollen die Dollars.

Ich blieb bis zur Ankunft des nächsten Postbootes auf der Insel, saß abends in der Bar und vertrank meine Travellerschecks. Kein einziger dort sprach mehr reines Rujuk, nur wurde oft der Name einer Frau erwähnt, die ich zuerst für eine mythische Figur hielt, deren Ursprung mir aber inzwischen klargeworden ist: Zarah Leander.

Ich muß gestehen, daß auch ich die Rujuk-Forschung aufgab. Zwar flog ich zu Wodruff zurück und ließ mich mit ihm noch auf einen Streit ein über die Anwendung der Vokabel

»buhal«, denn ich blieb dabei, daß es Wasser bedeute, Wodruff aber versteifte sich darauf, es bedeute Liebe.

Doch längst schon sind mir diese Probleme nicht mehr so wichtig. Ich habe mein Landhaus vermietet, züchte Obst und spiele immer noch mit dem Gedanken, mein medizinisches Studium durchs Staatsexamen zu krönen, aber ich bin nun fünfundvierzig geworden, und was ich einst mit wissenschaftlichem Ernst betrieb, betreibe ich nun als Liebhaberei, worüber Wodruff besonders empört ist. Während der Arbeit an meinen Obstbäumen singe ich Rujuk-Lieder vor mich hin, besonders das eine liebe ich:

Woi suhal buwacha
bruwal nui loha
graga bahu, graga wiuwa
moha deiwa buwacha.

(Warum treibt es dich in die Ferne, mein Sohn,
haben dich alle guten Geister verlassen?
Keine Fische gibt es dort, keine Gnade,
und deine Mutter weint um ihren Sohn.)

Auch zum Fluchen eignet sich die Rujuk-Sprache. Wenn die Großhändler mich betrügen wollen, sage ich leise vor mich hin: »Graga weita« (keinen Segen soll es dir bringen), oder: »Pichal gromchit« (die Gräte soll dir im Halse steckenbleiben), einen der schlimmsten Flüche der Rujuks.

Aber wer auf dieser Erde versteht schon Rujuk, außer Wodruff, dem ich hin und wieder eine Kiste Äpfel schicke und eine Postkarte mit den Worten: »Wahu bahui« (Verehrter Meister, du irrst), worauf er mir zu antworten pflegt, ebenfalls auf einer Postkarte: »Hugai« (Abtrünniger), und ich zünde mir meine Pfeife an und blicke auf den Rhein hinunter, der schon so lange da unten vorüberfließt.

Margaret Atwood
Betty

Als ich sieben war, zogen wir wieder einmal um, in ein winziges Holzhäuschen am Saint Mary's River, flußaufwärts von Sault Sainte Marie. Wir hatten das Häuschen nur für den Sommer gemietet, aber im Augenblick war es »unser Haus«, denn wir hatten kein anderes. Es roch nach Mäusen und war düster und sehr eng, vollgestellt mit all den Gegenständen aus der vorherigen Wohnung, die nicht ausgelagert waren. Meine Schwester und ich zogen es vor, den größten Teil unserer Zeit draußen zu verbringen.

Es gab dort einen kleinen Strand, hinter dem die Sommerhäuser mit ihren kontrastreichen Anstrichen – grün und weiß, kastanienbraun und blaßblau, braun und gelb – wie Schuhschachteln aufgereiht standen, jedes mit seinem passenden Außenabort in unhygienisch kurzer Entfernung dahinter. Uns war allerdings verboten, im Fluß zu schwimmen, wegen der starken Strömung. Es gab Geschichten von Kindern, die fortgerissen worden waren, hinunter zu den Stromschnellen und den Schleusen, bis zu den Feuern der Algona-Stahlwerke von Sault, die wir manchmal in bewölkten Nächten aus unserem Schlafzimmerfenster sahen, wenn sie dumpfrot vor den Wolken glühten. Im Fluß herumwaten durften wir, aber nicht weiter als bis zu den Knien, und oft standen wir im Wasser, die Knöchel von Strängen loser Wasserpflanzen umgarnt, und winkten den Frachtkähnen von den großen Seen, die so nahe vorbeiglitten, daß wir nicht nur die Flaggen und die Möwen am Heck sahen, sondern sogar die Hände der Matrosen und das Oval ihrer Gesichter, wenn sie uns zurückwinkten. Dann kamen die Wellen und schlugen über unsere Oberschenkel hinauf bis zur Taille unserer pumphosen- und röckchenbesetzten Piqué-Badeanzüge, und wir kreischten vor Vergnügen.

Unsere Mutter, die sich gewöhnlich am Ufer aufhielt und las oder sich mit jemandem unterhielt, aber uns nicht dauernd beobachtete, hielt das Gekreische manchmal fälschlicherweise für Hilfeschreie. Oder sie sagte später: »Ihr seid bis über die Knie dringewesen«, aber meine Schwester erklärte, das seien nur die Wellen der Schiffe gewesen. Meine Mutter schaute dann mich an, um zu sehen, ob das stimmte. Im Gegensatz zu meiner Schwester war ich eine ungeschickte Lügnerin.

Die Frachter waren riesig und schwerfällig und hatten Rostflecke rings um die Öffnungen für die Ankerketten und ungeheure Schornsteine, aus denen der Rauch in grauen Rülpsern herauspuffte. Wenn sie tuteten, was sie immer taten, wenn sie sich den Schleusen näherten, klirrten die Fenster in unserem Häuschen. Für uns hatten sie etwas Magisches. Manchmal fielen Gegenstände über Bord oder wurden hinausgeworfen, und wir beobachteten das Treibgut gespannt, liefen am Strand entlang, um dort zu sein, wenn es angetrieben wurde, wateten hinaus, um es zu angeln. Normalerweise stellten sich diese Schätze als leere Pappkartons oder löchrige Ölkanister heraus, aus denen eine dunkelbraune Schmiere tropfte und die zu nichts zu gebrauchen waren. Ein paarmal erwischten wir Orangenkisten, die wir in unseren Verstecken als Schränke oder Sitze benutzten.

Das Sommerhaus gefiel uns auch deshalb so gut, weil es hier Stellen gab, an denen wir solche Verstecke bauen konnten. Früher war dafür nie Platz gewesen, weil wir immer in Städten gewohnt hatten. Gerade vorher war es Ottawa gewesen, im Erdgeschoß eines alten dreistöckigen Mietshauses aus Backstein. Im Stockwerk über uns wohnte ein frisch verheiratetes Ehepaar, die Frau war Engländerin und protestantisch, der Mann Franzose und katholisch. Er diente bei der Luftwaffe und war viel fort, aber wenn er auf Urlaub kam, pflegte er seine Frau zu verprügeln. Das geschah immer etwa um elf Uhr nachts. Daraufhin flüchtete sie nach unten und suchte Schutz bei meiner Mutter, und dann saßen die beiden in der Küche und tranken Tee. Die Frau weinte, wenn auch leise, um uns nicht aufzuwecken – darauf bestand meine Mutter, die davon überzeugt war, daß Kinder zwölf Stunden Schlaf brauchen –, zeigte ihr blaugeschlagenes Auge oder ihre geschwollene Backe vor und erzählte flüsternd, daß er trinke. Nach einer Stunde etwa wurde diskret an die Tür geklopft, und der Luftwaffensoldat in voller Uniform fragte höflich bei meiner Mutter an, ob er seine Frau wieder mit nach oben nehmen dürfe, wo sie doch hingehöre. Es sei ein

Streit um Glaubensfragen, sagte er. Außerdem habe er ihr fünfzehn Dollar für Lebensmittel gegeben, und sie habe ihm gebratenes Dosenfleisch vorgesetzt. Nach einem Monat Abwesenheit erwarte ein Mann einen anständigen Braten, vom Schwein oder vom Rind, ob meine Mutter das nicht auch finde. »Ich hab' den Mund gehalten und die Augen aufgemacht«, sagte meine Mutter dann immer. Ihr kam er nie so schrecklich betrunken vor, aber bei dieser höflichen Sorte konnte man nie wissen, was sie im Schilde führten.

Ich hätte davon eigentlich gar nichts wissen dürfen. Man hielt mich für zu jung oder zu unschuldig dafür, aber meiner Schwester gegenüber, die vier Jahre älter war, wurden Andeutungen gemacht, die sie mir weitererzählte, einschließlich allem, was hinzuzufügen sie für richtig hielt. Ich sah die Frau ein paarmal, wenn sie die Treppen vor unserer Wohnungstür hinauf- oder hinunterging, und einmal hatte sie wirklich ein blaues Auge. Den Mann sah ich nie, aber als wir Ottawa schließlich verließen, war ich fest davon überzeugt, daß er ein Mörder war.

Das erklärte vielleicht die Warnungen meines Vaters, als meine Mutter ihm erzählte, sie habe das junge Ehepaar kennengelernt, das im Haus rechts neben uns wohnte. »Engagier dich da nur nicht zu sehr«, sagte er, »ich will nicht, daß sie zu den unmöglichsten Tages- und Nachtzeiten hier angelaufen kommt.« Er hatte nicht viel übrig für die Talente meiner Mutter im einfühlsamen Zuhören, auch wenn sie ihn neckte und zu ihm sagte: »Aber *dir* höre ich doch auch zu, Schatz.« Sie zog Leute an, die er als »Schwämme« bezeichnete.

Er schien keinen Grund zur Sorge zu haben. Dieses Ehepaar war ganz anders als das in Ottawa. Fred und Betty bestanden von Anfang an darauf, Fred und Betty genannt zu werden. Meine Schwester und ich, die darauf gedrillt worden waren, Erwachsene Mr. und Mrs. zu nennen, mußten auch Fred und Betty zu ihnen sagen, und wir durften in ihr Haus hinüberkommen, wann wir wollten. »Ich möchte nicht, daß ihr das für bare Münze nehmt«, sagte unsere Mutter. Die Zeiten waren schlecht, aber unsere Mutter hatte eine anständige Erziehung genossen, und eine solche sollten wir auch bekommen. Trotzdem gingen wir anfangs zu Fred und Betty, sooft wir konnten.

Ihr Häuschen war genauso groß wie unseres, aber weil weniger Möbel darin standen, wirkte es größer. Unseres hatte zwischen den Zimmern Wände aus Preßpappe, die lindgrün gestrichen war, mit helleren Flecken an den Stellen, wo andere Leute Bilder hängen gehabt hatten. Betty hatte ihre Wände durch richtiges Sperrholz ersetzt und sie innen leuchtendgelb gestrichen, und sie hatte gelb-weiße Vorhänge für die Küche genäht, mit einem Muster, auf dem junge Hühnchen aus Eierschalen schlüpften. Aus dem restlichen Stoff hatte sie sich noch eine passende Schürze genäht. Die beiden hatten das Häuschen nicht gemietet, sondern es gehörte ihnen; da machte einem die Arbeit nicht so viel aus, sagte meine Mutter. Betty bezeichnete die winzige Küche als Kochnische. Ein runder, schmiedeeiserner Tisch war in die eine Ecke gerückt, mit zwei weißgestrichenen, verschnörkelten, schmiedeeisernen Stühlen, einem für Betty und einem für Fred. Betty nannte diese Ecke die Frühstücksecke.

In Freds und Bettys Haus gab es mehr, womit man sich beschäftigen konnte, als in unserem. Sie hatten einen aus farbigem Glas geblasenen Vogel, der auf der Kante eines Bechers mit Wasser saß und vor- und zurückschaukelte, bis er schließlich den Kopf ins Wasser tauchte und trank. An der Haustür hatten sie einen Klopfer in Form eines Spechts: Man zog an einem Strick, und dann klopfte der Specht an die Tür. Sie hatten auch eine Pfeife in Form eines Vogels, in den man Wasser füllen und hineinblasen konnte, und dann trillerte er »wie ein Kanarienvogel«, sagte Betty. Und sie bekamen samstags die bunten Comic-Illustrierten. Unsere Eltern hatten sie nicht abonniert, und sie wollten nicht, daß wir Schund lasen, wie sie es nannten. Aber Fred und Betty waren so nett und freundlich zu uns, meinte meine Mutter, was sollten sie da schon machen!

Und über all diese Attraktionen hinaus gab es ja Fred. Beide verliebten wir uns in Fred. Meine Schwester kletterte auf seinen Schoß und verkündete, daß er ihr Freund sei und daß sie ihn heiraten würde, wenn sie groß wäre. Dann ließ sie sich von ihm die Comics vorlesen und neckte ihn, indem sie versuchte, ihm die Pfeife aus dem Mund zu nehmen oder seine Schuhbänder zusammenzubinden. Ich empfand wie sie, aber ich wußte, daß es nichts nützen würde, wenn ich das sagte. Meine Schwester hatte ihr Gelände abgesteckt, und wenn sie sagte, daß sie etwas tun würde, dann tat sie es gewöhnlich auch. Und sie haßte es, wenn ich ihr, wie sie sagte, alles nachmachte. Deshalb saß ich dann auf einem der verschnörkelten Stühle in der Frühstücksecke, während Betty Kaffee kochte, und beobachtete meine Schwester und Fred auf der Wohnzimmercouch.

An Fred war etwas, was Leute anzog. Meine Mutter, die keineswegs eine kokette Frau war – sie strebte eher an, weise zu sein –, wurde lebhafter, wenn Fred in der Nähe war. Sogar mein Vater mochte ihn und trank gelegentlich ein Bier mit ihm, wenn er aus der Stadt zurückkam. Dann saßen sie auf der Veranda vor Freds Häuschen in Bettys gelben Korbstühlen, schlugen nach den Mücken und diskutierten die Baseballergebnisse. Sie kamen selten auf ihre Arbeit zu sprechen. Ich weiß nicht genau, was Fred von Beruf war, aber er arbeitete in einem Büro. Mein Vater war »in der Tapetenbranche«, wie meine Mutter sagte, aber mir war nie recht klar, was das bedeutete. Aufregender wurde es, wenn sie über den Krieg sprachen. Meinen Vater hatte sein schlimmer Rücken davor bewahrt, sehr zu seinem Verdruß, aber Fred war bei der Marine gewesen. Er sagte nie sehr viel darüber, obwohl mein Vater ihm immer die Stichworte zuspielte; aber wir wußten von Betty, daß sie sich verlobt hatten, kurz bevor Fred wegmußte, und direkt nach seiner Rückkehr geheiratet hatten. Betty hatte ihm jeden Abend einen Brief geschrieben und einmal in der Woche alle zusammen weggeschickt. Sie erzählte nicht, wie oft Fred ihr geschrieben hatte. Mein Vater mochte nicht viele Leute, aber von Fred sagte er, der sei nicht auf den Kopf gefallen.

Fred gab sich anscheinend gar keine Mühe, besonders nett zu anderen zu sein. Ich glaube nicht einmal, daß er besonders gut aussah. Das dumme ist, daß ich mich zwar an Betty bis hin zum letzten Haar und der letzten Sommersprosse erinnern kann, daß ich aber nicht mehr weiß, wie Fred aussah. Er hatte dunkles Haar und rauchte Pfeife, und er sang uns gelegentlich vor, wenn wir ihm genügend zusetzten. ›Sioux City Sue‹, sang er dann, »Dein Haar ist rot, und rot dein Mund, für dich gäb' ich glatt her mein Pferd und meinen Hund...« Oder er sang ›Beautiful Brown Eyes‹ für meine Schwester, deren Augen braun waren, im Gegensatz zu meinen wäßrig blauen. Das verletzte mich tief, denn in diesem Lied kam die Zeile vor: »Nie wieder werd' ich blaue Augen lieben.« Das schien so endgültig, ein ganzes Leben lang ungeliebt von Fred! Einmal fing ich an zu weinen, was dadurch noch schlimmer wurde, daß ich keinem erklären konnte, was los war; und ich mußte die Demütigung von Freds witzelnder Anteilnahme und die Verachtung meiner Schwester ertragen und die noch schlimmere Demütigung, von Betty in der Kochnische getröstet zu werden. Das war eine Demütigung, weil es sogar für mich offensichtlich war, daß Betty Dinge nicht so leicht durchschaute. »Kümmere dich einfach nicht um den«, sagte sie; daß meine Tränen etwas mit Fred zu tun hatten, hatte sie erraten. Aber genau das war der einzige Rat, den ich nicht befolgen konnte.

Wie eine Katze ging Fred keinen einzigen Schritt für jemand anderen von seinem Weg ab, sagte meine Mutter später. So war es eigentlich ungerecht, daß alle Fred liebten, aber Betty, trotz ihrer Nettigkeit, von niemandem geliebt wurde. Es war Betty, die uns immer an der Tür begrüßte, uns hereinbat und mit uns redete, während Fred sich auf der Couch lümmelte und Zeitung las. Sie bot uns Plätzchen und Milchshakes an und ließ uns die Schüsseln auslecken, wenn sie backte. Betty war so nett; das sagten alle, aber von Fred hätte das keiner gesagt. Fred lachte zum Beispiel nicht viel, und er lächelte nur dann, wenn er zu jemandem etwas Unverschämtes sagte, vor allem zu meiner Schwester. »Frißt du dich wieder voll?« sagte er beispielsweise. »He, du Dickwanst.« Wohingegen Betty nie so etwas sagte, und immer lächelte oder lachte sie.

Sie lachte herzlich, wenn Fred sie Betty Grable nannte, was er mindestens einmal am Tag tat. Ich verstand nicht, warum sie lachte. Es sollte doch ein Kompliment sein, meinte ich. Betty Grable war eine bekannte Filmschauspielerin; ein Bild von ihr war in Freds und Bettys Außenabort mit Heftzwekken an die Wand geheftet. Meine Schwester und ich zogen beide Freds und Bettys Abort unserem eigenen vor. Ihrer hatte im Gegensatz zu unserem Vorhänge am Fenster und eine kleine Holzkiste und eine dazu passende Holzkelle für die Lauge. Wir hatten nur einen Pappkarton und eine alte Maurerkelle.

In Wirklichkeit sah Betty gar nicht wie Betty Grable aus, die blond war und nicht so rundlich wie unsere Betty. Aber sie waren doch beide wunderschön, fand ich. Erst viel später wurde mir klar, daß die Anspielung gemein war, denn Betty Grable war berühmt für ihre Beine, während unsere Betty Beine hatte, die an der Taille anfingen und sich ohne Kurve und ohne Unterbrechung nach unten bis zu ihren Füßen fortsetzten. Damals kamen sie mir wie ganz normale Beine vor. Wenn wir in der Kochnische saßen, sah ich viel von Bettys Beinen, denn sie trug immer Sonnentops und Shorts und darüber ihre gelbe Schürze. Irgendwie gelang es Betty nie, ihre Beine braun zu bekommen, trotz der vielen Stunden, die sie häkelnd in ihrem Korbstuhl verbrachte, die obere Hälfte ihres Körpers im Schatten der Veranda, aber die Beine in die Sonne gestreckt.

Mein Vater sagte, Betty hätte keinen Sinn für Humor. Das konnte ich überhaupt nicht verstehen. Wenn man ihr einen Witz erzählte, lachte sie immer, sogar wenn man ihn durcheinanderbrachte, und sie erzählte auch selber Witze. »Sag mal ganz schnell hintereinander: ›Ich hab' ne schwarze Perlenkette‹ «, sagte sie. Ich verhaspelte mich und verstand den Witz nicht. »Du hast gesagt: ›Ich hab' 'nen schwarzen Kerl im Bette‹ «, sagte sie, und ihre leicht vorstehenden Zähne glänzten freundlich. Wir waren noch nie in den Vereinigten Staaten gewesen, obwohl wir sie über den Fluß hinweg sehen konnten, einen Streifen grüner Bäume, der im Westen in das Blau des Lake Superior überging, und die einzigen Schwarzen, die ich je gesehen hatte, waren die Figuren in den Comics. Da gab es L'il 8-Ball und dann die Afrikaner in ›Tarzan‹ und Lothar in ›Mandrake der Magier‹, der ein Löwenfell trug. Mir war einfach nicht klar, was irgendeiner von denen mit dem Wort »Bett« zu tun hatte.

Mein Vater sagte auch, Betty hätte keinen Sex-Appeal. Dies schien meine Mutter nicht im geringsten zu stören. »Sie ist ein sehr nettes Mädchen«, pflegte sie selbstgefällig zu antworten, oder: »Sie hat so hübsche frische Farben.« Meine Mutter und Betty waren bald dabei, gemeinsam eine Methode auszuarbeiten, um das Einkochen zu erleichtern. Die meisten Leute hatten immer noch »Siegesgärten«, obwohl der Krieg vorbei war, und Juli und August waren die Monate, in denen man möglichst viele Gläser mit Obst und Gemüse einzukochen hatte. Der Garten meiner Mutter war eine halbherzige Angelegenheit, wie die meisten ihrer Bemühungen im Haushalt. Der Garten bestand aus einem kleinen

Fleckchen Erde neben dem Aborthäuschen, auf dem Kürbispflanzen ein Dickicht aus hochgeschossenen Tomaten und einige Reihen zwergenhafter Karotten und roter Rüben überwucherten. Ihre Talente, hatten wir meine Mutter sagen hören, lägen eher im zwischenmenschlichen Bereich. Betty und Fred hatten überhaupt keinen Garten. Fred hätte sowieso nicht darin gearbeitet, und wenn ich mir Betty jetzt vorstelle, wird mir klar, daß ein Garten etwas zu Unübersichtliches für sie gewesen wäre. Aber sie ließ Fred auf seinen Fahrten zur Stadt Dutzende von Körben voller Erdbeeren, Pfirsiche, Bohnen, Tomaten und Concordtrauben kaufen; und sie überredete meine Mutter, ihren eigenen Garten Garten sein zu lassen und bei ihr in die Mammut-Einmachorgien einzusteigen.

Der Holzherd meiner Mutter wäre unerträglich heiß gewesen für eine solche Aktion, und Bettys kleiner Elektroherd war nicht groß genug; deshalb brachte Betty »die Jungs«, wie sie Fred und meinen Vater nannte, dazu, den herrenlosen Holzherd, der bis dahin hinter Bettys Abort vor sich hin gerostet hatte, in Gang zu bringen. Sie stellten ihn in unseren Hof, und meine Mutter und Betty saßen an unserem Küchentisch, der nach draußen getragen worden war, und schälten und schnitten und redeten, Betty mit ihren runden Nadelkissenbäckchen, die von der Hitze noch röter als gewöhnlich waren, meine Mutter mit einem alten Tuch um den Kopf, in dem sie aussah wie eine Zigeunerin. Hinter ihnen blubberten und dampften die Einkochkessel, und auf der einen Seite des Tisches standen wachsende Reihen von Crown-Gläsern umgekehrt auf Schichten von Zeitungen und kühlten aus und leckten manchmal oder sprangen. Meine Schwester und ich trieben uns am Rande herum, darauf bedacht, unsichtbar genug zu bleiben, um nicht zur Arbeit herangezogen zu werden, aber mit einem sehnsüchtigen Blick auf die leeren Sechspfundkörbe. Wir waren überzeugt, daß wir sie in unseren Verstecken gebrauchen konnten; wir waren nicht ganz sicher, wozu, aber sie paßten genau in die Orangenkisten.

Ich erfuhr viel über Fred im Verlauf von Bettys Einmachsitzungen: wie er seine Eier gern aß, welche Sockengröße er trug (Betty strickte selbst), wie erfolgreich er im Büro war, was er auf keinen Fall zum Abendessen mochte. Fred sei ein heikler Esser, sagte Betty fröhlich. Betty konnte über fast nichts anderes reden, und sogar meine Mutter, mit ihrer reichen Erfahrung an Vertraulichkeiten, begann immer weniger zu sagen und immer mehr zu rauchen, wenn Betty da war. Es war einfacher, sich Horrorgeschichten anzuhören als Bettys unerschöpflichen und trivialen Frohsinn. Ich fing an zu überlegen, daß ich vielleicht doch nicht mit Fred verheiratet sein wollte. Er entfaltete sich aus Bettys Mund wie ein endloses Band einer feuchten Zeitung, die vom einen Ende bis zum anderen mit nichts als dem Wetterbericht bedruckt war. Weder meine Schwester noch ich interessierten uns für Sockengrößen, und Bettys beliebige und wenig aufregende Einzelheiten setzten Fred in unseren Augen herab. Allmählich verbrachten wir weniger von unserer Spielzeit bei Fred und Betty und mehr in unserem Versteck, das sich in einem Wäldchen aus verkrüppelten Eichen auf einem freien Bauplatz am Ufer befand. Wir spielten dort komplizierte Spiele von Mandrake dem Magier und seinem treuen Diener Lothar, mit unseren Puppen als leicht mitzureißenden Bösewichtern. Meine Schwester war immer Mandrake. Wenn wir keine Lust mehr hatten, zogen wir unsere Badeanzüge an und gingen am Flußufer waten, hielten Ausschau nach Frachtern und warfen Eicheln in den Fluß, um zu sehen, wie schnell sie von der Strömung davongetragen wurden.

Auf einer dieser Wate-Expeditionen lernten wir Nan kennen. Sie wohnte zehn Grundstücke weiter, in einem weißen Haus mit roten Verzierungen. Im Gegensatz zu vielen der anderen Sommerhäuser hatte das von Nan einen richtigen Anlegeplatz, der in den Fluß hineingebaut und an den Pfählen mit Steinhaufen verankert war. Sie saß an diesem Anlegeplatz, als wir sie zum erstenmal sahen, kaute Kaugummi und blätterte in einem Stapel Flugzeugbildchen, die aus den Wings-Zigarettenschachteln stammten. Jeder wußte, daß nur Jungen diese Bildchen sammelten. Ihr Haar und ihr Gesicht waren hellbraun, und sie hatte einen glatten weichen Glanz wie Karamelpudding.

»Was machst du denn mit denen?« waren die ersten Worte meiner Schwester. Nan lächelte nur.

Am selben Nachmittag durfte Nan mit in unser Versteck, und nach einem flüchtigen Mandrake-Spiel, in dessen Verlauf ich zur bescheidenen Rolle des Narda degradiert wurde, saßen die beiden auf unseren Orangenkisten und tauschten, wie mir schien, lust- und witzlose Bemerkungen aus.

»Geht ihr manchmal zum Laden?« fragte Nan. Das taten wir nie. Nan lächelte noch ein bißchen mehr. Sie war zwölf; meine Schwester war erst elfdreiviertel.

»Da beim Laden sind immer so tolle Jungs«, sagte Nan. Sie hatte eine gerüschte Bauernbluse an, mit einem Gummizug am Ausschnitt, den sie über die Schultern hinunterschieben konnte, wenn sie wollte. Sie steckte die Flugzeugbildchen in die Tasche ihrer Shorts, und wir zogen los, um meine Mutter zu fragen, ob wir zum Laden gehen dürften. Von da an gingen meine Schwester und Nan fast jeden Nachmittag dorthin.

Der Laden war eineinhalb Meilen von unserem Haus entfernt, einen heißen Marsch am Ufer entlang, vorbei an den Fassaden anderer Sommerhäuser, wo fette Mütter sonnenbadeten und andere, möglicherweise feindlich gesinnte Kinder im Wasser paddelten; vorbei an Ruderbooten, die auf den Sand hochgezogen waren, an Wellenbrechern aus Zement entlang, durch Büschel von Strandgras, das einem in die Fesseln schnitt, wenn man hindurchlief, und durch Stranderbsen, die hart waren und bitter schmeckten. An manchen Stellen konnten wir die Aborte riechen. Kurz vor dem Laden kam ein Stück freies Gelände mit Giftsumach, um den wir herumwaten mußten.

Der Laden hatte keinen Namen. Er war einfach »der Laden«, der einzige Laden für die Sommerhausbewohner, da er als einziger zu Fuß zu erreichen war. Ich durfte mit meiner Schwester und Nan hingehen oder vielmehr, meine Mutter bestand darauf, daß ich mitging. Obwohl ich nichts davon erwähnt hatte, ahnte sie wohl, wie unglücklich ich war. Es war gar nicht so sehr die Fahnenflucht meiner Schwester, die mich so verletzte, als vielmehr die Tatsache, daß sie sich ihrer so fröhlich unbewußt war. Sie spielte sogar gern mit mir, wenn Nan nicht in der Nähe war.

Manchmal, wenn mich der Anblick von Nan und meiner Schwester, die zwanzig Schritte vor mir ihre Komplotte schmiedeten, zu unglücklich machte, kehrte ich einfach um und ging zu Fred und Betty. Dort saß ich dann rittlings auf einem von Bettys Küchenstühlen, die Hände steif in die Luft gestreckt, und hielt einen Strang himmelblauer Wolle, den Betty zu einem Knäuel aufwickelte. Oder ich häkelte unter Bettys Anleitung verschwitzte, ungleichmäßige, rosa und gelbe Puppenkleidchen für die Puppen, für die meine Schwester so plötzlich zu alt geworden war.

An besseren Tagen schaffte ich es bis zum Laden. Es war kein schöner Laden, und er war nicht einmal sauber, aber wir waren so an die Trostlosigkeit und den Schmutz der Kriegszeiten gewöhnt, daß wir das gar nicht merkten. Es war ein zweistöckiges Haus aus ungestrichenem Holz, das grau verwittert war. Teile waren mit Dachpappe ausgebessert, und um die Eingangstür und die Fenster herum waren farbige Metallschilder genagelt: Coca-Cola, Seven-Up, Salada-Tee. Drinnen herrschte der zuckrig-muffige Geruch der alten Gemischtwarenläden, eine Mischung aus dem Geruch von Eiswaffeltüten, Oreo-Plätzchen, den offenen Schachteln mit Dauerlutschern und Lakritzpfeifchen, die den Ladentisch säumten, und diesem anderen scharfen Moschusgeruch nach Trockenfäule und Schweiß. Die Limonadeflaschen wurden in einem Kühlbehälter aus Metall aufbewahrt, der einen schweren Deckel hatte und mit kaltem Wasser gefüllt war und mit Eisstückchen, die schmelzend die Glätte jener vom Sand abgeschliffenen Glasstückchen angenommen hatten, die wir manchmal am Flußufer fanden.

Der Ladenbesitzer und seine Frau wohnten im zweiten Stock, aber wir bekamen sie fast nie zu sehen. Der Laden wurde von ihren beiden Töchtern geführt, die sich hinter dem Ladentisch abwechselten. Sie waren beide dunkelhaarig, und beide trugen Shorts und gepunktete Sonnentops, aber die eine war freundlich und die andere, die dünnere, jüngere, nicht. Sie nahm unsere Pennies entgegen und ließ sie in die Kasse klingeln, ohne ein Wort zu sagen, und starrte dabei über unsere Köpfe hinweg aus dem Schaufenster mit den baumelnden rosinenbedeckten Fliegenfängern, als sei sie völlig losgelöst von den Bewegungen, die ihre Hände machten. Sie hatte nichts gegen uns; sie sah uns einfach nicht. Sie trug ihr Haar lang und vorne in eine Art Rolle gedreht, und ihr Lippenstift ging in Richtung Lila.

Als wir das erstemal zum Laden gingen, wurde uns klar, warum Nan Flugzeugbildchen sammelte. Dort waren nämlich zwei Jungen, sie saßen auf den grauen, splittrigen Stufen zum Eingang, die Arme über den Knien verschränkt. Ich war von meiner Schwester belehrt worden, das richtige Verhalten Jungen gegenüber sei, keine Notiz von ihnen zu nehmen, andernfalls würden sie einen belästigen. Doch diese Jungen kannten Nan, und sie sprachen mit ihr, und zwar nicht in Form der üblichen Schmähungen, sondern mit Hochachtung.

»Hast du was Neues?« fragte der eine.

Nan lächelte, strich ihr Haar nach hinten und wackelte ein bißchen mit den Schultern in ihrer Bauernbluse. Dann zog sie langsam die Flugzeugbildchen aus der Tasche ihrer Shorts und begann sie durchzublättern.

»Hast du auch welche?« fragte der andere Junge meine Schwester. Ausnahmsweise war sie nun einmal in Verlegenheit. Danach überredete sie meine Mutter, die Zigarettenmarke zu wechseln, und sammelte sich ihren eigenen Stoß zusammen. Ich sah sie etwa eine Woche später vor dem Spiegel, wie sie jenen verlockenden Griff übte, bei dem sich die Bildchen aus ihrer Tasche herausschoben wie die Schlange eines Zauberers.

Immer, wenn ich zum Laden ging, mußte ich für meine Mutter ein in Wachspapier eingepacktes Paket Brot mitbringen und manchmal ein Paket Jiffy-Fertigteig, wenn es welchen gab. Meine Schwester brauchte das nie, sie hatte bereits den Vorteil des Unzuverlässigseins entdeckt. Als Lohn und bestimmt auch als Entschädigung für mein Unglück schenkte mir meine Mutter einen Penny pro Gang, und als ich fünf dieser Pennies gespart hatte, kaufte ich mir mein erstes Wassereis am Stiel. Unsere Mutter hatte es bisher immer abgelehnt, uns Eis am Stiel zu kaufen, obwohl sie Eis in der Waffeltüte erlaubte. Sie sagte, im Wassereis sei etwas, was unbekömmlich sei, und während ich auf der Treppe vor dem Laden saß und mich zu dem hölzernen Stiel durchleckte, suchte ich ständig nach diesem Etwas. Ich stellte es mir als eine Art Kern vor, wie den weißen fingernagelförmigen Teil in einem Maiskorn, aber ich fand nichts.

Meine Schwester und Nan saßen neben mir auf der Treppe. An diesem Tag waren keine Jungen im Laden, deshalb hatten sie nichts anderes zu tun. Es war noch heißer als gewöhnlich und stickig; ein Flimmern lag über dem Fluß, und die Frachter verschwammen, wenn sie hindurchfuhren.

Mein Eis am Stiel schmolz fast schneller, als ich es lutschen konnte. Ich hatte meiner Schwester die Hälfte geschenkt, und sie hatte sie ohne die Dankbarkeit, auf die ich gehofft hatte, angenommen. Sie teilte sie mit Nan.

Fred kam um die Hausecke und ging auf die Eingangstür zu. Das war nichts Erstaunliches, denn wir hatten ihn schon mehrmals im Laden gesehen.

»Hallo, Hübsche«, sagte er zu meiner Schwester. Wir rutschten auf der Stufe zur Seite, um ihn zur Tür hineinzulassen.

Nach ziemlich langer Zeit kam er wieder heraus, mit einem Laib Brot. Er fragte uns, ob wir im Auto mitfahren wollten, er käme gerade aus der Stadt zurück, sagte er. Natürlich sagten wir ja. Nichts daran war ungewöhnlich, außer daß die Tochter, die dünnere, lilalippige, aus der Tür trat und auf der Treppe stand, als wir wegfuhren. Sie verschränkte die Arme vor der Brust in der hängeschultrigen Haltung von Frauen, die müßig in offenen Haustüren stehen. Sie lächelte nicht. Ich dachte, sie sei herausgekommen, um den Frachter der Canada Steamship Lines zu betrachten, der gerade vorbeifuhr, aber dann sah ich, daß sie Fred anstarrte. Sie sah aus, als wollte sie ihn umbringen.

Fred schien nichts zu merken. Er sang den ganzen Weg nach Hause. »Katy, oh beautiful Katy«, sang er und zwinkerte dabei meiner Schwester zu, die er manchmal Katy nannte, weil sie Catherine hieß. Er hatte die Fenster auf, und der Staub von der ausgefahrenen Schotterstraße ergoß sich über uns, färbte unsere Augenbrauen weiß und Freds Haar grau. Bei jedem Stoß kreischten meine Schwester und Nan ausgelassen auf, und nach einer Weile vergaß ich mein Gefühl des Ausgeschlossenseins und kreischte mit.

Es schien, als hätten wir lange Zeit in dem Sommerhaus gewohnt, obwohl es nur ein Sommer war. Im August konnte ich mich kaum mehr an die Wohnung in Ottawa erinnern und an den Mann, der seine Frau immer schlug. Das war in einem Leben passiert, das weit zurücklag; und das trotz der Sonne, dem Wasser, dem vielen Platz unseres jetzigen Lebens glücklicher gewesen war. Früher hatten unsere häufigen Umzüge und die Ungewißheiten immer neuer Schulen meine Schwester dazu gezwungen, mich zu schätzen; ich war zwar vier Jahre jünger, aber ich war ihr treu ergeben und stand immer zur Verfügung. Jetzt waren diese vier Jahre ein Abgrund zwischen uns, eine leere Strecke, wie ein Strand, an dem ich sie weit vorne entschwinden sah. Ich sehnte mich danach, genau wie sie zu sein, aber ich wußte jetzt nicht mehr, wie sie eigentlich war.

In der dritten Augustwoche begannen die Blätter sich zu färben, nicht plötzlich, nur ein vereinzeltes rotes Blatt hier und dort, wie eine Warnung. Das bedeutete, daß es bald Zeit für die Schule und einen erneuten Umzug war. Wir wußten noch nicht einmal, wohin wir dieses Mal ziehen würden und als Nan uns fragte, in welche Schule wir gingen, gaben wir ausweichende Antworten.

»Ich bin schon in acht verschiedenen Schulen gewesen«, sagte meine Schwester stolz. Weil ich so viel jünger war, war ich bisher nur in zweien gewesen. Nan, die ihr ganzes Leben lang in dieselbe Schule gegangen war, schob den Rand ihrer Bauernbluse über die Schultern bis zu den Ellbogen hinunter, um uns zu zeigen, daß sie schon Busen bekam. Die Ringe um ihre Brustwarzen waren weicher geworden und hatten angefangen zu schwellen; ansonsten war sie so flach wie meine Schwester.

»Na und?« sagte meine Schwester und rollte ihren Pullover hoch. Das war ein Wettbewerb, an dem ich mich nicht beteiligen konnte. Es ging um Veränderungen, und mir machten Veränderungen zunehmend angst. Ich ging am Strand zurück zu Bettys Haus, wo meine jüngste schmuddelige Häkelarbeit auf mich wartete und wo immer alles gleich blieb.

Ich klopfte an die Fliegengittertür und öffnete sie. Eigentlich wollte ich sagen: »Kann ich reinkommen?« so wie immer, aber dann sagte ich es doch nicht. Betty saß allein an dem eisernen Tisch in der Frühstücksecke. Sie hatte ihre Shorts und ein gestreiftes Matrosenoberteil an, marineblau und weiß mit einem kleinen Ankeranstecker, und die Schürze mit den gelben Küken, die aus ihren Eierschalen schlüpften. Ausnahmsweise war sie mit nichts beschäftigt, und es stand auch keine Tasse Kaffee vor ihr. Ihr Gesicht war weiß und verständnislos, als hätte jemand sie eben grundlos geschlagen.

Sie sah mich, aber sie lächelte nicht und bat mich nicht herein. »Was soll ich nur tun?« sagte sie.

Ich sah mich in der Küche um. Alles war an seinem Platz: Die Kaffeemaschine glänzte vom Herd herüber, der Glasvogel kippte langsam nach unten, nirgends lag zerbrochenes Geschirr, kein Wasser überschwemmte den Boden. Was war passiert?

»Bist du krank?« fragte ich.

»Gar nichts kann ich tun«, sagte Betty.

Sie sah so seltsam aus, daß ich Angst bekam. Ich rannte aus der Küche und durch das wellige Gras zu meiner Mutter, die immer wußte, was zu tun war.

»Mit Betty ist irgendwas«, sagte ich.

Meine Mutter knetete etwas in einer Schüssel. Sie rieb ihre Hände aneinander, um den Teig abzubekommen, dann wischte sie sie an der Schürze ab. Sie sah nicht überrascht aus und fragte mich auch nicht, was es war. »Du bleibst hier«, sagte sie. Sie nahm ihre Zigaretten und ging zur Tür hinaus.

An diesem Abend mußten wir früh ins Bett, weil meine Mutter mit meinem Vater sprechen wollte. Natürlich lauschten wir; durch die Wände aus Preßpappe war das ein leichtes.

»Ich hab' es kommen sehen«, sagte meine Mutter. »Schon lange.«

»Wer ist es denn?« fragte mein Vater.

»Das weiß sie nicht«, sagte meine Mutter. »Irgendein Mädchen aus der Stadt.«

»Betty ist ein Dummkopf«, sagte mein Vater. »Das war sie schon von eh und je.« Später, als es üblicher wurde, daß Ehemänner oder -frauen einander verließen, sagte er das oft, aber egal, wer von beiden den anderen verlassen hatte, es war immer die Frau, die er als Dummkopf bezeichnete. Sein höchstes Kompliment für meine Mutter war, daß sie kein Dummkopf sei.

»Kann schon sein«, sagte meine Mutter. »Aber da kannst du lange suchen, bis du ein netteres Mädchen findest. Er war ihr ein und alles.«

Meine Schwester und ich flüsterten miteinander. Die Theorie meiner Schwester war, daß Fred mit einer anderen Frau davongelaufen sei. Ich konnte es nicht glauben: Ich hatte noch nie gehört, daß so etwas vorkam. Ich war so aufgewühlt, daß ich nicht schlafen konnte, und noch lange Zeit danach hatte ich jedesmal Angst, wenn mein Vater über Nacht fort war, was häufig geschah. Was wäre, wenn er nicht mehr zurückkommen würde?

Danach sahen wir Betty nicht mehr. Wir wußten, daß sie in ihrem Häuschen war, denn jeden Tag trug meine Mutter Kostproben ihrer zähen und klumpigen Backwerke hinüber, fast als wäre jemand gestorben. Aber wir bekamen strikte Anweisung, uns fernzuhalten und auch nicht durch die Fenster zu spähen, was wir nur zu gerne getan hätten, wie unsere Mutter wohl gewußt haben muß. »Sie hat einen Nervenzusammenbruch«, sagte unsere Mutter, was in mir die Vorstellung wachrief, Betty liege, in Einzelteile zerlegt, auf dem Boden, wie ein Auto in der Werkstatt.

Wir sahen sie nicht einmal an dem Tag, an dem wir in den gebraucht gekauften Studebaker meines Vaters stiegen, dessen Rücksitz bis an die Fenster bepackt war und nur ein schmales Plätzchen frei ließ, in das ich mich hineinzwängen mußte, und auf die große Autostraße fuhren, um die sechshundert Meilen weite Reise in den Süden, nach Toronto, anzutreten. Mein Vater hatte wieder einmal die Arbeitsstelle gewechselt; er war jetzt in der Baustoffbranche, und da ein landesweiter Bauboom herrschte, war er sicher, daß das nun endlich der richtige Wechsel war. Wir verbrachten den September und einen Teil des Oktobers in einem Motel, während mein Vater ein Haus suchte. Ich feierte meinen achten Geburtstag, und meine Schwester wurde zwölf. Dann kam wieder eine neue Schule, und ich vergaß die Geschichte mit Betty fast.

Aber einen Monat nachdem ich selbst zwölf geworden war, war eines Abends plötzlich Betty zum Abendessen da. Wir hatten jetzt viel öfter Gäste zum Essen als früher, und manchmal waren die Einladungen so wichtig, daß meine Schwester und ich im voraus aßen. Meiner Schwester machte das nichts aus, weil sie inzwischen schon mit Jungen befreundet war. Ich war noch in der Public School und mußte Baumwollstrümpfe tragen anstelle der Nylonstrümpfe mit Naht, die meiner Schwester zugestanden wurden. Außerdem hatte ich Zahnspangen. Meine Schwester hatte im gleichen Alter auch Zahnspangen gehabt, aber ihr war es irgendwie gelungen, keck und verwegen damit auszusehen, so daß ich mich nach einem Mund voll blitzender Silberzähne wie dem ihren gesehnt hatte. Aber jetzt hatte sie keine mehr, und mein eigener Mund fühlte sich in seinen Metallbügeln ungelenk und vermummt an.

»Du erinnerst dich doch an Betty«, sagte meine Mutter.

»Elizabeth«, sagte Betty.

»O ja, natürlich«, sagte meine Mutter.

Betty hatte sich sehr verändert. Früher war sie ein wenig rundlich gewesen; jetzt war sie drall. Ihre Wangen waren rund und gerötet wie zwei Tomaten, und ich dachte, sie hätte zu viel Rouge aufgelegt, bis ich sah, daß die Röte von unzähligen winzigen Äderchen unter ihrer Haut herrührte. Sie trug einen langen schwarzen Faltenrock, einen weißen kurzärmligen Angorapullover mit einer schwarzen Kette und schwarze Samtpumps, die an den Zehen offen waren und hohe Absätze hatten. Sie duftete stark nach Maiglöckchen. Sie hatte eine Stelle, erzählte meine Mutter meinem Vater später, eine sehr gute Stelle. Sie war Chefsekretärin und nannte sich jetzt Miss anstelle von Mrs.

»Es geht ihr sehr gut«, sagte meine Mutter, »wenn man bedenkt, was gewesen ist. Sie hat sich gefangen.«

»Ich hoffe, du fängst jetzt nicht an, sie ständig zum Essen einzuladen«, sagte mein Vater, der Betty trotz ihres neuen Aussehens unerträglich fand. Sie lachte jetzt mehr denn je und schlug häufig die Beine übereinander.

»Ich habe das Gefühl, daß ich die einzige richtige Freundin bin, die sie hat«, sagte meine Mutter. Sie sagte nicht, daß Betty die einzige richtige Freundin war, die *sie* hatte, obwohl jeder wußte, wen mein Vater meinte, wenn er »deine Freundin« sagte. Meine Mutter hatte viele Freundinnen, und ihr Talent für einfühlsames Zuhören war jetzt auch geschäftlich für meinen Vater von Vorteil.

»Sie sagt, sie will nie wieder heiraten«, sagte meine Mutter.

»Sie ist ein Dummkopf«, sagte mein Vater.

»Wenn ich jemals jemand begegnet bin, der für die Ehe geschaffen ist, dann ist sie das«, sagte meine Mutter. Diese Bemerkung verstärkte meine Besorgnis um meine eigene Zukunft. Wenn Bettys sämtliche Bemühungen nicht für Fred ausgereicht hatten, welche Hoffnung gab es dann für mich? Ich hatte nicht die natürliche Ausstrahlung meiner Schwester, aber ich hatte gedacht, daß es einige Tricks gäbe, die ich gewissenhaft, gründlich lernen könnte. Wir hatten in der

Schule Hauswirtschaft, und die Lehrerin sagte immer wieder, daß die Liebe bei Männern durch den Magen gehe. Ich wußte, daß das nicht stimmte – meine Mutter war noch immer eine schlampige Köchin, und wenn sie Essenseinladungen gab, hatte sie eine Frau, die ihr half –, aber ich mühte mich mit meinem Blancmanger und meinen Rübchen nach Harvard-Art ab, als ob ich es glaubte.

Meine Mutter begann, Betty zusammen mit unverheirateten Männern einzuladen. Betty lächelte und lachte, und mehrere der Männer schienen interessiert, aber es entwickelte sich nichts daraus.

»Nachdem sie so tief verletzt worden ist, wundert mich das gar nicht«, sagte meine Mutter. Ich war inzwischen alt genug, um Dinge erzählt zu bekommen, und außerdem war meine Schwester nie in der Nähe. »Ich habe gehört, daß es die Sekretärin in seiner Firma war, mit der er weggelaufen ist. Sie haben nach der Scheidung sogar geheiratet.« Und dann sei da noch etwas, erzählte sie mir, aber das dürfe ich nie erwähnen, weil Betty sich darüber großen Kummer machte. Freds Bruder, der Zahnarzt war, hatte seine Frau umgebracht, weil er ein Techtelmechtel – meine Mutter ließ das Wort Techtelmechtel so sahnig auf der Zunge zergehen, als sei es eine Art Nachspeise – mit seiner Zahntechnikerin hatte. Er hatte seine Frau ins Auto gesetzt und dann einen Schlauch vom Auspuff hineingelegt, um einen Selbstmord vorzutäuschen. Die Polizei hatte aber alles herausgefunden, und er saß im Gefängnis.

Das machte Betty in meinen Augen sehr viel interessanter. Dann lag es also in Freds Blut, diese Neigung zum Techtelmechtel. Ja, es hätte im Grunde genausogut Betty selbst gewesen sein können, die umgebracht worden war. Jetzt sah ich Bettys Lachen als Maske einer geschlagenen, gequälten Frau. Sie war nicht einfach nur eine Frau, die verlassen worden war. Sogar ich sah, daß Verlassenwerden keine tragische Situation war, sondern eine lächerliche und demütigende. Betty war viel mehr als das: Sie war eine Frau, die knapp dem Tode entronnen war. Daß Betty es selbst auch so sah, darüber hatte ich bald keinen Zweifel mehr. Es war etwas Selbstgefälliges und sogar Frömmelndes an der Art, wie sie Mutters alleinlebende Männer auf höflicher Distanz hielt, etwas leicht Nonnenhaftes. Ein düsterer Hauch von Opferblut umgab sie. Betty war mittendrin gewesen, war hindurchgegangen, sie war lebendig daraus hervorgegangen, und jetzt weihte sie sich eben einer anderen Sache.

Allerdings fiel es mir schwer, diese Sichtweise von Betty lange aufrechtzuerhalten. Meiner Mutter gingen bald die alleinstehenden Männer aus, und Betty kam, wenn sie zum Essen kam, allein. Sie redete ebenso ununterbrochen über die Einzelheiten, die mit den anderen Frauen im Büro zusammenhingen, wie sie über Fred geredet hatte. Bald wußten wir, wie alle ihren Kaffee tranken, welche von ihnen bei ihrer Mutter wohnten, zu welchem Friseur sie gingen und wie ihre Wohnungen aussahen. Betty selbst hatte ein entzückendes Apartment in der Avenue Road, und sie hatte es ganz allein renoviert und sogar die Polsterbezüge selbst genäht. Betty war ihrem Chef genauso ergeben, wie sie einst Fred ergeben gewesen war. Sie machte seine gesamten Weihnachtseinkäufe, und jedes Jahr hörten wir, was er seinen Angestellten geschenkt hatte, was seiner Frau und seinen Kindern und was jedes Geschenk gekostet hatte. Betty schien irgendwie ganz glücklich.

Um Weihnachten herum sahen wir Betty ziemlich viel; meine Mutter sagte, Betty tue ihr leid, weil sie keine Familie habe. Betty hatte die Angewohnheit, uns mit Weihnachtsgeschenken zu bedenken, die klar erkennen ließen, daß sie uns für jünger hielt, als wir tatsächlich waren. Sie bevorzugte Brettspiele und Fausthandschuhe aus Angora, die eine Nummer zu klein waren. Ich verlor allmählich das Interesse an ihr. Sogar ihre niemals endende Fröhlichkeit bekam den Anstrich einer Perversion oder eines Defekts, fast wie eine Art Schwachsinn. Ich war jetzt fünfzehn und in den Wehen jugendlicher Depression. Meine Schwester war fort, an der Queens-Universität, und manchmal schenkte sie mir Kleider, die sie nicht mehr wollte. Sie war nicht direkt hübsch – sowohl ihre Augen als auch ihr Mund waren zu groß –, aber alle bezeichneten sie als temperamentvoll. Mich bezeichneten sie als nett. Meine Zahnspangen waren weg, aber es schien keinen Unterschied zu machen. Welches Recht hatte Betty, so fröhlich zu sein? Wenn sie zum Essen kam, entschuldigte ich mich frühzeitig und ging in mein Zimmer.

Eines Nachmittags im Frühling, als ich in der elften Klasse war, kam ich von der Schule nach Hause und sah meine Mutter am Eßtisch sitzen. Sie weinte, was so selten vorkam, daß ich sofort fürchtete, daß meinem Vater etwas passiert sei. Ich dachte nicht, daß er sie verlassen hätte; diese Angst gehörte der Vergangenheit an. Aber vielleicht war er mit dem Auto tödlich verunglückt.

»Mama, was ist denn?« fragte ich.

»Bring mir ein Glas Wasser«, sagte sie. Sie trank ein bißchen und strich ihr Haar zurück. »Mir geht's schon wieder gut«, sagte sie. »Gerade kam ein Anruf von Betty. Der hat mich ganz durcheinandergebracht; sie hat gräßliche Sachen zu mir gesagt.«

»Aber warum denn?« sagte ich. »Was hast du ihr denn getan?«

»Sie hat mir vorgeworfen... ach, gräßliche Sachen.« Meine Mutter wischte sich die Augen. »Sie hat mich angeschrien. Ich habe Betty noch nie im Leben schreien hören. Nach all der vielen Zeit, die ich ihr gewidmet habe. Sie hat gesagt, sie will nie wieder mit mir sprechen. Wie kommt sie denn nur auf so einen Gedanken?«

»Was für einen Gedanken?« fragte ich. Ich war genauso verwirrt wie meine Mutter. Meine Mutter konnte zwar nicht gut kochen, aber sie war ein guter Mensch. Ich konnte mir nicht vorstellen, daß sie irgend etwas tun könnte, weswegen jemand sie anschreien sollte.

Meine Mutter zögerte ein wenig. »Sachen wegen Fred«, sagte sie. »Sie muß verrückt sein. Ich hatte sie ein paar Monate nicht gesehen, und dann plötzlich so was.«

»Vielleicht stimmt etwas nicht mit ihr«, sagte mein Vater abends beim Essen. Natürlich hatte er recht. Betty hatte einen unentdeckten Gehirntumor, der gefunden wurde, als ihr seltsames Verhalten im Büro auffiel. Sie starb zwei Monate später im Krankenhaus, aber meine Mutter hörte das erst, als alles vorbei war. Sie machte sich Vorwürfe; sie meinte, daß sie ihre Freundin trotz der Beschimpfung am Telefon im Krankenhaus hätte besuchen sollen.

»Ich hätte doch wissen müssen, daß so etwas dahintersteckt«, sagte sie. »Persönlichkeitsveränderung, das ist doch eins der Symptome.« Im Laufe ihrer Zuhörpraxis hatte meine Mutter viel Informatives über tödliche Krankheiten mitbekommen.

Doch für mich reichte diese Erklärung nicht aus. Noch

Jahre danach verfolgte Betty mich und wartete darauf, daß ich mich mit ihr auf eine Weise auseinandersetzte, die für uns beide befriedigender wäre. Als ich von ihrem Tod erfuhr, kam ich mir zuerst wie verurteilt vor. Das also war die Strafe, wenn man hingebungsvoll und gefällig war, das also passierte Mädchen, die so waren wie ich (meiner Meinung nach). Wenn ich das High-School-Jahrbuch aufschlug und mir mein eigenes Gesicht mit Pagenschnitt und zögerndem, beschwichtigendem Lächeln entgegenstarrte, dann waren es Bettys Augen, die meine eigenen überlagerten. Sie war freundlich zu mir gewesen, als ich noch ein Kind war, und mit der Gefühllosigkeit von Kindern gegenüber denen, die freundlich sind, aber nicht hinreißend, hatte ich Fred vorgezogen. In einer Zukunftsvision sah ich mich von einer ganzen Serie von Freds verlassen – sie alle rannten den Strand entlang, hinter einer Schar temperamentvoller Mädchen her, die auffällig meiner Schwester glichen. Was Bettys letztes haß- und wuterfülltes Geschrei anging, so war das ein Protestgeschrei gegen die Ungerechtigkeit des Lebens. Dieser Zorn war, wie ich wohl wußte, auch mein eigener, die dunkle Seite jener schrecklichen und entstellenden Nettigkeit, die Betty gezeichnet hatte wie die Nachwirkungen einer lähmenden Krankheit.

Doch Menschen verändern sich, besonders, wenn sie tot sind. Als ich dem melodramatischen Alter entwuchs, ging mir auf, daß ich, wenn ich nicht Betty sein wollte, eben jemand anderes werden müßte. Überdies war ich schon jetzt ganz anders als Betty. Sie hatte mich gewissermaßen davon losgesprochen, die geforderten Entschlüsse zu fassen, indem sie sie selbst so gründlich gefaßt hatte. Die Leute hörten auf, mich als nettes Mädchen zu bezeichnen, und nannten mich statt dessen gescheit, und nach einer Weile gefiel mir das. Betty, die im vergänglichen Sonnenlicht einer fünfzehn Jahre zurückliegenden Zeit Haferflockenplätzchen backte, glitt zurück in die Dreidimensionalität. Sie war eine gewöhnliche Frau, die zu jung an einer unheilbaren Krankheit gestorben war. War es das, war das alles?

Von Zeit zu Zeit wünsche ich mir Betty zurück, wenn auch nur für ein Stündchen der Unterhaltung. Ich wünsche, daß sie mir meine Ablehnung ihrer Angorahandschuhe vergibt, meinen heimlichen Verrat an ihr, meine jugendliche Verachtung. Ich würde ihr gerne diese Geschichte zeigen, die ich von ihr erzählt habe, und sie fragen, ob etwas davon wahr ist. Aber mir fällt keine Frage ein, die ich so ausdrücken könnte, daß sie sich überhaupt bemühen würde, zu verstehen. Sie würde nur in ihrer zustimmenden, nichts begreifenden Art lachen und mir etwas anbieten, ein Schokoladeplätzchen, ein Wollknäuel.

Umgekehrt gibt Fred mir keine Rätsel auf. Die Freds dieser Welt offenbaren sich selbst durch das, was sie tun und wählen. Die Bettys sind die Rätselhaften.

Charles Bukowski
Es passiert mir immer wieder

Sie gestand mir
warum sie es
getan hatte:

»Als ich das erste Mal
in deine Bude kam
schaute ich mich um
und alles war verdreckt
aber du warst der erste
Mann in meinem Leben
der keinen Fernseher
hatte, und in dem
Augenblick hab ich
beschlossen, mit dir
ins Bett zu gehn.«

Was mir daran
natürlich gar nicht
behagte, war
daß jemand an
meiner Stelle etwas
entschieden hatte.

Also erstand ich
für 75 Dollar einen
gebrauchten Schwarzweiß-
Fernseher.

Aber sie ging
immer noch mit
mir ins Bett.

Deshalb kaufte ich
einen Farbfernseher
mit großem Bildschirm
und Fernbedienung.

Sie ging weiter
mit mir ins
Bett.

Aber wir hörten nur
Radio
futterten Sandwiches
im Park
lernten alle ihre
Schwestern kennen
und warteten darauf
daß es endete.

ANGELA CARTER
Unsere Liebe Frau vom Großen Massaker

Mein Name tut nichts zur Sache, hab ich doch in der Alten Welt verschiedene gebraucht, derer ich nun nicht erwähnen darf; dann habe ich noch meinen, wie man sagen könnte, Wildnis-Namen, den ich nun niemals mehr ausspreche; und schließlich, wie ich mich an diesem neuen Ort nenne – so daß mein Name so wenig über meine Person sagt wie mein Leben über meine Natur. Aber das Licht der Welt habe ich zuerst in der Grafschaft Lancashire in Alt-England erblickt, im Jahre des Herrn 16--, und mein Vater war ein armer Bauernknecht, und meine Mama und er starben beide an der Pest, als ich noch gar klein war, und ich und meine Brüder und Schwestern, welche noch am Leben waren, fielen der Barmherzigkeit der Gemeinde anheim, und was aus den andern wurde, das weiß ich nicht, aber ich, die ich ein wenig nähen und ein Haus sauberhalten konnte, wurde solchermaßen mit neun oder zehn Jahren als Dienstmagd zu einer alten Frau gegeben, die in der Gemeinde wohnte.

Diese alte Frau oder besser: Dame hatte nie geheiratet und war, wie ich entdeckte, vom papistischen Glauben, wenn sie dies auch fein für sich behielt, und einst war sie sehr viel reicher gewesen als jetzt. Auch hatte ihr Vater, der einen Sohn wollte und nur sie bekommen hatte, ihr Latein, Griechisch und ein wenig Hebräisch beigebracht und ihr ein großes Teleskop hinterlassen, mit dem sie von ihrem Dache aus in den Himmel spähte, denn war auch ihr Augenlicht so schwach, daß sie kaum mehr etwas richtig erkennen konnte, so sprach sie doch, sie hätte nur elende Augen für die Dinge dieser Welt hienieden, aber klaren Blick für die, so kommen würden. Oft ließ sie mich auch nach den Sternen sehen, denn ich war ihre einzige Gefährtin, und sie lehrte mich die Buchstaben, wie Ihr sehen könnt, und hätte mich alles gelehrt, was sie selbst konnte, wenn sie mir nicht, sobald ich zu ihr kam, das Horoskop gestellt hätte, mit den Instrumenten und Formeln des Zodiakus, welche ihr der Vater hinterlassen hatte. Und als sie dies getan, sprach sie zu mir, ich würde im ganzen Leben nie die Sprache Homers brauchen, doch ein wenig Hebräisch, mich zu verständigen, lehrte sie mich, aus den folgenden Gründen:

Die Sterne nämlich, die sie wegen ihres lieben Kindes – wie sie mich zu nennen pflegte – befragt hatte, gaben an, ich würde eine lange Fahrt über den Ozean in die Neue Welt tun und dort ein gesegnetes Kindlein gebären, dessen Vorväter nie in Noahs Arche gesessen hatten. Und aus ihren Büchern, an denen sie ihre Augen geschwächt hatte, schloß sie, die »roten Kinder der Wildnis« könnten nichts anderes sein als die verlorenen Stämme Israels, so daß sie mich »Schalom« sagen lehrte und die Wörter für »Liebe« und »Hunger« und noch vieles andere, das ich vergessen habe, daß ich mit meinem Gatten auch reden möchte, wenn ich ihn traf. Und wenn ich nicht ein vernünftiges Mädchen gewesen wäre, dann hätte sie mir den Kopf verdreht mit all dem, was ihr die Sterne gezeigt haben sollten, denn es hieß, ich sei einmal nichts Geringeres als Unsere Liebe Frau von den Roten Männern.

Denn – sagte sie – das Land weit über dem Meer heißt Virginia, nach der jungfräulichen Mutter des allmächtigen Gottes, und seine Flüsse strömen direkt aus dem Paradiese, so daß einst, wenn die Eingeborenen dieses Landes zum wahren Glauben bekehret werden (»und dieses trage ich dir auf, Kind«, und gleich sagt sie eine Reihe Ave Marias dazu), wenn dies geschieht, dann wird schnurstracks die ganze Welt an ihr Ende kommen, die Toten werden sich aus ihren Särgen erheben und alle die in den Himmel kommen, so es verdienen, und mein kleines Kindelein wird lächelnd über allem thronen mit einer goldenen Krone auf dem Kopf. Und sie schwatzte auf lateinisch weiter und bekreuzigte sich. Aber nie hab ich jemand von ihren papistischen Bräuchen erzählt noch von ihrer Sterndeuterei, denn wenn man sie nicht als Ketzerin aufgehängt hätte, dann als Hexe, die arme Alte.

Eines Tages legt sich das alte Mädchen ins Bett und steht nicht mehr auf, und Vettern und Basen kommen an und tragen alles davon, was auch nur einen Nagel wert ist, aber für mich finden sie keinen Platz in ihrem Haus, und ich muß mir selbst irgendwo ein Nägelchen einschlagen.

Da setzte ich mir's in den Kopf, nach London zu gehen, wo ich mir einbildete, mein Glück zu machen, und ich wandere auf der Landstraße, schlafe in Scheunen und unter Hecken, denn ich war ein kräftiges Kind, und ich komme in guter Zeit an – fünf Tage. Als ich in London war, da stahl ich meinen ersten Kreuzerwecken, um nicht zu verhungern, was gleich mein Verhängnis war, denn ein Gentleman, der mich den Wecken in die Tasche schieben sah, schrie nicht: Haltet die Diebin, doch er folgte mir auf die Straße, nahm mich beim Arm, fragte, ob ich's aus Not oder Neigung genommen hätte. »Aus Not, Sir!« schrie ich ihn an, und er sagte, eine so hübsche junge »Milchmagd aus Lancashire« wie ich sollte keine Not leiden, solange er noch einen Atemzug im Leibe hätte, und er schmeichelte und lockte mich so, daß ich mit ihm ging zu einem Zimmer mit einem Bett darin in einem Wirtshaus, wo er wohlbekannt war. Als er sieht, daß ich die Sache noch nie vordem getrieben hatte, da weint er, schlägt sich die Brust aus Scham, mich verderbt zu haben, gibt mir fünf goldene Sovereigns, mehr Geld, als ich je zuvor gesehen, und macht sich davon, zur Kirche, wie er sagt, dort um Vergebung zu flehen, was das letzte ist, was ich von ihm höre. So war ich in der breiten Gasse mit meinem ersten Fehltritt, einem glücklichen Sündenfall, denn die »Milchmagd aus Lancashire« war bald hübsch im Geschäft als die »Hure aus Lancashire«.

Wär ich nun mit ehrlicher Hurerei zufrieden gewesen, dann würde ich ohne Zweifel noch immer in Samt und Seide in meiner Kutsche durch Cheapside fahren und hätte nie das bittere Brot der Verbannung gegessen. Doch man könnte sagen, daß ich beim Anblick seiner Goldmünzen wie in Liebe entbrannt war, und wenn mich auch die Not zuerst zur Diebin machte, so hat mich doch die Habgier in die Kunst erst eingeführt, und das Huren war mir der Deckmantel für das Stehlen, da meine Kunden, blind vor Lust und oft betrunken, lebend leichter zu rupfen waren als tote Gänse.

Eine goldene Uhr war's, die ich einem Stadtrat aus der Weste zog, welche mich nach Newgate brachte; ich zankte mich mit meiner Wirtin wegen der Miete, und sie zog aus Bosheit seine Klage über mich vor den Magistrat. Und so fuhr ich, wie meine Herrin einst in Lancashire geweissagt hatte, über den Ozean nach Virginia, doch mit einem Sträflingstransport. Sie brannten mir ein Zeichen in die Hand, wie man Sträflingen tut, und verkauften mich, sieben Jahre lang in den Pflanzungen zu arbeiten, wonach ich wieder eine freie Frau sein sollte.

Mein Herr mochte mich leiden, denn ich war noch keine siebzehn Jahre, und er ließ mich von den Tabakfeldern in die Küche holen. Doch dem Aufseher gefiel es nicht, daß ich seine Peitsche nicht mehr kosten sollte, und er ließ nicht ab, mich zu verfolgen, ich sei in Cheapside eine Hure gewesen und solle ihm hier in Virginia nicht das ehrsame Mädchen vorspielen. Als er mich allein im Hause fand – ein Sonntagmorgen, und mein Herr war zur Kirche gegangen –, da fuhr mir dieser Aufseher mit der einen Hand an den Busen und mit der anderen unter den Rock und sprach, ich hol's mir, ob du willst oder nicht. Ich nehme ein langes Küchenmesser und hau ihm beide Ohren ab, erst eins, dann das andere. Das sah aus! Blut genug fürs Schweineschlachten, und er brüllt, er flucht, ich lauf in den Garten hinaus mit dem tropfenden Messer.

Als er mich so aufgelöst sieht, ruft der Gärtner, der gerade mit einem Korb Gemüse daherkommt: »Was gibt es denn, Sally?«

»Nun«, sag ich, »der Aufseher wollte eben bei mir drüber, und ich hab ihm die Ohren gekappt und wünschte, es wären seine Nüsse gewesen.«

Der Gärtner, ein freundlicher Neger und selbst ein Sklave, den die Peitsche des Aufsehers oft genug gekitzelt hat, muß lachen, als er das hört, doch sagt er: »Dann mußt du dich in die Wildnis davonmachen, Sal, und dich auf Gnade und Ungnade den wilden Indianern anheimgeben. Denn hier geht's an den Galgen.«

Er gibt mir ein wenig Essen, in sein Taschentuch eingeschlagen, und die Zunderbüchse, die er bei sich hat; ich steck's mir in die Schürze und gebe Fersengeld, daß die Pflanzung rasch verschwindet, und nun steht auf der Liste meiner Verbrechen das allerschlimmste: Flucht aus der Leibeigenschaft.

Ich hab einen guten Schritt, wie Ihr an meiner Wanderung von Lancashire nach London habt sehen können, und als die Nacht kommt und ich mich niedersetze, um mein Stückchen Brot und Speck zu essen, das Geschenk des Gärtners, da lagen schon an die fünfzehn Meilen zwischen mir und der Pflanzung, unwegsames Land dazu, denn mein Meister hatte den Wald gerodet, seinen Tabak zu pflanzen. Mein Plan ist es, weiterzugehen, bis die Herrschaft der Engländer zu Ende ist, denn ich habe gehört, daß auch die Spanier und die Franzosen an dieser Küste sitzen, und dort, dachte ich, treib ich mein Handwerk unter Fremden, denn eine Hure braucht bloß ihre Haut, um ihr Geschäft anzufangen.

Ihr müßt wissen, daß ich von der Geographie nichts wußte und glaubte, es seien von Virginia nach Florida nur zehn oder höchstens zwölf Tagesmärsche, denn ich wußte, daß es sehr weit war, und eine größere Entfernung konnte ich mir nicht vorstellen, war mir doch die große Weite Amerikas damals unbekannt. Was die Indianer anging, so dachte ich: Nun, kann ich den Aufseher mir mit dem Messer vom Leibe halten, so bin ich denen schon gleich gewachsen, sollte ich ihnen begegnen. Und ich schlief ruhig unter freiem Himmel, maß mir am Morgen meine Richtung an der Sonne ab und ging weiter.

Ich schöpfte klares Wasser aus den Flüssen, und es war Beerenzeit, so daß ich Obst zum Frühstück hatte, doch um die Mittagsessenszeit fing mir der Magen an zu knurren, und ich sah mich um nach solider Nahrung. Da ich im Dickicht eine Unzahl kleiner Tiere und Vögel erschaute, die ich nicht kannte, dachte ich: Wie kann ich hier hungern, wenn ich meinen Kopf gebrauche! Und ich knüpfte meine Schuhriemen zu einer kleinen Schlinge und fing ein kleines, braunes Pelzding wie ein Kaninchen, aber ohne Ohren, und schnitt ihm den Hals durch, zog es ab und briet es auf der Spitze meines Messers über einem Feuer, das ich mit der lieben Zunderbüchse des Gärtners machte. So fehlte mir nur das Salz und ein Stücklein Brot.

Nach dem Essen bemerkte ich, wie voll die Eichbäume zu dieser Jahreszeit mit Eicheln hingen, und ich dachte mir, ich könnte diese Eicheln zwischen zwei flachen Steinen zermahlen, wenn ich mich ein wenig anstrengte, und so eine Art Mehl machen, wie man es in meiner Heimat in Zeiten der Not schon getan hat. Ich überlegte, wie ich mit Wasser aus diesem Mehl einen Teig machen könnte. Den würde ich in Küchlein in der Asche meines Feuers ausbacken, und ich hätte Brot zum Fleisch. Und wenn ich freitags Fisch haben wollte, wie es der Brauch meiner Dame in Lancashire gewesen war, dann konnte ich die Forellen, die es so reichlich im Fluß gab, mit der Hand fangen, denn diesen Griff kennt jedes Mädchen auf dem Land – er ist ein wenig wie der Griff des

Taschendiebs in einen fremden Rock. Auch schien es mir, daß Maulbeeren, in der Sonne getrocknet, noch nach Monaten süß schmecken müßten.

Als ich mit dem Plan meiner Ernährung soweit gekommen war, dachte ich: Ich kann wohl eine gute Weile allein in den Wäldern zurechtkommen, selbst wenn ich mein Fleisch ungesalzen essen muß. Denn, dachte ich, ich habe Klinge und Feuer, das Klima ist gemäßigt, das Land fruchtbar – sicherlich wird dieses irdische Paradies mich versorgen! Ich kann mir eine Hütte aus Zweigen bauen und warten, bis die ganze Aufregung wegen des stummelohrigen Aufsehers sich gelegt hat, und dann in aller Ruhe nach Süden ziehen. Außerdem, die Wahrheit zu sagen, saß mir der Gestank der Menschheit noch zu sehr in der Nase, als daß mir eine allzu rasche Rückkehr in die Menschenwelt in irgendeinem Bordell in Florida besonders zugesagt hätte. Doch dachte ich, ich würde noch ein wenig weiterwandern, hinein in die tiefe Wildnis, um ganz sicher zu sein, daß keine Streife auf der Jagd mich finden und zum Galgen schleppen konnte. Davor fürchtete ich mich sehr, und ich hatte, ich muß es Euch sagen, weit mehr Angst vor dem weißen Mann, den ich kannte, als vor dem roten Manne, der mir damals unbekannt war.

So ging ich wieder einen Tag lang weiter und lebte einfach genug vom Walde; noch einen Tag, und ich hörte nie eine Stimme außer dem Ruf der Vögel. Doch am Tag danach hörte ich eine Frau singen und sah eine von dem wilden Stamme auf einer Lichtung und gedachte sie zu töten, ehe sie mich tötete. Aber dann sah ich, daß sie keine Waffe hatte, sondern Kräuter las und sie in einen schönen Korb tat. Also gehe ich ein wenig zurück, mich zu verbergen, falls sie eine indianische Magd eines Pflanzers sein sollte, wenn ich auch nicht glaube, daß hier, wo mein Fuß jetzt steht, jemals Menschen meines Landes gegangen sind. Doch sie hört die Blätter sich regen und sieht mich und fährt zusammen, als hätte sie einen Geist gesehen, daß der Korb umfällt und die Kräuter verstreut.

Ich denke gar nicht groß nach und gehe zu ihr, um die Kräuter aufzulesen, als wäre ich noch in Cheapside und laufe zu einem Obstweib, das seinen Apfelkorb umgeworfen hat.

Diese Frau sieht das Brandzeichen auf meiner Hand und brummt vor sich hin, als würde sie seine Bedeutung kennen und sich nicht davor fürchten – oder besser gesagt mich eben wegen des Zeichens nicht fürchten, wenn ich ihr auch nicht zu gefallen scheine. Sie hält sich möglichst entfernt von mir, als sie mir den Korb abnimmt, als wolle sie mich im Walde lassen. Doch ich bewunderte ihre Gestalt, denn sie ist eine schöne Frau, nicht rot, aber herrlich braun, und es kam mir in den Sinn, mein Mieder zu öffnen, ihr meine Brüste zu zeigen, daß ich auch mit meiner weißen Haut so gut wie sie säugen konnte, und sie streckte ihre Hand aus und berührte meine Brust.

Sie war eine Frau in den mittleren Jahren und trug nichts außer einem hirschledernen Rock, und sie brummte, als sie mein Korsett sah – denn ich trug noch immer mein englisches Habit, wenn es auch arg zerlumpt war –, und sie bedeutete mir mit Gesten, wie ich dachte, daß Fischbein unter den Indianern nicht Mode war. So zog ich mir das Korsett vom Leibe und warf's ins Gebüsch und atmete leichter. Dann sagte sie mir mit Zeichen, ich solle ihr das große Messer geben, das in meiner Schürze steckt.

Jetzt bin ich dran! denke ich, aber ich geb's ihr, und sie lächelt, wenn auch nicht sehr, denn diese Wilden zeigen ihr Gefühl nicht halb so offen, wie wir es tun, und sie sagt ein Wort, das wohl »Messer« bedeutet. Ich spreche es ihr nach und deute darauf, aber sie schüttelt den Kopf und fährt mit dem Finger die Klinge entlang, und ich sprech ihr nach: »scharf« – ein Wort, das man vielleicht besser noch mit »durchdringend« übersetzen mag. Und das war die erste Vokabel der Algonquin-Sprache, die ich gelernt habe, wenn auch bei weitem nicht die letzte. Und als ich dann diese alte Frau sah, deren Leib, soweit ich erkennen konnte, keine Zeichen des Gebärens trug, und mich an die jungfräuliche Königin erinnerte, von der mir meine Herrin erzählt hatte, versuch ich's mit »Schalom«. Und sie wiederholt es höflich, aber ich sehe, es bedeutet ihr nichts.

Sie winkt mir: Soll ich mit ihr gehen? Ich glaube, der Aufseher wird mich nie unter den roten Männern suchen! So gehe ich mit ihr in die Stadt der Indianer – und auf solche Art und nicht anders bin ich »gefangen« worden, mag auch der Pfarrer darauf bestehen, daß ich mit Gewalt ergriffen und am Haar davongezerrt worden bin, wenn er unbedingt mag.

Ihre reinliche hübsche Stadt hatten sie innerhalb eines niedrigen Holzzaunes errichtet; hinter dieser Palisade standen Häuser aus Birkenrinde in Gärten voll rankender Kürbisse, und der Geruch ihres kochenden Fleisches duftete umher, denn es war Essenszeit. Sie kochten gerade ein Gericht, welches sie *succotash* nennen, in einem großen Topf auf dem offenen Feuer, vor dem ein nackter Wilder kauerte, gelassen und ruhig, und die Flammen mit einem Fächer aus Birkenrinde anfachte. Die Stadt war umgeben von säuberlich angelegten Feldern mit Tabak und Mais, und ein Fluß war in der Nähe. Aber Tiere sah ich nicht, kein einziges, nicht Kuh noch Pferd noch Huhn, denn sie halten keine. Die Frau nahm mich mit in ihr Haus, wo sie allein lebt wegen ihres Geschäftes, und gibt mir Wasser, mich zu waschen, und einen Federwisch zum Abtrocknen, daß ich sehr erfrischt ward.

Ich hatte gehört, diese Indianer seien fürchterliche Teufelsdrachen, gewohnt, das Fleisch toter Menschen zu essen, aber die hübschen kleinen nackten Kinder, die mit ihren Püppchen im Staub spielten – ach! niemals konnten solche Häschen mit Kannibalenfleisch aufgezogen sein! Und meine indianische »Mutter«, wie ich sie bald nannte, versicherte mir, daß es zwar bei den Vettern im Norden Zeremonie sei, die Schenkel ihrer Gefangenen zu braten und davon zu essen, daß dies jedoch ein, möchte man sagen, sakramentales Mahl war, mit welchem der Verstorbene geehrt wurde, da man ihn verzehrte; und oft habe ich mit dem Pfarrer über diesen Punkt disputiert, daß dieses Irokesenmahl nichts anderes sei als die Messe in einem Zustand der Natur. Und der Pfarrer erwidert entweder: Daß ich so lange mit dem Satan gehauset habe, daß ich sein Treiben gewohnt sei, oder: Daß eben die Messe der römischen Papisten nichts Besseres sei als die Irokesenmahlzeit in europäischem Aufputz.

Was mich angeht, so hab ich unter den Indianern nur Fisch, Wild und Geflügel gegessen, gekocht oder gebraten, dazu Mais, auf verschiedene Weise zubereitet, Bohnen, die Kürbisgurken zu ihrer Zeit und dergleichen, und dies ist eine so gesunde Nahrung, daß ein Kranker unter ihnen eine große Seltenheit ist, und nie habe ich dort jemand gesehen, der gichtbrüchig gezittert hätte oder Zahnschmerzen litt, der entzündete Augen hatte oder krumm war vor Alter.

Das Wetter war warm, und zunächst errötete ich, die Nacktheit der Wilden zu sehen, denn die Männer waren gewohnt, zu dieser Jahreszeit nur mit einem Lendentuch bekleidet einherzugehen, und die Frauen mit einem um den Leib geschlungenen Fetzen. Doch bald dachte ich mir nichts mehr dabei und tauschte meinen langen Rock gegen den aus Hirschleder, den meine Mutter mir gab, und sie reichte mir auch eine Halskette aus Perlen, welche sie aus Muschelschalen schnitzte, denn sie sagte, sie hätte keine Tochter zu eigen gehabt, ehe die Wälder ihr diese geschickt hatten, und sie war den Engländern dankbar, daß sie sie hergegeben hatten.

Die Freundlichkeit dieser Frau mir gegenüber war ohne Ende, und ich lebte mit ihr in ihrer Hütte, denn einen Mann hatte sie nicht, da sie die Hebamme des Stammes war, wie man sagen könnte, und ihre Zeit damit zubrachte, sich um die Frauen in den Wehen zu kümmern. Und um Tränke zu brauen, welche die Schmerzen der Wehen und die Schmerzen der Frauen an den monatlichen Tagen lindern sollten, hatte sie Kräuter im Walde gesammelt, als ich sie zuerst sah.

Wie leben sie, die sogenannten Halbteufel? Die Männer haben ein leichtes Leben, sie verbringen ihre ganze Zeit müßig und träge, außer wenn sie auf der Jagd oder im Kampf gegen ihre Feinde sind, denn alle die Stämme liegen in ständigem Kriege miteinander, und ebenso mit den Engländern; der *werowance*, wie sie ihn heißen, ist nicht der Häuptling oder Herrscher des Dorfes, wenn auch die Engländer dieses sagen, er ist vielmehr der Mann, der als erster in die Schlacht zieht, so daß er für gewöhnlich ein tapfererer Mann ist als die englischen Generäle, so ihre Soldaten von hinten kommandieren.

Ich aber blieb bei meiner Indianermutter in der Hütte wohnen und lernte das indianische Wesen von ihr, wie etwa auf den Knien zum Essen niederzuhocken, das auf einer Matte vor mir stand, da sie keine Möbel haben. Ich lernte, Hirschleder und Biberfelle und andere Pelze zu gerben und daraus Kleider zu nähen und sie mit Muscheln und Federn zu zieren. Ich hatte mein Nähzeug in der Schürzentasche dabei, und meine Mutter freute sich über die Stahlnadeln, ebenso über die Zunderbüchse, die sie gerne nahm, während sie mein Küchenmesser für ein wunderbar bequemes Ding ansah, da sie die Kunst, Metall zu bearbeiten, nicht kennen – wenn auch die Frauen gute Töpfe aus Ton des Flußufers machen und sie klüglich in einem offenen Feuer brennen, und man an keinem

Manne einen Bart erblickt, da sie sich schön glatt mit Messern aus Stein zu rasieren verstehen.

Ein, zwei Gewehre jedoch, sollte ich berichten, hatten sie im Besitz, denn eine kurze Zeit, ehe ich zu ihnen kam, war ein Schotte gekommen, der Gewehre und Alkohol gegen verzierte Pelze tauschte, und zur Wirkung des Alkohols will ich nur sagen, daß er sie wahnsinnig macht; die Gewehre aber wußten sie bald zu gebrauchen.

Die Erntezeit kam, und sie trugen ihren Mais zusammen, eine sehr kärgliche und armselige Art Mais für meinen Begriff, die Kolben nur eben so viel größer als mein Daumen, und wir gruben Löcher in die Erde, sechs oder sieben Fuß tief, und was wir von dem Mais nicht aßen, wurde getrocknet und unter der Erde aufbewahrt. Aber das Graben war schwere Arbeit für uns, denn sie haben keine Schaufeln oder Spaten, außer dem, was sie von den Engländern stehlen, und wir behalfen uns mit Stöcken oder den Schulterblättern von Hirschen. Und wenn es eines gibt, was mir an meinem Stamm mißfällt, dann dieses, daß die Männer mit dieser Landwirtschaft nichts zu tun haben wollen, obgleich es schwere Arbeit ist, sondern im Bach fischen oder das Wild beschleichen oder tanzen und dergleichen törichten Spielen nachgehen, von denen sie sagen, sie machten den Mais wachsen.

Meine Mutter aber sagte: »Es tut keinen Schaden, und so sind die Männer aus dem Wege.«

Als das Wetter umschlug, plapperte ich schon so geschwind in der Sprache der Indianer daher, als sei ich dazu geboren, auch wenn sie kein einziges Wort Hebräisch enthielt, und ich glaube, meine alte Dame in Lancashire irrt sich da mit den verlorenen Stämmen Israels – und was ihre Bekehrung zur wahren Religion angeht, so war ich mit dem und mit jenem immer so beschäftigt, daß es mir nie in den Kopf kam. Mein Bleichgesicht aber war am Ende der Erntezeit so braun wie nur eins von den ihren, und meine Mutter färbte mir das helle Haar mit einer dunklen Tinktur, so daß sie sich an meine Gegenwart unter ihnen gewöhnten, und nach sechs Monaten hätte man gedacht, daß sie, welche ich »Mutter« nannte, wirklich meine leibliche Mutter war, daß ich als Indianerin geboren und erzogen worden sei, nur meine blauen Augen blieben erstaunlich.

Trotz all der Bande zärtlicher Zuneigung zwischen uns hätte ich wohl wieder daran gedacht, nach Florida weiterzuziehen, als es kälter wurde – so groß ist die Macht von Brauch und Gewohnheit –, hätte ich nicht ein Auge auf einen Krieger des Stammes geworfen, der keine Frau hatte, und er warf ein Auge auf mich, doch sprach er kein Wort – es schien gleich, als meinte er es ehrlich mit mir, und am Ende sagte meine Mutter: »Der Hohe Hickory, du kennst ihn, würde dich gerne zur Frau nehmen.« *Hoher Hickory*, das wäre sein Name in unserer Sprache und so gewöhnlich unter ihnen wie Jakob oder Matthias in Lancashire.

Und da es nun ernst ist, muß ich weinen, denn er war ein schöner Mann.

»Wie kann ich die Frau dieses guten Mannes sein, Mutter, ich war doch eine schlimme Frau in meinem eigenen Lande.«

»Eine schlimme Frau?« fragt sie. »Was ist das?«

Da sagte ich ihr, wie ich mir den Unterhalt in Cheapside verdient hatte; und wie ich aus natürlicher Anlage eine Diebin war. Was mein Huren anging, so war sie sehr überrascht zu hören, daß englische Männer sich die Mühe machten, für so etwas, wie ich es zu verkaufen hatte, zu bezahlen, da doch die Indianer es aus freien Stücken einander geben oder gar nicht, und wegen meiner dahingegangenen Jungfernschaft lachte sie und sagte: »Wenn du nichts taugtest, hätte dich niemand haben wollen.« Aber mein Stehlen bekümmert sie, bis sie zuletzt zu mir sagt: »Nun, Kind, würdest du eine Schüssel oder einen Wampum-Gürtel oder einen Pelz aus meiner Hütte stehlen und für dich behalten und mir verweigern?«

»Wie könnte ich das, Mutter«, sagte ich. »Wenn ich etwas brauche, dann kann ich mir es nehmen und dir wieder geben, so wie du es mit unseren Nadeln tust und der Zunderbüchse und dem Messer. Und so ist es doch auch bei dem und der...« (und ich nannte unsere Nachbarn). »Und die Wahrheit zu sagen, es gibt nichts im ganzen Dorfe, was meine alte habgierige Leidenschaft erregen könnte, und mein Essen kann ich mir als Anteil aus jedem Kochtopf im Indianerland holen, wie es der Brauch ist. Weder die Begierde noch die Not kann hier eine Diebin aus mir machen.«

»Dann bist du wider Willen eine gute Frau im Land der Indianer, und ich glaube, du wirst es bleiben«, sagt sie. »Warum heiratest du den jungen Burschen nicht?«

Nun hatten manche der Männer im Dorfe so wie der General und der Priester, wie ich ihn nennen mag, hatte er es doch mit der Religion zu tun, nicht nur eine Frau, sondern drei oder vier, ihre Felder zu bestellen, und das gefiel mir nicht, ich wollte die einzige sein im Haus meines Gatten – eine Vorstellung aus meinem alten Leben, die mich nicht verließ. Und meine Mutter denkt darüber nach (wenn auch sie selbst nie Gattin eines Mannes war, da sie, wie sie mir mit einem Blinzeln zu verstehen gibt, geringe Neigung für jenes Geschlecht und viel Zärtlichkeit für das eigene empfindet).

»Was uns betrifft, sind wir zu anständig und ehrbar, als daß eine Ehe Anlaß zum Zank zwischen einer Frau und ihren Freundinnen wäre!« sagt sie. »Je mehr Weiber ein Mann hat, desto bessere Gesellschaft haben sie alle, desto mehr Knie sind da, auf denen die Kinder schaukeln können und desto mehr Mais können sie pflanzen, damit sie allesamt besser zusammenleben können.«

Aber ich blieb dabei, ich wollte seine einzige Frau sein oder ihn niemals heiraten.

»Hör zu, mein Liebling«, sagte sie. »Hast du mich nicht gern?«

»O ja«, sag ich. »Von ganzem Herzen.«

»Und wenn dein Liebster nun uns beide heiraten wollte, würdest du mich da weniger gern haben?«

Aber ich senkte den Kopf und wollte keine Antwort geben, aus Angst, sie könnte meinen Verehrer fragen, ob er sie auch haben wollte, mit mir zusammen, da ich so in ihn vernarrt war, daß ich mir nicht vorstellen konnte, irgendeine Frau – sei sie noch so an ihr eigenes Leben gewöhnt – wollte ihn nicht auch haben, wenn sie nur den Zipfel der guten Gelegenheit zu fassen kriegte. Da gibt sie mir einen Schlag auf den Hintern und ruft: »Nun sieh, Kind, was für ein elendes Ding die Eifersucht ist, daß sie eine Tochter gegen die eigene Mutter verstockt!«

Aber sie gibt nach, als sie mich vor Scham weinen sieht, und sie sagt, daß sie nun zu alt und störrisch ist, um noch ans Heiraten zu denken, und außerdem ist mein junger Mann so in mich verschossen, daß er mich auch zu meinen Bedingungen auf die englische Manier ehelicht. Denn sie werden so erzogen, daß sie ihre Frauen lieben sollen und ihnen ihren Willen lassen, gleich wie viele sie heiraten, und wenn ich die

Mühe haben wollte, ein Maisfeld nur mit meinen eigenen zwei Händen zu bestellen, dann würde er sich nicht einmischen.

Wir heirateten um die Zeit der Aussaat des Mais', was sie mit viel Gesang und Tanz feiern, wenn es auch wir Squaws sind, die wir mit schmerzendem Rücken die Samenkörner in die Erde setzen. Die Jahreszeit, in welcher ich im Dorfe angekommen war, zog vorüber, der Winter kam wieder, und als es Frühling wurde, war ich mit einem kleinen Krieger schwanger. Es war wunderbar zu sehen, wie zärtlich mein Gatte es ertrug, wenn die Sonne heiß vom Himmel schien und mich schwitzen machte, ermüdete, schwerfällig und mürrisch sein ließ, daß ich oft schwor, am liebsten wäre ich wieder in England – doch er nahm es alles geduldig hin.

Nun hielt zu dieser Zeit der General unseres Dorfes einen Ratschlag, wie alle Stämme in jenem Teil des Landes ihre Streitigkeiten beilegen sollten, um sich zu einer großen Armee zu vereinigen, welche die Engländer dorthin zurücktreiben sollte, wo sie hergekommen waren – während andere meinten, man solle statt dessen Verträge mit den Engländern gegen jene anderen Stämme schließen, welche schließlich unsere natürlichen Feinde waren, und so mehr Gewehre von den Engländern bekommen.

Doch ich ließ durch meinen Gatten sagen – die Frauen gingen nicht zu den Beratungen, doch waren es gewohnt, Botschaften durch ihre Männer ausrichten zu lassen –, es bräuchte alle Stämme des ganzen Kontinents, um die Engländer zu vertreiben, und dann würden die Engländer nur gehen, um in doppelter Zahl wiederzukommen, solchen Eifer hatten sie, eine Pflanzung und Kolonie zu errichten mit mir und anderen armen Teufeln wie mir. Und ich sagte ihnen geradeheraus, sie müßten eine große kriegerische und wohlbewaffnete Konföderation unter all den indianischen Nationen beschließen und niemals auch nur ein Wort von dem glauben, was die Engländer sagten, denn die Engländer wären alle Diebe, wenn sie nur könnten, und ich der lebende Beweis, hatte ich doch erst mit der Dieberei aufgehört, als es nichts mehr zu stehlen gab für mich.

Aber sie achteten meiner nicht, und sie konnten sich nicht einig werden, wie sie den Krieg anfangen sollten, wenn sie denn in den Krieg ziehen würden – ob mit einem Angriff auf

Annestown bei Nacht, auf allen vieren kriechend wie die Bären, die Bogen im Munde tragend; oder indem sie die Engländer einen nach dem andren abtaten, wenn sie auf die Jagd gingen oder an einsamen Plätzen weilten; oder in einer frontalen Attacke wie eine Armee. Was ihnen eigentlich am meisten lag, weil es das Ehrenhafteste war, aber mir vorkam, als wollten sie geruhig den Kopf in den Tigerrachen stecken. Und andere wieder meinten, die Engländer seien Freunde, da sie doch Feinde ihrer Feinde waren. So stritten sie sich untereinander und es kam nichts dabei heraus, als daß ich sehr traurig ward, denn ich trug ein Kind im Leibe und wollte nichts als ein ruhiges Leben.

Ich scharrte mit meinem Grabstock im Bohnenbeet unseres Gartens bis zum letzten Augenblick, als das Fruchtwasser hervorrann und ich zu meiner Mutter lief, und eine Stunde später, wie ich schätze – denn sie haben kein genaues Maß der Zeit –, wusch sie das Blut von meinem kleinen Sohn.

Meinen kleinen Sohn nannten wir – in unserer Sprache – »Kleine Sternschnuppe«, und Ihr mögt darüber lachen, aber es ist ein Name, den gute Männer getragen haben. Und er wurde auf ein kleines Brett gebunden, daß er in seinem Birkenrindenbündel auf meinem Rücken reiten konnte, und ich war stolz auf ihn wie nur je eine Frau. So erfüllte sich das Schicksal, das meine alte Dame in Lancashire mir vorhergesagt hatte, denn der Vater meines Jungen kam nicht vom Stamme Sems, Hams oder Japhets, wenn auch seine Mutter mehr der Maria Magdalena glich, der reuigen Metze, als der Jungfrau Maria, will auch der Pfarrer nichts von solchen Sachen wissen, da er ein scharfer Protestant ist, und läßt mich nicht sprechen davon.

Doch geschah es so, daß die Krone des Kleinen von Tränen sein mußte, nicht von Gold.

Da nun die Konföderation unter den Algonquins sich aufzulösen begann, wurden die Angriffe der Engländer auf die Dörfer im Süden Woche für Woche schlimmer, doch unsere tapferen Krieger hielten sie eine Zeitlang zurück. Die Generäle dieser Region hielten einen Kriegsrat, ob alle bleiben und unsere Dörfer verteidigen sollten, oder sich zurückziehen, alles abbrechen und zusammenpacken, die Felder verlassen und ein Stück nach Westen ziehen, in neues Land, nach der Ernte, die kurz bevorstand. Doch dies wollten sie nur ungern beschließen, denn im Westen saßen die Rechacrians, ein sehr kriegerischer Stamm, den zu reizen nicht tunlich war. Und sie schickten zuvorderst einen Kriegstrupp aus, es den Engländern einmal zu vergelten, während ich voller Furcht war, mein Mann könnte nicht zurückkommen.

Er malt sich das Gesicht schwarz an, daß das Baby schreit, und sie ziehen davon und kommen wieder, die Beile blutig, und mehrere blonde Skalps dabei, die er an den Firstpfahl unseres Daches hängt, dazu Beute an Kupferkesseln, Kugeln und Schießpulver. Und, leider, Rum.

Doch muß ich sagen, als ich zuerst diese englischen Haarzöpfe sah, da spürte ich nichts als Freude, war ihr Haar auch von der Farbe des meinen; aber der Pfarrer sagt, ich bin ein gutes Mädchen, und Gott wird mir die Sünden vergeben, die ich bei den Indianern begangen habe.

Vom Schießpulver hat mir mein Gatte, Hoher Hickory, erzählt: Als die Engländer es dem General zum ersten Mal gaben, vor Jahren, da erzählten sie ihm mit viel geheimem Vergnügen unter sich, daß er es vergraben sollte, wie Maissaat, und dann zusehen sollte, wie die Kugeln hervorwuchsen. Und die Indianer zählten es später immer als einen Grund zum Zorne, daß man sie wie dumme Kinder genarrt hatte, und die Engländer wären Hungers gestorben, wenn die Indianer sie nicht gelehrt hätten, den Mais anzubauen.

Ihren Gefangenen brachten sie an das Pulverfaß geschnürt zurück und verhöhnten ihn, wie sie mit ihren Fackeln eine langsam schleichende Lunte anstecken wollten. Sie ließen ihn dann dort in der Mitte des Dorfes und quälten ihn in ihrer Trunkenheit, denn sie waren Teufel, wenn sie ein wenig Schnaps in sich hatten, ich muß es zugeben.

»Nun, meine Liebe«, sagte mein Mann, der stocknüchtern war, weil er sich vor der Schärfe meiner Zunge schrecklich fürchtete, »ich muß dich bitten, mit diesem Burschen in deiner eigenen Sprache zu reden, damit wir erfahren, ob seine Landsleute sich endlich gewisser Abmachungen und Verträge erinnern wollen, die einst zwischen uns geschlossen wurden – oder ob sie uns den Rechacrians in die Arme treiben wollen, mit denen wir keine Freundschaft haben, und wir wären in der Falle zwischen den beiden.«

Zuerst wollte ich es nicht tun, denn ich empfand ein wenig Mitleid mit diesem Engländer, waren sie doch sehr hart mit ihren Gefangenen und machten sich an diesem ein grausames Fest, mit ihrer Trunkenheit und allem. Dann fällt mir ein, daß ich diesen Burschen schon gesehen habe, wie er hoch zu Roß am Dock in Annestown vorbeistolziert ist, als die Sträflinge in Ketten aus den Schiffsbäuchen getrieben wurden, und alles Mitleid verließ mich.

Als er mein Englisch hört, ruft er gleich: »Dank sei dem Herrn!« Und er sagt mir, daß ich meine Stämme an die Weißen ausliefern muß, im Namen Gottes, des Königs von England und mit einer Begnadigung gratis obendrein, als er mein Brandmal sieht. Ich aber zeige ihm das Baby, und er schimpft mich mit allen möglichen Flüchen, daß ich unter den Heiden hure, so daß ich ihm mit einem spitzen Stock gegen den Bauch steche, ihm Manieren beizubringen. Da quiekt er, aber er will nichts von den Soldaten sagen oder wo sie sind, nur das eine: Das verfluchte Geschlecht soll ausgetrieben werden aus dem Lande. Da nahmen sie ihn von dem Faß herunter, weil sie nicht gutes Schießpulver an ihn verschwenden wollten, und hingen ihn über das Feuer. Bald war er tot.

Als ich seine Taschen durchsah, waren sie voller Münzen, und all die Kinder kamen und spielten mit den Goldstücken, die sie wie flache Kiesel über den Fluß hüpfen ließen. Aber seine goldene Uhr zog ich auf und gab sie meinem Mann im Andenken an die, welche ich dem Ratsherrn gezogen hatte.

»Was ist das?« sagt er in seiner Unschuld. Eben da läßt sie die zwölfte Stunde klingen, da es Mittag war, und er schreit und läßt sie zu Boden fallen, daß sie zerspringt und die Rädchen und Federn über den Boden rollen – und mein Mann, armer, abergläubischer Heide, der er war, wenn auch der beste Mann der Welt, fing an zu zittern und zu beben und sagte, die Uhr sei »schlechte Medizin« und verkünde nichts Gutes.

So ging er davon und betrank sich mit den anderen. Ich sehe die Papiere in den Taschen des Gentleman durch und entdecke, daß wir dem Gouverneur von ganz Virginia sein Ende bereitet haben, und ich sage es ihnen voller Unruhe, aber sie sind schon zu besoffen, als daß man noch ein vernünftiges Wort aus ihnen herausbrächte, ehe sie sich ausgeschlafen haben, doch kurz vor Sonnenaufgang kamen die Soldaten zu Pferde.

Sie brannten die reifen Maisfelder ab und zündeten die Palisade an, daß sie brannte, und unser Haus brannte, als das

Pulver explodierte, so daß ich das Massaker wie am hellichten Tag sah. Sie schossen meinem Gatten eine Kugel vor den Kopf, er ganz verwirrt auf taumelnden Füßen, ich holte ihn aus dem Haus, als ich zuerst das Feuer knistern hörte, doch er war ein großer Mann, nicht zu verfehlen. Und die armen trunkenen verschlafenen Wilden alle niedergemäht. Ich nahm das Baby in die Arme und versteckte mich auf dem Feld, wo eine Plattform auf Stelzen stand mit Häuten darüber, die Vögel zu verscheuchen, und so entkam ich.

Doch die Soldaten ergriffen meine Mutter, als sie mit brennenden Haaren zum Fluß lief, und sie rief mir nach, da sie mich fliehen sah: »Du arge Tochter!« Denn sie glaubte, ich eilte davon, mich wieder zu den Engländern zu schlagen, was durchaus nicht stimmte, o nein! Dann taten sie ihr Gewalt an, dann schnitten sie ihr die Kehle durch. Und alles rasch vorbei, bei Tagesanbruch nur noch Asche, Leichen, die Witwe, die ihre toten Kinder betrauert, Soldaten, die sich auf ihre Flinten lehnen und wohlzufrieden sind mit der Arbeit dieser Nacht und mit dem tapfren Mut, mit welchem sie den Gouverneur gerächt haben.

Das Baby fing an zu schreien. Einer von dem Soldatenvieh hörte es und stampfte durch das versengte Korn, und er stößt gegen die Plattform, sie stürzt um, ich falle herunter auf den Rücken, das Baby fällt mir aus dem Arm und stößt sich den Kopf an einem Stein wund, daß es entsetzlich zu jammern anfängt, selbst das härteste Herz wäre gleich zu ihm gelaufen. Doch dieser Soldat drückt mir sein Knie auf den Bauch, macht sich die Hosen auf, mich zu vergewaltigen. Er würde die Stärke von zehn Männern nötig haben, mich drunten zu halten, aber plötzlich läßt er von seinem greulichen Tasten ab, ganz verblüfft.

»Captain!« sagt er. »Seht her! Da haben wir eine Squaw mit blauen Augen, wie ich's noch nie gesehen hab!«

Er greift sich eine Handvoll von meinen Haaren und schleppt mich hinüber, wo der Captain dieser wackeren Soldaten sich ganz gemütlich die blutigen Hände in einer Wasserschüssel wäscht, während seine Leute unter dem Wampum und den Pelzen nach Beute suchen. Er fragt mich, wie mein Name lautet und ob ich Englisch spreche; dann Holländisch, Französisch, auf spanisch versucht er's, aber ich sage nichts anderes als in der Sprache der Algonquins: »Ich bin die

Witwe von Hohem Hickory.« Aber das kann er nicht verstehen.

Schließlich fanden sie durch eine List heraus, daß ich wirklich keine Frau von indianischem Blut war, denn einer holte mein Baby von dem Orte, wo sie es schreiend im Maisfeld hatten liegen lassen, und zeigte ihm das Messer, und er tat so, als wollte er die scharfe Klinge in meinen kleinen Jungen stechen.

»Das tust du nicht!« rief ich, während die anderen mich zurückhielten, oder ich hätte ihm die Augen mit bloßen Fingern ausgerissen. Wie sie lachten, als die Squaw mit den Federn im Haar im breiten Lancashire-Dialekt schrie. Dann sieht der Captain meine gebrannte Hand, und er nennt mich eine Entlaufene und sagt, auf meinen Kopf wird ein Preis gezahlt, noch zur Belohnung für die Indianer hinzu. Und er spottet meiner, wie sie mir noch ein F für »flüchtig« einbrennen werden, wenn wir nach Annestown kommen, daß ich nicht mehr herumhuren kann unter den Indianern noch irgendwo sonst. Ich will aber nur sein Taschentuch borgen, in Wasser genetzt, um die Wunde an der Stirn meines Kindes auszuwischen, und am Ende ist er so freundlich, es mir zu geben.

Als ich mein Baby wiederhatte und es an die Brust legte, denn es war durstig, da ging ich mit den Soldaten mit, da ich keine Wahl hatte, waren doch meine Mutter und mein Mann tot und, die Wahrheit zu sagen, mein Wille gebrochen. Und was an Squaws noch überlebt hatte, die Frauen, die ich »Schwestern« genannt hatte, trotteten hinter uns her, denn die Soldaten wollten Frauen, und die Frauen wollten Brot, und es lebte kein einziger Krieger mehr in jenem Teil der Neuen Welt, nun ein menschenleeres Paradies. Und der Fluß, der durch dies irdische Paradies strömte, voller Blut.

Die Squaws gaben mir die Schuld, ich hätte ihnen Unglück gebracht und ihre Freundlichkeit grausam vergolten. Mein Kummer aber ist mit Angst vermengt, denke ich an den Aufseher, dem ich die Ohren abgesäbelt habe, daß alles am Strick enden könnte, wenn ich wieder dorthin komme, wo Recht und Gesetz sind.

Wir kommen an einen Ort mit ein paar Häusern, und soeben waren sie mit dem Bau der Kirche fertig geworden: »Hier haben wir eine, die wir dem Satan entrissen haben«, sagt jener, der mich zur Witwe gemacht hat, zu dem Pfarrer, der mich ermahnt, Gott zu danken, daß er mich von den Wilden errettet hat, und die Verzeihung des Herrn zu erflehen, daß ich seinen geraden Weg verlassen habe. Auf dieses Stichwort hin falle ich auf die Knie, denn ich merke, daß Reue in diesen Breiten in der Mode ist, und je mehr ich davon zeige, desto besser wird es mir ergehen. Und als sie mich nach meinem Namen fragen, sag ich den meiner alten Dame in Lancashire, und der war Mary, und ich bleibe dabei, so daß ich nun lebe wie ihr Geist und als wären alle ihre Prophezeiungen eingetroffen, nur hat sich herausgestellt, daß ich Unsere Liebe Frau vom Großen Massaker bin, und ich glaube wohl, daß mein kleines Halbblut das Zeichen Kains tragen wird, denn die Narbe über seinem linken Auge geht nicht weg.

Die Pfarrersfrau kommt mit einem abgelegten Kleid aus der Küche und sagt, ich soll, Scham und Schande! meine Brüste bedecken, aber das Kind weint und will sich nicht beruhigen lassen. Doch ist sie anständig, und der Pfarrer auch, wie nun ihr Handeln beweist, denn sie wollen es nicht zulassen, daß die Soldaten mich mitnehmen nach Annestown, und sie bieten dem Captain ein gutes Stück Geld, mich bei ihnen zu lassen, um meines unschuldigen Kindleins willen. Der Captain räuspert sich kunstvoll und zögert, der Pfarrer legt noch eine Guinee drauf, der brave Soldat streicht das Gold ein, und alle reiten davon – und der Pfarrer will meinem Kinde einen Bibelnamen geben, Isaak oder Ismael oder dergleichen. »Hat er nicht schon einen guten Namen?« frage ich. Aber der Pfarrer sagt: » ›Kleine Sternschnuppe‹ ist kein Name für einen Christenmenschen«, und ein getaufter Christ muß mein Junge sein, soll seine Seele in die Gemeinschaft der Heiligen Einlaß finden, wenn auch das arme Ding seinen Papa dort vergeblich suchen wird. Und wann werden diese Toten auferstehen und gerächt werden? Ich aber nenne ihn nicht mit dem Namen, den ihm der Pfarrer gab, und ich spreche nur in der Sprache der Indianer mit ihm, sobald uns keiner hört.

Nach einer Zeit erzählt man sich die Geschichte, wie vor zwei Jahren oder noch mehr die Indianer sich an eine Pflanzung im Norden angeschlichen, einen Aufseher ermordet und eine leibeigene Magd entführt haben. Der Gärtner hat's gesehen, wie sie an ihren blonden Haaren davongeschleift wurde. Ich denke bei mir, der Gärtner muß selbst eine alte Rechnung beglichen haben – viel Glück! Und wenn sie glauben wollen, ich sei gefangen und gezwungen worden, von mir aus, wenn sie damit glücklich werden, solange sie mich in Ruhe lassen. Was sie auch tun, da der Pfarrer den glühenden Wunsch hat, meine Seele zu retten, und seine Frau den Kleinen gern hat, selber ohne Kinder, und außerdem haben sie gutes Geld gezahlt, mich vor dem Gesetz zu beschützen. Und verdiene ich mir vielleicht nicht meinen Unterhalt mit all der harten Arbeit, Holzhauerin, Wasserträgerin?

Also scheuerte ich dem Pfarrer den Stubenboden, kochte das Essen, wusch die Kleider, und ob auch der Pfarrer schwört, sie seien gekommen, das Reich Gottes in der Neuen Welt zu errichten, bin ich dieselbe Magd wie in Lancashire, und ein Platz in der Gemeinschaft der Heiligen ist für eine Hure auch nicht frei, wenn ich auch keinerlei Begehren mehr habe, mein altes Handwerk wieder anzufangen. Es ging nicht mehr; die Indianer hatten leider ein für alle Mal eine anständige Frau aus mir gemacht.

Schließlich kommt die Hausherrin an und sagt: »Du bist noch jung, Mary, und Jabez Mather sagt, er nimmt dich zur Frau, da seine eigene am Blutfluß gestorben ist, aber das Kind nimmt er nicht, und ich werd's behalten.« Aber die wird nie meinen kleinen Jungen zum Sohn haben, noch will ich Jabez Mather zum Gatten nehmen, noch irgendeinen anderen lebenden Mann, sondern will sitzen und weinen an den Wassern Babylons.

Maxim Biller
Harlem Holocaust

Wir saßen wie fast jeden Samstag mittag im »Klub Maon«, und Warszawski, der immer so tat, als ob er um ein Haar deportiert worden wäre, ließ seine Hand auf Inas Knie fallen. Es war das Knie der Frau, die vor einigen Jahren seine Romane in Deutschland bekannt gemacht hatte. Daß es in ihnen allein um Warszawskis Überlebendenselbsthaß ging, hatte sie in ihrer inzwischen eingestellten Rubrik ›Rezensionen aus Übersee‹ immer nur am Rande vermerkt. Ina war von Anbeginn viel mehr von den komplizierten Erzählstrukturen des New Yorker Schriftstellers und Linguistikprofessors begeistert, und der wiederum legte jetzt noch größeren Wert auf ihre Beine. Seine Hand rutschte also hoch, am Strumpf entlang, die Finger blieben kurz am Saum ihres braunen Seidenrocks hängen, um schon bald ganz darunter zu verschwinden. Ich sah verzweifelt zur Seite, mein Kopf fühlte sich so luftig und heiß an wie ein Heliumballon – aber ich hatte gegen Warszawski keine Chance, weil im nächsten Augenblick die Hand Inas Oberschenkel verließ und auf meinen zuschoß. Er drückte zu, ich seufzte erschrocken unter dem Klammergriff auf, und da sagte er schon: »Deutsches Fleisch ist gutes Fleisch...« Ich hielt den Atem an. Bei dem Wort »Fleisch« habe ich immer noch diese schauerlichen Assoziationen. »Hat natürlich«, sagte Warszawski wie zum Trotz, »auch so einen süßlichen Geschmack und Brandgeruch.« Und dann schmatzte er, er suhlte sich förmlich in seiner Anspielung, weshalb ich so gleichgültig wie möglich zurückgab: »Woher wissen Sie das, Gary, ich meine, daß Menschenfleisch süß schmeckt und süß riecht?« – »Woher wissen Sie das... woher wissen Sie das, Gary«, machte er mich laut und schnell nach und sagte lachend: »Bestimmt nicht von Freitag und Robinson!« Dann kniff er mich noch einmal, und seine Hand flog wieder unter Inas Rock. »Darf ich vorstellen: Ina Teutonia Polarker, meine Muse und Möse«, sagte der große Warszawski. Er zog die Hand heraus, schnupperte mit vernebeltem Blick daran, und während schon wieder etwas in mir erstarb und der Heliumballon an Höhe gewann, fauchte er: »Stell dich nicht so an, Fritz!« Er drückte, obwohl ihm das schwerfiel, das »r« dreifach, vierfach gebrochen über seine amerikanisierte Zunge, so daß dieses dämliche pseudo-preußische »Frrritz!« draus wurde, das man von Hollywood-Nazis kennt – und das »i« kam auch noch so dumpf, so von unten, wie aus einem Karikatur-Kyffhäuser. »Stell dich nicht so an, Frrritz!« Er hielt mir den Finger unter die Nase, aber der roch natürlich nach nichts.

Ina Polarker heißt nicht Teutonia, ich heiße nicht Fritz. Meine Eltern stritten sich lange wegen meines Namens, und zum Schluß gewann meine Mutter, sie nannte mich gegen Vaters Willen Efraim. Immerhin stammt sie aus einer Familie mit Oppositionsgeist: Großvater Glückler fand Hitler vulgär und rettete vor Göring eine größere Expressionisten-Sammlung. Zu mehr Widerstand hatte es zwar nicht gereicht, man versteckte keine Juden und druckte keine Flugblätter, aber wenn mir manchmal Zweifel an den glorreichen Glücklers kommen, denke ich ganz einfach an die Rosenhains: Der Vater meines Vaters schrieb abwechselnd mit Werner Höfer im ›12-Uhr-Blatt‹ gegen jüdisch-amerikanischen Kulturbolschewismus an und verfaßte steife Übermensch-Oratorien, die er selbst zur Aufführung brachte. Sein Bruder Georg galt zwar im Gegensatz zu meinem Großvater nicht als musischer Mensch, aber immerhin war es ihm ein Vergnügen, im Berliner Prinz-Albrecht-Palais Kommunisten, Homos und Juden zum Singen zu bringen. Es wäre jedoch verkehrt, es lediglich als Ironie des Schicksals anzusehen, daß ich, der Enkel und Großneffe solcher Typen, ausgerechnet Efraim Rosenhain heiße. Dies war, wie gesagt, der Wille meiner Mutter, und immerhin hieß einer von denen, die in Nürnberg aufgeknüpft wurden, Alfred Rosenberg. Auch das kein Zufall, sondern Bestimmung – davon bin ich fest überzeugt.

Was für eine Sippschaft! Einmal, vor Jahren, brachte ich meine damalige Freundin Eve – Eve Lurie – zu einem denkwürdigen Abendessen mit. Das war lange vor unserer Trennung, die Eve in ihrer hysterischen Art eines Tages urplötzlich vollzog, weil sie, wie sie sagte, mit so einem materialisierten Stück deutscher Geschichte wie mir auf Dauer einfach nicht leben, schlafen und essen konnte. Sie hatte natürlich recht. In jener Zeit wurde mir übrigens auch zum ersten Mal bewußt, daß die Schwindelanfälle und Zerrbilder, die mich seit der Pubertät immer häufiger heimsuchten, keinesfalls von einem körperlichen Gebrechen herrührten. Dieses phantasmagorische System hatte ich wohl schon bei der Geburt als innere Anlage mitbekommen, und es dauerte eben eine Weile, bis sich meine Empfindsamkeit, meine Gier nach Schuld und Entsühnung vollends entfalten konnte... Eve verließ mich also, die schöne Tochter von Jud Süss – und prompt war mein Luftkissenhirn, stärker als je zuvor, von diesem Dunstschleier aus Nichts umhüllt, so durchsichtig und vergänglich wie eine Träne. Auch die Migränen kehrten nach der Trennung von Eve wieder, worauf ich eine bestimmte Sorte von Tabletten einzunehmen begann, die mich einerseits von den Schmerzen entlasteten, andererseits aber den Schwindel und die damit verbundenen Trugbilder offenbar noch verstärkten. Dabei machte mir das ja auch Spaß, es war eine verzweifelte Spielerei, die mich dazu antrieb, mir mein Leben anders und besser und glaubwürdiger vorzustellen, was immer funktionierte und manchmal sogar so weit ging, daß ich mir, zum Zeitvertreib nur, etwa auf der Straße die Gesichter der Passanten in surrealistischer Manier zurechtbog – als Betonquader, als Zifferblatt, als Tierfratze, als Apfel oder Mandarine... Ich lebte dann eine Weile als Efraim im Wunderland, das half beim Vergessen, und irgendwann war alles wie früher, alle sahen normal aus, und was von dieser Zeit übrigblieb, war eine bessere Medikamentenkenntnis und die Einsicht, daß ich ein Seiltänzer war, der gelernt hatte, ein paar seltsame psychische Zustände nicht als erschrekkende Krankheitssymptome zu deuten und zu erleiden, sondern, im Gegenteil, sich ihrer therapeutisch zu bedienen.

Selbstverständlich hatte die Trennung von Eve weh getan. Aber ich nahm ihr das Ganze nicht wirklich übel, wußte ich doch gleich zu Anfang, mit wem ich es zu tun hatte. Eve war nach der Schule von Paris nach Israel gezogen, wo sie sich in der Armee, während der zwei langen Pflichtjahre für Mädchen, immer und immer wieder von israelischen Soldaten entjungfern ließ, und zwar deshalb so oft, weil – das waren Eves eigene Worte – so was bei einer Prinzessin niemals auf einen Schlag geht. Eves Geschichten... Ihre Mutter, erzählte sie, sei als Kind im KZ gewesen, und da KZ immer so martialisch, aber anonym klingt, fragte ich nach dem genauen Ort.

In Theresienstadt, erwiderte sie kleinlaut, denn sie wußte so gut wie ich, daß Theresienstadt, das Vorzeige-Lager der Nazis, alles andere als ein KZ gewesen war, fast schon ein Paradies auf Erden, verglichen mit den Vernichtungsstätten von Sobibor, Auschwitz und Majdanek.

Eve, die Plaudertasche, war auch ein Chamäleon: Auf Fotos sah sie mal wie eine naturfarbene Israelin aus, mal wie eine fleißige Pariser Tweedkostüm-Sozialistin, mal – im indischen Blumenkleid, mit schwarzen Ringen um die Augen – wie ein unterernährtes deutsches Kulturgroupie und dann wieder, auf dem einen unglaublichen Bild, das ihr erster und bisher einziger Mann Chaim von ihr in Florenz gemacht hatte, wie eine sehr reiche und sehr geschminkte deutsche Upperclass-Jüdin, in einem hellen, fast weißen Nerz, ein starres Grinsen unter der frisch operierten Nase. Die Zeit bei Chaim übrigens, der es mit drei Jeansgeschäften in zehn Jahren offenbar zu mehr gebracht hatte als die Rosenhains mit einer Baumaschinenfabrik in einem ganzen Jahrhundert, war für Eve sehr deprimierend. Sie spielte eine Weile das Unwissenden-Spiel seiner neureichen Freunde und Verwandten aus der Gemeinde mit, bis sie sich irgendwann darauf besann, daß ihre Sozialisation einem kosmopolitisch-jüdischen Bildungsbürgertum linker Observanz entsprang und nicht den kryptofaschistischen Mazzeknödel-Phantasien eines Haufens polnischer Juden, die im Adenauer-Deutschland lesen und schreiben gelernt hatten. So und nicht anders beschrieb sie es mir jedenfalls immer wieder. Ich bekam oft Eves Haß auf diese Leute mit, die ihr, so sagte sie stereotyp, drei Jahre ihres Lebens genommen hatten. Als ich es einmal wagte, aus Solidarität in ihre Beschimpfungen einzustimmen, gab sie mir eine Ohrfeige und knurrte: »Das darf nur ich!« Mir wurde von dem Schlag schwindlig. Statt ihr die Meinung zu sagen, verschluckte ich mich und hustete mich frei. Was konnte ich einer wie ihr schon entgegnen? Diese Eve, die eine schmale, neurotische Figur hatte, erklärte mir doch dreimal am Tag, sie habe, als sie nach Deutschland kam, sofort den ganzen Horror gespürt, und wenn in einem Straßenschild oder einer Ladeninschrift ein K als Versal auftauchte, habe sie sich das Z sogleich dazu gedacht...

Und warum verließ Eve den Spießbürger Chaim und floh zum leidenden deutschen Tätersohn Efraim Rosenhain? Der liebte sie über alles und nahm sie dann also an diesem Abend mit nach Hause, zum Essen, hatte aber nicht bedacht, daß sonnabends meistens Großfamilientag abgehalten wurde. So mußte Efraim seine Jüdin auch den verstockten Rosenhains vorstellen, und es war natürlich die Großmama, die, als Mutter im Spaß von Heirat zu reden begann, im Ernst Bismarck zitierte: »Es ist gut, daß wir unser Blut mit dem einer jüdischen Stute auffrischen werden...« Ich erwiderte nichts darauf, aber auch niemand anders gab sich mit dieser Bemerkung ab, und als mich Eve, deren Deutsch damals noch nicht gut genug war für jede Feinheit, später fragte, was eine Stute sei und mir daraufhin vorwarf, ich hätte sie verteidigen müssen, erklärte ich zögernd, daß mir Widerstand, aufgrund meiner familiären Herkunft, nur halb in die Wiege gelegt worden sei, und an diesem Abend wäre eben die miese Hälfte am Zug gewesen.

Dieser Hundsfott von Warszawski! Er fuchtelte mir immer noch mit seinem Finger vor dem Gesicht herum, machte damit Spiralen und Kreise, was meine Benommenheit und das laue Fahrstuhlgefühl nur verstärkte. Er schnaufte und grinste, er schüttelte seinen runden, kurzen Oberkörper, und ich erkannte ganz deutlich, wie er dabei die großgewachsene Ina mehrere Male absichtlich mit der Schulter in die Seite schlug. Sie wankte und zitterte, aber obwohl sie nach einem dieser heftigen Stöße beinahe vom Stuhl gefallen wäre, ging sie trotzdem nicht auf Distanz zu ihm, und während er, als menschlicher Dampfkolben, weiter und weiter auf seinem Platz herumrotierte, rutschte sie immer näher an ihn heran... Dann kam die Kellnerin, und endlich ließ er von uns ab.

Ich nahm, wie gewohnt, gehacktes Ei und einen Kalbsbraten mit Buchweizenbrei, Ina wollte nur Salat, und Warszawski bestellte Bouillon mit Reis und Tschulent. »Die Krone unserer Küche«, sagte er laut, »das braune Juwel aschkenasischer Gastronomie.« Die Kellnerin lächelte höflich, und die Kaufhausbrille mit der hellblau eingefärbten Fassung ging dabei auf ihrer verschwitzten Nase wie ein Wellenreiter auf und ab. »Was ist heute drin?« fragte er sie. Er beugte sich vor und streckte den Hals aus, den Kopf nur ein paar Zentimeter von ihrem flachen Bauch entfernt. »Kischke, Bohnen, Grieß, gekochtes Fleisch und Kartoffeln«, sagte sie schüchtern. Dann aber schob sie die Brille hoch und schnaubte: »Was für eine Frage...« – »Eine Testfrage«, sagte Warszawski. »Man weiß doch nie, ob man es mit anständigen Amchu oder irgendwelchen dreckigen Chasaren zu tun hat.« Er brach in ein autistisches Gelächter aus, und die Kellnerin sah ihn erschrocken an.

Warszawskis Mund hatte sich mit Luft gefüllt, seine Wangen formten sich zu einem Blasebalg, und ich erblickte die karamelfarbenen Kunstzähne des Sechzigjährigen, aufmontiert in dieser geraden, geschlossenen Gipsreihe, die mich immer an das Schlimmste erinnerte. Seit den Tagen des Fassbinder-Skandalons ging mir nämlich nie mehr das eine Bild des Vorsitzenden der Frankfurter Jüdischen Gemeinde aus dem Sinn, das damals in einer Tageszeitung abgedruckt worden war: Auch aus dem Mund jenes Mannes hing ostentativ eine häßliche, amorphe Ballustrade künstlicher Zähne heraus. Zu der Fotografie gehörte natürlich auch eine Reportage. Ich habe sie seinerzeit sehr aufmerksam gelesen und nicht vergessen, wie effektvoll darin auf das Märtyrerdetail hingewiesen wurde, daß der gegen das Theaterstück ankämpfende Gemeindevorsitzende nicht nur mehrere Vernichtungslager überlebt hatte, sondern während dieser Passion auch noch durch einen kräftigen deutschen Tritt das komplette Gebiß verlor. Natürlich, überlegte ich, hatte er genug Geld, sein auffällig schlechtes Provisorium, das ihm in den Nachkriegsmonaten amerikanische Militärärzte verpaßt hatten, durch ein teures, schönes Stück zu ersetzen. Und natürlich wollte er das nicht... Das Schlimmste, das Allerschlimmste, hatte sich im Osten in einer längst anderen Zeit zugetragen, aber ich war so einfältig, bei einer jüdischen Zahnprothese immer gleich an den Himmler oder Mengele in mir zu denken.

Dabei hatte mein Warszawski mit Karies bestimmt mehr Probleme gehabt als mit den Nationalsozialisten. Er war bereits Anfang der dreißiger Jahre als Kind nach Amerika gekommen; seine Eltern hatten lange vor dem 30. Januar 1933 alles verstanden. Der Vater war Anästhesist an der Berliner Charité gewesen, die Mutter machte Bühnenbilder für die UFA-Studios. In New York gab es für die Warszawskis schnell Arbeit, beide konnten sie ihre alten Berufe wiederaufnehmen, er bekam eine Anstellung in einer Klinik in der Upper Eastside, sie arbeitete frei an kleineren Theatern. Für Gegenwart und Zukunft war also gesorgt, aber die Erinnerung blieb: Warszawskis Eltern sprachen mit ihrem Sohn nur deutsch, sie verkehrten vorwiegend mit den Emigranten aus Yorkville und Washington Heights, und sie wurden immer ganz sentimental, wenn die Rede auf Deutschland kam. Warszawski ertrug »dieses verblendete und rückwärtsgewandte Nostalgie-Brimborium« nicht, er haßte ihre »Rilke-Bände, Heine-Zitate und George-Grosz-Reproduktionen, ihre allwöchentlichen Stammtische in der ›Kleinen Konditorei‹ in der 86. Straße, wo sich die Stillen und Mediokren um die Lauten und Eingebildeten scharten, das Fußvolk der dritten Diaspora um die Gojim Graf und Brecht, wo selbstverliebter, romantisch-aufklärerischer Intellektualismus regierte, die Erinnerung und nur die Erinnerung, aber niemals ein Plan«. So beschrieb es Warszawski in seiner im ›Merkur‹ erschienenen autobiographischen Skizze ›It Is Mein Leben‹, und dort war es auch, wo er verriet, wie er sich vor dem Lebensgefühl seiner Eltern in die pathetische, aber aufrichtigere Welt seiner schwarzen New Yorker Freunde geflüchtet hatte, ein Beatnik lange vor Cassady, Orlovsky und Kerouac, befreit »von diesem dumpfen, sinnlosen, mitteleuropäischen Schnickschnack. At least for a while«.

Warszawski, der Literatur-Kissinger: Am liebsten rieb er die glorreiche amerikanische Ideenfreiheit seinen neuen westdeutschen Freunden unter die Nase, Leuten also, die, wie er behauptete, allesamt hoffnungslos davon überzeugt waren, daß Europa zwar einerseits die ganze Welt mit einer Menge Blut und Scheiße überzogen hatte, andererseits aber den von ihm Geknechteten und Besiegten kulturell überlegen war. »Ich, der amerikanischste Amerikaner, den es jemals gab«, pflegte Warszawski zu sagen, wobei er, wohl um seine Zuhörer noch ein wenig mehr aufzurütteln, die Augen weit aufriß, »weiß immer, im Gegensatz zu euch, was gut und was schlecht ist, und ich kann mich danach auch richten. In meinem Land regiert die Geradlinigkeit in der Erkenntnis und in der Tat. Wir Amerikaner wissen jedesmal ganz genau, was es ist, wofür wir uns entschieden haben. Wenn wir böse sind, sind wir böse. Wenn wir gut sind, sind wir gut. Wir kennen keine degenerierten Abgründe, keine Verstocktheit, kein Zaudern. Der Zweite Weltkrieg war ein guter Krieg, und das machte uns stolz. Der Vietnamkrieg war ein schlechter Krieg, er hat uns Spaß gemacht, dann weh getan, und dann haben wir uns selbst besiegt.« Warszawski drehte sich von seinen Zuhörern weg und schwieg so lange, bis sie die bedrohliche, salbungsvolle Kunstpause, die der große Mann entstehen ließ, nicht mehr aushielten und einer von ihnen, zum Beispiel, sagte: »Wir nicht?« Warszawski war plötzlich furchtbar müde. Er hob und senkte langsam seine großen Lider mit den langen, grauen Wimpern. »Nein, ihr nicht. Ihr seid Ästheten. Ihr seid verbohrt, ihr grübelt. Ihr sterbt, und ihr wollt wissen warum. Ihr glaubt nicht einmal an die Bücher, die in eueren Regalen stehen.« Warszawski nickte. »Ihr habt Amerika entdeckt, aber wir haben es erfunden«, sagte er in die ernste, schweigende Runde hinein. »Wir können euch den letzten Scheiß erzählen, und ihr glaubt ihn uns trotzdem...« Diesen Satz sprach er auch noch mit allem ihm zur Verfügung stehenden Ernst aus, aber dann hielt es ihn nicht mehr, und er fing in seiner sardonischen, dreckigen Art an zu lachen, er grölte und seufzte, schlug die Beine gegeneinander und machte aus seinen dicken, roten Wangen einen Luftballon.

Solche Auftritte hatte Warszawski häufig, und wie ich aus eigener Erfahrung wußte, spulte er jedesmal den gleichen Text ab. Früher, noch vor der Sache mit Ina, fand ich manchmal sogar Gefallen daran, wenn Warszawski uns herunterputzte, uns »nachgeborene Ignoranten«, wie er uns, seine deutsche Claque, immer nannte. Wer wehrte sich dagegen? Bei einem seiner früheren Deutschlandaufenthalte – ein Buchvertrag sollte unterschrieben, die Übersetzung besprochen werden – hatte Warszawski, dessen Holocaust-Romane in Amerika übrigens von der Öffentlichkeit kaum beachtet wurden, in meinem Beisein seinem deutschen Verleger im »Romagna Antica« den folgenden Kurzmonolog entgegengeschleudert: »Wieso ich? Ich weiß es. Sie sind ein verträumter Lügner, es gefällt Ihnen, mich zu haben, weil ich den Tod erlebt habe, indem ich ihm entkam und nun darüber schreibe. Was wollen Sie? Die Absolution? Wir *Juden* tun Christenblut in unsere Mazzes, und wir *Amerikaner* wollen bezahlt werden, wenn wir andere erlösen.« Pause. Warszawski drehte sich weg, wie immer. Der Verleger kräuselte die Stirn über dem apathischen Gesicht. »Das«, sagte er unsicher, wie in Trance, »hatten wir doch, dachte ich, geklärt.« Warszawski erwiderte langsam: »Meine ich Geld? Habe ich von Prozenten gesprochen?« In Zeitlupe gingen seine Lider auf und ab, wie die Flügel eines riesigen Nachtfalters. Er legte dem Verleger, der neben ihm saß, und mir, seinem Übersetzer auf der anderen Seite, den Arm auf die Schulter und sagte weich: »Wie ich euch liebe, ihr nachgeborenen Ignoranten. Euer Denken ist rein, eure Seelen sind klein.« Und dabei blinzelte er Eve zu; sie hatte ihm gegenüber Platz genommen.

Eve, die damals noch nichts gegen meine historische Sozialisation hatte, war mit von der Partie, weil der Verleger seinem Gast das Gefühl geben wollte, er sei nicht allein. Er bat mich, »meine Jüdin mitzunehmen«, und so nahm ich sie also mit, sie war ein Gewinn für uns an diesem Abend, sie labte mit ihren orientalischen Blicken und Bewegungen den Schriftsteller, sie unterhielt sich höflich mit dem Verleger, verwies im Gespräch zwanglos auf ihre Herkunft, in einem frischen, unaufdringlichen Tonfall – doch leider war das Zwinkern, mit dem Warszawski Eve nun bedachte, während er gleichzeitig seine Bleiarme auf uns deutsche Idioten sinken ließ, kein lüsternes Zwinkern, er machte sie nicht an, und er gab ihr keine geilen Zeichen, wie es sonst bei Frauen seine Art war, und es ist natürlich klar warum. Für diesen einen kurzen Moment waren die beiden, die einander erst seit weniger als einer halben Stunde kannten, unter sich, in einer Welt, zu der wir andern Menschen keinen Zutritt haben. Das Gefühl, das mich damals für die Ewigkeit eines Augenschlags überkam, glich einer Offenbarung, denn ich verstand plötzlich, warum Juden und Christen immer miteinander im Kampf leben mußten und warum sich das auch niemals ändern kann. Aber daran denke ich jetzt gar nicht, ich stelle mir lieber vor, wie Warszawski mir Eve ausspannt – er hat das nie getan, nicht einmal versucht – und wie ich ihm dafür dankbar bin, weil ich sagen kann: Du nahmst mir Eve, laß mir Ina, und töte nicht mein Kind.

Die »Maon«-Kellnerin starrte Warszawski entgeistert an, irgendwann hörte er auf zu lachen, er fing ihren erschrockenen Blick auf, und es sah für ein Weilchen so aus, als wollten sie sich gegenseitig hypnotisieren. Was in Warszawski vorging, kann ich nicht sagen, die Kellnerin aber, glaube ich, hat sehr intensiv nachgedacht. Sie mußte sich fast jeden Samstag mit diesem Menschen herumschlagen, der immer Mätzchen machte, sie wußte nicht, was er wollte, was er von ihr wollte, sie verstand seine Sprache und seine Gedanken nicht. Sie strich sich die schweißverklebten Haare aus der Stirn, und während sie immer noch Warszawski entsetzt musterte, sprach sie leise vor sich hin: »Anständige Amchu, dreckige Chasaren, anständige Amchu...« Dann hob sie die Stimme: »Sie sind meschigge, wissen Sie das?« Warszawski machte den Mund auf, schloß ihn wieder, ohne etwas gesagt zu haben. Alles war nun ernst an ihm, und er blickte zu Boden. »Also was ist«, sagte die Kellnerin streng, »wollen Sie jetzt Ihr Tschulent oder nicht?« – »Natürlich will ich mein Tschulent«, sagte Warszawski. »Und bis es kommt, werde ich meinen Freunden hier erklären, was das überhaupt ist.« – »Nein, Gary«, sagte Ina, »nicht schon wieder.« Dabei sah sie aber mich an, und sie tat es so schmerzvoll und fremd zugleich, daß ich einmal mehr begriff, wie endgültig unsere Trennung war.

Warszawski achtete nicht auf sie, und es fiel ihm auch gar nicht auf, daß und wie Ina und ich einander ansahen. Er war mal wieder nur mit sich selbst beschäftigt. »Tschulent«, sagte er ergriffen, mit ironisch-belehrendem Unterton, »Tschulent, lieber Fritz, liebe Teutonia, ist ein typisches ostjüdisches Gericht, welches unsere Hausfrauen allwöchentlich für den Schabbath zubereiten. Bereits Freitag mittags stehen sie in ihren primitiven Küchen, schneiden Möhren, Sellerie und Petersilie, raspeln Lorbeerblätter, waschen Graupen und Bohnen und legen ihre schweren, schwarzen Gußeisentöpfe mit Gänseschmalz aus. Daraufhin werden die Töpfe mit dem geschälten Gemüse gefüllt, es kommt Rindfleisch und Knochenmark hinzu, und von da an kocht unser gottgeweihter Eintopf auf kleinster Flamme die ganze Nacht und einen halben Tag vor sich hin. Doch wenn sich schließlich die Kinder und Ehemänner der Hausfrauen kurz vor dem zweiten Schabbathmahl, vom süßlichen Tschulentgeruch angelockt, in die primitiven Küchen schleichen und begierig die Topfdeckel heben, um schon jetzt etwas von unserem gottgeweihten Eintopf zu kosten, sind sie jedesmal von neuem überrascht, wie großartig ein Essen schmeckt, das wie Scheiße aussieht. Es ist mehr als Physik, es ist transzendentale

Alchemie, welche bewirkt, daß all die reinen, gesunden Produkte, die unter niedrigster Hitzeeinwirkung vierundzwanzig Stunden miteinander in einem Gefäß verbringen, zum Schluß dieselbe Farbe annehmen, ein tiefes, freundliches Braun, ein Braun des Lebens, ein Braun der Hoffnung und des Vergehens...« Er warf einen theatralischen, chassidischen Blick zur Decke, nach oben, in den Himmel, er hielt sich die gespreizten, offenen Hände vertikal vors Gesicht wie eine Chagall-Figur und sagte: »Ob in Galizien, Böhmen oder in der Ukraine, ob in Brooklyn, Buenos Aires oder Mea Shearim – wo Zivilisation ist, finden sich Juden, wo Juden sind, kommt regelmäßig Tschulent auf den Tisch, diese abscheulichste und archaischste Opfergabe, zu der Menschen noch fähig sind... Ja, das ist die legendäre mosaische Tradition, die Ästhetik und Glitter verachtet, Bilder verneint, aber im Wort und im Bekenntnis die abstrakte Stimme des Wüstengottes hört!« Er senkte die Augen. »Glaubt ihr, ich merke nicht, wie ihr euch die ganze Zeit anglotzt?!«

Wir trafen uns seit ein paar Monaten jeden Samstag um zwei im »Maon« an der Theresienstraße. Der »Maon«, Vereinslokal des jüdischen Sportklubs *Makkabi München*, lag in einem der vielen Atrien eines riesigen futuristischen 60er-Jahre-Baus, der von unzähligen Stiegen, quer laufenden Korridoren aus Glas und offenen Treppen zusammengehalten wurde. Der Kontrast hätte nicht größer sein können, denn unser Restaurant befand sich im dritten Innenhof, in einem flachen, ebenerdigen Anbau, der wie angeklebt wirkte, wie ein zufälliges Provisorium aus ersten Nachkriegstagen. Drinnen hingen überall Wimpel und Fähnchen herum, und es gab eine Menge Plakate mit hebräischen Schriftzeichen und Davidssternen, aber die Einrichtung selbst war so, wie man sie in jeder gewöhnlichen bayerischen Kneipe findet: Stühle mit runden, hellen Holzlehnen, eine einfache Theke und weißblaue Tischdecken überall. Im vorderen Raum, der von drei Seiten verglast war und deshalb bei gutem Wetter in bleichem, gebrochenem Sonnenlicht schimmerte, konnte man essen; hinten, durch eine hohe spanische Wand abgetrennt und unsichtbar gemacht, saßen die Karten- und Schachspieler. Es kamen fast nur alte Leute hierher, Menschen mit schrecklich dünnen Haaren, heiseren Stimmen und zerwachsenen Nasen, mit wäßrigen Augen und großen flaumbedeckten Ohrläppchen. Die Frauen hatten gelbe, ernste Gesichter, die Männer bewegten sich langsam, verfügten aber – saßen sie erst einmal – über eine schnelle, energische Gestik und Mimik. Ein Gruselkabinett, eine richtige Hexenküche also, wurde doch in diesen Wänden außerdem fast ausschließlich Polnisch und Jiddisch gesprochen, und das machte mir am Anfang besonders zu schaffen, weil – so empfand ich es neuerdings – in diesen zwei Sprachen Mord und Tod einander nur so belauerten. Beide hatte ich erst vor einigen Jahren durch Claude Lanzmans ›Shoah‹ kennengelernt, und obwohl ich an diesem Film nicht weniger auszusetzen hatte als an ›Holocaust‹, weil er – bloß auf andere, intellektuellere Art – ebenso effektheischend war, wurde ich nie mehr die Melodie und Musik jener polnisch-jiddischen Sprachsymphonie los, die von Claude Lanzman darin aufgeführt wurde. Ach ja, Claude Lanzman... Sein einziges wirkliches historisches Verdienst war, daß er Simone de Beauvoir all die Orgasmen verpaßte, die Sartre ihr schuldig blieb. So jedenfalls erklärte es mir einmal Warszawski, und ich mußte noch lange über diese Bemerkung nachdenken, wobei ich nie dahinterkam, ob Warszawski Spaß gemacht hatte oder ob ihm in gewisser Weise Ernst damit gewesen war, also ob er Lanzman tatsächlich verachtete oder beneidete. Grund genug hätte er gehabt, schließlich mußte er damals noch auf die unschuldsvolle Ruhmes- und Weisheitsgloriole warten, die wir »Gojim« Lanzman längst umgehängt hatten...

Natürlich gewöhnte ich mich irgendwann an das makabre und anachronistische Ambiente im »Maon«, an diese Mischung aus gelassenem Alltag und demonstrativer Mumifizierung von Geschichte. Und doch war es absoluter Irrsinn, daß ich mich gerade hier mit diesem Schuft und Ina regelmäßig zum Essen zusammensetzte. Die Idee dazu hatte natürlich er gehabt, kurz nachdem er letztes Mal aus Amerika zurückgekommen war. Ein herrliches halbes Jahr vorher hatte er, im Anschluß an seine erste deutsche Lesereise, für ein paar Wochen bei mir in München haltgemacht, hatte Ina, seine deutsche Entdeckerin, kennengelernt, verführt und danach mir vorgestellt, war daraufhin zu seiner Familie nach New York zurückgekehrt, wo er an der Columbia-Universität Linguistik gab, um nur sechs Monate später plötzlich ein

Schriftstellerstipendium aus dem Hut zu zaubern, das ihm die Möglichkeit gab, ein ganzes Jahr ohne materielle Sorgen in Deutschland, in München, im Literaturhaus Leopoldstraße zu verbringen.

Ina und ich hatten mit ihm gar nicht mehr gerechnet, wir liebten uns so sehr, daß ich alles vergaß, Eve, die Benommenheit und die Kopfschmerzen, die Halluzinationen und den großen Warszawski, es ging mir körperlich und innerlich so gut wie seit der Kindheit nicht mehr, als das Leben noch eine einzige heitere Ablenkung war und ich einfach keine Zeit und keinen Verstand hatte, zu grübeln und an meinem *locus minoris resistentiae* zu arbeiten. Als Warszawski dann aber so unerwartet anrief und sagte, daß er kommt, allein, ohne Familie, geriet unsere Hochstimmung in Turbulenzen, wir begannen einander gegenseitig zu beobachten, und ich merkte plötzlich, daß ich niemals wirklich Kontrolle über mich haben würde, weil das – bei meinem Fatum – fast unmöglich war und ich es eigentlich aber auch gar nicht wollte. Bald darauf beruhigten wir uns wieder, auf einmal erschien uns Warszawskis Rückkehr vollkommen unproblematisch, wir lachten nun über uns, über unsere Angst vor dem Schriftsteller, der doch nicht viel mehr war als ein kleiner, böser Mann mit einem großen Kopf voller Ungereimtheiten und Gemeinheiten, dessen Bücher man zwar schätzen mußte, aber niemals ihn selbst, dafür war er viel zu offensichtlich und starr. Und dann kam der Tag, und als Ina sagte, sie müsse Warszawski aus Höflichkeit vom Flughafen abholen, dachte ich noch, alles okay. Ein paar Wochen später war unser Kind tot und ich hatte meinen Drehwurm wieder: Warszawski und Ina sahen sich täglich, und schon bald zog er aus den Gästeräumen des Literaturhauses in ihre Wohnung in der Arcisstraße. Dort schlief er wieder mit ihr, und für mich hatte sie nur noch tagsüber Zeit, Zeit für melodramatische Rendezvous in den Cafés in der Gegend um die TU herum. Manchmal aßen wir auch in der Kantine der Musikhochschule am Königsplatz zu Mittag, und genau hier, in dem früheren Münchener Gestapo-Hauptquartier, erklärte mir Ina, warum sie vor dem amerikanisch-jüdischen Schriftsteller deutscher Herkunft, Gerhard »Gary« Warszawski, so schnell die Waffen gestreckt hatte. Immer wieder mußte ich mir diese Litanei anhören, in der Worte wie »Angst« und »Reue« und »Todeserotik« vorkamen, und einmal habe ich sogar über meinem Tablett mit dem Apfelsaft und den Tortellini in Tomatensoße zu weinen angefangen, aber nicht aus Trauer, sondern weil ich vor so viel Unsinn verzweifelte, einem Unsinn, der aus der Geschichte heraus direkt in mein heutiges, gegenwärtiges Leben hineinragte. »Ich habe mit dem Tausendjährigen Reich nichts zu tun!« schrie ich durch die Kantine. »Und du auch nicht! Du darfst dich doch nicht von ihm erpressen lassen! Ihr Druck wird so nie nachlassen, niemals!« Ich schrie, doch all die entrückten Musikstudenten mit ihren ordentlichen Frisuren und verwaschenen Kaufhaushemden, die um uns herumsaßen, Tonleitern trällerten und Arien intonierten, nahmen keine Notiz von meinem Ausbruch, und ich war dann auch schnell wieder still: Das Brüllen mußte mir einfach vergehen, als Ina noch eins draufsetzte und mir von Warszawskis letzter Lesung im Amerika-Haus erzählte. Dort hatte er zunächst kurzweilig und gutgelaunt über seine verschachtelte Erzählmethode der *surfiction* (wie er sie selbst nannte) doziert und seine geistige Verwandtschaft zu den Autoren des französischen *nouveau roman* und des amerikanischen *cyberpunk* nachgewiesen, um dann – mit einer anfangs sachlichen, klaren Stimme, die sich zusehends verdüsterte und beschlug – die zentrale Stelle aus ›Harlem Holocaust‹, also dem gelungensten Teil seiner Kleiderschrank-Tetralogie, vorzulesen. Zum Schluß nahm er wie abwesend die engagierten Fragen seines deutschen Auditoriums entgegen und verzog jedesmal schmerzverzerrt das Gesicht, wenn einer übervorsichtig und mühevoll das Wort »Holocaust« aussprach. Dieser Clown! Später gingen sie mit ein paar Leuten in eine Wirtschaft, wo er sehr schnell zu seiner aggressiven Ausgelassenheit zurückfand. Irgendwann ließ er sich von Ina betrunken nach Hause fahren, und mitten in der Nacht war er dann aufgewacht, um nackt vom Balkon herunterzupinkeln, wobei er abwechselnd den ›Star Spangled Banner‹ und das Hitlerjungen-Lied aus ›Cabaret‹ sang. Danach war er ins Bett zurückgewankt, um mit den Worten einzuschlafen: »Ich weiß nicht, wie ich es hier noch elf Monate aushalten soll.«

Ich schüttelte mich. »Du verstehst ihn nicht«, sagte Ina und preßte meine Hand zusammen, die sie unwillkürlich ergriffen hatte. Erschrocken ließ sie sie los. »Du verstehst Gary nicht.« – »Wann kommst du zurück?« sagte ich. Sie strich schweigend über meinen Handrücken. »Hör auf, das kitzelt«, sagte ich ungeduldig. »Tut mir leid.« – »Wann kommst du zurück?« Sie antwortete nicht. »In elf Monaten?« – »Auch nicht in elf Jahren«, sagte sie leise, und ich wußte, daß sie recht hatte, und wir schwiegen, und plötzlich stimmte einer von diesen Idioten an unserem Tisch etwas an, das nach einer besonders schwermütigen Wagner-Passage klang, worauf ich mich zu ihm umwandte und ihn anschnauzte: »Jetzt hören Sie schon auf, Sie Angeber!« Er verstummte augenblicklich, und ich stelle mir jetzt vor, wie ich bei unserem nächsten Jour fixe dem wie immer zu spät kommenden Warszawski mit derselben Entschlossenheit auf den Kopf zu sage: »Sie können gehen, Sie mieser Kriegsgewinnler. Ina gehört mir!«

Ich liebte sie, daß es weh tat. Sie wirkte unscheinbarer, glanzloser als die herrlich jüdische Eve, aber dafür hatte sie viel weniger Haare auf dem Körper und, trotz ihrer Größe, weichere und charmantere Bewegungen. Ich verstand sie, ich wußte genau, woher sie kam, was sie darstellte und warum sie etwas tat. Sie war lang, bleich, schwarzgelockt, sie war eine von diesen Frauen mit Ehrgeiz und Bildung, die trotzdem einmal im Monat zum Friseur gehen und im Schlußverkauf englische und japanische Designer-Kleidung kaufen. Früher, als wir uns noch nicht kannten, hatte Ina ein sorgloseres Verhältnis zur Form, sie war ein gespaltenes Geisteskind der siebziger Jahre. Zu Anfang nur mit ein paar *Velvet-Underground*-Platten und einem Warhol-Buch ausgerüstet, wurde sie – nach diesem kurzen Camp-Aufguß – eines der jüngsten Mitglieder bei der jesuitisch denkenden und SS-artig organisierten *Marxistischen Gruppe*, deren Schulungen für sie eine Zeitlang das Größte und Aufregendste waren. Auch von Ina gab es alte Fotos, und auf dem einen, das aus ihrer sophistischen Phase stammte, saß sie also, den Oberkörper entblößt, in einem zerfransten Ohrensessel, die Haare fielen glatt, glänzend und langweilig auf ihre geraden Schultern, der Blick ging an der Kamera vorbei, war schwermütig und kokett zugleich... Und was kam danach? Als Studentin der Philosophie und Germanistik hatte sie es schwerer als andere, sich in den neuen, zielbewußten Zeitton, der sich am Ende des Jahrzehnts Bahn brach, hineinzuknien, aber sie schaffte diesen ideologischen Sprung trotzdem ganz mühelos, was sicher daran lag, daß Ina – deren Haare längst, nach einem Irokesen-Intermezzo, wieder lang, aber in Stufen geschnitten und gewellt waren – eine leichthändige Neugier und Vielseitigkeit hatte, mit der sie ebenso forsch Informationen über die Weimarer Republik, Heidegger und die Strukturalisten sammelte wie über Punk, Malcolm McLaren oder Neville Brody. Trotzdem aber, bei allem sportlichen Sinn fürs Aktuelle, machte Ina ihre ersten journalistischen Schritte (nach der Promotion in Philosophie über Spinozas Exkommunikation) in den normalen Feuilletons, wo sie, das war ihre unverrückbare Meinung, viel genauer und ernster zu Werke gehen konnte als in den neuen Jugendillustrierten. Der Entschluß zahlte sich aus, Ina wurde schnell feste Mitarbeiterin einer großen Tageszeitung mit einer regelmäßigen Sparte in der Wochenendbeilage, die sie erst vor ein paar Monaten aufgab. Inas Rezensionen waren immer fair, beseelt von einer großen Liebe zur Literatur, und was mich besonders beeindruckte, war die unglaubliche Tatsache, daß sie sich prinzipiell weigerte, Verrisse zu schreiben, weil sie fand, daß Destruktion niemanden weiterbringt, weder die Leser noch die Autoren, noch die Kritiker selbst, im Gegenteil, sagte sie, Verrisse seien gefährlichste Entropie, Teil – wenn man so wolle – eines unterbewußten menschlichen Selbstvernichtungsprogramms. Dies dürfe ich, ergänzte sie dann immer, allerdings nicht wörtlich nehmen, sie formuliere so überspitzt, damit ich ihren Standpunkt in seiner ganzen Konsequenz erfassen könne. Nein, das war nicht Hybris und auch nicht akademische Neunmalklugheit, das war Ergriffenheit, das war ein Ernst vor dem Objekt, aus dem Respekt und Gemüt sprachen. Wie konnte es eine Frau ihrer Klasse mit einem Kerl wie Warszawski, der genau andersherum dachte und arbeitete und argumentierte, aushalten? Und wie konnte sie, die Kopfarbeiterin, durch ihn zu jenem abscheulichen Frauentypus mutieren, den Intellektuelle, vor allem Amerikaner, so gerne um sich haben? Ina war plötzlich Arthur Millers Marylin, sie war Nancy Kissinger, ein körperliches Ausstellungsstück, ein langbeiniges, spitzbrüstiges Fleischprofil zum Anfassen, zum Berühren; eine Lebensgefährtin der kleinen Bemerkungen à la »Bitte nicht, Gary!« oder »Wie süß von dir!«. Aber genau deshalb hatte es eben doch seine Richtigkeit, daß Ina, seit sie mit Warszawski wieder zusammen war, an Gesprächen und Diskussionen, die in ihrer Gegenwart stattfanden, kaum mehr – und wenn, dann sehr kurzsilbig – teilnahm. Und es war auch kein Zufall, daß von ihr seit langem nichts mehr erschienen war, daß sie mir ab und zu anvertraute, lesen langweile sie neuerdings fürchterlich und sie wisse nicht genau, womit das zu tun habe, jedenfalls sei sie zur Zeit so unkonzentriert, daß sie es nicht einmal mehr schaffe, in Ruhe und entspannt fernzusehen oder im Kino einen ernsteren Film ohne Zappeln und Wackeln durchzuhalten. »Ich weiß Bescheid«, sagte ich triumphierend, »du mußt gar nicht weiterreden.« – »Nichts weißt du...«, erwiderte sie. Ich sagte: »Er hat aus dir ein Dummchen gemacht, du bist jetzt wie diese Sekretärinnen bei Cary Grant und Rock Hudson, die vorher immer so klug ausgesehen haben mit ihren schwarzen Hornbrillen. Aber die nehmen sie dann irgendwann zum Küssen ab, um sie nie wieder aufzusetzen.« Wir saßen – es war das letzte Mal – in der Kantine der Musikhochschule, es war schon spät am Nachmittag, und so befanden wir uns, neben dem italienischen Pächter und seinem halbwüchsigen Sohn, als einzige in diesem riesigen Raum mit der niedrigen Decke. »Es ist genug, Efraim«, sagte Ina. Sie war ernst, und die beiden Falten, die halbkreisförmig von ihrer Nase zu den Mundwinkeln herunterliefen, sahen so unbeweglich und tief aus, als wären sie in ihr weißes Gesicht hineingeschnitzt. »Auf die Art kannst du auch nichts erreichen«, sagte sie dann, und es klang wie eine Belehrung, wie die teilnahmslose Zurechtweisung eines fremden Kindes.

Eine ungangbare Sackgasse? Keineswegs! Wie chaotisch und widersprüchlich das Ganze immer noch war, bewies der Umstand, daß wir bei derselben Begegnung, die so aggressiv begann, am Ende sogar ein anständiges Gespräch zustande bekamen. Wir sprachen zwar nicht über uns selbst, nicht über unsere Liebe, aber immerhin war für Momente wieder so etwas wie Seelenverwandtschaft und gemeinsamer Glaube da, und es spielte dabei keine Rolle, ob wir über unseren Alltag, die neue Edition der Tagebücher von Klaus Mann, die erste Generalversammlung des neugewählten Sowjetparlaments oder das letzte ›Literarische Quartett‹ redeten. Zum Schluß sagte mir Ina, daß sie mich nicht mehr treffen könne, sie habe keine Kraft, mit mir allein zu sein, aber wir hätten die Möglichkeit, einander wiederzusehen, weil Warszawski endlich sein Vorhaben mit dem Stammtisch durchgesetzt habe. Er versammle jetzt jeden Samstag eine Runde um sich, und natürlich, das solle sie mir ausdrücklich von ihm bestellen, sei ich dazu auch eingeladen. Wie in Trance willigte ich in die »Maon«-Treffen ein, diese Treffen, denen ich jedesmal in einer Mischung aus Furcht, freudiger Gespanntheit und Zweifeln entgegensah und die aus gesellschaftlicher Sicht fast immer ein Flop waren. Ich ging trotzdem hin, wegen Ina und auch wegen Warszawski. Von seinen deutschen Bekannten war ich übrigens der einzige, der regelmäßig erschien, und die paar Münchener jüdischen Intellektuellen, die es gab und die Warszawski wohl auch kannte, kamen ohnehin nie – ich glaube, sie fürchteten Warszawski, sie waren für seine Tafel in Geist und Temperament viel zu zurückgenommen und distinguiert. »Das sind doch alles Kollaborateure!« war Warszawskis übliche Redewendung, wenn er nach einer halben Stunde feststellen mußte, daß er einmal mehr mit Ina und mir allein bleiben würde. »Diese Vögel vom *Varnhagen-Verein* und von *Shalom Germania* haben denselben Heucheltrick drauf wie der große Nachmann, nur daß sie mit ihren ganzen Wasserköpfen zusammen nicht annähernd soviel verdienen wie er allein mit der rechten Hälfte von seinem breiten Jecke-Arsch. Jämmerliche, kleinkarierte Kollaborateure! Die Letzten der Letzten! Zuerst blasen sie den Schofar, daß es kracht, dann pissen sie mit den Römern auf die Bundeslade und machen mit ihnen im Tempel Grillparties. Und zum Schluß lassen sie sich die Vorhäute wieder annähen. Hamans Kolonne! Griechen-Huren! Fraternisieren mit den Schweinepriestern!« Er holte Luft und sagte langsam: »Anti-Makkabäer!« Und dann sagte er noch langsamer, genußvoll, mit der Betonung auf dem zweiten Wort: »Jehuda kill!« Verwirrt, aber zusehends schadenfroher verfolgte ich Warszawskis Haßtiraden; ich hielt dazu meinen Mund, ich wollte nicht, wie damals bei Eve, mit einer falschverstandenen Bemerkung jüdische Selbstherrlichkeit herausfordern. Ina schwieg ohnehin, wie fast immer, sie mußte sich von Warszawski ständig drücken und stoßen lassen, und manchmal, wenn Warszawski ganz besonders glücklich oder wütend war, griff er ihr, ohne auf die anderen Gäste zu achten, an die Brust, worauf sie lachte und ihrerseits versuchte, mit der Hand seinen Unterleib zu berühren. Daraus wurde jedesmal ein kleiner Kampf, die beiden verwandelten sich für kurze Momente in ein wirbelndes, autarkes Knäuel, und ich saß dann einfach nur da und ließ sinnlos die letzten Tropfen des Mineralwassers aus dem längst leergetrunkenen Glas in meine Kehle laufen.

Achselzuckend hatte sich die Kellnerin Warszawskis Tschulent-Ausführungen angehört. Sie seufzte und grinste abwechselnd, aber niemand beachtete sie, und so verschwand sie in der Küche. Später brachte sie uns das gehackte Ei, den Salat und die Suppe, aber sie stellte die Teller nicht hin, sie ließ sie aus einigen Zentimetern Höhe einfach auf den Tisch fallen. Die kunstvolle, weiß-gelbe Ei-Pyramide fiel auseinander, von Inas übervoller Schüssel rutschten Tomatenstücke und Salatblätter auf den Tisch, und natürlich schwappte auch die Brühe über, und innerhalb einiger Sekunden hatte sich so die saubere Tischdecke in einen vollgekleckerten, unappetitlichen Lumpen verwandelt.

Wir saßen noch über den Vorspeisen, als die Tür aufging und Eve eintrat, Seite an Seite mit einem kleinen, schmalgesichtigen Mann, der sich seine rechteckige Piloten-Sonnenbrille in die Stirn hochgeschoben hatte. Ohne zu zögern kam Eve an unseren Tisch, grüßte mich freundlich und leidenschaftslos, wechselte mit Warszawski ein paar Worte, wobei natürlich sofort wieder diese exklusive Zwinker-Atmosphäre zwischen den beiden entstand, und obwohl sie sich nicht zu uns setzen wollte, stellte sie uns ihren Begleiter vor. Er war Israeli, ein IBM-Mann aus Haifa, Halbbruder von Chaim, ihrem ersten Mann; er hieß Udi Irgendwas und war offensichtlich Eves neuer Dreh. Ich erkannte das vor allem an ihrer Kleidung, sie trug ein einfaches helles Kleid, Sandalen, silberne Ohrringe mit Türkissteinen – alles an ihr war leicht, unkompliziert und gefestigt zugleich, und überhaupt wirkte sie sommerlich. Eve und Udi setzten sich an den Nebentisch, sie gurrten und schluchzten nur so vor sich hin, natürlich auf hebräisch, und Eve war völlig in ihre neue Welt versunken. Wie sie ihm zunickte! Wie sie ihm den Ausschnitt ihres Kleides mit der schweren, dunklen Falte zuwandte! Wie sie, angestrengt, ihren Brustkorb senkte und hob!

Ich merkte erst nach einer Weile, daß ich die beiden wie ein Geisteskranker anstarrte. Sie saßen hinter Ina und Warszawski, weshalb ich sie mühelos, ohne mich auffällig drehen und verrenken zu müssen, betrachten konnte. Irgendwann beugte sich Eve vor, und so erschien ihr Profil neben dem von Ina, ich verglich die Nasen, die Lippen, ich sah den düsteren, verspannten Schimmer um Inas Augen, ich sah Eves helle Stirn, ich ging mit meinen Pupillen hin und her wie bei einem Tennisspiel, ich überlegte, was hier der Unterschied war und was die Gemeinsamkeit, aber der Vergleich gab mir nichts, keinen Wink und keine Einsicht, vielleicht nur das Gefühl, daß ich mich irgendwann mal, als junger Mann, selbst verloren hatte, daß ich längst nicht mehr imstande war, die Fährte zu verfolgen, auf der mein Leben eigentlich verlief, daß die Entfremdung zwischen mir und dem Rest der Welt bei mir selbst begann.

Und dann plötzlich blieb ich mit dem Blick an Warszawskis großem roten Schädel hängen. Er sah, umkränzt von einer leichten, milchigen Nebelbank, wie ein rohes, blutendes Stück Fleisch aus, das noch kurz vorher an einem Haken in einer Kühlkammer gehangen hatte, ein gespenstisches Denkinstrument. Es war der Schädel eines Mannes, der, ganz anders als ich, immer zielstrebig und hart genug gewesen war, um niemals von seinem Pfad abzukommen. Eine einzige Idee hatte Warszawski gehabt, der große Warszawski, die aber hat er wie einen Monolith behauen und bearbeitet, bis sie immer klarer und eindeutiger in die Köpfe des Publikums und der Kritik hineinging, um sich dort wohl für immer festzusetzen. Es war die Idee, die dem jungen Warszawski noch während des Krieges kam, in Amerika, in New York, als er anfing, Jazz zu hören, begeistert von schwarzer Kultur, schwarzem Alltag, schwarzen Menschen. Die Jazzmusik war für ihn eine Weile alles und die Subwayfahrten nach East Harlem so etwas wie die stets neuen Versuche, sich von der ganzen wehleidigen Schwermut zu befreien, die sich bei ihm zu Hause immer mehr ausbreitete, proportional zu den ständig anwachsenden Informationen darüber, daß nach der Entmündigung des europäischen Judentums nun auch noch dessen kultische Verbrennung folgte. Warszawskis Bebop-Euphorie hatte den savonarolahaften Charme der Pubertät, sie war Begeisterung und Protestgeste in einem, denn der Siebzehnjährige betrachtete die amerikanischen Neger als seine Juden, Europa blieb für ihn so unsichtbar und versunken wie Atlantis, und das einzige, was er sehen wollte, war nicht dieses ferne, durch die Gespräche der Eltern und ihrer Bekannten verklärte und verkitschte Naturunglück, sondern die konkrete Zermürbung einer Rasse, die zehn Subwaystationen von der eigenen Wohnung entfernt lebte, arbeitete und um ihr Leben sang und musizierte. So beschrieb Warszawski später selbst seinen damaligen Zustand, der ihm, wie er fast jedesmal eitel anmerken mußte, nach wie vor imponierte.

Aber damit war es eines Nachts vorbei. Warszawski zeichnete in beinahe jedem seiner Romane die Szene nach, wie er im Winter 1944, nach einem durchgetanzten Abend im »Apollo-Theatre«, morgens um drei nach Hause kam. Er schloß leise die Tür auf, um niemanden zu wecken, er hatte »das Blut voller Synkopen und das Herz angefüllt mit Teilnahme und Sex« (aus ›Harlem Holocaust‹), er war aufgedreht und hungrig und hatte das Gefühl, er würde nie mehr in seinem Leben schlafen müssen, und so schlich er sich still, an den Wänden entlang, wo die Parkettdielen am wenigsten krachten, durch die dunkle Wohnung zur Küche, und er konnte sich erst im nachhinein daran erinnern, wie seltsam sakral und idyllisch das weiße Licht wirkte, das unter der Küchentür hervorschimmerte, ein ungebündeltes, vielstrahliges Licht, dessen Magie sich ihm auf immer eingeprägt hatte. »Es war«, sagte Warszawski vor ein paar Jahren in einem ›Aspekte‹-Interview, »wohl das Licht, das ein Mensch eigentlich nur einmal in seinem ganzen Leben sieht, und zwar im Moment des Todes, wenn schon die ersten Cherubim um seinen leichten Kopf herumtanzen und jubilieren.« Daß ich nicht lache... Warszawski machte also langsam die Küchentür auf, und dann sah er seinen Vater, im Bademantel, die grauen Haare leicht zerwühlt und nach vorn gestrichen wie bei einem alten römischen Senator, er sah seine Mutter, in einem gestreiften Männerpyjama, und dann sah er einen Unbekannten, dessen dünne, nach links abgebogene Nase ihm als erstes auffiel. Der Mann hatte außerdem ein leeres, zweidimensionales Gesicht mit weiten Augen, die wie aufgemalt wirkten, und zerbissene, blau angelaufene Lippen. Obwohl er über einem dunkelbraunen Jackett den Tweedmantel von Warszawskis Vater trug, lag auf seinen Schultern außerdem noch eine karierte Wolldecke, was Warszawski deshalb sofort wahrnahm, weil es in der Küche – wie immer, wenn der

Ofen lief – furchtbar heiß und stickig war. Und als er nun den Fremden apathisch sagen hörte »Es klirrt vor Kälte«, sah er etwas, das gar nicht war: Die beschlagenen Küchenfenster flogen auf, und der kristallene New Yorker Winterwind schoß in den überhitzten Raum hinein. »Gerhard«, sagte Warszawskis Mutter, »das ist mein Cousin Leo Schneider. Leo, das ist mein Sohn Gerhard, und wenn du ihm einen Gefallen tun willst, sagst du ›Gary‹ zu ihm, denn so nennen sie ihn alle hier, und wir manchmal auch, wenn wir es nicht gerade vergessen.« Aber der Cousin reagierte nicht, und obwohl sie ihn dabei angelächelt hatte, blieb sein zerstükkelter Mund klein und ohne Regung. »Guten Tag, Leo«, sagte Warszawski, doch Leo schwieg weiter. »Er hat eine Menge Scherereien gehabt«, sagte Warszawskis Vater. »Mit wem?« – »Ich weiß nicht, wie sie alle heißen, und du wirst sie sowieso nicht kennen, Freundchen. Halt, vielleicht sagt dir der Name von ihrem Chef etwas...« – »Welcher Chef, Papa?« – »Aber nein, ich glaube kaum, daß man bei euch in Harlem über ihn spricht«, sagte Max Warszawski, und er hatte wie so oft diesen unerklärlich zurückhaltenden Tonfall, den sein Sohn Gary so haßte, weil er dann nie wußte, ob sein Vater gerade Spaß machte oder moralisierte. »Die Neger haben gestern ihren Dschungel gerodet, Papa, aus den Kokosnüssen haben sie Trompeten gemacht, aus den Palmenblättern Hemden und Hosen, um nicht mehr nackt herumzulaufen, und dann haben sie die gefällten Bäume so lange bearbeitet, bis Papier draus wurde, das Papier brachten sie in die Druckerei, und dort druckten sie die letzten Nachrichten aus Europa drauf und nannten das Ganze Zeitung«, sagte Warszawski ungeduldig und fügte hinzu: »Was willst du von meinem Leben, Papa? Was willst du? Soll ich mir die ganze Zeit euren Nazi-Quatsch anhören und unsere tausendjährige Leidensgeschichte memorieren? Soll ich jeden Tag für mein Volk Kaddisch sagen? Soll ich aufhören zu leben, weil die andern sterben?« Warszawski schrie plötzlich, seine riesigen Augenlider zitterten, und er fühlte den Rausch, der ihn ergriff, den Rausch der Wahrheit und Aufrichtigkeit und des Hasses auf all jene, die immer nur Theater spielen. »Es klirrt vor Kälte«, sagte Leo, alle drehten sich nach ihm um, gleichzeitig schlug Max Warszawski wütend mit der flachen Hand auf den Tisch, das große Brotmesser machte einen Satz und fiel herunter auf den Boden, wo es nur ein paar Zentimeter von seinem Fuß entfernt aufklatschte. Es gab einen Knall und dann einen zweiten, denn nun wurden die Küchenfenster tatsächlich von außen aufgerissen, im selben Moment sagte Max Warszawski: »Du bist ein frühreifer Scheißkerl, Gerhard!«, die Fensterläden gingen im Wind auf und zu, es klapperte und knackte, das war das Geräusch von Sturm, von zusammenkrachenden Masten, heruntersausenden Segeln und berstendem Holz, das normalerweise immer nur in Piratenfilmen vorkommt, riesige schmutzige Schneeflocken wehten hinein, Warszawskis Mutter sagte: »Er hat es nicht so gemeint, Max, und eines Tages wird er das alles noch besser begreifen als wir«, worauf Warszawski gequält aufstöhnte, aber dann sagte Leo noch einmal: »Eine klirrende Kälte...«, und dann begannen die Schneeflocken auf dem grauen Tisch und auf dem grünen Fliesenboden zu schmelzen, und die Flecken, die übrigblieben, waren rot, dunkelrot...

So schilderte Warszawski in ›Harlem Holocaust‹ seine erste Begegnung mit einem Menschen, der den Nationalsozialisten entkommen war, und es war diese Geisterstunde, in der er später seine Initiation als Schriftsteller ansiedelte. Es wurde daraus auch ein Saulus-Erlebnis, denn Warszawski sollte in den kommenden Tagen und Wochen allmählich Leo Schneiders ganze Geschichte erfahren und wie ein Süchtiger aufsaugen und verinnerlichen. Natürlich büßte seine Negerpassion durch diesen neuen Impuls, den sein Leben in der Gestalt eines KZ-Überlebenden erfuhr, nichts von ihrer Kraft und Begeisterung ein. Aber nun hatte Warszawski eben eine zweite und wohl tiefere Schicht seines Innenlebens entdeckt, er spürte förmlich, wie es mit einem Mal archaisch-schmerzhaft in ihm brodelte und suppte. Seine Jüdischkeit war ihm jetzt alles: Ein Komplex der Verzweiflung aus Wollen und Müssen, wie er sagte, dem man einfach nicht entkam, weil die Tradition und die Feinde auf immer übermächtig blieben. So gesehen sollte seine Mutter – wenn dies denn tatsächlich ihre Worte gewesen waren – sehr schnell mit der Behauptung recht bekommen, ihr Sohn Gerhard werde die eherne Stigmatisierung seines Volkes eines Tages schon begreifen. Und wirklich: Der allwissende, harte Warszawski, der selbsternannte Aufklärer, notierte sich schon bald – zunächst nur mit der Hand, auf einzelne, lose Blätter – Leos Erzählungen, die ihm dieser, nachdem er zu Kräften gekommen war, bereitwillig diktierte: ohne all die Verheimlichungen und Tabuisierungen, die solchen Geschichten später immer eigen waren, und ich zitiere hier Warszawski selbst, der dazu einmal sagte: »Die Menschen, die der Vernichtung entkamen, haben natürlich einen lebenslangen Schock, einen Zustand der Verwirrung und der unterschwelligen Apathie. Es sind Menschen, die wie Zombies unter uns leben, doch es plagt sie nicht so sehr das schlechte Gewissen darüber, im Gegensatz zu ihren Nächsten die körperliche Zerstörung überstanden zu haben. Vielmehr haben sie einfach nur begriffen, daß Leben Tod ist, egal ob in Zeiten des Friedens, des Krieges oder eben der Shoah, und so bilden sie, über die Grenzen aller Staaten dieser Welt hinweg, wohin es sie nach dem Krieg verschlagen hat, einen Klub. Einen gigantischen, schweigenden Klub der weisen Lebensmüden, die – durch fremdes, mörderisches Einwirken – wissen, was wir Kinder der Ordnung nie begreifen werden: daß das menschliche Dasein nur ein feuchter Fusel auf dem Kragen des Schöpfers ist. Sie spüren die Exklusivität ihres Wissens, sie bedrückt sie und macht sie auch eitel, und das ist der Grund, warum die meisten Überlebenden nie von den Lagern erzählen, nicht einmal ihren Söhnen und Töchtern. Man muß es verstehen, wirklich verstehen.«

Ich weiß nicht mehr, bei welcher Gelegenheit Warszawski dies sagte. Ich habe ihn selten so ruhig und affektlos über eine Sache reden gehört. Mir war klar, daß da der Holocaust-Häretiker aus ihm sprach, und das wird der Grund gewesen sein, warum er dabei einen sanften Tonfall wählte. Was mich an dieser Sentenz faszinierte, war der pennälerhafte Skeptizismus, der ihr innewohnte. Aber das wußte Warszawski natürlich auch selbst, weshalb er sich, soweit mir das bekannt ist, dazu nie mehr öffentlich äußerte. Dabei lag gerade in diesem Gedanken, in dieser ungewöhnlichen Betrachtung über das Leben nach dem Tod und die Erinnerung daran, der Ausgangspunkt zu Warszawskis Ideen-Monolithen, zu seinem publizistischen und literarischen Trick: Denn Gary Warszawski erzählte in seinen Romanen und Short stories immer und immer wieder die Geschichte von Leo Schneider, der der Deportation nach Polen entkam, weil er sich, während seine Familie abgeholt wurde, in einem ganz gewöhnlichen Kleiderschrank versteckte. »Es war«, schreibt Warszawski in ›Die Stimmen der andern‹, »ein hinterhältiger Kunstgriff des Schicksals, daß sie mich nicht entdeckten. Ich lehnte an den Kleidern meiner Schwester, ein Bügel drückte sich in mein Genick, und plötzlich war da der Geruch, den ich von meiner Schwester kannte, ein Geruch, der mich daran erinnerte, wie ich ihr als Junge beim Baden zusah, wie ich später ihre Unterwäsche stahl und anzog und damit spielte. Ich saß in diesem idiotischen Schrank fest, ich konnte nicht gerade stehen, ich bog den Rücken nach links weg, das Gesicht preßte ich gegen einen Wäscheballen, und alles war schwarz. Draußen summten die hektischen Stimmen der andern, aber ich stellte mir Ilses Büstenhalter vor und dazu, wie sie ihn langsam auszog und ihre langen, rosafarbenen Brustwarzen zum Vorschein kamen, und das machte mich so verrückt, daß ich eine Erektion bekam. Ich konnte mich nicht rühren, vor Angst und vor Erregung, aber dann hörte ich, wie sie noch einmal alle Zimmer durchkämmten, und als schließlich die Wohnungstür hinter ihnen zuschlug, von außen abgeschlossen und versiegelt, kämpfte ich mich aus dem Schrank heraus, ich fiel auf den Boden, riß meine Hose auf und befriedigte mich. Ab jetzt, das wußte ich, war ich auf der Flucht, und das versetzte mich natürlich in Furcht und Schrecken. Hätte ich damals aber schon gewußt, wie viel schwerer in späteren Jahren der Alpdruck des Überlebens auf mir lasten würde, wäre ich sofort wieder ganz ruhig geworden und hätte mir wahrscheinlich noch ein zweites Mal einen runtergeholt.«

Die Kleiderschrank-Metapher ist klar. Warszawski griff auf Leos konkrete Erlebnisse zurück, die er für seine Zwecke verfremdete und überhöhte. Außerdem aber betrachtete er nun sich selbst als einen Davongekommenen: Amerika, New York, die Jazzlokale – hier war sein Versteck, in dem er sich amüsierte, während der »weiße polnische Himmel schwarz wurde«. Diese Konstruktion, überzeugend und eingängig, setzte Warszawski mit pathologischer Sturheit immer und immer wieder ein: Die Nazis luden eine praktische Schuld auf sich, die Juden, die am Leben blieben, aber eine metaphysische. »Und das ist auch der Grund«, habe ich Warszawski mehrmals sagen hören, »warum – verrückte Welt! – die Kinder der Täter mit der ganzen Vernichtungsmonstrosität viel leichter fertig werden als die Nachkommen der Opfer.

Scheiße, was? Aber nicht ungerecht, sondern wahrhaftig und typisch Jahwe... Was für ein Arschloch!«

Warszawskis Bücher handelten allein von ihm selbst – obwohl auf den ersten Blick alles wie bei Leo Schneider war, dessen Flucht von Hamburg über Holland, Südfrankreich, Spanien, die Pyrenäen und Lissabon Warszawski ebenso häufig in immer neuen Varianten verarbeitete wie dann auch dessen erste Jahre in Amerika. Aber Warszawski liebte nun mal die lügnerische Offensichtlichkeit und die Meta-Verwirrungen seiner *surfiction*. Der Held hieß also immer Leo, er war ein kluger und poetischer Kerl, aber ohne literarische Bedürfnisse. Deshalb mußte er mit einem Antagonisten auskommen, der Warszawski hieß, Leos Erlebnisse notierte, ein Präbeatnik war und trotzdem mit dem realen Warszawski nichts zu tun hatte und sich einem namenlosen auktorialen Erzähler beugen mußte, der wiederum, das verstand sich von selbst, auch nur die Erfindung des echten, des lebenden Gerhard »Gary« Warszawski war.

Warum die Schleifen und Verschachtelungen? Manchmal dachte ich, Warszawski war es Ernst damit, eine Methode, das echte, sinnliche Grauen hinter einem Wust von Poetik und Theorie zu verschlüsseln; und manchmal dachte ich, das alles war nur Angeberei, Effekthascherei und undisziplinierte Ausschweifung eines geschwätzigen Autors.

Wir haben uns einmal darüber unterhalten, genau dort, wo er dann ein paar Jahre später jene Frau zum ersten Mal traf, die so lange über ihn schrieb und von ihm erzählte, bis einer auf die Idee kam, ihn bei uns groß herauszubringen. Wie gut sich, übrigens, Warszawskis Bücher im Land von Goethe, Beethoven und Himmler verkauften, wird niemanden überraschen. Die Besprechungen hatten allesamt den Atem historischer Anteilnahme und reumütiger Erlösungsbegeisterung, und so dauerte es nicht lange, bis Warszawski, dem man diesen jüdischen Mischgestus aus Ernst, groteskem Humor und genialischem Achselzucken nicht wirklich absprechen konnte, in Deutschland auf jenes Podest gehievt wurde, wo auch schon Roth, Heller, Malamud und Bellow ihr entzückendes Wiedergutmachungsdasein bestritten. Dieser Hund! Er wußte doch ganz genau, daß er in diesen Pantheon von rechts wegen nicht hineingehörte, in Amerika las ihn nur die kleine Schar seiner Freunde und Kollegen, er war einer der unzähligen Autoren, die von ihren Englischkursen und sporadischen Artikeln im ›New York Times Book Review‹ leben mußten; von der Öffentlichkeit wurde er dort als Schriftsteller nicht zur Kenntnis genommen, als Experimentierer vegetierte er dahin auf dem Publicityabstellgleis. Das war in Deutschland ganz anders, seine Stimme bekam hier schnell Gewicht, man lud ihn viel ins Fernsehen ein und machte mit ihm lange Interviews, denn er sorgte mit seiner Exaltiertheit und seinem Durchblick für jene Sorte anspruchsvoller Unterhaltung, die wir uns anderweitig immer nur bei Zadek, Gysi, Reich-Ranicki und den andern Kerlen holen mußten. Ich nenne es das Alfred-Kerr-Syndrom.

Warszawski wußte, bei wem er sich für seinen späten Ruhm bedanken mußte, und so endete – ich weiß es genau, auch wenn ich nicht dabei war – die erste Begegnung zwischen ihm und Ina, nach einem Essen im »Roma« auf der Maximilianstraße, im Haus schräg gegenüber, über den Geschäftsräumen von *English House*, irgendwo zwischen dem ersten und zweiten Stockwerk in einem Fahrstuhl, den die beiden angehalten hatten, um es dort im Stehen miteinander zu treiben. Das Arschloch Warszawski, dieser alte Widerling und Hypochonder, hatte garantiert Präservative dabei, er wollte natürlich nicht ohne, und ich kann mir seine irre, verlogene Rechtfertigungsshow ziemlich gut vorstellen: Ich denke, er biß und knabberte und zerrte gerade lüstern an meiner Ina herum, ließ unaufgefordert seine Hose herunter, während er ihre Bluse zerriß; sie wehrte sich ein wenig, aber nicht wirklich, wortlos stieß sie den wildgewordenen Gnom weg und zog ihn wieder an sich heran, abgerissene Knöpfe flogen durch die Gegend, ihre Spange und die Ohrringe, und ab und zu gingen auch ganze Haarbüschel drauf. Es war wohl jene Mischung aus Liebesspiel und Ringkampf, wie sie bei Abenteuern dieser Sorte üblich ist, die Körper der beiden flogen in dem schmalen Lift-Raum hin und her, schlugen lärmend gegen die Fahrstuhlwände, es knallte und krachte im ganzen Treppenhaus, und mitten in dieses stumme Schlachtgeklirr hinein sagte also der plötzlich innehaltende Warszawski: »Mein Volk hat das babylonische Exil und die beiden Tempelzerstörungen überstanden, die Inquisition, die Dreyfus-Affäre sowie Stalins Ärzte-Prozesse, und die Endlösung ist uns ebenfalls haarscharf am Arsch vorbeigegangen.« Sein

Atem stockte vor Erregung und Anstrengung, und während er sprach, verdeckte er mit einer Hand sein langes Glied. »Wir haben bis jetzt aus jedem Schlamassel herausgefunden«, fuhr er fort, »denn wir verfügen, obwohl das manche bestreiten, über eine raffinierte Überlebensstrategie. Und deshalb frage ich mich, so wie ich Sie frage: Warum sollte ich nun auf ein lächerliches, unauffälliges Schutzmittel verzichten? Warum sollte ich, nach soviel kollektivem, diabolischem Leid, die Schwächung meines Immunsystems riskieren? Ich frage: Darf ein Jude einen derart banalen Tod sterben?« Ina antwortete natürlich nicht. Sie fühlte sich einerseits schrecklich unwohl: halbnackt stand sie da, mit hochgeschobenem Büstenhalter und zerrissener Unterhose, sie befand sich in dieser niedrigen, schmalen Fahrstuhlkabine mit einem Fremden, der – statt sie zu vögeln – Vorträge hielt. Andererseits war sie fasziniert davon, wie dieser Mensch da mühelos Brücken schlug zwischen Historie und Hygiene, wie er Aids mit Holocaust kombinierte, und das war wohl das erste Mal, daß meine Ina, die dumme Ina, wirklich begriff, warum der Judenhaß eine so metaphysische Angelegenheit ist. Daß ich nicht lache... Wie sehr muß sie von Warszawskis Endspurt ergriffen gewesen sein, von dem Finale seines kleinen Auftritts: »Sie denken«, wird er zum Schluß gesagt haben, »daß ich Spaß mache. Natürlich nicht. Wenn Leo, wenn mein todgeweihter Leo Schneider in seinem Schrank hockt und ans Ficken denkt, dann ist das wahrheitsspendende Holocaust-Lästerung, die ihr Gojim noch mehr haßt, als es meine Juden tun. Wenn aber wir zwei uns ebenfalls auf engstem Raum, vom Rest der Welt vergessen, wild und ungestüm aneinander reiben, dann ist *das* Lüge – so wie Adenauers Reparationen, Brandts Massada-Besuch und Springers Vier Prinzipien.« Er sprach leise, nachdenklich, mit billigem Rednerpathos in der Stimme. Doch plötzlich zog er an und schrie seine kurzen Staccato-Sätze heraus: »Und es ist Kampf! Es ist Furcht! Es ist wilde, geile Fremdheit! Weiß ich, wer Sie wirklich sind? Nein, natürlich nicht!« Er legte seine freie Hand auf Inas rechte Brust und drückte zu. Sie schrie auf, aber er wies sie zurecht: »Halten Sie den Mund! Sie sind ein deutsches Miststück, Fräulein Polarker, spielen Sie hier nicht auf Mitleid! Ich weiß, was ich von euch halten soll. Ihr seid mit uns ebensowenig fertig wie wir mit euch, und da ist euch jedes

Mittel recht. Keine Chance! Wir haben, wie ich sagte, Überlebensstrategien.« Er nahm ein gigantisches schwarz-genopptes Präservativ heraus, das mit einem halben Dutzend weißblauer Davidssterne verziert war, und rollte es langsam über seinen anschwellenden Riesenpenis. Dann sagte er, diesmal wieder ruhig und fast ein wenig quengelig: »Sie müssen mich verstehen...« – »Ja, natürlich«, erwiderte Ina. – »Sie wollen mich verstehen?« – »Ja.« – »Das können Sie doch gar nicht.« – »Nein...« – »Haben Sie mit Juden schon geschlafen?« – »Nein.« – »Bereuen Sie das?« – »Ja.« – »Was gibt es daran zu bereuen?« – »Ich... weiß nicht.« – »Sie werden jetzt gleich mit mir schlafen.« – »Ja.« – »Aber vorher«, sagte Warszawski kalt und reglos, »werde ich ein bißchen Ihre faschistische Schicksenmuschi lecken.« – »Ja, natürlich«, sagte Ina, sie war abwesend, sie wußte nicht, was mit ihr passierte. Im nächsten Moment sah sie, wie dieser jüdische Teufel vor ihr kniete und seinen rohen, roten Kopf in ihrem Schoß versenkte, seine pelzige Zunge klatschte gegen ihre Schamlippen, er zog mit den Zähnen an ihrer Klitoris, er biß in ihre Schenkel, und es dauerte nicht lange, bis sie vollkommen das Denken vergaß, und so hörte sie sich, auf einmal, mit einem fremden Akzent sagen: *»Oj, as ich hob sej lib, reb Warszawski!«* Und dann, immer noch in Trance, fügte sie in einem wilden, besinnungslosen, archaischen Schrei auf hochdeutsch hinzu: »Ihr Volk tut mir ja so schrecklich leid!« Worauf sie in seinen hungrigen jüdischen Schlund hineinejakulierte.

Wie ekelhaft! Wie widerlich! Das klingt ja wie ›Portnoys Beschwerden‹! Und deshalb genug damit, ich habe mich vergaloppiert, meine Phantasie hat mich in Gefilde entführt, in denen ein Rosenhain wirklich nichts verloren hat.

Natürlich weiß ich nicht, wann und wie Inas erstes Schäferstündchen mit Warszawski verlief... Ich weiß nur, daß ich ihn, Jahre vorher, ebenfalls zum ersten Mal im »Roma« traf. Dort und nur dort! Wir waren zusammengekommen, um über die Übersetzung seines Kleiderschrank-Epilogs ›Dunkelheit‹ zu sprechen, der als eigenständiger Band in der deutschen Warszawski-Edition erscheinen sollte. Ich hatte den großen Schriftsteller persönlich noch nicht kennengelernt, ich war sein neuer Übersetzer, ich war aufgerührt und nervös, ich hatte mich tagelang auf dieses Treffen vorbereitet, denn ich mußte alle meine Fragen an diesem Tag stellen, und so nahm ich, gleich nachdem wir Platz genommen hatten, meine Notizen heraus und begann Warszawski zu bestürmen. Ich fühlte mich elend, aber ich war nun mal in ›Dunkelheit‹ über eine Menge idiomatischer und metaphorischer Unklarheiten gestrauchelt, und in meiner Naivität dachte ich, dies läge nur an mir selbst, an meinem uninspirierten Übersetzerschulen-Englisch und den bescheidenen geistigen Mitteln, die mir wohl zur Verfügung standen. So war es dann auch. Überheblich, aber beherzt ging Warszawski auf alle meine Fragen ein. Ich fühlte mich wie früher beim Nachsitzen, da war dieser übergeordnete Druck, ich schrieb hektisch mit, notierte mir jedes seiner Worte, warf ab und zu reumütig etwas ein, bis ich allmählich merkte, daß Warszawskis Erklärungen und Reflexionen alle ganz zwangsläufig zusammengehörten, so wie die Moleküle einer großen, komplizierten chemischen Verbindung. Plötzlich war ich ein Berauschter und ein Sehender, ich hörte auf zu schreiben, und während ich Warszawskis Ausführungen lauschte – auf deren wahren Sinn ich längst nicht mehr achtete, weil ich mich allein in ihrer sprachlichen Melodie verlor –, erblickte ich vor meinem inneren Auge so etwas wie die Materialisierung dieses Systems, das er gerade für mich entwarf; seine poetische und philosophische Strategie erschien mir tatsächlich als Gegenstand, als Sinnlichmachung, als Ding: Es sah aus wie eines von diesen Science-fiction-Raumschiffen, die als überscharfe Trickmodelle auf der breiten Cinemascopeleinwand dem Zuschauer entgegenbrausen, vor einem schwarzen, sterngepunkteten Weltraumhintergrund. Und so raste Warszawskis Literaturkonzept also auf mich zu, aber plötzlich brach der stahlblaue Rumpf dieses absurden Raumschiffs auseinander, zum Vorschein kam eine andere, kleinere Rakete, und auch mit ihr passierte dasselbe, auch sie gebar ein neues Schiff, und so ging das immer weiter und weiter, alles in einer saugenden, magnetisierenden Bewegung, bis sich zum Schluß aus diesem Wust von Stahl und Feuer ein kleiner Raumtransporter herausschälte, mit einer winzigen Aufschrift am Bug, welche da lautete: ›Zyklon D‹.

»›Zyklon D‹, mein lieber Herr Rosenhain«, sagte Warszawski freundlich. Ich öffnete die Augen und starrte ihn entgeistert an. »So werde ich meinen Reise-Essay nennen. Ein Jude in Deutschland im Jahre ** danach. Da muß man eindeutig sein, egozentrisch und rücksichtslos. Es ist eine Reportage, ich meine, das wird eine, ich schreibe bereits daran, und der Witz, die große Pointe ist, daß ich darin all das, was ich bislang in meinen Romanen so verschissen akademisch hinter dem prätentiösen Tohuwabohu aus Meta-Spielereien und Sprachexperimenten versteckt habe, diesmal ganz offen und geradeheraus sagen will. Meine Prosa, lieber Rosenhain, ist nur etwas für Pfadfinder, Onanisten und gehirnamputierte Exegeten...«

Ein schwerer Stein senkte sich plötzlich auf meine Brust.

»Ich bin«, fuhr Warszawski fort, »ein berechnender Schurke, ein cleverer Jid, ein Literatur-Shylock wie Kafka, dieser Schweinehund!«

Noch ein Stein.

»Die Reportage dagegen schreibe ich allein für mich selbst. Den ganzen Tag und die halbe Nacht laufe ich immer nur mit dem Gedanken daran durch Ihr kindisches Land, und die Ideen und Formulierungen purzeln wie von selbst in meinen Kopf. Genial! Es gibt nichts Schärferes und zugleich Sinnloseres als engagierte Eindeutigkeit!« Er hob theatralisch den unförmigen Schädel und drehte ihn langsam von mir weg, das Kinn in die Höhe gezogen, den Blick in ein fernes Nirgendwo gesenkt. »Und so ungefähr lautet dann der letzte Absatz: ›Alles umsonst, aber ich konnte nicht anders, denn was ich in meinem **er Sommer in Berlin, Hamburg und München sah, ergab kein neues, tiefenscharfes Bild, sondern ein verwackeltes, historisches Foto, das ich längst kannte; überall ist noch der alte, feige verklemmte Provinzialismus zu sehen, aus dem seinerzeit die Metaphysik der Zerstörung erwuchs. Genau das wollte ich zeigen, und es war, natürlich, überhaupt nicht originell. Eine Manie von mir und ein Wahn, langweilig vielleicht, aber nicht lächerlich.‹« Er unterbrach sich. »Das muß ich umformulieren, es ist wohl zu kryptisch«, sagte er ernst, um in einer gelösteren Tonlage fortzufahren: »Und zum Schluß kommen dann die Schocker, die Wachmacher, die Stichworte für eure verheulten *Republikaner*: ›Ich komme wohl wieder. Aus Neugier, aus Sadismus und weil die Teilung ein zweites Versailles ist, ein nationales Aufputschmittel. Ich will sehen, wie es wirkt, wenn die zwei deutschen Hälften nun in dieser großen Schlacht der Wiedervereinigung aneinander geraten, ich will sehen, wie sich

Elbe, Saale und Main rot verfärben. Denn der nächste deutsche Krieg ist ein Bürgerkrieg, ist der Kampf zwischen Lessing und Jünger, Büchner und Benn, Stefan Heym und Martin Walser, ein Kampf, den diesmal die Guten beginnen und die Miesen gewinnen. Ein Kampf, den ich bestimmt nicht verpasse. Ich bin euer Dybbuk! Ein aschkenasischer Zombie! Die sprechende Seife! Der schreiende, schreibende Lampenschirm!‹« Er wandte sich wieder zu mir, lehnte sich vor und sagte zornig: »Finden Sie das etwa übertrieben, Rosenberg?«

»Rosenhain«, sagte ich lautlos.

»Weiß ich doch«, gab er grinsend zurück.

Ich war unter Warszawskis Steinhagel immer mehr in mir zusammengesunken und auf der Bank seitlich weggerutscht. Den Oberkörper hielt ich in einer verspannten, selbstvergessenen Schräglage, ich lehnte auf meinem linken Ellenbogen, in dem es nun zu rauschen und ziehen begann, weil er eingeschlafen war, und während die Lähmung nur allmählich von mir abfiel, während ich mich um eine gesittete Sitzhaltung bemühte und dabei wie ein Clown den brummenden Arm schüttelte, überlegte ich, ob dieser Warszawski ein Lügner, ein Angeber oder ein dionysischer Zyniker war, und somit einer, der tatsächlich unsere Hochachtung, viel mehr jedoch unseren Haß verdiente.

»Das war also der Schluß, ein anklagendes und desperates Staccato, wenn ich das so nennen darf, Ausdruck einer diabolischen, sentimentalen Stimmung«, sagte ich, selbst verzweifelt, aber da bemerkte ich zu meiner Erleichterung, daß Warszawski mir plötzlich mit einem großzügigen Lächeln zunickte, worauf ich kein Geröll und keinen Schutt mehr auf der Brust spürte, sondern nur noch, darunter, im Herzen, Heiterkeit und Wärme. »Aber was kommt davor? Worum wird es im Text selbst gehen?« fuhr ich hoffnungsfroh fort.

»Was meinen Sie?« sagte Warszawski verträumt. »Die Reportage?«

»Ja, sicher.«

»Sie meinen...« Er hielt inne, so, als reichte er mir ein Stichwort, einen gemeinsamen Gedanken, einen gemeinsamen Satz, den ich nur noch zu vervollständigen hätte. Und ich spürte es sofort ganz deutlich: Wir waren zwei Gleichgesinnte, verwandt in Seele und Geist, zwei Staffelläufer bei der

Stabübergabe. Also nahm ich seine Regeln an und sagte geflissentlich: »...›Zyklon B‹...«

»...*D*, mein Freund, es ist der herrliche Buchstabe *D*, den ich ans Ende meiner Überschrift gesetzt habe«, unterbrach er mich und fuhr sich dabei mit der Zunge über die Lippen, die er dann langsam auseinanderschob, und das war das erste Mal, daß ich seine künstliche Gipszahnreihe zu sehen bekam. »Sie müssen sich verhört haben, Rosenzweig«, kicherte er.

»Rosenhain«, sagte ich mechanisch. Wo war der Stab? Wo war er?!

»*D* wie Dumpfheit«, sagte Warszawski, »*D* wie Dummheit, wie Dunkelheit, wie Dachau. *D* wie –«, er zögerte, er überlegte, während ich mich schon wieder zu krümmen begann, »– wie Deutschland.« Er schlug mit beiden Händen auf den Tisch und sagte selbstvergessen: »Das ist eindeutig genug, finde ich.«

Ende der Seelenverwandtschaft... Sie war, überlegte ich, und ich fühlte mich nun überraschend klar und aufgeräumt – sie war, im kleinen, genauso eine Illusion und ein eskapistischer, verzweifelter Rettungsanker gewesen wie, im großen, die von so vielen propagierte deutsch-jüdische Symbiose, der historische Schulterschluß zweier Völker, der mal Genies, mal Leichen produzierte. Ja, und wir Idioten glaubten immer noch daran, an die einträchtige Kraft von George, Musil und Kisch, an die Einsichten von Freud und Schopenhauer, an die gemeinsamen Visionen von Rilke, Fritz Lang und Billy Wilder, an diese ganze romantische, germanisch-hebräische Mitteleuropa-Idee also, an die Metapher von Kultur und Kaffeehaus. Juden fanden das lächerlich, die wußten vielleicht inzwischen mehr als wir über die tragischen Verwicklungen der Aufklärung, weshalb sie diese Bemühungen um eine historische Korrektur strikt ablehnten. Zu ihnen gehörten Leute wie Lea Fleischmann, George Tabori, der unzerstörbare Broder oder eben auch Warszawski, und das fürchterliche war, daß wir ihnen trotzdem aus der Hand fraßen, jawohl, daß wir uns von ihnen die Welt erklären ließen, in der, wenn es ihnen opportun schien, die Nazi-Greuel ebenso zu ihren Argumenten wurden wie gefüllter Fisch, jüdischer Humor, Schuldgefühle gegen die eigenen Toten oder – sie scheuten vor nichts zurück! – sogar die israelische Komplizenschaft in Sabra und Shatila. Alles Zwang, psalmodierten sie zwischen New York, Frankfurt und Jerusalem, alles volkspsychologische Unabdingbarkeit, alles Zerstreuung und Reaktion. Lügner! Schauspieler und Profiteure! Sie wußten schon, warum sie sich, wenn kein »Goj« in der Nähe war, jedesmal verschmitzt, verschwörerisch über den Ausspruch »There's no business like shoah-business« amüsierten. Sie wußten es ganz genau, und sie gönnten uns keine Ruhe, sie pfiffen auf die deutsch-jüdische Symbiose, und manchmal denke ich, ich kann es ihnen nicht einmal verübeln...

Warszawski hat mir dann doch noch einiges über seine Reportage erzählt, es sollte, tatsächlich, das reinste Agitprop-Stück werden, überbordend mit seinen Beobachtungen aus dem deutschen Alltag, die er natürlich immer so steuerte, daß ihm auch wirklich keine einzige altfaschistische Marginalie und neonazistische Monade in unserem Land entging: Er wollte sich über die rechtsradikalen Fußballfans von der Dortmunder Borussenfront auslassen, über die Faschismus-Ästhetisierer unter unseren Künstlern (Merz, Oehlen, Förg), über die Leni-Riefenstahl-Manierismen deutscher Werbeleute, über die Macht und den öffentlichen Einfluß der rechten Verleger Frey und Fleissner, über rechtsradikale Skinheads in der DDR, über die kleinbürgerliche und opportunistische Xenophobie der CDU, über die verängstigte Haßmilitanz unserer Armen und die perfide, gefährliche soziale Gleichgültigkeit der Besitzenden, über die Hakenkreuze und SS-Runen an Schulwänden und Heavy-Metal-Lederjacken, über Habermas' Pyrrhus-Sieg gegen Stürmer und Nolte, über Augsteins Hitler-Manie und Schönhubers (doch wohl berechtigte) Tiraden gegen Galinsky – also über all das, was gebündelt und von weitem betrachtet wie ein abgründiges Menetekel aussah, wie das neue, große, aufkommende deutsche Nazi-Ding. Darüber wollte er offen schreiben, er wollte einmal auf literarische Distanzierungen und Verschlüsselungen, auf ästhetische Verdrängungen verzichten, auf Leo und seinen Kleiderschrank, auf Harlem und Trompeten, auf Symbole und Bilder, die in den zukünftigen Arsenalen der Literaturgeschichte, so ewig sie auch währen sollten, verpufften, weil sie im Heute und Jetzt nicht griffen. Er wollte sich für einen Moment seiner Irrgärten und Spiegelkabinette aus geschwungener Prosa, starren Überlebenden-Neurosen und »längst vergossenem, eingetrockneten Judenblut«, wie er selbst sagte, entledigen, er wollte die erniedrigende, beleidigende Offensichtlichkeit.

Und die holte er sich dann auch: Ein halbes Jahr nach unserer »Roma«-Klausur erschien ›Zyklon D‹ zunächst auf englisch in Amerika, eine Philippika von hundertdreißig Seiten, herausgegeben von einem kleinen Universitätsverlag im Mittleren Westen, dessen Sand und Staub sich erwartungsgemäß schnell auf den schmalen Band legte. Dann aber kam die Reportage bei uns heraus, in meiner Übersetzung. Wie hatte ich diese Arbeit gehaßt! Und wie sehr mußte ich Warszawskis Größe einmal mehr einsehen! ›Zyklon D‹ war ein Hammer, ein Schock, ein neuer, anderer Warszawski-Monolith. Warum? Weil der Schriftsteller, von den angekündigten Nazi-Horrorgeschichten abgesehen, uns darin – mit dem selbstherrlichen Auschwitz-Bonus ausgerüstet – systematisch den einen erschreckenden und wahren Gedanken um die Ohren schlug: »Die Deutschen von heute«, hieß es am Ende der Reportage ausdrücklich, »sind natürlich *nicht* schuld. Aber die Niederlage, die Teilung, die schmerzhafte Wiedervereinigung und vor allem ihre Täter-Komplexe werden ihnen immer neue Schuld aufzwingen. Denn welches andere Volk auf dieser Welt und in diesem Geschichtskreis weiß schon, wie es ist, immer nur die Blumen auf fremden Gräbern zu gießen...«

Seine Konklusio hatte mir Warszawski im »Roma« damals ganz anders vorhergesagt, und als ich diesen neuen, effektvolleren Schluß zum ersten Mal im englischen Original las, war ich schrecklich ergriffen und schrecklich beleidigt. Ich hatte, überlegte ich, ein paar Sternstunden in einer Dichterwerkstatt zugebracht und trotzdem nichts gesehen.

Wie hätte es auch anders sein sollen? Was wußte ich schon? Was konnte, was verstand ich? Efraim Rosenhain, der Feigling, der Niemand, der Schwindler und Narziß, griff ja einmal, zur Probe, von Warszawski inspiriert, selbst nach den Sternen, gierig auf einen Beweis seiner Stärke und »gojischen« Ebenbürtigkeit – und bekam nur eine leidenschaftslose, unsympathische Leere zu fassen... Das war in jenem Sommer gewesen, den Ina und ich – nur wenige Wochen vor Warszawskis Rückkehr – gemeinsam in Cannes verbrachten, in diesem 200-Francs-Hotel mit der weißen Kolonialstil-Fassade, der Palme im Hof, dem endlosen Autokrach und dem niedrigen, luftlosen Zimmer, wo wir auf dem großen Franzosenbett niemals zugedeckt und immer nackt schliefen, die Glieder vor Erschöpfung und Hitze weit voneinandergestreckt, wie entspannte Säuglinge, die noch nichts von der Welt wissen. In diesem Sommer schrieb ich Morgen für Morgen, während Ina schlief, an einer langen Erzählung, der ich den anspielungsreichen Titel ›Warschauers Vermächtnis‹ gab. Die Arbeit ging mir leicht von der Hand, ich wollte mit dem Text so vieles erreichen und noch mehr ansprechen, weshalb mir die Assoziationen und Szenen und Formulierungen niemals ausgingen, und wenn ich dann doch für Momente stockte, genügte es, den Kopf zu drehen: Da lag sie, auf dem Rücken, die Bauchdecke bewegte sich leicht, das war ein Zittern, ein Sehnen, die Brust blieb auch im Liegen hoch und stolz und rutschte nur an den Seiten, oberhalb der Rippen, sachte weg; die Beine, die sie fast gerade hielt, waren so dicht beieinander, daß sich die Knie berührten. Ich sah Ina an und wußte sofort wieder, warum ich mein Ringbuch seit Tagen und Wochen vollschrieb, worauf die Kraft in mich zurückkehrte, die Disziplin, sich zusammenzureißen, zu konzentrieren und den neuen Satz, das nächste Wort zu erfinden.

Elendes Dilettantenpathos! Am vorletzten Abend nach dem Schwimmen veranstaltete ich für Ina eine Privatlesung aus dem fertigen Manuskript, und bereits während ich las, wurde mir klar, wie träge, unbeseelt und kopflastig der Text war, der mich so lange in Atem gehalten hatte. Was war ich bloß für ein dummer Mensch! Ich hatte wochenlang in einer Scheinwelt gelebt, hatte mein eigenes Wirken und Tun derart falsch eingeschätzt; ich hatte A gedacht oder auch B, aber heraus kam eine riesige Null. Ina teilte meine Selbstkritik, die ich auch gar nicht verbarg. »Du hast vielleicht Fehler gemacht«, sagte sie, »aber vielleicht hast du nur etwas angepackt, was für dich falsch war.« Ein rätselhafter Satz... Wir saßen auf diesem Riesenbett, überall lagen einzelne Manuskriptblätter herum, die ich in meiner Wut aus dem Block gerissen hatte, und draußen, auf dem City-Ring von Cannes, jaulten Motorräder und LKWs. Ich stützte mich mit dem Rücken an der Wand ab, während Ina in ihrer unbequemen, starren Position an der Bettkante verharrte. »Wieso falsch?«

sagte ich, aber Ina antwortete nicht und sah mich plötzlich furchtbar zahm und demütig an. »Efraim«, sagte sie leise, »komm zu mir...« Ich beugte mich herüber und versuchte sie zu küssen, aber sie drehte das Gesicht weg. »Nein«, sagte sie, »anders.« Ich verstand sie schon wieder nicht. »Wieso anders?« – »Ich mache es, wenn du willst...« Und also verstand ich. »Komm her«, sagte sie. Ich rutschte auf dem Rücken zu ihr und lehnte mich zurück. Ich war unglaublich glücklich. Sie zog mir die Badehose herunter, dann entkleidete sie sich selbst. Bleich und schwarz beugte sie sich über mich. Nein, sie hatte es vorher nie getan, und so hob ich den Kopf, um ihr Gesicht dabei zu sehen, ihren Mund und mich selbst. Das war ein schönes Bild, so daß ich alles vergaß, auch meine Niederlage, ich schaute und schaute, und irgendwann hielt ich den Anblick nicht mehr aus, und während ich den Kopf senkte und langsam die Augen zuschlug, konnte ich gerade noch erkennen, wie zwischen Inas violetten Lippen ein kleiner Engel hindurchflutete und, mit zwei, drei Flügelschlägen, in die Luft stieg und aus dem Fenster hinausglitt.

Ich öffnete die Augen. Ich saß mit Ina und Warszawski in München im »Maon« und starrte – wieder? immer noch? – selbstvergessen den purpurnen Fleischschädel des Schriftstellers an. Mein Kopf war eine Feder, ein Lüftchen und ein Hauch, und meine Gedanken blähten sich plötzlich mit Haß und Unsicherheit auf, sie trugen mich fort, ich schwamm auf einer Wolke aus Abscheu, Ehrfurcht und Stummheit davon, ich bahnte mir den Weg durch den verwirrendsten Schwindelzustand, den ich jemals zu ertragen hatte, durch eine endlose und blaue Nebelbank. Der grausame Dunst breitete sich überall aus, und da war wieder Warszawskis stumpfe Hand zwischen Inas Beinen, da waren seine flinken, klammernden Bewegungen, mit denen er mein Mädchen fortwährend abtastete und befühlte, da waren Inas Seufzer, und da war ihr kluges Gesicht mit den abgestorbenen Augen darin, da waren sein Plappern und ihr Schweigen, da war neben uns die herrliche Eve mit ihrem Israeli, in einer stillen, apathischen Umarmung, da waren, an den andern Tischen, all die alten Jüdinnen und Juden, deren geborstene, faltige Gesichter sich nun vor meinen Augen glätteten und wölbten wie aufgehender Teig, und da waren ihre ganzen minutiösen KZ-Geschichten, die sie sich flüsternd, auf polnisch und jiddisch, zuraunten. Aber ich verstand trotzdem jedes Wort und sah auch all die monströsen Bilder, die dazu paßten, und das ging so lange, bis sie merkten, daß ich sie belauschte, doch sie hörten nicht auf, im Gegenteil, wie auf ein Kommando sahen sie mich alle gleichzeitig an und nickten mir zu, worauf ich wußte, daß ich ab jetzt ebenfalls zu ihrem Geheimklub gehörte, und das machte mich keineswegs glücklich. Dünne, weiße Dunststreifen legten sich um uns und um die Alten, das sah wie die kunstvollen Kringel eines eingebildeten Rauchers aus, und obwohl das Restaurant nun in Bewegung geriet, obwohl das Sonnenlicht auf einmal von allen drei Fensterfronten gleichzeitig hineinzustrahlen begann und die Wände und Möbel sich wie Gummi zu dehnen schienen, blieb mir nichts verborgen. Denn nun knöpfte Ina, meine Ina, ihre Bluse auf, sie holte ihre rechte Brust heraus und zog Warszawski an sich, der sich nicht bitten ließ und sofort zu trinken begann. Er hing an ihr, er war ein altes, geiles Baby, und während er zog und saugte, seufzte und keuchte, kamen Eve und Udi zu uns, um mit uns darüber zu sprechen, wie süß dieser kleine Warszawski war. Schließlich gesellten sich auch die Alten dazu, sie setzten sich im Kreis um uns herum, und auch sie redeten eine Weile über dieses herrliche jüdische Kind, über sein wunderbares, kluges Gesichtchen, die entzückenden Äuglein und niedlichen Fingerchen. Dann krempelten sie ihre Ärmel hoch und begannen mit ihren Tätowierungen ein Spiel, bei dem von zweien derjenige, der die höhere Nummer auf dem Arm hatte, eine besonders saftige und lehrreiche Endlösungsstory erzählen mußte, deren Clou darin bestand, daß von einer ganzen Familie nur einer überlebte, während die andern anonym starben, ein einziger, bei dem klar war, daß sein Leben nach ihrem Tod nicht mehr sein konnte als die schematische Aufrechterhaltung physischer Funktionen, kombiniert mit einem teuflisch defätistischen Wissen ... So ging das zwischen ihnen hin und her, ihre straffen Wangen glänzten schrecklich künstlich und jugendlich, sie hörten ernsthaft einander zu, während Warszawski immer noch trank und trank und Eve ihren Udi gerührt ansah und sagte, sie wolle auch so eins, und dann drehte sich einer von den Auschwitz-Greisen zu mir um und sagte mit einer hohen, mädchenhaften Stimme: »Für Sie, lieber Herr Rosenhain, ist es bestimmt auch sehr schwer zu leben... so wie für uns...«

War es wieder soweit? Ein neuer Anfall? Ich dachte fieberhaft nach. Oder waren die tatsächlich verrückt geworden? Das alles konnte ich mir doch nicht einbilden, auf keinen Fall... Ich erhob mich vorsichtig von meinem Stuhl. Obwohl die Möbel, die Wände und die Pokale über der Theke immer noch leicht schwankten, war der Boden wieder fest und stabil. Kein Zittern mehr und kein Beben. Ich ging wortlos auf den Ausgang zu. Langsam setzte ich einen Fuß vor den andern und dachte immer nur: es wird schon gutgehen. Plötzlich vernahm ich Warszawskis quälende Kasernenhofstimme hinter mir, ich hörte, wie er »Frrritz! Frrritz! Bei Fuß!« brüllte und »Stillgestanden!«, aber ich reagierte nicht, und ich drehte mich auch dann nicht um, als Ina mir zurief, ich solle doch dableiben. Nein, ich wollte sie nie mehr hören, nie mehr sehen. Ich kniff die Augen leicht zusammen, um mich besser konzentrieren zu können, die Sicht war nun viel besser als vorhin, und deshalb wunderte es mich, daß ich trotzdem im nächsten Moment mit der Kellnerin zusammenstieß. Das Tablett in ihren Händen wackelte, ich erkannte meinen Kalbsbraten darauf und Warszawskis braunes, widerwärtiges Tschulent, das wie ein dampfender, frischer Misthaufen aussah, die Teller rutschten hin und her, aber die Kellnerin konnte gerade noch die Balance halten, sie sagte zuerst »*Oj, wej 's mir!*« und dann »Wohin gehen Sie denn...«, aber ich achtete auch auf sie nicht mehr und erst recht nicht auf Inas verzweifelte Rufe.

Und dann endlich war ich draußen, ich machte die Tür hinter mir nicht zu, ich konnte mir genau vorstellen, wie sie mich noch eine Weile von ihrem Tisch aus sehen konnten, diese Irren, wie sie mich dabei beobachteten, während ich schnell davonschritt, während mein Körper kleiner und kleiner wurde, bis er im letzten Innenhof, in der Straßenausfahrt, verschwand.

Ich ging zum Englischen Garten. Dort war ich oft, wenn ich allein sein wollte. Jeder ist mal aufgeregt und sucht dann Frieden und Ruhe. Ich glitt vorbei an der Ludwigskirche, an der Universität und dem Veterinärinstitut in der Königinstraße. Ich hatte gräßliche Kopfschmerzen, aber der Schwindel war jetzt weg, ich nahm klar und deutlich Häuser, Straßenzüge, Bäume und Autos wahr. Nur die Augen taten mir noch weh, und weil ich den Weg gut kannte, schloß ich sie immer wieder für kurze Momente.

Und da sah ich uns dann: Ina und mich, vor einem halben Jahr, im Sommer, nach Cannes, in meinem Badezimmer, barfuß auf den weißen Kacheln, sie nackt, ich in einer Pyjamahose. Es war fünf Uhr morgens, Ina war früh aufgewacht, sie hatte in der Nacht vor Aufregung sehr schlecht geschlafen, weil sie am Abend vorher für dreißig Mark diesen B-Test gekauft hatte. Jetzt hantierte sie ungeduldig mit dem Röhrchen und dem Kastenaufbau herum, bis ich sie schließlich von hinten umarmte, damit sie für ein paar Minuten Ruhe gab. Durch die Erschütterung konnte sie das Ergebnis unbrauchbar machen, und dann hätten wir das Ganze am nächsten Morgen wiederholen müssen. Unser kleines Baby-Labor stand auf dem Fensterbrett, und ein Stückchen links davon, draußen, hinter den sich rötlich verfärbenden Dächern, ging jetzt die Sonne auf, das konnten wir ganz genau sehen, und auch, wie ein leichter Wind die Bäume im Hof schüttelte. Dann, auf einen Schlag, fingen die Vögel zu schreien an, zwei Tauben flogen zwischen Regenrinnen und Fenstersimsen aufgeregt hin und her, und aus einem der unteren Stockwerke kam Blasmusik... Wir hatten es also mit einer richtigen Sommer-Hinterhof-Idylle zu tun, und da begann auch noch das Reagenzglas mit Inas goldenem Morgenurin und dieser weißlichen Testsubstanz eine neue Farbe anzunehmen: Es war das Rot, das die Sonne auf die Häuserdächer fabriziert hatte, das Rot, das uns sagte, daß die Sache klar war, daß wir ein Kind erwarteten, ein herrliches Kind. Vier Wochen später trieb sie es ab. Auf Warszawskis Drängen oder Flehen oder Anordnung hin, was weiß ich, wie das war, aber bestimmt hatte er ihr dafür ein anderes, ein klügeres und schöneres versprochen.

Ich weiß wirklich nicht mehr, wie lange ich auf dem feuchten und verwitterten Sockel des Monopteros saß, dort oben, auf dem höchsten Hügel, den König Ludwig seinerzeit im Englischen Garten für seinen antiken Tempel aufschichten ließ. Gegen Abend begann es ein wenig zu schneien, aber der Schnee verwandelte sich schnell wieder in Regen, die Luft war ungewöhnlich scharf und naß, und da ich nicht mehr gegen meine Müdigkeit ankämpfen konnte, lehnte ich mich gegen eine der Säulen und versuchte zu schlafen. Dann plötzlich war es dunkel; ich wachte auf, man hörte im ganzen Park keinen Laut, kein menschliches oder tierisches Geräusch, es war so, wie wenn jemand den Ton ausgedreht hätte. Ich rieb mir die schmerzenden Augen, und als ich die Hände schließlich wegnahm, bemerkte ich einen Mann, der drei, vier Meter von mir entfernt ebenfalls auf dem Sockel saß und mich ansah. Er stand auf, kam auf mich zu und setzte sich neben mich. Er war unrasiert, er roch nach Schweiß und Alkohol, und der Schlitz seiner völlig verdreckten Hose stand offen. Ich kannte ihn nicht, und es wunderte mich nur, wieso er Warszawskis Stimme hatte. Er legte einen Arm um mich und sagte still: »Das zentrale Ereignis in der Dichtung, und ganz besonders in meinen Fiktionen, ist nicht der Holocaust, ist nicht die Auslöschung der Juden, sondern die Tilgung dieser Auslöschung als zentrales Ereignis aus unserem Bewußtsein.«

Ein Verrückter, dachte ich zunächst, verwundert, aber nicht ängstlich. Ich versuchte, seinen Arm abzuschütteln, doch obwohl er kurz und stumpf war, lag eine solche Kraft darin, daß ich mich einfach nicht zu befreien vermochte. Ich wand mich einige Male hin und her, bis ich plötzlich begriff, wieso mir dieser Satz derart quälend bekannt vorkam. Natürlich, so lautete doch, beinahe wörtlich, die zentrale Passage von Leo Schneiders Union-Square-Monolog in der dramatisierten Fassung von ›Harlem Holocaust‹. Was für ein unglaublicher Zufall! Welch ein Wunder! Ich muß, dachte ich zufrieden, Warszawski bei unserer nächsten Begegnung unbedingt davon erzählen... Und dann kuschelte ich mich, weil Widerstand zwecklos war, ganz fest an den fremden Mann und schlief in seiner Umarmung ein.

Nachtrag des Herausgebers

Friedrich Rosenhains Manuskript erreichte mich mit der Luftpost sechs Tage nach seinem Tod. Das weiße DIN-A4-Couvert enthielt zwei kartonierte Kollegblöcke mit 172 losen, teils leicht beschädig-

ten Seiten (handgeschrieben und vom Verfasser mit grünem Filzstift korrigiert) sowie eine leere Postkarte mit dem umseitigen Motiv der Münchener Frauenkirche. Ich habe mich entschlossen, Rosenhains einzige bekannte und zugängliche literarische Arbeit – ›Warschauers Vermächtnis‹ ist bis auf den heutigen Tag unauffindbar – herauszugeben, weil sie zugleich das Dokument eines selbstzerstörerischen Talents und der großen deutschen Krankheit ist.

An dem Text selbst habe ich nichts verändert. Nur der Titel, der bei Rosenhain ›Tschulent mit Warszawski‹ lautete, stammt von mir, weil ich finde, daß er der Erzählung weitaus gerechter wird. Ein Eingriff, den Fritz Rosenhain gewiß gutgeheißen hätte.

*New York, den 14. 9. 19*** — *Hermann Warschauer (Columbia University)*

Heinrich Heine
Die Harzreise

Die Stadt Göttingen, berühmt durch ihre Würste und Universität, gehört dem Könige von Hannover, und enthält 999 Feuerstellen, diverse Kirchen, eine Entbindungsanstalt, eine Sternwarte, einen Karzer, eine Bibliothek und einen Ratskeller, wo das Bier sehr gut ist. Der vorbeifließende Bach heißt »die Leine« und dient des Sommers zum Baden; das Wasser ist sehr kalt und an einigen Orten so breit, daß Lüder wirklich einen großen Anlauf nehmen mußte, als er hinüber sprang. Die Stadt selbst ist schön, und gefällt einem am besten, wenn man sie mit dem Rücken ansieht. Sie muß schon sehr lange stehen; denn ich erinnere mich, als ich vor fünf Jahren dort immatrikuliert und bald darauf konsiliiert wurde, hatte sie schon dasselbe graue, altkluge Ansehen, und war schon vollständig eingerichtet mit Schnurren, Pudeln, Dissertationen, Teedansants, Wäscherinnen, Kompendien, Taubenbraten, Guelfenorden, Promotionskutschen, Pfeifenköpfen, Hofräten, Justizräten, Relegationsräten, Profaxen und anderen Faxen. Einige behaupten sogar, die Stadt sei zur Zeit der Völkerwanderung erbaut worden, jeder deutsche Stamm habe damals ein ungebundenes Exemplar seiner Mitglieder darin zurückgelassen, und davon stammten all die Vandalen, Friesen, Schwaben, Teutonen, Sachsen, Thüringer usw., die noch heut zu Tage in Göttingen, hordenweis, und geschieden durch Farben der Mützen und der Pfeifenquäste, über die Weenderstraße einherziehen, auf den blutigen Walstätten der Rasenmühle, des Ritschenkrugs und Bovdens sich ewig unter einander herumschlagen, in Sitten und Gebräuchen noch immer wie zur Zeit der Völkerwanderung dahinleben, und teils durch ihre Duces, welche Haupthähne heißen, teils durch ihr uraltes Gesetzbuch, welches Comment heißt und in den legibus barbarorum eine Stelle verdient, regiert werden.

Im allgemeinen werden die Bewohner Göttingens eingeteilt in Studenten, Professoren, Philister und Vieh; welche vier Stände doch nichts weniger als streng geschieden sind. Der Viehstand ist der bedeutendste. Die Namen aller Studenten und aller ordentlichen und unordentlichen Professoren hier herzuzählen, wäre zu weitläuftig; auch sind mir in diesem Augenblick nicht alle Studentennamen im Gedächtnisse, und unter den Professoren sind manche, die noch gar keinen Namen haben. Die Zahl der Göttinger Philister muß sehr groß sein, wie Sand, oder besser gesagt, wie Kot am Meer; wahrlich, wenn ich sie des Morgens, mit ihren schmutzigen Gesichtern und weißen Rechnungen, vor den Pforten des akademischen Gerichtes aufgepflanzt sah, so mochte ich kaum begreifen, wie Gott nur so viel Lumpenpack erschaffen konnte.

Ausführlicheres über die Stadt Göttingen läßt sich sehr bequem nachlesen in der Topographie derselben von K. F. H. Marx. Obzwar ich gegen den Verfasser, der mein Arzt war und mir viel Liebes erzeigte, die heiligsten Verpflichtungen hege, so kann ich doch sein Werk nicht unbedingt empfehlen, und ich muß tadeln, daß er jener falschen Meinung, als hätten die Göttingerinnen allzugroße Füße, nicht streng genug widerspricht. Ja, ich habe mich sogar seit Jahr und Tag mit einer ernsten Widerlegung dieser Meinung beschäftigt, ich habe deshalb vergleichende Anatomie gehört, die seltensten Werke auf der Bibliothek exzerpiert, auf der Weenderstraße stundenlang die Füße der vorübergehenden Damen studiert, und in der grundgelehrten Abhandlung, so die Resultate dieser Studien enthalten wird, spreche ich 1. von den Füßen überhaut, 2. von den Füßen bei den Alten, 3. von den Füßen der Elefanten, 4. von den Füßen der Göttingerinnen, 5. stelle ich alles zusammen, was über diese Füße auf Ullrichs Garten schon gesagt worden, 6. betrachte ich diese Füße in ihrem Zusammenhang, und verbreite mich bei dieser Gelegenheit auch über Waden, Knie usw., und endlich 7., wenn ich nur so großes Papier auftreiben kann, füge ich noch hinzu einige Kupfertafeln mit dem Faksimile göttingischer Damenfüße.

Es war noch sehr früh, als ich Göttingen verließ, und der gelehrte ** lag gewiß noch im Bette und träumte wie gewöhnlich: er wandle in einem schönen Garten, auf dessen Beeten lauter weiße, mit Zitaten beschriebene Papierchen wachsen, die im Sonnenlichte lieblich glänzen, und von denen er hier und da mehrere pflückt, und mühsam in ein neues Beet verpflanzt, während die Nachtigallen mit ihren süßesten Tönen sein altes Herz erfreuen.

Vor dem Weender Tore begegneten mir zwei eingeborne kleine Schulknaben, wovon der eine zum andern sagte: »Mit dem Theodor will ich gar nicht mehr umgehen, er ist ein Lumpenkerl, denn gestern wußte er nicht mal, wie der Genitiv von Mensa heißt.« So unbedeutend diese Worte klingen, so muß ich sie doch wieder erzählen, ja, ich möchte sie als Stadt-Motto gleich auf das Tor schreiben lassen; denn die Jungen piepsen, wie die Alten pfeifen, und jene Worte bezeichnen ganz den engen, trocknen Notizenstolz der hochgelahrten Georgia Augusta.

Auf der Chaussee wehte frische Morgenluft, und die Vögel sangen gar freudig, und auch mir wurde allmählig wieder frisch und freudig zu Mute. Eine solche Erquickung tat Not. Ich war die letzte Zeit nicht aus dem Pandektenstall herausgekommen, römische Kasuisten hatten mir den Geist wie mit einem grauen Spinnweb überzogen, mein Herz war wie eingeklemmt zwischen den eisernen Paragraphen selbstsüchtiger Rechtssysteme, beständig klang es mir noch in den Ohren wie »Tribonian, Justinian, Hermogenian und Dummerjahn«, und ein zärtliches Liebespaar, das unter einem Baum saß, hielt ich gar für eine Corpusjuris-Ausgabe mit verschlungenen Händen. Auf der Landstraße fing es an, lebendig zu werden. Milchmädchen zogen vorüber; auch Eseltreiber mit ihren grauen Zöglingen. Hinter Weende begegneten mir der Schäfer und Doris. Dieses ist nicht das idyllische Paar, wovon Geßner singt, sondern es sind wohlbestallte Universitätspedelle, die wachsam aufpassen müssen, daß sich keine Studenten in Bovden duellieren, und daß keine neue Ideen, die noch immer einige Dezennien vor Göttingen Quarantäne halten müssen, von einem spekulierenden Privatdozenten eingeschmuggelt werden. Schäfer grüßte mich sehr kollegialisch; denn er ist ebenfalls Schriftsteller, und hat meiner in seinen halbjährigen Schriften oft erwähnt; wie er mich denn auch außerdem oft zitiert hat, und, wenn er mich nicht zu Hause fand, immer so gütig war, die Zitation mit Kreide auf meine Stubentür zu schreiben. Dann und wann rollte auch ein Einspänner vorüber, wohlbepackt mit Studenten, die für die Ferienzeit, oder auch für immer wegreisten. In solch einer Universitätsstadt ist ein beständiges Kommen und Abgehen, alle drei Jahre findet man dort eine neue Studentengeneration, das ist ein ewiger Menschenstrom, wo eine Semesterwelle die andere fortdrängt, und nur die alten Professoren bleiben stehen in dieser allgemeinen Bewegung, unerschütterlich fest, gleich den Pyramiden Ägyptens – nur daß in diesen Universitätspyramiden keine Weisheit verborgen ist.

Aus den Myrtenlauben bei Rauschenwasser sah ich zwei hoffnungsvolle Jünglinge hervorreiten. Ein Weibsbild, das dort sein horizontales Handwerk treibt, gab ihnen bis auf die Landstraße das Geleit, klätschelte mit geübter Hand die mageren Schenkel der Pferde, lachte laut auf, als der eine Reuter ihr hinten, auf die breite Spontaneität einige Galanterien mit der Peitsche überlangte, und schob sich alsdann gen Bovden. Die Jünglinge aber jagten nach Nörten, und johlten gar geistreich, und sangen gar lieblich das Rossinische Lied: »Trink Bier, liebe, liebe Liese!« Diese Töne hörte ich noch lange in der Ferne; doch die holden Sänger selbst verlor ich bald völlig aus dem Gesichte, sintemal sie ihre Pferde, die im Grunde einen deutsch langsamen Charakter zu haben schienen, gar entsetzlich anspornten und vorwärtspeitschten. Nirgends wird die Pferdeschinderei stärker getrieben als in Göttingen, und oft, wenn ich sah, wie solch eine schweißtriefende, lahme Kracke, für das bißchen Lebensfutter, von unsern Rauschenwasserrittern abgequält ward, oder wohl gar einen ganzen Wagen voll Studenten fortziehen mußte, so dachte ich auch: »O du armes Tier, gewiß haben deine Voreltern im Paradiese verbotenen Hafer gefressen!«

Im Wirtshause zu Nörten traf ich die beiden Jünglinge wieder. Der eine verzehrte einen Heringsalat, und der andere unterhielt sich mit der gelbledernen Magd, Fusia Canina, auch Trittvogel genannt. Er sagte ihr einige Anständigkeiten, und am Ende wurden sie Hand-gemein. Um meinen Ranzen zu erleichtern, nahm ich die eingepackten blauen Hosen, die in geschichtlicher Hinsicht sehr merkwürdig sind, wieder heraus und schenkte sie dem kleinen Kellner, den man Kolibri nennt. Die Bussenia, die alte Wirtin, brachte mir unterdessen ein Butterbrot, und beklagte sich, daß ich sie jetzt so selten besuche; denn sie liebt mich sehr.

Hinter Nörten stand die Sonne hoch und glänzend am Himmel. Sie meinte es recht ehrlich mit mir und erwärmte mein Haupt, daß alle unreife Gedanken darin zur Vollreife kamen. Die liebe Wirtshaussonne in Nordheim ist auch nicht zu verachten; ich kehrte hier ein, und fand das Mittagessen schon fertig. Alle Gerichte waren schmackhaft zubereitet, und wollten mir besser behagen, als die abgeschmackten akademischen Gerichte, die salzlosen, ledernen Stockfische mit ihrem alten Kohl, die mir in Göttingen vorgesetzt wurden.

Nachdem ich meinen Magen etwas beschwichtigt hatte, bemerkte ich in derselben Wirtsstube einen Herrn mit zwei Damen, die im Begriff waren abzureisen. Dieser Herr war ganz grün gekleidet, trug sogar eine grüne Brille, die auf seine rote Kupfernase einen Schein wie Grünspan warf, und sah aus wie der König Nebukadnezar in seinen spätern Jahren ausgesehen hat, als er, der Sage nach, gleich einem Tiere des Waldes, nichts als Salat aß. Der Grüne wünschte, daß ich ihm ein Hotel in Göttingen empfehlen möchte, und ich riet ihm, dort von dem ersten besten Studenten das Hotel de Brühbach zu erfragen. Die eine Dame war die Frau Gemahlin, eine gar große, weitläuftige Dame, ein rotes Quadratmeilen-Gesicht mit Grübchen in den Wangen, die wie Spucknäpfe für Liebesgötter aussahen, ein langfleischig herabhängendes Unterkinn, das eine schlechte Fortsetzung des Gesichtes zu sein schien, und ein hochaufgestapelter Busen, der mit steifen Spitzen und vielzackig festonierten Krägen, wie mit Türmchen und Bastionen umbaut war. Die andere Dame, die Frau Schwester, bildete ganz den Gegensatz der eben beschriebenen. Stammte jene von Pharaos fetten Kühen, so stammte diese von den magern. Das Gesicht nur ein Mund zwischen zwei Ohren, die Brust trostlos öde, wie die Lüneburger Heide; die ganze ausgekochte Gestalt glich einem Freitisch für arme Theologen. Beide Damen fragten mich zu gleicher Zeit: ob im Hotel de Brühbach auch ordentliche Leute logierten. Ich bejahte es mit gutem Gewissen, und als das holde Kleeblatt abfuhr, grüßte ich nochmals zum Fenster hinaus. Der Sonnenwirt lächelte gar schlau und mochte wohl wissen, daß der Karzer von den Studenten in Göttingen Hotel de Brühbach genannt wird.

Hinter Nordheim wird es schon gebirgig und hier und da treten schöne Anhöhen hervor. Auf dem Wege traf ich meistens Krämer, die nach der Braunschweiger Messe zogen, auch einen Schwarm Frauenzimmer, deren jede ein großes, fast häuserhohes, mit weißem Leinen überzogenes Behältnis auf dem Rücken trug. Darin saßen allerlei eingefangene Singvögel, die beständig piepsten und zwitscherten, während ihre Trägerinnen lustig dahinhüpften und schwatzten. Mir kam es gar närrisch vor, wie so ein Vogel den andern zu Markte trägt.

In pechdunkler Nacht kam ich an zu Osterode. Es fehlte mir der Appetit zum Essen, und ich legte mich gleich zu Bette. Ich war müde wie ein Hund und schlief wie ein Gott. Im Traume kam ich wieder nach Göttingen zurück, und zwar nach der dortigen Bibliothek. Ich stand in einer Ecke des juristischen Saals, durchstöberte alte Dissertationen, vertiefte mich im Lesen, und als ich aufhörte, bemerkte ich zu meiner Verwunderung, daß es Nacht war, und herabhängende Kristall-Leuchter den Saal erhellten. Die nahe Kirchenglocke schlug eben zwölf, die Saaltüre öffnete sich langsam, und herein trat eine stolze, gigantische Frau, ehrfurchtsvoll begleitet von den Mitgliedern und Anhängern der juristischen Fakultät. Das Riesenweib, obgleich schon bejahrt, trug dennoch im Antlitz die Züge einer strengen Schönheit, jeder ihrer Blicke verriet die hohe Titanin, die gewaltige Themis. Schwert und Waage hielt sie nachlässig zusammen in der einen Hand, in der andern hielt sie eine Pergamentrolle, zwei junge Doctores juris trugen die Schleppe ihres grau verblichenen Gewandes; an ihrer rechten Seite sprang windig hin und her der dünne Hofrat Rusticus, der Lykurg Hannovers, und deklamierte aus seinem neuen Gesetzentwurf; an ihrer linken Seite humpelte, gar galant und wohlgelaunt, ihr Cavaliere servente, der geheime Justizrat Cujacius, und riß beständig juristische Witze, und lachte selbst darüber so herzlich, daß sogar die ernste Göttin sich mehrmals lächelnd zu ihm herabbeugte, mit der großen Pergamentrolle ihm auf die Schulter klopfte, und freundlich flüsterte: »Kleiner, loser Schalk, der die Bäume von oben herab beschneidet!« Jeder von den übrigen Herren trat jetzt ebenfalls näher und hatte etwas hin zu bemerken und hin zu lächeln, etwa ein neu ergrübeltes Systemchen, oder Hypotheschen, oder ähnliches Mißgebürtchen des eigenen Köpfchens. Durch die geöffnete Saaltüre traten auch noch mehrere fremde Herren herein, die sich als die andern großen Männer des illustren Ordens kund gaben, meistens eckige, lauernde Gesellen, die mit breiter Selbstzufriedenheit gleich drauf los definierten und distinguierten und über jedes Titelchen eines Pandektentitels disputierten. Und immer kamen noch neue Gestalten herein, alte Rechtsgelehrten, in verschollenen Trachten, mit weißen Allongeperücken und längst vergessenen Gesichtern, und sehr erstaunt, daß man sie, die Hochberühmten des verflossenen Jahrhunderts, nicht sonderlich regardierte; und diese stimmten nun ein, auf ihre Weise, in das allgemeine Schwatzen und Schrillen und Schreien, das, wie Meeresbrandung, immer verwirrter und lauter, die hohe Göttin umrauschte, bis diese die Geduld verlor, und in einem Tone des entsetzlichsten Riesenschmerzes plötzlich aufschrie: »Schweigt! schweigt! ich höre die Stimme des teuren Prometheus, die höhnende Kraft und die stumme Gewalt schmieden den Schuldlosen an den Marterfelsen, und all Euer Geschwätz und Gezänke kann nicht seine Wunden kühlen und seine Fesseln zerbrechen!« So rief die Göttin, und Tränenbäche stürzten aus ihren Augen, die ganze Versammlung heulte wie von Todesangst ergriffen, die Decke des Saales krachte, die Bücher taumelten herab von ihren Brettern, vergebens trat der alte Münchhausen aus seinem Rahmen hervor, um Ruhe zu gebieten, es tobte und kreischte immer wilder, – und fort aus diesem drängenden Tollhauslärm rettete ich mich in den historischen Saal, nach jener Gnadenstelle, wo die heiligen Bilder des belvederischen Apolls und der mediceischen Venus neben einander stehen, und ich stürzte zu den Füßen der Schönheitsgöttin, in ihrem Anblick vergaß ich all das wüste Treiben, dem ich entronnen, meine Augen tranken entzückt das Ebenmaß und die ewige Lieblichkeit ihres hochgebenedeiten Leibes, griechische Ruhe zog durch meine Seele, und über mein Haupt, wie himmlischen Segen, goß seine süßesten Lyraklänge Phöbus Apollo.

Erwachend hörte ich noch immer ein freundliches Klingen. Die Herden zogen auf die Weide, und es läuteten ihre Glöckchen. Die liebe, goldene Sonne schien durch das Fenster und beleuchtete die Schildereien an den Wänden des Zimmers. Es waren Bilder aus dem Befreiungskriege, worauf treu dargestellt stand, wie wir alle Helden waren, dann auch Hinrichtungs-Szenen aus der Revolutionszeit, Ludwig XVI. auf der Guillotine, und ähnliche Kopfabschneidereien, die man gar nicht ansehen kann, ohne Gott zu danken, daß man ruhig im Bette liegt, und guten Kaffee trinkt und den Kopf noch so recht komfortabel auf den Schultern sitzen hat.

Nachdem ich Kaffee getrunken, mich angezogen, die Inschriften auf den Fensterscheiben gelesen, und alles im Wirtshause berichtigt hatte, verließ ich Osterode.

Diese Stadt hat so und so viel Häuser, verschiedene Einwohner, worunter auch mehrere Seelen, wie in Gottschalks ›Taschenbuch für Harzreisende‹ genauer nachzulesen ist. Ehe ich die Landstraße einschlug, bestieg ich die Trümmer der uralten Osteroder Burg. Sie bestehen nur noch aus der Hälfte eines großen, dickmaurigen, wie von Krebsschäden angefressenen Turms. Der Weg nach Klausthal führte mich wieder bergauf, und von einer der ersten Höhen schaute ich nochmals hinab in das Tal, wo Osterode mit seinen roten Dächern aus den grünen Tannenwäldern hervor guckt, wie eine Moosrose. Die Sonne gab eine gar liebe, kindliche Beleuchtung. Von der erhaltenen Turmhälfte erblickt man hier die imponierende Rückseite.

Nachdem ich eine Strecke gewandert, traf ich zusammen mit einem reisenden Handwerksburschen, der von Braunschweig kam und mir als ein dortiges Gerücht erzählte: der junge Herzog sei auf dem Wege nach dem gelobten Lande von den Türken gefangen worden, und könne nur gegen ein großes Lösegeld frei kommen. Die große Reise des Herzogs mag diese Sage veranlaßt haben. Das Volk hat noch immer den traditionell fabelhaften Ideengang, der sich so lieblich ausspricht in seinem »Herzog Ernst«. Der Erzähler jener Neuigkeit war ein Schneidergesell, ein niedlicher, kleiner junger Mensch, so dünn, daß die Sterne durchschimmern konnten, wie durch Ossians Nebelgeister, und im Ganzen eine volkstümlich barocke Mischung von Laune und Wehmut. Dieses äußerte sich besonders in der drollig rührenden Weise, womit er das wunderbare Volkslied sang: »Ein Käfer auf dem Zaune saß; summ, summ!« Das ist schön bei uns Deutschen; keiner ist so verrückt, daß er nicht einen noch Verrückteren fände, der ihn versteht. Nur ein Deutscher kann jenes Lied nachempfinden, und sich dabei totlachen und totweinen. Wie tief das Goethesche Wort ins Leben des Volks gedrungen, bemerkte ich auch hier. Mein dünner Weggenosse trillerte ebenfalls zuweilen vor sich hin: »Leidvoll und freudvoll, Gedanken sind frei!« Solche Korruption des Textes ist beim Volke etwas Gewöhnliches. Er sang auch ein Lied, wo »Lottchen bei dem Grabe ihres Werthers« trauert. Der Schneider zerfloß vor Sentimentalität bei den Worten: »Einsam wein' ich an der Rosenstelle, wo uns oft der späte Mond belauscht! Jammernd irr' ich an der Silberquelle, die uns lieblich Wonne zugerauscht.« Aber bald darauf ging er in Mutwillen über, und erzählte mir: »Wir haben einen Preußen in der Herberge zu Kassel, der eben solche Lieder selbst macht; er kann keinen seligen Stich nähen; hat er einen Groschen in der Tasche, so hat er für zwei Groschen Durst, und wenn er im Tran ist, hält er den Himmel für ein blaues Kamisol, und weint wie eine Dachtraufe, und singt ein Lied mit der doppelten Poesie!« Von letzterem Ausdruck wünschte ich eine Erklärung, aber mein Schneiderlein, mit seinen Ziegenhainer Beinchen, hüpfte hin und her und rief beständig: »Die doppelte Poesie ist die doppelte Poesie!« Endlich brachte ich es heraus, daß er doppelt gereimte Gedichte, namentlich Stanzen, im Sinne hatte. – Unterdes, durch die große Bewegung und durch den konträren Wind, war der Ritter von der Nadel sehr müde geworden. Er machte freilich noch einige große Anstalten zum Gehen und bramarbasierte: »Jetzt will ich den Weg zwischen die Beine nehmen!« Doch bald klagte er, daß er sich Blasen unter die Füße gegangen, und die Welt viel zu weitläuftig sei; und endlich, bei einem Baumstamme, ließ er sich sachte niedersinken, bewegte sein zartes Häuptlein wie ein betrübtes Lämmerschwänzchen, und wehmütig lächelnd rief er: »Da bin ich armes Schindluderchen schon wieder marode!«

Die Berge wurden hier noch steiler, die Tannenwälder wogten unten wie ein grünes Meer, und am blauen Himmel oben schifften die weißen Wolken. Die Wildheit der Gegend war durch ihre Einheit und Einfachheit gleichsam gezähmt. Wie ein guter Dichter, liebt die Natur keine schroffen Übergänge. Die Wolken, so bizarr gestaltet sie auch zuweilen erscheinen, tragen ein weißes, oder doch ein mildes, mit dem blauen Himmel und der grünen Erde harmonisch korrespondierendes Kolorit, so daß alle Farben einer Gegend wie leise Musik in einander schmelzen, und jeder Naturanblick krampfstillend und gemütberuhigend wirkt. – Der selige Hoffmann würde die Wolken buntscheckig bemalt haben. – Eben wie ein großer Dichter, weiß die Natur auch mit den wenigsten Mitteln die größten Effekte hervorzubringen. Da sind nur eine Sonne, Bäume, Blumen, Wasser und Liebe. Freilich, fehlt letztere im Herzen des Beschauers, so mag das Ganze wohl einen schlechten Anblick gewähren, und die Sonne hat dann bloß so und so viel Meilen im Durchmesser, und die Bäume sind gut zum Einheizen, und die Blumen werden nach den Staubfäden klassifiziert, und das Wasser ist naß.

Ein kleiner Junge, der für seinen kranken Oheim im Walde Reisig suchte, zeigte mir das Dorf Lerbach, dessen kleine Hütten, mit grauen Dächern, sich über eine halbe Stunde durch das Tal hinziehen. »Dort«, sagte er, »wohnen dumme Kropfleute und weiße Mohren«, – mit letzterem Namen werden die Albinos vom Volke benannt. Der kleine Junge stand mit den Bäumen in gar eigenem Einverständnis; er grüßte sie wie gute Bekannte, und sie schienen rauschend seinen Gruß zu erwidern. Er pfiff wie ein Zeisig, ringsum antworteten zwitschernd die andern Vögel, und ehe ich mich dessen versah, war er mit seinen nackten Füßchen und seinem Bündel Reisig ins Walddickicht fortgesprungen. Die Kinder, dacht' ich, sind jünger als wir, können sich noch erinnern, wie sie ebenfalls Bäume oder Vögel waren, und sind also noch im Stande, dieselben zu verstehen; unsereins aber ist schon alt und hat zu viel Sorgen, Jurisprudenz und schlechte Verse im Kopf. Jene Zeit, wo es anders war, trat mir bei meinem Eintritt in Klausthal wieder recht lebhaft ins Gedächtnis. In dieses nette Bergstädtchen, welches man nicht früher erblickt, als bis man davor steht, gelangte ich, als eben die Glocke zwölf schlug und die Kinder jubelnd aus der Schule kamen. Die lieben Knaben, fast alle rotbäckig, blauäugig und flachshaarig, sprangen und jauchzten, und weckten in mir die wehmütig heitere Erinnerung, wie ich einst selbst, als ein kleines Bübchen, in einer dumpf-katholischen Klosterschule zu Düsseldorf den ganzen lieben Vormittag von der hölzernen Bank nicht aufstehen durfte, und so viel Latein, Prügel und Geographie ausstehen mußte, und dann ebenfalls unmäßig jauchzte und jubelte, wenn die alte Franziskanerglocke endlich zwölf schlug. Die Kinder sahen an meinem Ranzen, daß ich ein Fremder sei, und grüßten mich recht gastfreundlich. Einer der Knaben erzählte mir, sie hätten eben Religionsunterricht gehabt, und er zeigte mir den

Königl. Hannöv. Katechismus, nach welchem man ihnen das Christentum abfragt. Dieses Büchlein war sehr schlecht gedruckt, und ich fürchte, die Glaubenslehren machen dadurch schon gleich einen unerfreulich löschpapierigen Eindruck auf die Gemüter der Kinder; wie es mir denn auch erschrecklich mißfiel, daß das Einmaleins, welches doch mit der heiligen Dreiheitslehre bedenklich kollidiert, im Katechismus selbst, und zwar auf dem letzten Blatte desselben, abgedruckt ist, und die Kinder dadurch schon frühzeitig zu sündhaften Zweifeln verleitet werden können. Da sind wir im Preußischen viel klüger, und bei unserem Eifer zur Bekehrung jener Leute, die sich so gut aufs Rechnen verstehen, hüten wir uns wohl, das Einmaleins hinter dem Katechismus abdrucken zu lassen.

In der »Krone« zu Klausthal hielt ich Mittag. Ich bekam frühlingsgrüne Petersiliensuppe, veilchenblauen Kohl, einen Kalbsbraten, groß wie der Chimborasso in Miniatur, so wie auch eine Art geräucherter Heringe, die Bückinge heißen, nach dem Namen ihres Erfinders, Wilhelm Bücking, der 1447 gestorben, und um jener Erfindung willen von Karl V. so verehrt wurde, daß derselbe anno 1556 von Middelburg nach Bievlied in Seeland reiste, bloß um dort das Grab dieses großen Mannes zu sehen. Wie herrlich schmeckt doch solch ein Gericht, wenn man die historischen Notizen dazu weiß und es selbst verzehrt! Nur der Kaffee nach Tische wurde mir verleidet, indem sich ein junger Mensch diskursierend zu mir setzte und so entsetzlich schwadronierte, daß die Milch auf dem Tische sauer wurde. Es war ein junger Handlungsbeflissener mit fünfundzwanzig bunten Westen und eben so viel goldenen Petschaften, Ringen, Brustnadeln usw. Er sah aus wie ein Affe, der eine rote Jacke angezogen hat und nun zu sich selber sagt: Kleider machen Leute. Eine ganze Menge Charaden wußte er auswendig, so wie auch Anekdoten, die er immer da anbrachte, wo sie am wenigsten paßten. Er fragte mich, was es in Göttingen Neues gäbe, und ich erzählte ihm: daß vor meiner Abreise von dort ein Dekret des akademischen Senats erschienen, worin bei drei Taler Strafe verboten wird, den Hunden die Schwänze abzuschneiden, indem die tollen Hunde in den Hundstagen die Schwänze zwischen den Beinen tragen, und man sie dadurch von den Nichttollen unterscheidet, was doch nicht geschehen könnte, wenn sie gar keine Schwänze haben. – Nach Tische machte ich mich auf den Weg, die Gruben, die Silberhütten und die Münze zu besuchen.

In den Silberhütten habe ich, wie oft im Leben, den Silberblick verfehlt. In der Münze traf ich es schon besser, und konnte zusehen, wie das Geld gemacht wird. Freilich, weiter hab' ich es auch nie bringen können. Ich hatte bei solcher Gelegenheit immer das Zusehen, und ich glaube, wenn mal die Taler vom Himmel herunter regneten, so bekäme ich davon nur Löcher in den Kopf, während die Kinder Israel die silberne Manna mit lustigem Mute einsammeln würden. Mit einem Gefühle, worin gar komisch Ehrfurcht und Rührung gemischt waren, betrachtete ich die neugebornen, blanken Taler, nahm einen, der eben vom Prägstocke kam, in die Hand, und sprach zu ihm: junger Taler! welche Schicksale erwarten dich! wie viel Gutes und wie viel Böses wirst du stiften! wie wirst du das Laster beschützen und die Tugend flikken, wie wirst du geliebt und dann wieder verwünscht werden! wie wirst du schwelgen, kuppeln, lügen und morden helfen! wie wirst du rastlos umherirren, durch reine und schmutzige Hände, jahrhundertelang, bis du endlich, schuldbeladen und sündenmüd, versammelt wirst zu den Deinen im Schoße Abrahams, der dich einschmelzt und läutert und umbildet zu einem neuen besseren Sein.

Das Befahren der zwei vorzüglichsten Klausthaler Gruben, der »Dorothea« und »Carolina«, fand ich sehr interessant, und ich muß ausführlich davon erzählen.

Eine halbe Stunde vor der Stadt gelangt man zu zwei großen schwärzlichen Gebäuden. Dort wird man gleich von den Bergleuten in Empfang genommen. Diese tragen dunkle, gewöhnlich stahlblaue, weite, bis über den Bauch herabhängende Jacken, Hosen von ähnlicher Farbe, ein hinten aufgebundenes Schurzfell und kleine grüne Filzhüte, ganz randlos, wie ein abgekappter Kegel. In eine solche Tracht, bloß ohne Hinterleder, wird der Besuchende ebenfalls eingekleidet, und ein Bergmann, ein Steiger, nachdem er sein Grubenlicht angezündet, führt ihn nach einer dunklen Öffnung, die wie ein Kaminfegeloch aussieht, steigt bis an die Brust hinab, gibt Regeln, wie man sich an den Leitern fest zu halten habe, und bittet, angstlos zu folgen. Die Sache selbst ist nichts weniger als gefährlich; aber man glaubt es nicht im Anfang, wenn man gar nichts vom Bergwerkswesen versteht. Es gibt schon eine eigene Empfindung, daß man sich ausziehen und die dunkle Delinquententracht anziehen muß. Und nun soll man auf allen vieren hinab klettern, und das dunkle Loch ist so dunkel, und Gott weiß, wie lang die Leiter sein mag. Aber bald merkt man doch, daß es nicht eine einzige, in die schwarze Ewigkeit hinablaufende Leiter ist, sondern daß es mehrere von fünfzehn bis zwanzig Sprossen sind, deren jede auf ein kleines Brett leitet, worauf man stehen kann, und worin wieder ein neues Loch nach einer neuen Leiter hinabführt. Ich war zuerst in die Carolina gestiegen. Das ist die schmutzigste und unerfreulichste Carolina, die ich je kennen gelernt habe. Die Leitersprossen sind kotig naß. Und von einer Leiter zur andern geht's hinab, und der Steiger voran, und dieser beteuert immer: es sei gar nicht gefährlich, nur müsse man sich mit den Händen fest an den Sprossen halten, und nicht nach den Füßen sehen, und nicht schwindlicht werden, und nur bei Leibe nicht auf das Seitenbrett treten, wo jetzt das schnurrende Tonnenseil heraufgeht, und wo, vor vierzehn Tagen, ein unvorsichtiger Mensch hinunter gestürzt und leider den Hals gebrochen. Da unten ist ein verworrenes Rauschen und Summen, man stößt beständig an Balken und Seile, die in Bewegung sind, um die Tonnen mit geklopften Erzen, oder das hervorgesinterte Wasser, herauf zu winden. Zuweilen gelangt man auch in durchgehauene Gänge, Stollen genannt, wo man das Erz wachsen sieht, und wo der einsame Bergmann den ganzen Tag sitzt und mühsam mit dem Hammer die Erzstücke aus der Wand heraus klopft. Bis in die unterste Tiefe, wo man, wie einige behaupten, schon hören kann, wie die Leute in Amerika »Hurrah Lafayette!« schreien, bin ich nicht gekommen; unter uns gesagt, dort, bis wohin ich kam, schien es mir bereits tief genug: – immerwährendes Brausen und Sausen, unheimliche Maschinenbewegung, unterirdisches Quellengeriesel, von allen Seiten herabtriefendes Wasser, qualmig aufsteigende Erddünste, und das Grubenlicht immer bleicher hinein flimmernd in die einsame Nacht. Wirklich, es war betäubend, das Atmen wurde mir schwer, und mit Mühe hielt ich mich an den glitschrigen Leitersprossen. Ich habe keinen Anflug von sogenannter Angst empfunden, aber, seltsam genug, dort unten in der Tiefe erinnerte ich mich, daß ich im vorigen Jahre, ungefähr um dieselbe Zeit, einen Sturm auf der Nordsee erlebte, und ich meinte jetzt, es sei doch eigentlich recht traulich angenehm, wenn das Schiff hin und her schaukelt, die Winde ihre Trompeterstückchen losblasen, zwischendrein der lustige Matrosenlärm erschallt und alles frisch überschauert wird von Gottes lieber, freier Luft. Ja, Luft! – Nach Luft schnappend stieg ich einige Dutzend Leitern wieder in die Höhe, und mein Steiger führte mich durch einen schmalen, sehr langen, in den Berg gehauenen Gang nach der Grube Dorothea. Hier ist es luftiger und frischer, und die Leitern sind reiner, aber auch länger und steiler als in der Carolina. Hier wurde mir schon besser zu Mute, besonders da ich wieder Spuren lebendiger Menschen gewahrte. In der Tiefe zeigten sich nämlich wandelnde Schimmer; Bergleute mit ihren Grubenlichtern kamen allmählig in die Höhe, mit dem Gruße »Glückauf!« und mit demselben Wiedergruße von unserer Seite stiegen sie an uns vorüber; und wie eine befreundet ruhige, und doch zugleich quälend rätselhafte Erinnerung, trafen mich, mit ihren tiefsinnig klaren Blicken, die ernstfrommen, etwas blassen, und vom Grubenlicht geheimnisvoll beleuchteten Gesichter dieser jungen und alten Männer, die in ihren dunkeln, einsamen Bergschachten den ganzen Tag gearbeitet hatten, und sich jetzt hinauf sehnten nach dem lieben Tageslicht, und nach den Augen von Weib und Kind.

Mein Cicerone selbst war eine kreuzehrliche, pudeldeutsche Natur. Mit innerer Freudigkeit zeigte er mir jene Stolle, wo der Herzog von Cambridge, als er die Grube befahren, mit seinem ganzen Gefolge gespeist hat, und wo noch der lange hölzerne Speisetisch steht, so wie auch der große Stuhl von Erz, worauf der Herzog gesessen. Dieser bleibe zum ewigen Andenken stehen, sagte der gute Bergmann, und mit Feuer erzählte er: wie viele Festlichkeiten damals statt gefunden, wie der ganze Stollen mit Lichtern, Blumen und Laubwerk verziert gewesen, wie ein Bergknappe die Zither gespielt und gesungen, wie der vergnügte, liebe, dicke Herzog sehr viele Gesundheiten ausgetrunken habe, und wie viele Bergleute, und er selbst ganz besonders, sich gern würden tot schlagen lassen für den lieben, dicken Herzog und das ganze Haus Hannover. – Innig rührt es mich jedesmal, wenn ich sehe, wie sich dieses Gefühl der Untertanstreue in seinen einfachen Naturlauten ausspricht. Es ist ein so schönes Gefühl!

Und es ist ein so wahrhaft deutsches Gefühl! Andere Völker mögen gewandter sein, und witziger und ergötzlicher, aber keines ist so treu, wie das treue deutsche Volk. Wüßte ich nicht, daß die Treue so alt ist, wie die Welt, so würde ich glauben, ein deutsches Herz habe sie erfunden. Deutsche Treue! sie ist keine moderne Adressenfloskel. An Euren Höfen, Ihr deutschen Fürsten, sollte man singen und wieder singen das Lied von dem getreuen Eckart und dem bösen Burgund, der ihm die lieben Kinder töten lassen, und ihn alsdann doch noch immer treu befunden hat. Ihr habt das treueste Volk, und Ihr irrt, wenn Ihr glaubt, der alte, verständige, treue Hund sei plötzlich toll geworden, und schnappe nach Euren geheiligten Waden.

Wie die deutsche Treue, hatte uns jetzt das kleine Grubenlicht, ohne viel Geflacker, still und sicher geleitet durch das Labyrinth der Schachten und Stollen; wir stiegen hervor aus der dumpfigen Bergnacht, das Sonnenlicht strahlt' – Glück auf!

Die meisten Bergarbeiter wohnen in Klausthal und in dem damit verbundenen Bergstädtchen Zellerfeld. Ich besuchte mehrere dieser wackern Leute, betrachtete ihre kleine häusliche Einrichtung, hörte einige ihrer Lieder, die sie mit der Zither, ihrem Lieblingsinstrumente, gar hübsch begleiten, ließ mir alte Bergmärchen von ihnen erzählen, und auch die Gebete hersagen, die sie in Gemeinschaft zu halten pflegen, ehe sie in den dunkeln Schacht hinunter steigen, und manches gute Gebet habe ich mit gebetet. Ein alter Steiger meinte sogar, ich sollte bei ihnen bleiben und Bergmann werden; und als ich dennoch Abschied nahm, gab er mir einen Auftrag an seinen Bruder, der in der Nähe von Goslar wohnt, und viele Küsse für seine liebe Nichte.

So stillstehend ruhig auch das Leben dieser Leute erscheint, so ist es dennoch ein wahrhaftes, lebendiges Leben. Die steinalte, zitternde Frau, die, dem großen Schranke gegenüber, hinterm Ofen saß, mag dort schon ein Vierteljahrhundert lang gesessen haben, und ihr Denken und Fühlen ist gewiß innig verwachsen mit allen Ecken dieses Ofens und allen Schnitzeleien dieses Schrankes. Und Schrank und Ofen leben, denn ein Mensch hat ihnen einen Teil seiner Seele eingeflößt.

Nur durch solch tiefes Anschauungsleben, durch die »Unmittelbarkeit« entstand die deutsche Märchenfabel, deren Eigentümlichkeit darin besteht, daß nicht nur die Tiere und Pflanzen, sondern auch ganz leblos scheinende Gegenstände sprechen und handeln. Sinnigem, harmlosen Volke, in der stillen, umfriedeten Heimlichkeit seiner niedern Berg- oder Waldhütten offenbarte sich das innere Leben solcher Gegenstände, diese gewannen einen notwendigen, konsequenten Charakter, eine süße Mischung von phantastischer Laune und rein menschlicher Gesinnung; und so sehen wir im Märchen, wunderbar und doch als wenn es sich von selbst verstände: Nähnadel und Stecknadel kommen von der Schneiderherberge und verirren sich im Dunkeln; Strohhalm und Kohle wollen über den Bach setzen und verunglücken; Schippe und Besen stehen auf der Treppe und zanken und schmeißen sich; der befragte Spiegel zeigt das Bild der schönsten Frau; sogar die Blutstropfen fangen an zu sprechen, bange, dunkle Worte des besorglichsten Mitleids. – Aus demselben Grunde ist unser Leben in der Kindheit so unendlich bedeutend, in jener Zeit ist uns alles gleich wichtig, wir hören alles, wir sehen alles, bei allen Eindrücken ist Gleichmäßigkeit, statt daß wir späterhin absichtlicher werden, uns mit dem Einzelnen ausschließlicher beschäftigen, das klare Gold der Anschauung für das Papiergeld der Bücherdefinitionen mühsam einwechseln, und an Lebensbreite gewinnen, was wir an Lebenstiefe verlieren. Jetzt sind wir ausgewachsene, vornehme Leute; wir beziehen oft neue Wohnungen, die Magd räumt täglich auf, und verändert nach Gutdünken die Stellung der Möbeln, die uns wenig interessieren, da sie entweder neu sind, oder heute dem Hans, morgen dem Isaak gehören; selbst unsere Kleider bleiben uns fremd, wir wissen kaum, wie viel Knöpfe an dem Rocke sitzen, den wir eben jetzt auf dem Leibe tragen; wir wechseln ja so oft als möglich mit Kleidungsstücken, keines derselben bleibt im Zusammenhange mit unserer inneren und äußeren Geschichte; – kaum vermögen wir uns zu erinnern, wie jene braune Weste aussah, die uns einst so viel Gelächter zugezogen hat, und auf deren breiten Streifen dennoch die liebe Hand der Geliebten so lieblich ruhte!

Die alte Frau, dem großen Schrank gegenüber, hinterm Ofen, trug einen geblümten Rock von verschollenem Zeuge, das Brautkleid ihrer seligen Mutter. Ihr Urenkel, ein als

Bergmann gekleideter, blonder, blitzäugiger Knabe, saß zu ihren Füßen und zählte die Blumen ihres Rockes, und sie mag ihm von diesem Rocke wohl schon viele Geschichtchen erzählt haben, viele ernsthafte, hübsche Geschichten, die der Junge gewiß nicht so bald vergißt, die ihm noch oft vorschweben werden, wenn er bald, als ein erwachsener Mann, in den nächtlichen Stollen der Carolina einsam arbeitet, und die er vielleicht wieder erzählt, wenn die liebe Großmutter längst tot ist, und er selber, ein silberhaariger, erloschener Greis, im Kreise seiner Enkel sitzt, dem großen Schranke gegenüber, hinterm Ofen.

Ich blieb die Nacht ebenfalls in der »Krone«, wo unterdessen auch der Hofrat B. aus Göttingen angekommen war. Ich hatte das Vergnügen, dem alten Herrn meine Aufwartung zu machen. Als ich mich ins Fremdenbuch einschrieb und im Monat Juli blätterte, fand ich auch den vielteuern Namen Adelbert von Chamisso, den Biographen des unsterblichen Schlemihl. Der Wirt erzählte mir: dieser Herr sei in einem unbeschreibbar schlechten Wetter angekommen, und in einem eben so schlechten Wetter wieder abgereist.

Den andern Morgen mußte ich meinen Ranzen nochmals erleichtern, das eingepackte Paar Stiefel warf ich über Bord, und ich hob auf meine Füße und ging nach Goslar. Ich kam dahin, ohne zu wissen wie. Nur so viel kann ich mich erinnern: ich schlenderte wieder bergauf, bergab; schaute hinunter in manches hübsche Wiesental; silberne Wasser brausten, süße Waldvögel zwitscherten, die Herdenglöckchen läuteten, die mannigfaltig grünen Bäume wurden von der lieben Sonne goldig angestrahlt, und oben war die blauseidene Decke des Himmels so durchsichtig, daß man tief hinein schauen konnte, bis ins Allerheiligste, wo die Engel zu den Füßen Gottes sitzen, und in den Zügen seines Antlitzes den Generalbaß studieren. Ich aber lebte noch in dem Traum der vorigen Nacht, den ich nicht aus meiner Seele verscheuchen konnte. Es war das alte Märchen, wie ein Ritter hinab steigt in einen tiefen Brunnen, wo unten die schönste Prinzessin zu einem starren Zauberschlafe verwünscht ist. Ich selbst war der Ritter, und der Brunnen die dunkle Klausthaler Grube, und plötzlich erschienen viele Lichter, aus allen Seitenlöchern stürzten die wachsamen Zwerglein, schnitten zornige Gesichter, hieben nach mir mit ihren kurzen Schwertern, bliesen gellend ins Horn, daß immer mehr und mehre herzu eilten, und es wackelten entsetzlich ihre breiten Häupter. Wie ich darauf zuschlug und das Blut heraus floß, merkte ich erst, daß es die rotblühenden, langbärtigen Distelköpfe waren, die ich den Tag vorher an der Landstraße mit dem Stocke abgeschlagen hatte. Da waren sie auch gleich alle verscheucht, und ich gelangte in einen hellen Prachtsaal; in der Mitte stand, weiß verschleiert, und wie eine Bildsäule starr und regungslos, die Herzgeliebte, und ich küßte ihren Mund, und, beim lebendigen Gott! ich fühlte den beseligenden Hauch ihrer Seele und das süße Beben der lieblichen Lippen. Es war mir, als hörte ich, wie Gott rief: »Es werde Licht!« blendend schoß herab ein Strahl des ewigen Lichts; aber in demselben Augenblick wurde es wieder Nacht, und alles rann chaotisch zusammen in ein wildes, wüstes Meer. Ein wildes, wüstes Meer! über das gärende Wasser jagten ängstlich die Gespenster der Verstorbenen, ihre weißen Totenhemde flatterten im Winde, hinter ihnen her, hetzend, mit klatschender Peitsche lief ein buntscheckiger Harlekin, und dieser war ich selbst – und plötzlich aus den dunkeln Wellen reckten die Meerungetüme ihre mißgestalteten Häupter, und langten nach mir mit ausgebreiteten Krallen, und vor Entsetzen erwacht' ich.

Wie doch zuweilen die allerschönsten Märchen verdorben werden! Eigentlich muß der Ritter, wenn er die schlafende Prinzessin gefunden hat, ein Stück aus ihrem kostbaren Schleier heraus schneiden; und wenn durch seine Kühnheit ihr Zauberschlaf gebrochen ist, und sie wieder in ihrem Palast auf dem goldenen Stuhle sitzt, muß der Ritter zu ihr treten und sprechen: Meine allerschönste Prinzessin, kennst du mich? Und dann antwortet sie: Mein allertapferster Ritter, ich kenne dich nicht. Und dieser zeigt ihr alsdann das aus ihrem Schleier heraus geschnittene Stück, das just in denselben wieder hineinpaßt, und beide umarmen sich zärtlich, und die Trompeter blasen, und die Hochzeit wird gefeiert.

Es ist wirklich ein eigenes Mißgeschick, daß meine Liebesträume selten ein so schönes Ende nehmen.

Der Name Goslar klingt so erfreulich, und es knüpfen sich daran so viele uralte Kaisererinnerungen, daß ich eine imposante, stattliche Stadt erwartete. Aber so geht es, wenn man die Berühmten in der Nähe besieht! Ich fand ein Nest mit meistens schmalen, labyrinthisch krummen Straßen, allwo mittendurch ein kleines Wasser, wahrscheinlich die Gose, fließt, verfallen und dumpfig, und ein Pflaster, so holprig wie Berliner Hexameter. Nur die Altertümlichkeiten der Einfassung, nämlich Reste von Mauern, Türmen und Zinnen, geben der Stadt etwas Pikantes. Einer dieser Türme, der Zwinger genannt, hat so dicke Mauern, daß ganze Gemächer darin ausgehauen sind. Der Platz vor der Stadt, wo der weitberühmte Schützenhof gehalten wird, ist eine schöne große Wiese, ringsum hohe Berge. Der Markt ist klein, in der Mitte steht ein Springbrunnen, dessen Wasser sich in ein großes Metallbecken ergießt. Bei Feuersbrünsten wird einige Mal daran geschlagen; es gibt dann einen weitschallenden Ton. Man weiß nichts vom Ursprunge dieses Beckens. Einige sagen, der Teufel habe es einst, zur Nachtzeit, dort auf den Markt hingestellt. Damals waren die Leute noch dumm, und der Teufel war auch dumm, und sie machten sich wechselseitig Geschenke.

Das Rathaus zu Goslar ist eine weißangestrichene Wachtstube. Das daneben stehende Gildenhaus hat schon ein besseres Ansehen. Ungefähr von der Erde und vom Dach gleich weit entfernt stehen da die Standbilder deutscher Kaiser, räucherig schwarz und zum Teil vergoldet, in der einen Hand das Szepter, in der andern die Weltkugel; sehen aus wie gebratene Universitätspedelle. Einer dieser Kaiser hält ein Schwert, statt des Szepters. Ich konnte nicht erraten, was dieser Unterschied sagen soll; und es hat doch gewiß seine Bedeutung, da die Deutschen die merkwürdige Gewohnheit haben, daß sie bei allem, was sie tun, sich auch etwas denken.

In Gottschalks ›Handbuch‹ hatte ich von dem uralten Dom und von dem berühmten Kaiserstuhl zu Goslar viel gelesen. Als ich aber beides besehen wollte, sagte man mir: der Dom sei niedergerissen und der Kaiserstuhl nach Berlin gebracht worden. Wir leben in einer bedeutungschweren Zeit: tausendjährige Dome werden abgebrochen, und Kaiserstühle in die Rumpelkammer geworfen...

Ich logierte in einem Gasthofe nahe dem Markte, wo mir das Mittagessen noch besser geschmeckt haben würde, hätte sich nur nicht der Herr Wirt mit seinem langen, überflüssigen Gesichte und seinen langweiligen Fragen zu mir hin gesetzt; glücklicher Weise ward ich bald erlöst durch die Ankunft eines andern Reisenden, der dieselben Fragen in derselben

Ordnung aushalten mußte: quis? quid? ubi? quibus auxiliis? cur? quomodo? quando? Dieser Fremde war ein alter, müder, abgetragener Mann, der, wie aus seinen Reden hervorging, die ganze Welt durchwandert, besonders lang auf Batavia gelebt, viel Geld erworben und wieder alles verloren hatte, und jetzt, nach dreißigjähriger Abwesenheit, nach Quedlinburg, seiner Vaterstadt, zurückkehrte, – »denn«, setzte er hinzu, »unsere Familie hat dort ihr Erbbegräbnis«. Der Herr Wirt machte die sehr aufgeklärte Bemerkung: daß es doch für die Seele gleichgültig sei, wo unser Leib begraben wird. »Haben Sie es schriftlich?« antwortete der Fremde, und dabei zogen sich unheimlich schlaue Ringe um seine kümmerlichen Lippen und verblichenen Äugelein. »Aber«, setzte er ängstlich begütigend hinzu, »ich will darum über fremde Gräber doch nichts Böses gesagt haben; – die Türken begraben ihre Toten noch weit schöner als wir, ihre Kirchhöfe sind ordentlich Gärten, und da sitzen sie auf ihren weißen, beturbanten Grabsteinen, unter dem Schatten einer Zypresse, und streichen ihre ernsthaften Bärte, und rauchen ruhig ihren türkischen Tabak aus ihren langen türkischen Pfeifen; – und bei den Chinesen gar ist es eine ordentliche Lust zuzusehen, wie sie auf den Ruhestätten ihrer Toten manierlich herumtänzeln, und beten, und Tee trinken, und die Geige spielen, und die geliebten Gräber gar hübsch zu verzieren wissen mit allerlei vergoldetem Lattenwerk, Porzellanfigürchen, Fetzen von buntem Seidenzeug, künstlichen Blumen, und farbigen Laternchen – alles sehr hübsch – wie weit hab' ich noch bis Quedlinburg?«

Der Kirchhof in Goslar hat mich nicht sehr angesprochen. Desto mehr aber jenes wunderschöne Lockenköpfchen, das bei meiner Ankunft in der Stadt aus einem etwas hohen Parterrefenster lächelnd heraus schaute. Nach Tische suchte ich wieder das liebe Fenster; aber jetzt stand dort nur ein Wasserglas mit weißen Glockenblümchen. Ich kletterte hinauf, nahm die artigen Blümchen aus dem Glase, steckte sie ruhig auf meine Mütze, und kümmerte mich wenig um die aufgesperrten Mäuler, versteinerten Nasen und Glotzaugen, womit die Leute auf der Straße, besonders die alten Weiber, diesem qualifizierten Diebstahle zusahen. Als ich eine Stunde später an demselben Hause vorbei ging, stand die Holde am Fenster, und wie sie die Glockenblümchen auf meiner Mütze gewahrte, wurde sie blutrot und stürzte zurück. Ich hatte jetzt das schöne Antlitz noch genauer gesehen; es war eine süße, durchsichtige Verkörperung von Sommerabendhauch, Mondschein, Nachtigallenlaut und Rosenduft. – Später, als es ganz dunkel geworden, trat sie vor die Türe. Ich kam – ich näherte mich – sie zieht sich langsam zurück in den dunkeln Hausflur – ich fasse sie bei der Hand und sage: Ich bin ein Liebhaber von schönen Blumen und Küssen, und was man mir nicht freiwillig gibt, das stehle ich – und ich küßte sie rasch – und wie sie entfliehen will, flüstere ich beschwichtigend: morgen reis' ich fort und komme wohl nie wieder – und ich fühle den geheimen Widerdruck der lieblichen Lippen und der kleinen Hände – und lachend eile ich von hinnen. Ja, ich muß lachen, wenn ich bedenke, daß ich unbewußt jene Zauberformel ausgesprochen, wodurch unsere Rot- und Blauröcke, öfter als durch ihre schnurrbärtige Liebenswürdigkeit, die Herzen der Frauen bezwingen: »Ich reise morgen fort und komme wohl nie wieder!«...

Von Goslar ging ich den andern Morgen weiter, halb auf Geratewohl, halb in der Absicht, den Bruder des Klausthaler Bergmanns aufzusuchen. Wieder schönes, liebes Sonntagswetter. Ich bestieg Hügel und Berge, betrachtete, wie die Sonne den Nebel zu verscheuchen suchte, wanderte freudig durch die schauernden Wälder, und um mein träumendes Haupt klingelten die Glockenblümchen von Goslar. In ihren weißen Nachtmänteln standen die Berge, die Tannen rüttelten sich den Schlaf aus den Gliedern, der frische Morgenwind frisierte ihnen die herabhängenden, grünen Haare, die Vöglein hielten Betstunde, das Wiesental blitzte wie eine diamantenbesäete Golddecke, und der Hirt schritt darüber hin mit seiner läutenden Herde. Ich mochte mich wohl eigentlich verirrt haben. Man schlägt immer Seitenwege und Fußsteige ein, und glaubt dadurch näher zum Ziele zu gelangen. Wie im Leben überhaupt, geht's uns auch auf dem Harze. Aber es gibt immer gute Seelen, die uns wieder auf den rechten Weg bringen; sie tun es gern, und finden noch obendrein ein besonderes Vergnügen daran, wenn sie uns mit selbstgefälliger Miene und wohlwollend lauter Stimme bedeuten: welche große Umwege wir gemacht, in welche Abgründe und Sümpfe wir versinken konnten, und welch ein Glück es sei, daß wir so wegkundige Leute, wie sie sind, noch zeitig angetroffen. Einen solchen Berichtiger fand ich unweit der Harzburg. Es war ein wohlgenährter Bürger von Goslar, ein glänzend wampiges, dummkluges Gesicht; er sah aus, als habe er die Viehseuche erfunden. Wir gingen eine Strecke zusammen, und er erzählte mir allerlei Spukgeschichten, die hübsch klingen konnten, wenn sie nicht alle darauf hinaus liefen, daß es doch kein wirklicher Spuk gewesen, sondern daß die weiße Gestalt ein Wilddieb war, und daß die wimmernden Stimmen von den eben geworfenen Jungen einer Bache (wilden Sau), und das Geräusch auf dem Boden von der Hauskatze herrührte. Nur wenn der Mensch krank ist, setzte er hinzu, glaubt er Gespenster zu sehen; was aber seine Wenigkeit anbelange, so sei er selten krank, nur zuweilen leide er an Hautübeln, und dann kuriere er sich jedesmal mit nüchternem Speichel. Er machte mich auch aufmerksam auf die Zweckmäßigkeit und Nützlichkeit in der Natur. Die Bäume sind grün, weil Grün gut für die Augen ist. Ich gab ihm Recht und fügte hinzu, daß Gott das Rindvieh erschaffen, weil Fleischsuppen den Menschen stärken, daß er die Esel erschaffen, damit sie dem Menschen zu Vergleichungen dienen können, und daß er den Menschen selbst erschaffen, damit er Fleischsuppen essen und kein Esel sein soll. Mein Begleiter war entzückt, einen Gleichgestimmten gefunden zu haben, sein Antlitz erglänzte noch freudiger, und bei dem Abschiede war er gerührt.

So lange er neben mir ging, war gleichsam die ganze Natur entzaubert, sobald er aber fort war, fingen die Bäume wieder an zu sprechen, und die Sonnenstrahlen erklangen, und die Wiesenblümchen tanzten, und der blaue Himmel umarmte die grüne Erde. Ja, ich weiß es besser: Gott hat den Menschen erschaffen, damit er die Herrlichkeit der Welt bewundere. Jeder Autor, und sei er noch so groß, wünscht, daß sein Werk gelobt werde. Und in der Bibel, den Memoiren Gottes, steht ausdrücklich: daß er die Menschen erschaffen zu seinem Ruhm und Preis...

Die Sonne ging auf. Die Nebel flohen, wie Gespenster beim dritten Hahnenschrei. Ich stieg wieder bergauf und bergab, und vor mir schwebte die schöne Sonne, immer neue Schönheiten beleuchtend. Der Geist des Gebirges begünstigte mich ganz offenbar; er wußte wohl, daß so ein Dichtermensch viel Hübsches wiedererzählen kann, und er ließ mich diesen Morgen seinen Harz sehen, wie ihn gewiß nicht jeder sah. Aber auch mich sah der Harz, wie mich nur wenige gesehen, in meinen Augenwimpern flimmerten eben so kostbare Perlen wie in den Gräsern des Tals. Morgentau der Liebe feuchtete meine Wangen, die rauschenden Tannen verstanden mich, ihre Zweige taten sich von einander, bewegten sich herauf und herab, gleich stummen Menschen, die mit den Händen ihre Freude bezeigen, und in der Ferne klang's wunderbar geheimnisvoll, wie Glockengeläute einer verlornen Waldkirche. Man sagt, das seien die Herdenglöckchen, die im Harz so lieblich, klar und rein gestimmt sind.

Nach dem Stand der Sonne war es Mittag, als ich auf eine solche Herde stieß, und der Hirt, ein freundlich blonder junger Mensch, sagte mir: der große Berg, an dessen Fuß ich stände, sei der alte, weltberühmte Brocken. Viele Stunden ringsum liegt kein Haus, und ich war froh genug, daß mich der junge Mensch einlud, mit ihm zu essen. Wir setzten uns nieder zu einem Déjeuner dinatoire, das aus Käse und Brot bestand; die Schäfchen erhaschten die Krumen, die lieben, blanken Kühlein sprangen um uns herum, und klingelten schelmisch mit ihren Glöckchen, und lachten uns an mit ihren großen, vergnügten Augen. Wir tafelten recht königlich; überhaupt schien mir mein Wirt ein echter König...

Wir nahmen freundschaftlich Abschied, und fröhlich stieg ich den Berg hinauf. Bald empfing mich eine Waldung himmelhoher Tannen, für die ich, in jeder Hinsicht, Respekt habe. Diesen Bäumen ist nämlich das Wachsen nicht so ganz leicht gemacht worden, und sie haben es sich in der Jugend sauer werden lassen. Der Berg ist hier mit vielen großen Granitblöcken übersäet, und die meisten Bäume mußten mit ihren Wurzeln diese Steine umranken oder sprengen, und mühsam den Boden suchen, woraus sie Nahrung schöpfen können. Hier und da liegen die Steine, gleichsam ein Tor bildend, über einander, und oben darauf stehen die Bäume, die nackten Wurzeln über jene Steinpforte hinziehend, und erst am Fuße derselben den Boden erfassend, so daß sie in der freien Luft zu wachsen scheinen. Und doch haben sie sich zu jener gewaltigen Höhe empor geschwungen, und mit den umklammerten Steinen wie zusammengewachsen, stehen sie fester als ihre bequemen Kollegen im zahmen Forstboden des flachen Landes. So stehen auch im Leben jene großen Männer, die durch das Überwinden früher Hemmungen und Hindernisse sich erst recht gestärkt und befestigt haben. Auf den Zweigen der Tannen kletterten Eichhörnchen, und unter denselben spazierten die gelben Hirsche. Wenn ich solch ein liebes, edles Tier sehe, so kann ich nicht begreifen, wie gebildete Leute Vergnügen daran finden, es zu hetzen und zu töten. Solch ein Tier war barmherziger als die Menschen, und säugte den schmachtenden Schmerzenreich der heiligen Genoveva.

Allerliebst schossen die goldenen Sonnenlichter durch das dichte Tannengrün. Eine natürliche Treppe bildeten die Baumwurzeln. Überall schwellende Moosbänke; denn die Steine sind fußhoch von den schönsten Moosarten, wie mit hellgrünen Sammetpolstern, bewachsen. Liebliche Kühle und träumerisches Quellengemurmel. Hier und da sieht man, wie das Wasser unter den Steinen silberhell hinrieselt und die nackten Baumwurzeln und Fasern bespült. Wenn man sich nach diesem Treiben hinab beugt, so belauscht man gleichsam die geheime Bildungsgeschichte der Pflanzen und das ruhige Herzklopfen des Berges. An manchen Orten sprudelt das Wasser aus den Steinen und Wurzeln stärker hervor und bildet kleine Kaskaden. Da läßt sich gut sitzen. Es murmelt und rauscht so wunderbar, die Vögel singen abgebrochene Sehnsuchtslaute, die Bäume flüstern wie mit tausend Mädchenzungen, wie mit tausend Mädchenaugen schauen uns an die seltsamen Bergblumen, sie strecken nach uns aus die wundersam breiten, drollig gezackten Blätter, spielend flimmern hin und her die lustigen Sonnenstrahlen, die sinnigen Kräutlein erzählen sich grüne Märchen, es ist alles wie verzaubert, es wird immer heimlicher und heimlicher, ein uralter Traum wird lebendig, die Geliebte erscheint – ach, daß sie so schnell wieder verschwindet!

Je höher man den Berg hinauf steigt, desto kürzer, zwerghafter werden die Tannen, sie scheinen immer mehr und mehr zusammen zu schrumpfen, bis nur Heidelbeer- und Rotbeersträuche und Bergkräuter übrig bleiben. Da wird es auch schon fühlbar kälter. Die wunderlichen Gruppen der Granitblöcke werden hier erst recht sichtbar; diese sind oft von erstaunlicher Größe. Das mögen wohl die Spielbälle sein, die sich die bösen Geister einander zuwerfen in der Walpurgisnacht, wenn hier die Hexen auf Besenstielen und Mistgabeln einhergeritten kommen, und die abenteuerlich verruchte Lust beginnt, wie die glaubhafte Amme es erzählt, und wie es zu schauen ist auf den hübschen Faustbildern des Meister Retzsch. Ja, ein junger Dichter, der auf einer Reise von Berlin nach Göttingen in der ersten Mainacht am Brokken vorbei ritt, bemerkte sogar, wie einige belletristische Damen auf einer Bergecke ihre ästhetische Teegesellschaft hielten, sich gemütlich die ›Abendzeitung‹ vorlasen, ihre poetischen Ziegenböckchen, die meckernd den Teetisch umhüpften, als Universalgenies priesen und über alle Erscheinungen in der deutschen Literatur ihr Endurteil fällten; doch, als sie auch auf den ›Ratcliff‹ und ›Almansor‹ gerieten, und dem Verfasser alle Frömmigkeit und Christlichkeit absprachen, da sträubte sich das Haar des jungen Mannes, Entsetzen ergriff ihn – ich gab dem Pferde die Sporen und jagte vorüber.

In der Tat, wenn man die obere Hälfte des Brockens besteigt, kann man sich nicht erwehren, an die ergötzlichen Blocksbergsgeschichten zu denken, und besonders an die große, mystische, deutsche Nationaltragödie vom Doktor Faust. Mir war immer, als ob der Pferdefuß neben mir hinauf klettere, und jemand humoristisch Atem schöpfe. Und ich glaube, auch Mephisto muß mit Mühe Atem holen, wenn er seinen Lieblingsberg ersteigt; es ist ein äußerst erschöpfender Weg, und ich war froh, als ich endlich das langersehnte Brokkenhaus zu Gesicht bekam.

Dieses Haus, das, wie durch vielfache Abbildungen bekannt ist, bloß aus einem Rez-de-Chaussée besteht und auf der Spitze des Berges liegt, wurde erst 1800 vom Grafen Stolberg-Wernigerode erbaut, für dessen Rechnung es auch, als Wirtshaus, verwaltet wird. Die Mauern sind erstaunlich dick, wegen des Windes und der Kälte im Winter; das Dach ist niedrig, in der Mitte desselben steht eine turmartige Warte, und bei dem Hause liegen noch zwei kleine Nebengebäude, wovon das eine, in frühern Zeiten, den Brockenbesuchern zum Obdach diente.

Der Eintritt in das Brockenhaus erregte bei mir eine etwas ungewöhnliche, märchenhafte Empfindung. Man ist nach einem langen, einsamen Umhersteigen durch Tannen und Klippen plötzlich in ein Wolkenhaus versetzt; Städte, Berge und Wälder blieben unten liegen, und oben findet man eine wunderlich zusammengesetzte, fremde Gesellschaft, von welcher man, wie es an dergleichen Orten natürlich ist, fast wie ein erwarteter Genosse, halb neugierig und halb gleichgültig, empfangen wird. Ich fand das Haus voller Gäste, und wie es einem klugen Manne geziemt, dachte ich schon an die Nacht, an die Unbehaglichkeit eines Strohlagers; mit hinsterbender Stimme verlangte ich gleich Tee, und der Herr Brockenwirt war vernünftig genug, einzusehen, daß ich kranker Mensch für die Nacht ein ordentliches Bett haben müsse. Dieses verschaffte er mir in einem engen Zimmerchen, wo schon ein junger Kaufmann, ein langes Brechpulver in einem braunen Oberrock, sich etabliert hatte.

In der Wirtsstube fand ich lauter Leben und Bewegung. Studenten von verschiedenen Universitäten. Die einen sind kurz vorher angekommen und restaurieren sich, andere bereiten sich zum Abmarsch, schnüren ihre Ranzen, schreiben ihre Namen ins Gedächtnisbuch, erhalten Brockensträuße von den Hausmädchen: da wird in die Wangen gekniffen, gesungen, gesprungen, gejohlt, man fragt, man antwortet, gut Wetter, Fußweg, Prosit, Adieu. Einige der Abgehenden sind auch etwas angesoffen, und diese haben von der schönen Aussicht einen doppelten Genuß, da ein Betrunkener alles doppelt sieht.

Nachdem ich mich ziemlich rekreiert, bestieg ich die Turmwarte, und fand daselbst einen kleinen Herrn mit zwei Damen, einer jungen und einer ältlichen. Die junge Dame war sehr schön. Eine herrliche Gestalt, auf dem lockigen Haupte ein helmartiger, schwarzer Atlashut, mit dessen weißen Federn die Winde spielten, die schlanken Glieder von einem schwarzseidenen Mantel so fest umschlossen, daß die edlen Formen hervortraten, und das freie, große Auge ruhig hinabschauend in die freie, große Welt.

Als ich noch ein Knabe war, dachte ich an nichts als an Zauber- und Wundergeschichten, und jede schöne Dame, die Straußfedern auf dem Kopfe trug, hielt ich für eine Elfenkönigin, und bemerkte ich gar, daß die Schleppe ihres Kleides naß war, so hielt ich sie für eine Wassernixe. Jetzt denke ich anders, seit ich aus der Naturgeschichte weiß, daß jene symbolischen Federn von dem dümmsten Vogel herkommen, und daß die Schleppe eines Damenkleides auf sehr natürliche Weise naß werden kann. Hätte ich mit jenen Knabenaugen die erwähnte junge Schöne, in erwähnter Stellung, auf dem Brocken gesehen, so würde ich sicher gedacht haben: das ist die Fee des Berges, und sie hat eben den Zauber ausgesprochen, wodurch dort unten alles so wunderbar erscheint. Ja, in hohem Grade wunderbar erscheint uns alles beim ersten Hinabschauen vom Brocken, alle Seiten unseres Geistes empfangen neue Eindrücke, und diese, meistens verschiedenartig, sogar sich widersprechend, verbinden sich in unserer Seele zu einem großen, noch unentworrenen, unverstandenen Gefühl. Gelingt es uns, dieses Gefühl in seinem Begriffe zu erfassen, so erkennen wir den Charakter des Berges. Dieser Charakter ist ganz deutsch, sowohl in Hinsicht seiner Fehler, als auch seiner Vorzüge. Der Brocken ist ein Deutscher. Mit deutscher Gründlichkeit zeigt er uns, klar und deutlich, wie ein Riesenpanorama, die vielen hundert Städte, Städtchen und Dörfer, die meistens nördlich liegen, und ringsum alle Berge, Wälder, Flüsse, Flächen, unendlich weit. Aber eben dadurch erscheint alles wie eine scharf gezeichnete, rein illuminierte Spezialkarte, nirgends wird das Auge durch eigentlich schöne Landschaften erfreut; wie es denn immer geschieht, daß wir deutschen Kompilatoren wegen der ehrlichen Genauigkeit, womit wir alles und alles hingeben wollen, nie daran denken können, das einzelne auf eine schöne Weise zu geben. Der Berg hat auch so etwas Deutschruhiges, Verständiges, Tolerantes; eben weil er die Dinge so weit und klar überschauen kann. Und wenn solch ein Berg seine Riesenaugen öffnet, mag er wohl noch etwas mehr sehen, als wir Zwerge, die wir mit unsern blöden Äuglein auf ihm herum klettern. Viele wollen zwar behaupten, der Brokken sei sehr philiströse, und Claudius sang: »Der Blocksberg ist der lange Herr Philister!« Aber das ist Irrtum. Durch seinen Kahlkopf, den er zuweilen mit einer weißen Nebelkappe bedeckt, gibt er sich zwar einen Anstrich von Philiströsität; aber, wie bei manchen andern großen Deutschen, geschieht es aus purer Ironie. Es ist sogar notorisch, daß der Brocken seine burschikosen, phantastischen Zeiten hat, z. B. die erste Mainacht. Dann wirft er seine Nebelkappe jubelnd in die Lüfte, und wird, eben so gut wie wir übrigen, recht echtdeutsch romantisch verrückt.

Ich suchte gleich die schöne Dame in ein Gespräch zu verflechten: denn Naturschönheiten genießt man erst recht, wenn man sich auf der Stelle darüber aussprechen kann. Sie war nicht geistreich, aber aufmerksam sinnig. Wahrhaft vornehme Formen. Ich meine nicht die gewöhnliche, steife, negative Vornehmheit, die genau weiß, was unterlassen werden muß; sondern jene seltnere, freie, positive Vornehmheit, die uns genau sagt, was wir tun dürfen, und die uns, bei aller Unbefangenheit, die höchste gesellige Sicherheit gibt. Ich entwickelte, zu meiner eigenen Verwunderung, viele geographische Kenntnisse, nannte der wißbegierigen Schönen alle Namen der Städte, die vor uns lagen, suchte und zeigte ihr dieselben auf meiner Landkarte, die ich über den Steintisch, der in der Mitte der Turmplatte steht, mit echter Dozentenmiene ausbreitete. Manche Stadt konnte ich nicht finden, vielleicht weil ich mehr mit den Fingern suchte, als mit den Augen, die sich unterdessen auf dem Gesicht der holden Dame orientierten, und dort schönere Partien fanden, als »Schierke« und »Elend«. Dieses Gesicht gehörte zu denen, die nie reizen, selten entzücken, und immer gefallen. Ich liebe solche Gesichter, weil sie mein schlimmbewegtes Herz zur Ruhe lächeln.

In welchem Verhältnis der kleine Herr, der die Damen begleitete, zu denselben stehen mochte, konnte ich nicht erraten. Es war eine dünne, merkwürdige Figur. Ein Köpfchen, sparsam bedeckt mit grauen Härchen, die über die kurze Stirn bis an die grünlichen Libellenaugen reichten, die runde Nase weit hervor tretend, dagegen Mund und Kinn sich wieder ängstlich nach den Ohren zurück ziehend. Dieses Gesichtchen schien aus einem zarten, gelblichen Tone zu bestehen, woraus die Bildhauer ihre ersten Modelle kneten; und wenn die schmalen Lippen zusammen kniffen, zogen sich über die Wangen einige tausend halbkreisartige, feine Fältchen. Der kleine Mann sprach kein Wort, und nur dann und wann, wenn die ältere Dame ihm etwas Freundliches zuflüsterte, lächelte er wie ein Mops, der den Schnupfen hat.

Jene ältere Dame war die Mutter der jüngeren, und auch sie besaß die vornehmsten Formen. Ihr Auge verriet einen krankhaft schwärmerischen Tiefsinn, um ihren Mund lag strenge Frömmigkeit, doch schien mir's, als ob er einst sehr schön gewesen sei, und viel gelacht und viele Küsse empfangen und viele erwidert habe. Ihr Gesicht glich einem Codex palimpsestus, wo, unter der neuschwarzen Mönchsschrift eines Kirchenvatertextes, die halberloschenen Verse eines altgriechischen Liebesdichters hervorlauschen. Beide Damen waren mit ihrem Begleiter dieses Jahr in Italien gewesen, und erzählten mir allerlei Schönes von Rom, Florenz und Venedig. Die Mutter erzählte viel von den Raphaelschen Bildern in der Peterskirche; die Tochter sprach mehr von der Oper im Theater Fenice.

Derweilen wir sprachen, begann es zu dämmern: die Luft wurde noch kälter, die Sonne neigte sich tiefer, und die Turmplatte füllte sich mit Studenten, Handwerksburschen und einigen ehrsamen Bürgerleuten samt deren Ehefrauen und Töchtern, die alle den Sonnenuntergang sehen wollten. Es ist ein erhabener Anblick, der die Seele zum Gebet stimmt. Wohl eine Viertelstunde standen alle ernsthaft schweigend, und sahen, wie der schöne Feuerball im Westen allmählig versank; die Gesichter wurden vom Abendrot angestrahlt, die Hände falteten sich unwillkürlich; es war, als ständen wir, eine stille Gemeinde, im Schiffe eines Riesendoms, und der Priester erhöbe jetzt den Leib des Herrn, und von der Orgel herab ergösse sich Palestrinas ewiger Choral.

Während ich so in Andacht versunken stehe, höre ich, daß neben mir jemand ausruft: »Wie ist die Natur doch im allgemeinen so schön!«

Diese Worte kamen aus der gefühlvollen Brust meines Zimmergenossen, des jungen Kaufmanns. Ich gelangte dadurch wieder zu meiner Werkeltagsstimmung, war jetzt im Stande, den Damen über den Sonnenuntergang recht viel Artiges zu sagen, und sie ruhig, als wäre nichts passiert, nach ihrem Zimmer zu führen. Sie erlaubten mir auch, sie noch eine Stunde zu unterhalten. Wie die Erde selbst drehte sich unsre Unterhaltung um die Sonne. Die Mutter äußerte: die in Nebel versinkende Sonne habe ausgesehen wie eine glühende Rose, die der galante Himmel herab geworfen in den weit ausgebreiteten, weißen Brautschleier seiner geliebten Erde. Die Tochter lächelte und meinte, der öftere Anblick solcher Naturerscheinungen schwäche ihren Eindruck. Die Mutter berichtigte diese falsche Meinung durch eine Stelle aus Goethes Reisebriefen, und frug mich, ob ich den Werther gelesen? Ich glaube, wir sprachen auch von Angorakatzen, etruskischen Vasen, türkischen Shawls, Makkaroni und Lord Byron, aus dessen Gedichten die ältere Dame einige Sonnenuntergangsstellen, recht hübsch lispelnd und seufzend, rezitierte. Der jüngern Dame, die kein Englisch verstand, und jene Gedichte kennen lernen wollte, empfahl ich die Übersetzungen meiner schönen, geistreichen Landsmännin, der Baronin Elise von Hohenhausen; bei welcher Gelegenheit ich nicht ermangelte, wie ich gegen junge Damen zu tun pflege, über Byrons Gottlosigkeit, Lieblosigkeit, Trostlosigkeit, und der Himmel weiß was noch mehr, zu eifern.

Nach diesem Geschäfte ging ich noch auf dem Brocken spazieren; denn ganz dunkel wird es dort nie. Der Nebel war nicht stark, und ich betrachtete die Umrisse der beiden Hügel, die man den Hexenaltar und die Teufelskanzel nennt. Ich schoß meine Pistolen ab, doch es gab kein Echo. Plötzlich aber höre ich bekannte Stimmen und fühle mich umarmt und geküßt. Es waren meine Landsleute, die Göttingen vier Tage später verlassen hatten, und bedeutend erstaunt waren, mich ganz allein auf dem Blocksberge wieder zu finden. Da gab es ein Erzählen und Verwundern und Verabreden, ein Lachen und Erinnern, welches freudige Wiedersehen!

Im großen Zimmer wurde eine Abendmahlzeit gehalten. Ein langer Tisch mit zwei Reihen hungriger Studenten. Im Anfange gewöhnliches Universitätsgespräch: Duelle, Duelle und wieder Duelle.

Die Gesellschaft bestand meistens aus Hallensern, und Halle wurde daher Hauptgegenstand der Unterhaltung. Die Fensterscheiben des Hofrats Schütz wurden exegetisch beleuchtet. Dann erzählte man, daß die letzte Cour bei dem König von Cypern sehr glänzend gewesen sei, daß er einen natürlichen Sohn erwählt, daß er sich eine lichtensteinsche Prinzessin ans linke Bein antrauen lassen, daß er die Staatsmätresse abgedankt, und daß das ganze gerührte Ministerium vorschriftsmäßig geweint habe. Ich brauche wohl nicht zu erwähnen, daß sich dieses auf Hallesche Bierwürden bezieht. Hernach kamen die zwei Chinesen aufs Tapet, die sich vor zwei Jahren in Berlin sehen ließen, und jetzt in Halle zu Privatdozenten der chinesischen Ästhetik abgerichtet werden. Nun wurden Witze gerissen. Man setzte den Fall: ein Deutscher ließe sich in China für Geld sehen; und zu diesem Zwecke wurde ein Anschlagzettel geschmiedet, worin die Mandarinen Tsching-Tschang-Tschung und Hi-Ha-Ho begutachteten, daß es ein echter Deutscher sei, worin ferner seine Kunststücke aufgerechnet wurden, die hauptsächlich in

Philosophieren, Tabakrauchen und Geduld bestanden, und worin noch schließlich bemerkt wurde, daß man um zwölf Uhr, welches die Fütterungsstunde sei, keine Hunde mitbringen dürfe, indem diese dem armen Deutschen die besten Brocken wegzuschnappen pflegten.

Ein junger Burschenschafter, der kürzlich zur Purifikation in Berlin gewesen, sprach viel von dieser Stadt; aber sehr einseitig. Er hatte Wisotzki und das Theater besucht; beide beurteilte er falsch. »Schnell fertig ist die Jugend mit dem Wort usw.« Er sprach von Garderobeaufwand, Schauspieler- und Schauspielerinnenskandal usw. Der junge Mensch wußte nicht, daß, da in Berlin überhaupt der Schein der Dinge am meisten gilt, was schon die allgemeine Redensart »man so duhn« hinlänglich andeutet, dieses Scheinwesen auf den Brettern erst recht florieren muß, und daß daher die Intendanz am meisten zu sorgen hat für die »Farbe des Barts, womit eine Rolle gespielt wird«, für die Treue der Kostüme, die von beeidigten Historikern vorgezeichnet und von wissenschaftlich gebildeten Schneidern genäht werden. Und das ist notwendig. Denn trüge mal Maria Stuart eine Schürze, die schon zum Zeitalter der Königin Anna gehört, so würde gewiß der Bankier Christian Gumpel sich mit Recht beklagen, daß ihm dadurch alle Illusion verloren gehe; und hätte mal Lord Burleigh aus Versehen die Hosen von Heinrich IV. angezogen, so würde gewiß die Kriegsrätin von Steinzopf, geb. Lilientau, diesen Anachronismus den ganzen Abend nicht aus den Augen lassen. Solche täuschende Sorgfalt der Generalintendanz erstreckt sich aber nicht bloß auf Schürzen und Hosen, sondern auch auf die darin verwickelten Personen. So soll künftig der Othello von einem wirklichen Mohren gespielt werden, den Professor Lichtenstein schon zu diesem Behufe aus Afrika verschrieben hat; in ›Menschenhaß und Reue‹ soll künftig die Eulalia von einem wirklich verlaufenen Weibsbilde, der Peter von einem wirklich dummen Jungen, und der Unbekannte von einem wirklich geheimen Hahnrei gespielt werden, die man alle drei nicht erst aus Afrika zu verschreiben braucht...

Während solcherlei Gespräche hin und her flogen, verlor man doch das Nützliche nicht aus den Augen, und den großen Schüsseln, die mit Fleisch, Kartoffeln usw. ehrlich angefüllt waren, wurde fleißig zugesprochen. Jedoch das Essen war schlecht. Dieses erwähnte ich leichthin gegen meinen Nachbar, der aber, mit einem Akzente, woran ich den Schweizer erkannte, gar unhöflich antwortete: daß wir Deutschen wie mit der wahren Freiheit, so auch mit der wahren Genügsamkeit unbekannt seien. Ich zuckte die Achseln und bemerkte: daß die eigentlichen Fürstenknechte und Leckerkramverfertiger überall Schweizer sind und vorzugsweise so genannt werden, und daß überhaupt die jetzigen schweizerischen Freiheitshelden, die so viel Politisch-Kühnes ins Publikum hineinschwatzen, mir immer vorkommen wie Hasen, die auf öffentlichen Jahrmärkten Pistolen abschießen, alle Kinder und Bauern durch ihre Kühnheit in Erstaunen setzen und dennoch Hasen sind.

Der Sohn der Alpen hatte es gewiß nicht böse gemeint, »es war ein dicker Mann, folglich ein guter Mann«, sagt Cervantes. Aber mein Nachbar von der andern Seite, ein Greifswalder, war durch jene Äußerung sehr pikiert; er beteuerte, daß deutsche Tatkraft und Einfältigkeit noch nicht erloschen sei, schlug sich dröhnend auf die Brust und leerte eine ungeheure Stange Weißbier. Der Schweizer sagte: »Nu! Nu!« Doch, je beschwichtigender er dieses sagte, desto eifriger ging der Greifswalder ins Geschirr. Dieser war ein Mann aus jenen Zeiten, als die Läuse gute Tage hatten und die Friseure zu verhungern fürchteten. Er trug herabhängend langes Haar, ein ritterliches Barett, einen schwarzen, altdeutschen Rock, ein schmutziges Hemd, das zugleich das Amt einer Weste versah, und darunter ein Medaillon mit einem Haarbüschel von Blüchers Schimmel. Er sah aus wie ein Narr in Lebensgröße. Ich mache mir gern einige Bewegung beim Abendessen, und ließ mich daher von ihm in einen patriotischen Streit verflechten. Er war der Meinung, Deutschland müsse in 33 Gauen geteilt werden. Ich hingegen behauptete: es müßten 48 sein, weil man alsdann ein systematischeres Handbuch über Deutschland schreiben könne, und es doch notwendig sei, das Leben mit der Wissenschaft zu verbinden. Mein Greifswalder Freund war auch ein deutscher Barde, und wie er mir vertraute, arbeitete er an einem Nationalheldengedicht zur Verherrlichung Hermanns und der Hermannsschlacht. Manchen nützlichen Wink gab ich ihm für die Anfertigung dieses Epos. Ich machte ihn darauf aufmerksam, daß er die Sümpfe und Knüppelwege des Teutoburger Waldes sehr onomatopöisch durch wäßrige und holprige Verse andeuten könne, und daß es eine patriotische Feinheit wäre, wenn er den Varus und die übrigen Römer lauter Unsinn sprechen ließe. Ich hoffe, dieser Kunstkniff wird ihm, eben so erfolgreich wie andern Berliner Dichtern, bis zur bedenklichsten Illusion gelingen.

An unserem Tische wurde es immer lauter und traulicher, der Wein verdrängte das Bier, die Punschbowlen dampften, es wurde getrunken, smolliert und gesungen. Der alte Landesvater und herrliche Lieder von W. Müller, Rückert, Uhland usw. erschollen. Schöne Methfesselsche Melodien. Am allerbesten erklangen unseres Arndts deutsche Worte: »Der Gott, der Eisen wachsen ließ, der wollte keine Knechte!« Und draußen brauste es, als ob der alte Berg mitsänge, und einige schwankende Freunde behaupteten sogar, er schüttle freudig sein kahles Haupt und unser Zimmer werde dadurch hin und her bewegt. Die Flaschen wurden leerer und die Köpfe voller. Der eine brüllte, der andere fistulierte, ein dritter deklamierte aus der ›Schuld‹, ein vierter sprach Latein, ein fünfter predigte von der Mäßigkeit, und ein sechster stellte sich auf den Stuhl und dozierte: »Meine Herren! Die Erde ist eine runde Walze, die Menschen sind einzelne Stiftchen darauf, scheinbar arglos zerstreut; aber die Walze dreht sich, die Stiftchen stoßen hier und da an und tönen, die einen oft, die andern selten, das gibt eine wunderbare, komplizierte Musik, und diese heißt Weltgeschichte. Wir sprechen also erst von der Musik, dann von der Welt und endlich von der Geschichte; letztere aber teilen wir ein in Positiv und spanische Fliegen –« Und so ging's weiter mit Sinn und Unsinn.

Ein gemütlicher Mecklenburger, der seine Nase im Punschglase hatte, und selig lächelnd den Dampf einschnupfte, machte die Bemerkung: es sei ihm zu Mute, als stände er wieder vor dem Theaterbüffet in Schwerin! Ein anderer hielt sein Weinglas wie ein Perspektiv vor die Augen und schien uns aufmerksam damit zu betrachten, während ihm der rote Wein über die Backen ins hervortretende Maul hinablief. Der Greifswalder, plötzlich begeistert, warf sich an meine Brust und jauchzte: »O, verständest Du mich, ich bin ein Liebender, ich bin ein Glücklicher, ich werde wieder geliebt, und, Gott verdamm' mich! es ist ein gebildetes Mädchen, denn sie hat volle Brüste, und trägt ein weißes Kleid und spielt Klavier!« – Aber der Schweizer weinte, und küßte zärtlich meine Hand und wimmerte beständig: »O Bäbeli! O Bäbeli!«

In diesem verworrenen Treiben, wo die Teller tanzen und die Gläser fliegen lernten, saßen mir gegenüber zwei Jünglinge, schön und blaß wie Marmorbilder, der eine mehr dem Adonis, der andere mehr dem Apollo ähnlich. Kaum bemerkbar war der leichte Rosenhauch, den der Wein über ihre Wangen hinwarf. Mit unendlicher Liebe sahen sie sich einander an, als wenn einer lesen könnte in den Augen des andern, und in diesen Augen strahlte es, als wären einige Lichttropfen hinein gefallen aus jener Schale voll lodernder Liebe, die ein frommer Engel dort oben von einem Stern zum andern hinüber trägt. Sie sprachen leise, mit sehnsuchtbebender Stimme, und es waren traurige Geschichten, aus denen ein wunderschmerzlicher Ton hervor klang. »Die Lore ist jetzt auch tot!« sagte der eine und seufzte, und nach einer Pause erzählte er von einem Halleschen Mädchen, das in einen Studenten verliebt war, und als dieser Halle verließ, mit niemand mehr sprach, und wenig aß, und Tag und Nacht weinte, und immer den Kanarienvogel betrachtete, den der Geliebte ihr einst geschenkt hatte. »Der Vogel starb, und bald darauf ist auch die Lore gestorben!« so schloß die Erzählung, und beide Jünglinge schwiegen wieder und seufzten, als wollte ihnen das Herz zerspringen. Endlich sprach der andere: »Meine Seele ist traurig! Komm mit hinaus in die dunkle Nacht! Einatmen will ich den Hauch der Wolken und die Strahlen des Mondes. Genosse meiner Wehmut! ich liebe Dich, Deine Worte tönen wie Rohrgeflüster, wie gleitende Ströme, sie tönen wider in meiner Brust, aber meine Seele ist traurig!«

Nun erhoben sich die beiden Jünglinge, einer schlang den Arm um den Nacken des andern, und sie verließen das tosende Zimmer. Ich folgte ihnen nach und sah, wie sie in eine dunkle Kammer traten, wie der eine, statt des Fensters, einen großen Kleiderschrank öffnete, wie beide vor demselben, mit sehnsüchtig ausgestreckten Armen, stehen blieben und wechselweise sprachen. »Ihr Lüfte der dämmernden Nacht!« rief der erste, »wie erquickend kühlt Ihr meine Wangen! Wie lieblich spielt Ihr mit meinen flatternden Locken! Ich steh' auf des Berges wolkigem Gipfel, unter mir liegen die schlafenden Städte der Menschen, und blinken die blauen Gewässer. Horch! dort unten im Tale rauschen die Tannen! Dort über die Hügel ziehen, in Nebelgestalten, die Geister der Väter. O, könnt' ich mit Euch jagen, auf dem Wolkenroß, durch die stürmische Nacht, über die rollende See, zu den Sternen hinauf! Aber ach! ich bin beladen mit Leid, und meine Seele ist traurig!« – Der andere Jüngling hatte ebenfalls seine Arme sehnsuchtsvoll nach dem Kleiderschrank ausgestreckt, Tränen stürzten aus seinen Augen, und zu einer gelbledernen Hose, die er für den Mond hielt, sprach er mit wehmütiger Stimme: »Schön bist du, Tochter des Himmels! Holdselig ist deines Antlitzes Ruhe! Du wandelst einher in Lieblichkeit! Die Sterne folgen deinen blauen Pfaden im Osten. Bei deinem Anblick erfreuen sich die Wolken, und es lichten sich ihre düstern Gestalten. Wer gleicht dir am Himmel, Erzeugte der Nacht? Beschämt in deiner Gegenwart sind die Sterne, und wenden ab die grünfunkelnden Augen. Wohin, wenn des Morgens dein Antlitz erbleicht, entfliehst du von deinem Pfade? Hast du gleich mir deine Halle? Wohnst du im Schatten der Wehmut? Sind deine Schwestern vom Himmel gefallen? Sie, die freudig mit dir die Nacht durchwallten, sind sie nicht mehr? Ja, sie fielen herab, o schönes Licht, und du verbirgst dich oft, sie zu betrauern. Doch einst wird kommen die Nacht, und du, auch du bist vergangen, und hast deine blauen Pfade dort oben verlassen. Dann erheben die Sterne ihre grünen Häupter, die einst deine Gegenwart beschämt, sie werden sich freuen. Doch jetzt bist du gekleidet in deiner Strahlenpracht und schaust herab aus den Toren des Himmels. Zerreißt die Wolken, o Winde, damit die Erzeugte der Nacht hervor zu leuchten vermag, und die buschigen Berge erglänzen und das Meer seine schäumenden Wogen rolle in Licht!«

Ein wohlbekannter, nicht sehr magerer Freund, der mehr getrunken als gegessen hatte, obgleich er auch heute Abend, wie gewöhnlich, eine Portion Rindfleisch verschlungen, wovon sechs Gardeleutnants und ein unschuldiges Kind satt geworden wären, dieser kam jetzt in allzugutem Humor, d. h. ganz en Schwein, vorbeigerannt, schob die beiden elegischen Freunde etwas unsanft in den Schrank hinein, polterte nach der Haustüre, und wirtschaftete draußen ganz mörderisch. Der Lärm im Saal wurde auch immer verworrener und dumpfer. Die beiden Jünglinge im Schranke jammerten und wimmerten, sie lägen zerschmettert am Fuße des Berges; aus dem Hals strömte ihnen der edle Rotwein, sie überschwemmten sich wechselseitig, und der eine sprach zum andern: »Lebe wohl! Ich fühle, daß ich verblute. Warum weckst du mich, Frühlingsluft? Du buhlst und sprichst: ich betaue dich mit Tropfen des Himmels. Doch die Zeit meines Welkens ist nahe, nahe der Sturm, der meine Blätter herabstört! Morgen wird der Wanderer kommen, kommen der mich sah in meiner Schönheit, ringsum wird sein Auge im Felde mich suchen, und wird mich nicht finden. –« Aber alles übertobte die wohlbekannte Baßstimme, die draußen vor der Türe, unter Fluchen und Jauchzen, sich gottlästerlich beklagte: daß auf der ganzen dunkeln Weenderstraße keine einzige Laterne brenne, und man nicht einmal sehen könne, bei wem man die Fensterscheiben eingeschmissen habe.

Ich kann viel vertragen – die Bescheidenheit erlaubt mir nicht, die Bouteillenzahl zu nennen –, und ziemlich gut konditioniert gelangte ich nach meinem Schlafzimmer. Der junge Kaufmann lag schon im Bette, mit seiner kreideweißen Nachtmütze und safrangelben Jacke von Gesundheitsflanell. Er schlief noch nicht und suchte ein Gespräch mit mir anzuknüpfen. Er war ein Frankfurt-am-Mainer, und folglich sprach er gleich von den Juden, die alles Gefühl für das Schöne und Edle verloren haben, und die englischen Waren 25 Prozent unter dem Fabrikpreise verkaufen. Es ergriff mich die Lust, ihn etwas zu mystifizieren; deshalb sagte ich ihm: ich sei ein Nachtwandler, und müsse im Voraus um Entschuldigung bitten, für den Fall, daß ich ihn etwa im Schlafe stören möchte. Der arme Mensch hat deshalb, wie er mir den andern Tag gestand, die ganze Nacht nicht geschlafen, da er die Besorgnis hegte, ich könnte mit meinen Pistolen, die vor meinem Bette lagen, im Nachtwandlerzustande ein Malheur anrichten. Im Grunde war es mir nicht viel besser als ihm gegangen, ich hatte sehr schlecht geschlafen. Wüste, beängstigende Phantasiegebilde. Ein Klavierauszug aus Dantes ›Hölle‹. Am Ende träumte mir gar, ich sähe die Aufführung einer juristischen Oper, die ›Falcidia‹ geheißen, erbrechtlicher Text von Gans, und Musik von Spontini…

Aus diesem Lärmen zog mich der Brockenwirt, indem er mich weckte, um den Sonnenaufgang anzusehen. Auf dem

Turm fand ich schon einige Harrende, die sich die frierenden Hände rieben, andere, noch den Schlaf in den Augen, taumelten herauf. Endlich stand die stille Gemeinde von gestern Abend wieder ganz versammelt, und schweigend sahen wir, wie am Horizonte die kleine, karmoisinrote Kugel empor stieg, eine winterlich dämmernde Beleuchtung sich verbreitete, die Berge wie in einem weißwallenden Meere schwammen, und bloß die Spitzen derselben sichtbar hervor traten, so daß man auf einem kleinen Hügel zu stehen glaubte, mitten auf einer überschwemmten Ebene, wo nur hier und da eine trockene Erdscholle hervortritt. Um das Gesehene und Empfundene in Worten festzuhalten, zeichnete ich folgendes Gedicht:

Heller wird es schon im Osten
Durch der Sonne kleines Glimmen,
Weit und breit die Bergesgipfel
In dem Nebelmeere schwimmen.

Hätt' ich Siebenmeilenstiefel,
Lief ich mit der Hast des Windes
Über jene Bergesgipfel,
Nach dem Haus des lieben Kindes.

Von dem Bettchen, wo sie schlummert,
Zög' ich leise die Gardinen,
Leise küßt' ich ihre Stirne,
Leise ihres Munds Rubinen.

Und noch leiser wollt' ich flüstern
In die kleinen Liljenohren:
Denk' im Traum, daß wir uns lieben,
Und daß wir uns nie verloren.

Indessen, meine Sehnsucht nach einem Frühstück war ebenfalls groß, und nachdem ich meinen Damen einige Höflichkeiten gesagt, eilte ich hinab, um in der warmen Stube Kaffee zu trinken. Es tat Not; in meinem Magen sah es so nüchtern aus, wie in der Goslarschen Stephanskirche. Aber mit dem arabischen Trank rieselte mir auch der warme Orient durch die Glieder, östliche Rosen umdufteten mich, süße Bulbul-

Lieder erklangen, die Studenten verwandelten sich in Kamele, die Brockenhausmädchen, mit ihren Congrevischen Blicken, wurden zu Houris, die Philisternasen wurden Minarets usw.

Das Buch, das neben mir lag, war aber nicht der Koran. Unsinn enthielt es freilich genug. Es war das sogenannte Brockenbuch, worin alle Reisende, die den Berg erstiegen, ihre Namen schreiben, und die meisten noch einige Gedanken, und in Ermangelung derselben, ihre Gefühle hinzu notieren. Viele drücken sich sogar in Versen aus. In diesem Buche sieht man, welche Greuel entstehen, wenn der große Philistertroß bei gebräuchlichen Gelegenheiten, wie hier auf dem Brocken, sich vorgenommen hat, poetisch zu werden. Der Palast des Prinzen von Pallagonia enthält keine so große Abgeschmacktheiten, wie dieses Buch, wo besonders hervor glänzen die Herren Akziseeinnehmer mit ihren verschimmelten Hochgefühlen, die Comptoirjünglinge mit ihren pathetischen Seelenergüssen, die altdeutschen Revolutionsdilettanten mit ihren Turngemeinplätzen, die Berliner Schullehrer mit ihren verunglückten Entzückungsphrasen usw. Herr Johannes Hagel will sich auch mal als Schriftsteller zeigen. Hier wird des Sonnenaufgangs majestätische Pracht beschrieben; dort wird geklagt über schlechtes Wetter, über getäuschte Erwartungen, über den Nebel, der alle Aussicht versperrt. »Benebelt herauf gekommen und benebelt hinunter gegangen!« ist ein stehender Witz, der hier von Hunderten nachgerissen wird. Das ganze Buch riecht nach Käse, Bier und Tabak.

Während ich nun besagtermaßen Kaffee trank und im Brockenbuche blätterte, trat der Schweizer mit hochroten Wangen herein, und voller Begeisterung erzählte er von dem erhabenen Anblick, den er oben auf dem Turm genossen, als das reine, ruhige Licht der Sonne, Sinnbild der Wahrheit, mit den nächtlichen Nebelmassen gekämpft, daß es ausgesehen habe wie eine Geisterschlacht, wo zürnende Riesen ihre langen Schwerter ausstrecken, geharnischte Ritter, auf bäumenden Rossen, einher jagen, Streitwagen, flatternde Banner, abenteuerliche Tierbildungen aus dem wildesten Gewühle hervor tauchen, bis endlich alles in den wahnsinnigsten Verzerrungen zusammen kräuselt, blasser und blasser zerrinnt, und spurlos verschwindet. Diese demagogische Naturerscheinung hatte ich versäumt, und ich kann, wenn es zur Untersuchung kommt, eidlich versichern: daß ich von nichts weiß, als vom Geschmack des guten braunen Kaffees. Ach, dieser war sogar Schuld, daß ich meine schöne Dame vergessen, und jetzt stand sie vor der Tür, mit Mutter und Begleiter, im Begriff, den Wagen zu besteigen. Kaum hatte ich noch Zeit, hin zu eilen und ihr zu versichern, daß es kalt sei. Sie schien unwillig, daß ich nicht früher gekommen; doch ich glättete bald die mißmütigen Falten ihrer schönen Stirn, indem ich ihr eine wunderliche Blume schenkte, die ich den Tag vorher, mit halsbrechender Gefahr, von einer steilen Felsenwand gepflückt hatte. Die Mutter verlangte den Namen der Blume zu wissen, gleichsam als ob sie es unschicklich fände, daß ihre Tochter eine fremde, unbekannte Blume vor die Brust stecke – denn wirklich, die Blume erhielt diesen beneidenswerten Platz, was sie sich gewiß gestern auf ihrer einsamen Höhe nicht träumen ließ. Der schweigsame Begleiter öffnete jetzt auf einmal den Mund, zählte die Staubfäden der Blume und sagte ganz trocken: »Sie gehört zur achten Klasse.«

Es ärgert mich jedesmal, wenn ich sehe, daß man auch Gottes liebe Blumen, eben so wie uns, in Kasten geteilt hat, und nach ähnlichen Äußerlichkeiten, nämlich nach Staubfäden-Verschiedenheit. Soll doch mal eine Einteilung stattfinden, so folge man dem Vorschlage Theophrasts, der die Blumen mehr nach dem Geiste, nämlich nach ihrem Geruch, einteilen wollte. Was mich betrifft, so habe ich in der Naturwissenschaft mein eigenes System, und demnach teile ich alles ein: in dasjenige, was man essen kann, und in dasjenige, was man nicht essen kann.

Jedoch, der ältern Dame war die geheimnisvolle Natur der Blumen nichts weniger als verschlossen, und unwillkürlich äußerte sie: daß sie von den Blumen, wenn sie noch im Garten oder im Topfe wachsen, recht erfreut werde, daß hingegen ein leises Schmerzgefühl, traumhaft beängstigend, ihre Brust durchzittere, wenn sie eine abgebrochene Blume sehe – da eine solche doch eigentlich eine Leiche sei, und so eine gebrochene, zarte Blumenleiche ihr welkes Köpfchen recht traurig herab hängen lasse, wie ein totes Kind. Die Dame war fast erschrocken über den trüben Widerschein ihrer Bemerkung, und es war meine Pflicht, denselben mit einigen Voltaireschen Versen zu verscheuchen. Wie doch ein paar französische Worte uns gleich in die gehörige Konvenienzstimmung zurück versetzen können! Wir lachten, Hände wurden geküßt, huldreich wurde gelächelt, die Pferde wieherten, und der Wagen holperte, langsam und beschwerlich, den Berg hinunter.

Nun machten auch die Studenten Anstalt zum Abreisen, die Ranzen wurden geschnürt, die Rechnungen, die über alle Erwartung billig ausfielen, berichtigt; die empfänglichen Hausmädchen, auf deren Gesichtern die Spuren glücklicher Liebe, brachten, wie gebräuchlich ist, die Brockensträußchen, halfen solche auf die Mützen befestigen, wurden dafür mit einigen Küssen oder Groschen honoriert; und so stiegen wir alle den Berg hinab, indem die einen, wobei der Schweizer und Greifswalder, den Weg nach Schierke einschlugen, und die andern, ungefähr zwanzig Mann, wobei auch meine Landsleute und ich, angeführt von einem Wegweiser, durch die sogenannten Schneelöcher hinab zogen nach Ilsenburg.

Das ging über Hals und Kopf. Hallesche Studenten marschieren schneller als die östreichische Landwehr. Ehe ich mich dessen versah, war die kahle Partie des Berges mit den darauf zerstreuten Steingruppen schon hinter uns, und wir kamen durch einen Tannenwald, wie ich ihn den Tag vorher gesehen. Die Sonne goß schon ihre festlichen Strahlen herab und beleuchtete die humoristisch buntgekleideten Burschen, die so munter durch das Dickicht drangen, hier verschwanden, dort wieder zum Vorschein kamen, bei Sumpfstellen über die quergelegten Baumstämme liefen, bei abschüssigen Tiefen an den rankenden Wurzeln kletterten, in den ergötzlichsten Tonarten empor johlten, und eben so lustige Antwort zurück erhielten von den zwitschernden Waldvögeln, von den rauschenden Tannen, von den unsichtbar plätschernden Quellen und von dem schallenden Echo. Wenn frohe Jugend und schöne Natur zusammen kommen, so freuen sie sich wechselseitig.

Je tiefer wir hinab stiegen, desto lieblicher rauschte das unterirdische Gewässer, nur hier und da, unter Gestein und Gestrippe, blinkte es hervor, und schien heimlich zu lauschen, ob es ans Licht treten dürfe, und endlich kam eine kleine Welle entschlossen hervor gesprungen. Nun zeigt sich die gewöhnliche Erscheinung: ein Kühner macht den Anfang, und der große Troß der Zagenden wird plötzlich, zu seinem eigenen Erstaunen, von Mut ergriffen, und eilt, sich mit jenem ersten zu vereinigen. Eine Menge anderer Quellen hüpften jetzt hastig aus ihrem Versteck, verbanden sich mit der zuerst hervorgesprungenen, und bald bildeten sie zusammen ein schon bedeutendes Bächlein, das in unzähligen Wasserfällen, und in wunderlichen Windungen, das Bergtal hinab rauscht. Das ist nun die Ilse, die liebliche, süße Ilse. Sie zieht sich durch das gesegnete Ilsetal, an dessen beiden Seiten sich die Berge allmählig höher erheben, und diese sind, bis zu ihrem Fuße, meistens mit Buchen, Eichen und gewöhnlichem Blattgesträuche bewachsen, nicht mehr mit Tannen und anderm Nadelholz. Denn jene Blätterholzart wird vorherrschend auf dem »Unterharze«, wie man die Ostseite des Brockens nennt, im Gegensatz zur Westseite desselben, die der »Oberharz« heißt, und wirklich viel höher ist und also auch viel geeigneter zum Gedeihen der Nadelhölzer.

Es ist unbeschreibbar, mit welcher Fröhlichkeit, Naivität und Anmut die Ilse sich hinunter stürzt über die abenteuerlich gebildeten Felsstücke, die sie in ihrem Laufe findet, so daß das Wasser hier wild empor zischt oder schäumend überläuft, dort aus allerlei Steinspalten, wie aus tollen Gießkannen, in reinen Bögen sich ergießt, und unten wieder über die kleinen Steine hintrippelt, wie ein munteres Mädchen. Ja, die Sage ist wahr, die Ilse ist eine Prinzessin, die lachend und blühend den Berg hinab läuft. Wie blinkt im Sonnenschein ihr weißes Schaumgewand! Wie flattern im Winde ihre silbernen Busenbänder! Wie funkeln und blitzen ihre Diamanten! Die hohen Buchen stehen dabei gleich ernsten Vätern, die verstohlen lächelnd dem Mutwillen des lieblichen Kindes zusehen; die weißen Birken bewegen sich tantenhaft vergnügt, und doch zugleich ängstlich über die gewagten Sprünge; der stolze Eichbaum schaut drein wie ein verdrießlicher Oheim, der das schöne Wetter bezahlen soll; die Vögelein in den Lüften jubeln ihren Beifall, die Blumen am Ufer flüstern zärtlich: O, nimm uns mit, nimm uns mit, lieb Schwesterchen! – aber das lustige Mädchen springt unaufhaltsam weiter, und plötzlich ergreift sie den träumenden Dichter, und es strömt auf mich herab ein Blumenregen von klingenden Strahlen und strahlenden Klängen, und die Sinne vergehen mir vor lauter Herrlichkeit...

Unendlich selig ist das Gefühl, wenn die Erscheinungswelt mit unserer Gemütswelt zusammenrinnt, und grüne Bäume, Gedanken, Vögelgesang, Wehmut, Himmelsbläue, Erinnerung und Kräuterduft sich in süßen Arabesken verschlingen. Die Frauen kennen am besten dieses Gefühl, und darum mag auch ein so holdselig ungläubiges Lächeln um ihre Lippen schweben, wenn wir mit Schulstolz unsere logischen Taten rühmen, wie wir alles so hübsch eingeteilt in objektiv und subjektiv, wie wir unsere Köpfe apothekenartig mit tausend Schubladen versehen, wo in der einen Vernunft, in der andern Verstand, in der dritten Witz, in der vierten schlechter Witz, und in der fünften gar nichts, nämlich die Idee, enthalten ist.

Wie im Traume fortwandelnd, hatte ich fast nicht bemerkt, daß wir die Tiefe des Ilsetals verlassen, und wieder bergauf stiegen. Dies ging sehr steil und mühsam, und mancher von uns kam außer Atem. Doch wie unser seliger Vetter, der zu Mölln begraben liegt, dachten wir im Voraus ans Bergabsteigen, und waren um so vergnügter. Endlich gelangten wir auf den Ilsenstein.

Das ist ein ungeheurer Granitfelsen, der sich lang und keck aus der Tiefe erhebt. Von drei Seiten umschließen ihn die hohen, waldbedeckten Berge, aber die vierte, die Nordseite, ist frei, und hier schaut man das unten liegende Ilsenburg und die Ilse, weit hinab ins niedere Land. Auf der turmartigen Spitze des Felsens steht ein großes, eisernes Kreuz, und zur Not ist da noch Platz für vier Menschenfüße.

Wie nun die Natur, durch Stellung und Form, den Ilsenstein mit phantastischen Reizen geschmückt, so hat auch die Sage ihren Rosenschein darüber ausgegossen. Gottschalk berichtet: »Man erzählt, hier habe ein verwünschtes Schloß gestanden, in welchem die reiche, schöne Prinzessin Ilse gewohnt, die sich noch jetzt jeden Morgen in der Ilse bade; und wer so glücklich ist, den rechten Zeitpunkt zu treffen, werde von ihr in den Felsen, wo ihr Schloß sei, geführt und königlich belohnt!« Andere erzählen von der Liebe des Fräuleins Ilse und des Ritters von Westenberg eine hübsche Geschichte, die einer unserer bekanntesten Dichter romantisch in der ›Abendzeitung‹ besungen hat. Andere wieder erzählen anders: es soll der altsächsische Kaiser Heinrich gewesen sein, der mit Ilse, der schönen Wasserfee, in ihrer verzauberten

Felsenburg die kaiserlichsten Stunden genossen. Ein neuerer Schriftsteller, Herr Niemann, Wohlgeb., der ein Harzreisebuch geschrieben, worin er die Gebirgshöhen, Abweichungen der Magnetnadel, Schulden der Städte und dergleichen mit löblichem Fleiße und genauen Zahlen angegeben, behauptet indes: »Was man von der Prinzessin Ilse erzählt, gehört dem Fabelreiche an.« So sprechen alle diese Leute, denen eine solche Prinzessin niemals erschienen ist, wir aber, die wir von schönen Damen besonders begünstigt werden, wissen das besser. Auch Kaiser Heinrich wußte es. Nicht umsonst hingen die altsächsischen Kaiser so sehr an ihrem heimischen Harze. Man blättere nur in der hübschen Lüneburger Chronik, wo die guten, alten Herren in wunderlich treuherzigen Holzschnitten abkonterfeit sind, wohlgeharnischt, hoch auf ihrem gewappneten Schlachtroß, die heilige Kaiserkrone auf dem teuren Haupte, Szepter und Schwert in festen Händen; und auf den lieben, knebelbärtigen Gesichtern kann man deutlich lesen, wie oft sie sich nach den süßen Herzen ihrer Harzprinzessinnen und dem traulichen Rauschen der Harzwälder zurück sehnten, wenn sie in der Fremde weilten, wohl gar in dem zitronen- und giftreichen Welschland, wohin sie und ihre Nachfolger so oft verlockt wurden von dem Wunsche, römische Kaiser zu heißen, einer echtdeutschen Titelsucht, woran Kaiser und Reich zu Grunde gingen.

Ich rate aber jedem, der auf der Spitze des Ilsensteins steht, weder an Kaiser und Reich, noch an die schöne Ilse, sondern bloß an seine Füße zu denken. Denn als ich dort stand, in Gedanken verloren, hörte ich plötzlich die unterirdische Musik des Zauberschlosses, und ich sah, wie sich die Berge ringsum auf die Köpfe stellten, und die roten Ziegeldächer zu Ilsenburg anfingen zu tanzen, und die grünen Bäume in der blauen Luft herum flogen, daß es mir blau und grün vor den Augen wurde, und ich sicher, vom Schwindel erfaßt, in den Abgrund gestürzt wäre, wenn ich mich nicht, in meiner Seelennot, ans eiserne Kreuz festgeklammert hätte. Daß ich, in so mißlicher Stellung, dieses letztere getan habe, wird mir gewiß niemand verdenken.

Die ›Harzreise‹ ist und bleibt Fragment, und die bunten Fäden, die so hübsch hineingesponnen sind, um sich im Ganzen harmonisch zu verschlingen, werden plötzlich, wie von der

Schere der unerbittlichen Parze, abgeschnitten. Vielleicht verwebe ich sie weiter in künftigen Liedern, und was jetzt kärglich verschwiegen ist, wird alsdann vollauf gesagt. Am Ende kommt es auch auf eins heraus, wann und wo man etwas ausgesprochen hat, wenn man es nur überhaupt einmal ausspricht. Mögen die einzelnen Werke immerhin Fragmente bleiben, wenn sie nur in ihrer Vereinigung ein Ganzes bilden. Durch solche Vereinigung mag hier und da das Mangelhafte ergänzt, das Schroffe ausgeglichen und das Allzuherbe gemildert werden...

Ich kann nicht umhin, hier ebenfalls anzudeuten: daß der Oberharz, jener Teil des Harzes, den ich bis zum Anfang des Ilsetals beschrieben habe, bei weitem keinen so erfreulichen Anblick wie der romantisch malerische Unterharz gewährt, und in seiner wildschroffen, tannendüstern Schönheit gar sehr mit demselben kontrastiert; so wie ebenfalls die drei, von der Ilse, von der Bode und von der Selke gebildeten Täler des Unterharzes gar anmutig unter einander kontrastieren, wenn man den Charakter jedes Tales zu personifizieren weiß. Es sind drei Frauengestalten, wovon man nicht so leicht zu entscheiden vermag, welche die schönste sei.

Von der lieben, süßen Ilse und wie süß und lieblich sie mich empfangen, habe ich schon gesagt und gesungen. Die düstere Schöne, die Bode, empfing mich nicht so gnädig, und als ich sie im schmiededunkeln Rübeland zuerst erblickte, schien sie gar mürrisch und verhüllte sich in einen silbergrauen Regenschleier. Aber mit rascher Liebe warf sie ihn ab, als ich auf die Höhe der Roßtrappe gelangte, ihr Antlitz leuchtete mir entgegen in sonnigster Pracht, aus allen Zügen hauchte eine kolossale Zärtlichkeit, und aus der bezwungenen Felsenbrust drang es hervor wie Sehnsuchtseufzer und schmelzende Laute der Wehmut. Minder zärtlich, aber fröhlicher, zeigte sich mir die schöne Selke, die schöne, liebenswürdige Dame, deren edle Einfalt und heitre Ruhe alle sentimentale Familiarität entfernt hält, die aber doch durch ein halbverstecktes Lächeln ihren neckenden Sinn verrät; und diesem möchte ich es wohl zuschreiben, daß mich im Selketal gar mancherlei kleines Ungemach heimsuchte, daß ich, indem ich über das Wasser springen wollte, just in die Mitte hineinplumpste, daß nachher, als ich das nasse Fußzeug mit Pantoffeln vertauscht hatte, einer derselben mir abhanden oder vielmehr abfüßen kam, daß mir ein Windstoß die Mütze entführte, daß mir Walddorne die Beine zerfetzten, u. leider s. w. Doch all dieses Ungemach verzeihe ich gern der schönen Dame, denn sie ist schön. Und jetzt steht sie vor meiner Einbildung mit all ihrem stillen Liebreiz, und scheint zu sagen: wenn ich auch lache, so meine ich es doch gut mit Ihnen, und ich bitte Sie, besingen Sie mich. Die herrliche Bode tritt ebenfalls hervor in meiner Erinnerung, und ihr dunkles Auge spricht: du gleichst mir im Stolz und im Schmerze, und ich will, daß du mich liebst. Auch die schöne Ilse kommt herangesprungen, zierlich und bezaubernd in Miene, Gestalt und Bewegung; sie gleicht ganz dem holden Wesen, das meine Träume beseligt, und ganz wie Sie, schaut sie mich an, mit unwiderstehlicher Gleichgültigkeit und doch zugleich so innig, so ewig, so durchsichtig wahr – Nun, ich bin Paris, die drei Göttinnen stehen vor mir, und den Apfel gebe ich der schönen Ilse.

Es ist heute der erste Mai. Wie ein Meer des Lebens ergießt sich der Frühling über die Erde, der weiße Blütenschaum bleibt an den Bäumen hängen, ein weiter, warmer Nebelglanz verbreitet sich überall. In der Stadt blitzen freudig die Fensterscheiben der Häuser, an den Dächern bauen die Spatzen wieder ihre Nestchen, auf der Straße wandeln die Leute und wundern sich, daß die Luft so angreifend und ihnen selbst so wunderlich zu Mute ist; die bunten Vierlanderinnen bringen Veilchensträußer; die Waisenkinder, mit ihren blauen Jäckchen und ihren lieben, unehelichen Gesichtchen, ziehen über den Jungfernstieg und freuen sich, als sollten sie heute einen Vater wiederfinden; der Bettler an der Brücke schaut so vergnügt, als hätte er das große Los gewonnen, sogar den schwarzen, noch ungehenkten Makler, der dort mit seinem spitzbübischen Manufakturwaren-Gesicht einherläuft, bescheint die Sonne mit ihren tolerantesten Strahlen, – ich will hinauswandern vor das Tor.

Es ist der erste Mai, und ich denke deiner, du schöne Ilse – oder soll ich dich »Agnes« nennen, weil dir dieser Name am besten gefällt? – ich denke deiner, und ich möchte wieder zusehen, wie du leuchtend den Berg hinabläufst. Am liebsten aber möchte ich unten im Tale stehen und dich auffangen in meine Arme. – Es ist ein schöner Tag! Überall sehe ich die grüne Farbe, die Farbe der Hoffnung. Überall, wie holde

Wunder, blühen hervor die Blumen, und auch mein Herz will wieder blühen. Dieses Herz ist auch eine Blume, eine gar wunderliche. Es ist kein bescheidenes Veilchen, keine lachende Rose, keine reine Lilie, oder sonstiges Blümchen, das mit artiger Lieblichkeit den Mädchensinn erfreut, und sich hübsch vor den hübschen Busen stecken läßt, und heute welkt und morgen wieder blüht. Dieses Herz gleicht mehr jener schweren, abenteuerlichen Blume aus den Wäldern Brasiliens, die, der Sage nach, alle hundert Jahre nur einmal blüht. Ich erinnere mich, daß ich als Knabe eine solche Blume gesehen. Wir hörten in der Nacht einen Schuß, wie von einer Pistole, und am folgenden Morgen erzählten mir die Nachbarskinder, daß es ihre »Aloe« gewesen, die mit solchem Knalle plötzlich aufgeblüht sei. Sie führten mich in ihren Garten, und da sah ich, zu meiner Verwunderung, daß das niedrige, harte Gewächs mit den närrisch breiten, scharfgezackten Blättern, woran man sich leicht verletzen konnte, jetzt ganz in die Höhe geschossen war, und oben, wie eine goldene Krone, die herrlichste Blüte trug. Wir Kinder konnten nicht so hoch hinaufsehen, und der alte, schmunzelnde Christian, der uns lieb hatte, baute eine hölzerne Treppe um die Blume herum, und da kletterten wir hinauf, wie die Katzen, und schauten neugierig in den offenen Blumenkelch, woraus die gelben Strahlenfäden und wildfremden Düfte mit unerhörter Pracht hervordrangen.

Ja, Agnes, oft und leicht kommt dieses Herz nicht zum Blühen; so viel ich mich erinnere, hat es nur ein einziges Mal geblüht, und das mag schon lange her sein, gewiß schon hundert Jahr. Ich glaube, so herrlich auch damals seine Blüte sich entfaltete, so mußte sie doch aus Mangel an Sonnenschein und Wärme elendiglich verkümmern, wenn sie nicht gar von einem dunkeln Wintersturme gewaltsam zerstört worden. Jetzt aber regt und drängt es sich wieder in meiner Brust, und hörst du plötzlich den Schuß – Mädchen, erschrick nicht! ich hab' mich nicht tot geschossen, sondern meine Liebe sprengt ihre Knospe, und schießt empor in strahlenden Liedern, in ewigen Dithyramben, in freudigster Sangesfülle.

Ist dir aber diese hohe Liebe zu hoch, Mädchen, so mach es dir bequem, und besteige die hölzerne Treppe, und schaue von dieser hinab in mein blühendes Herz.

Es ist noch früh am Tage, die Sonne hat kaum die Hälfte

ihres Weges zurückgelegt, und mein Herz duftet schon so stark, daß es mir betäubend zu Kopfe steigt, daß ich nicht mehr weiß, wo die Ironie aufhört und der Himmel anfängt, daß ich die Luft mit meinen Seufzern bevölkere, und daß ich selbst wieder zerrinnen möchte in süße Atome, in die unerschaffene Gottheit; – wie soll das erst gehen, wenn es Nacht wird, und die Sterne am Himmel erscheinen, »die unglücksel'gen Sterne, die dir sagen können – –«

Es ist der erste Mai, der lumpigste Ladenschwengel hat heute das Recht, sentimental zu werden, und dem Dichter wolltest du es verwehren?

Christine Brückner
Ich wär Goethes dickere Hälfte
Christiane von Goethe im Vorzimmer der verwitweten Oberstallmeisterin Charlotte von Stein

Die Frau verwitwete Oberstallmeisterin empfängt nicht? Sie fühlt sich nicht? Auch recht. Ich kann warten. Vielleicht fühlt sie sich demnächst wieder? Ich kann auch Platz nehmen. Vielleicht müssen Sie Ihren Salon mal verlassen und kommen durchs Vorzimmer, und da sitzt dann die ehemalige Vulpius. An der kommt man nun nicht mehr vorbei, Madame von Stein, auch Sie nicht. Soll ich lauter sprechen, damit Sie mich verstehen? Oder halten Sie sich die Ohren zu, weil ich ordinär rede? Thüringisch! Das tun Sie auch, nur gestelzter.

Ich passe nicht in Ihre Sessel, ich bin zu breit. Hier darf man sich's wohl nicht commod machen? Hier muß man die Knie aneinander drücken und darf sich nicht anlehnen. Aber ich lehn mich gern wo an! Und jetzt setz ich mich erst recht lätschig, nur weil Sie's erwarten.

Der Portwein ist für mich? Oder soll er noch für andere Besucher reichen? Wer kommt denn noch? Die Weimarer fürchten Ihre spitze Zunge. Haben Sie die Karaffe füllen lassen, als Sie die Kalesche der Vulpiussen haben vorfahren sehen? Kommt drauf an, Madame, wie lange Sie mich warten lassen. Wer mehr Geduld hat.

Jetzt sind Sie neugierig, ob der Meinige weiß, daß ich Ihnen einen Besuch abstatte. Er befindet sich zur Zeit auf Reisen, das weiß in Weimar jeder, und Sie wissen's auch. Und wenn er zurückkommt, erzählt er, wie's war, und ich erzähl ihm, wie's in Weimar war, und vielleicht erzähl ich ihm auch, daß die Frau von Stein sich nicht fühlte, um die kranke Frau von Goethe zu empfangen. Ich dacht, wir hätten uns was zu sagen gehabt. Wenn's dem Ende zugeht, muß es auch mit dem Streit zu Ende gehn. Wir sollten unsre Sach ins reine bringen. Vielleicht, daß Sie das eine oder andere gern zurücknehmen möchten? Worte wiegen schwer. Sie haben angeordnet, daß die Sargträger Ihre Leiche nicht am Frauenplan vorbeitragen sollen, wenn's soweit ist. Ich bin vorher dran, Madame. Wenn's meinetwegen ist, können Sie sich den Umweg sparen, und der Meinige wird nicht am Fenster stehn, er geht dem Tod aus dem Wege.

Ich schenk mir noch mal ein, wenn's recht ist. Und jetzt werd ich Ihnen erzählen, wie alles gekommen ist.

Ich hab nichts für mich gewollt von dem Herrn von Goethe. Ich hab ihm damals eine Bittschrift meines Bruders überreicht. Nur angesehen hat er mich, und ich hab geknickst und bin rot geworden und hab gelacht, weil ein armes Mädchen nicht stolz sein darf. Er hat mich eingeladen in sein Gartenhaus. Zuerst, da haben die Leut gedacht, die Demoiselle Vulpius putzt und kocht für ihn und weiter nichts. Aber das Weiternichts, das war die Hauptsach. Für ihn war ich keine Arbeiterin, die Kunstblumen in der Bertuchschen Fabrik macht, für ihn war ich ein Blumenmädchen. Ich war sein Mädchen. Er liebte Mädchen. Er hatte genug von den Damens! Ich hab mich heimlich durch die Gärten hingeschlichen, hintenherum. Das Wehr an der Ilm rauschte, da hat mich keiner gehört. Er sollte nicht ins Gerede kommen, und ich durfte auch nicht ins Gerede kommen. Aber die Weimarer! Da hat jeder drei Augen und drei Ohren! Als sie's rausgekriegt hatten, daß ich bei ihm war, Tag und Nacht, da hieß es, ich wär ein Geschöpf aus der Gosse. Ich wär eine Hure. Ich käm aus einer Pöbelfamilie. Mein Vater wäre ein Trinker.

Aber der Meinige hat mir einen Schlüssel gegeben und hat »unser Häusgen« gesagt. Ich hab im Garten gehackt und gejätet und Wasser von der Ilm geholt und die Blumen gegossen, und die sind gewachsen und haben geduftet. Das war mir am liebsten, draußen bei den Blumen, die Dornen hatten und welk wurden, anders als die Seidenblumen, die ich bei Bertuch machen mußte für Damens wie Sie. Wir Mädchen waren stolz, wenn wir hörten, daß die Frau Oberstallmeisterin von Stein unsere Blumen an ihrem Busen trug, an ihrer »imponierenden Büste«, sagten wir dazu.

Wenn der Meinige nach Jena fuhr, für mehrere Tage, und ich war allein im Häusgen, dann hab ich mich nützlich gemacht, und wenn er zurückkam, war ich nicht verdrießlich und hab nicht gefragt wieso und woher. Dann hatten wir unser Hätschelstündchen, darauf war er so erpicht wie ich. Die Frau Rath in Frankfurt hat ihn ihren Hätschelhans genannt und hätscheln, das hatte er gern und ich auch. Und gelobt hat er mich, ohne meinen Namen zu nennen. Er hätt jetzt ein

Haus und gut Essen und Trinken und dergleichen, und die Leut wußten, was er mit dergleichen meinte, und tuschelten und keiften, und ich traute mich nicht auf die Straße. Aber er, er hat's als eine Gewissensehe angesehen, nur ohne Zeremonie. Er hatte ja noch nicht viele gute Ehen zu sehen bekommen, in Weimar nicht und in Jena auch nicht. Keine, die ihm Lust gemacht hätte. Da war alles standesgemäß und reputierlich, und von Lust und Lachen war nichts. Ich hab nicht viel gelernt, nur daß ich lesen und schreiben konnt, aber ich hab meine Augen und Ohren aufgesperrt, und meine Gedanken sind hinter seinen Gedanken hergerannt und sind Kobolz geschossen und oft nicht angekommen. Er hat mir vorgelesen, was er geschrieben hat, nicht nur Ihnen, Madame, und manchmal tut er's heut noch. Ich hab zugehört und genickt und gelacht und losgeheult, wenn's traurig war. Und wenn's langweilig war, bin ich eingeschlafen. Ich war wie's Publikum. Und Sie waren seine Kritikerin. Zu Haus will einer nicht kritisiert werden, da will er geliebt und bewundert sein. Und geendet hat's meistens mit unserm Schlampampstündchen. Sie wissen nicht, was das ist? Hat's das mit dem Herrn Oberstallmeister nicht gegeben? Ich sag's Ihnen nicht! Jetzt brauchen Sie's auch nicht mehr zu wissen.

Was haben Sie denn Ihrer Dienstmagd gesagt, als Sie die Vulpiussen im Spion entdeckt haben? Für die Dame Vulpia bin ich nicht zu Hause? Ich bin unwohl? Unpäßlich? Wird Ihnen schlecht bei meinem Anblick? Es riecht hier säuerlich, Madame, schon auf der Stiege. Ungelüftet! Ich komm aus kleinen Verhältnissen, aus der Gosse, oder wie drücken Sie das aus? Aber jetzt hab ich's zu was gebracht, ohne daß ich drauf aus war. Es hat sich ergeben. Ich sag dem Kutscher: Fahr er mich zu der Frau Oberstallmeisterin von Stein! Er braucht nicht zu warten, wir haben miteinander zu reden, es wird dauern.

Jetzt seh ich's mit eigenen Augen. Sie leben ärmlich. Die Dielen knarren. Keine Teppiche mehr, kein Kronleuchter. Aber eine silberne Schale für die Visitenkarten! Der Stuhl hat kein Polster. Und Sie sitzen am Fenster und gucken auf die Straße, was die Leut für Fehler machen, und mokieren sich. Sie sind ein Zugucker, aber ich mach überall mit, auch heut noch. Sie sind gekränkt, weil die Marodeure Ihnen alles zerschlagen und weggenommen haben. Wenn Krieg ist, passiert so was. Ich hab die Kerle rausgeworfen. Raus hier! hab ich geschrien, und das haben sie verstanden, auch wenn's nicht französisch war. Sie, Sie konnten doch parlieren! Oder wollten Sie sich mit dem ordinären Kriegsvolk nicht einlassen?

Bei Ihnen friert's mich, Madame! Vornehme Kühle und vornehme Blässe. Aber ich geh in die Sonne, weil ich's gern warm hab, und bin braun wie die Frauen in Sizilien. Und wenn's regnet, wird's Haar kraus, ohne Brennschere, und geschnürt bin ich auch nicht, alles Natur, wie's der Meinige gern hat. Ich red, wie mir der Schnabel gewachsen ist. Ihm wär's recht, aber er sagt nicht »Schnabel«, er sagt »dein Mäulgen«. Ich hab keinen spitzen Schnabel und keine spitze Zunge, bei mir ist alles rund. Besser rundlich als runzlig. Und Grübchens! Er hat sie gezählt. Zwölf hat er gezählt. Ich sag Ihnen nicht wo alles. Ich sag »Meiniger«, das hat er immer gesagt, als mir noch Madame Vulpius und Sohn waren. Ich sag »mir« – stört Sie das? Der Meinige war abhängig von mir und ich von ihm. Was ist denn Schöneres, als wenn einer den anderen braucht? Sie waren seine Seelenfreundin. Gut! Die Seele hätt ich ihm gegönnt, wenn's nur eine gute Seele gewesen wär! Erst waren Sie seine Lehrmeisterin, dann war ich's, nur bei mir hat er was anderes gelernt. Sie waren sieben Jahre älter als er, ich war siebzehn Jahr jünger. Ich könnt Ihre Tochter sein, aber ich hätt's nicht wollen. Dann hätten Sie mich erzogen und gedrillt, und aus mir wär womöglich ein Hoffräulein geworden. Auf die Dauer konnt er eine edle Seele leichter entbehren. Ans warme Bett gewöhnt man sich. Ich war seine Wärmkruke.

Wie's so geht: ein Jahr, und ich kam nieder. »Liebe bildete dich: werde dir Liebe zuteil«, so hat er seinen Sohn begrüßt. Unser August! Unser Bübgen! Sie hätten sich doch mitfreuen können. Ein leiblicher Sohn von Johann Wolfgang von Goethe! Alle wußten es doch, und er hat's auch nie geleugnet. Und Ihrem Sohn Fritz war er doch wie ein Vater, hat ihn erzogen und gebildet. Und jetzt reden Sie schlecht von unserem August, er wär ein Trinker, wie seine Mutter.

Der Meinige hatte viele Pflichten am Hofe und Ämter und mußte oft weg, aber nach dem Bübgen und mir hat er sich immer gesehnt. Er hat uns Briefe geschrieben und Präsenter mitgebracht, damit ich mich putzen konnte wie die Damen in Weimar. Hauben und Seidenstoffe. Und wenn ich mich langgeweilt hab, bin ich ausgegangen. Er wollt nicht, daß ich gramselig war, und wenn ich merkte, daß ich's wurde, bin ich Tanzen gegangen und Weintrinken und Schlittschuhlaufen und Kartenspielen. Wenn er zurückkam, war ich so, wie er mich hat haben wollen, quirlig und lustig. Ich bin, wie ich bin, und er ist, wie er ist. Er wollt mich so, und ich wollt ihn so. Oft war ich richtig hasig, wie die Mädchen in Italien. Das ist, wenn man Lust auf einen Mann hat, Madame! Nicht auf irgendeinen. Auf den! Davon wird man dann leicht krabbskrallig. Und meine Krabbskralligkeit hat ihn jedesmal belebt. Er schrieb ein neues Werk, und ich machte auch was Neues. Mir ist's dann nicht mehr geraten. Egal, ob Sie wissen, was ich meine. Jetzt heul ich auch noch. Das könnt Ihnen so passen, die Frau Geheimrat von Goethe vergießt Tränen im Haus der Frau von Stein. Das ist ja zum Lachen! Bevor ich wein, lach ich lieber. Das war Gottes Strafe, haben Sie bei Hof gesagt, als mein Kind nur ein paar Tage gelebt hat, und eins hat nur ein paar Stunden geatmet. Und wenn Ihre Kinder tot auf die Welt gekommen sind, da war's dann Gottes unerforschlicher Wille. Sie legen alles aus, wie's Ihnen paßt.

Die Karaffe ist noch halb voll. Ich hab noch einiges zum Sagen, Madame!

Seine Mutter, die Frau Rath in Frankfurt, hat mich »liebe Freundin« genannt und auch »liebe Tochter«. Ich wär seine »Gefährtin«, hat sie gesagt, und das Wort trifft's genau, da steckt Gefahr drin. Gefahren werden! Meine Equipage! Das war ein Triumph, als er mir die Kutsche geschenkt hat und ich hab anspannen lassen und bin durch die Straßen gefahren. Da bewegten sich die Gardinen! Inzwischen wohnten wir im Jägerhaus. »Eroticum« hat er's genannt, aber das durfte keiner hören. Eros in Weimar! Werden Sie rot, Madame? Wenn ihm unsere Gewissensehe genügte, und dem Herzog genügte es auch, dann konnte es mir auch genügen. Was hatte ich denn für eine Wahl? Wer hätte mich denn genommen? Ein Kanzleisekretär vielleicht. Besser die Freundin eines großen Mannes als die Frau eines kleinen. Wie der beste Hausvater hat er für uns gesorgt. Meine Tante, die mich großzog, hat er aufgenommen und meine Schwester auch, und um meinen Bruder hat er sich gekümmert wie ein Schwager, hat ihm eine Anstellung bei Hofe verschafft, und ein Testament hat er für mich und den August aufgesetzt, daß alles für uns sein sollte, wenn ihm mal was passieren tät.

Warum hassen Sie uns denn? Ich hab Ihnen doch nichts weggenommen. Was ich ihm gab, wollten Sie doch nicht hergeben, hatten's ja auch gar nicht. Wie jemand nach dem Abschied ist, daran erkennt man, was die Sache vorher wert war. Das weiß ich vom Garten: Es geht nichts auf, was man nicht gesät hat.

Erinnern Sie sich noch an den vierzehnten Oktober achtzehnhundertsechs? Die Kinder lernen das Datum jetzt in der Schule. Die Schlacht bei Jena! Als die französischen Soldaten am Frauenplan alles verwüsteten und ins Haus drangen und sich mit den blanken Säbeln auf den Meinigen stürzen wollten, da hab ich mich dazwischen geworfen. Die Männer waren besoffen. Ich hab ihnen ein paar Silberleuchter in den Arm gedrückt, und da sind sie abgezogen. Der Meinige sagt, er verdanke mir sein Leben, und seither gehörten wir erst recht zusammen, und er hätt jetzt Verantwortung für mich. Drei Tage später wurden wir getraut. Heimlich, haben Sie gesagt, und nur in der Sakristei, weil Goethe sich mit der Vulpiussen geniert hätte. Aber das ist nicht wahr. Im Hauptschiff der Kirche lagen die Verwundeten. Deshalb. Der Herr Oberkirchenrat hat uns persönlich kopuliert, und hernach war ich eine Exzellenz, und unser August durfte sich »von Goethe« nennen. Und ich bekam meine Honneurs! Das Zähneknirschen der Weimarer hab ich hören können, wenn sie die Geheimrätin von Goethe empfangen mußten. Und ich hab trotzdem weiter Karten gespielt und bin allein ins Theater gegangen, aber in die Loge! Der Meinige hat mich nicht eingesperrt und ich hab ihn auch nicht. Jetzt frag ich Sie mal was: Hätt der Herr verstorbene Oberstallmeister Sie noch mal geheiratet, als er Sie schon zwanzig Jahre gehabt hatte?

Ich feire gern Feste und bin gern dabei, wenn's wo lustig hergeht, wie bei den Schauspielern. Sollen die Weimarer doch reden! Bei Ihnen hätt er seinen Prophetenmantel nicht tragen dürfen und seine weichen Schlappen auch nicht. Sie wollten einen Hofdichter aus ihm machen, mit Jabot und Perücke und mit gestickten Westgens. Wenn er seinen Katarrh hat und Fieber, dann mach ich ihm Wickel, und wenn er Schüttelfrost hat, zieh ich's Hemd aus. Nicht seines! Meines, Madame, und wärm ihn. Ich beherrsche das Versmaß des

Hexameters so gut wie Sie, aber mir hat er's auf den nackten Rücken und aufs Hinterteil gezählt. Lang-kurz-kurz, lang-kurz-kurz. Skandieren nennt man das. Und mein Hinterteil nennt er Kallipigos. In Neapel hat er die Statue der Venus Kallipigos gesehen, die Venus mit dem schönen Hinterteil. Nach Ihrer Zeit, Madame! Wie hätte er denn von Ihnen loskommen sollen? Er mußte doch fliehen! Bis über die Alpen! Hat Ihnen keiner seine römischen Elegien zugesteckt? Heimlich? Hätte sich die Seelenfreundin vielleicht besudelt? Warum haben Sie ihm die römischen Mädchen nicht gegönnt? Ich gönn ihm seine Minchens. Ich nenn sie alle Minchens, ob sie nun Lilly oder Faustina oder Charlotte heißen. Er läßt mich tanzen, und ich laß ihm die Minchens. Wenn er nur jemanden hat, auf den er seinen Vers machen kann. Für die Mädchens ist er ein lieber alter Herr.

Er braucht Ruhe für seine Arbeit. Ich rumple und rumore, sagt er. Früher hat er's gern gehabt, als wir noch allein im Gartenhaus waren, aber jetzt ist das Haus voller Leute, Knechte und Mägde und Kutscher und ein Sekretär und alle die Besucher, die ihm ihre Aufwartung machen wollen. Das ist ein Gedrängel und Gewimmel, und darum fährt er oft weg. Wenn er wiederkommt, da »wird ihm die Nacht zur schöneren Hälfte des Lebens«, hat er mir geschrieben.

Ich wär Goethes »dickere Hälfte« haben Sie gesagt. Sagt das eine edle Seele? Als Kind hab ich oft Hunger gehabt, und später hab ich viel runterschlucken müssen, und manches hab ich runtergespült, sonst wär es mir vielleicht hochgekommen, und ich hätt auf der Straße oder im Gasthof gesagt, was ich jetzt nur zu Ihnen sage. Sie haben eine schlanke Taille, Madame. Wie lange braucht denn Ihre Dienstmagd, bis sie das Mieder so stramm gezogen hat? Sie haben wohl auch bei Tisch keinen Spaß gehabt? Ich eß gern, und ich trink gern, was Gutes und nicht so eine billige süße Plempe. Aber ich mach die Karaffe trotzdem leer! Damit Sie Ihre Meinung nicht ändern müssen und damit Sie nicht lügen, wenn Sie überall erzählen, daß die Dame Vulpius die Karaffe leergetrunken hat und Ihnen ihr Herz ausschütten mußte. Ich hab Schmerzen im Leib, von den Nieren, vielleicht ist es auch die Galle. Es tut mir wohl, mal alles auszusprechen. Goethe wär sinnlich geworden durch mich, haben Sie behauptet, als wär das was Schlimmes, als wär er nun nicht mehr der große

Dichterfürst von Weimar. Ich hab Schmerzen, Madame, Koliken und Krämpfe. Der Schmerz macht die einen dünn und die anderen macht er dick.

Ich bin fünfzig, Sie sind sieben Jahre älter als der Meinige, dann sind Sie jetzt – egal, alte Frauen sind wir beide. Ich war nicht schön, vor den Schönen muß man sich in acht nehmen, die gibt's nur in Büchern und auf der Bühne. Ich war nur hübsch. Für ihn war ich ein hübsches Mädchen mit schwarzen Augen und Locken und Grübchens. Ich hab immer weite Röcke angehabt, ich hab mich nicht eingeschnürt, ich spar nicht. Ich hab's hergegeben. Aber an mich rangekommen ist keiner, außer dem Meinigen. Auf Ehr! Ich hab auch eine Ehr, nur eine andere. Als ich das gehört hab, das von der »wildgewordenen Blutwurst«, da hab ich Krämpfe gekriegt. Ich hätt die Frau von Arnim, die Bettina, gebissen, haben die Leute gesagt. Dabei hab ich sie nur gepackt und rausgeworfen, weil sie ihn belästigt hat. Stammt die wildgewordene Blutwurst auch von Ihnen? Unsere gute Thüringische Blutwurst!

So, Madame! Die Karaffe ist leer, und ich bin voll. Ich trink wegen der Schmerzen, dann geht's für eine Weile, und ich mach ein lustiges Gesicht. Der schweflige Brunnen in Berka hilft nicht, aber ein Glas Punsch, das hilft, das ist meine Medizin.

Sie hätten mich empfangen dürfen, Frau Oberstallmeisterin! Ich bin schließlich hoffähig. Ich hab vor der Herzogin meinen Knicks machen dürfen. Der Herzog hat mich zum Tanz aufgefordert, und ich hab ihn gedreht wie meine anderen Tänzer. Wenn die Madame Schopenhauer der frischgebackenen Christiane von Goethe eine Tasse Tee anbieten konnte, dann darf Ihnen doch Ihr Portwein nicht zu schade sein. Ich werde Ihnen ein Kistchen von unserem Samos schicken lassen.

Und jetzt geh ich. Ich bin nicht mehr sicher auf den Beinen. Ich leg Ihnen keine Visitenkarte in die Silberschale, ich leg Ihnen einen Vers von dem Meinigen hin, an mich. Soll ich's vorlesen? Oder haben Sie genug vom ordinären Thüringisch der Vulpiussen?

Theodor Fontane
Wohin?

»Ja, liebe Leontine, du mußt dich nun entscheiden, entscheiden, *wohin*? Ich habe nicht Lust, immer das Nachsehen zu haben und bei der ›Teilung der Erde‹, wenigstens soweit Bäder und Kurorte mitsprechen, immer wieder in den Himmel einer Dachstube zu kommen. ›Sooft du kommst, er soll dir offen sein.‹ Das ist für Dichter, aber nicht für unserein. Erinnere dich an Kissingen und unsere Debütnacht über dem Hühnerstall. Und all das immer für teuerstes Geld und immer noch um Gottes willen. Ich habe das satt... Also *wohin*, Leontine?«

»Lieber James, ich bitte dich, quäle mich nicht mit diesem ewigen: ›wohin?‹ Ich werde nachgerade nervös, wenn ich das Wort höre. Wir sind erst Ende Mai, haben also noch mindestens sechs Wochen. Übrigens, was heißt Hühnerstall und Himmel und Dachstube? Das sind Redensarten. Was du so nennst, war ein Unterschlupf auf vierundzwanzig Stunden, und den nächsten Tag hatten wir einen Salon. Es eilt wirklich nicht. Niemand bleibt schließlich ohne standesgemäße Wohnung, am wenigsten aber ein hoher Steuerzahler wie du.«

»Mache mir nicht Komplimente, Leontine, mache Vorschläge.«

»Nun denn: *Misdroy*.«

»Kennst du Misdroy?«

»Nein. *Wenn* ich es kennte...«

»... würdest du vorsichtiger sein, am wenigsten aber mit ihm anfangen. Davon sei überzeugt. Denn wie steht es mit Misdroy? Misdroy hat erstens mehr Berliner als Berlin und zweitens, was doch bei deinem Teint eine Rolle spielt, mehr Mücken als Berlin. Ostsee-Moskitoküste, nordisches Kamerun. Und was doch auch in Betracht kommt, wenn ich im Bade bin, will ich im Bade sein und nicht an der Börse. Ja mehr, Leontine; wenn ich dir die Wahrheit sagen soll, ich geh' überhaupt nur ins Bad, um die lieben alten Gesichter *nicht* zu sehen.«

»Worin ich dir ausnahmsweise zustimme«, lachte Leontine. »Und so lassen wir denn Misdroy fallen und nehmen Norderney.«

»Gut. Das läßt sich hören. Aber andererseits bedenke, Norderney liegt nicht viel besser als Helgoland. In Emden zu Schiff, und dann vier Stunden auf See. Und vier Stunden heißt allemal sechs Stunden. Und dann stößt das Schiff, und die See rollt. Und du wirst seekrank werden.«

»Ich werde *nicht* seekrank werden oder doch immer noch präsentabel. Glaube mir, James, der Wille tut viel dabei, wenn nicht alles. Auch *das* sind Erziehungssachen. Und schließlich, *wenn* ich es würde, so würde mich das nicht abschrecken, ein solches Opfer zu bringen, denn Norderney, um dir's offen zu gestehen, gehört zu meinen angenehmen Erinnerungen. Und ich bin lange genug verheiratet, um mehr oder minder angenehme, jedenfalls aber poetische Erinnerungen gerne wieder aufzufrischen...«

»Ich bitte dich, Leontine.«

»Ja, James, *poetische* Erinnerungen, trotzdem oder vielleicht auch *weil* ich damals noch ein halbes Kind war, nicht viel älter als unsre Lulu. Denke dir, jeden Nachmittag, gleich nach Tisch, hatten wir eine Kegelpartie...«

»Dergleichen haben wir in Wilmersdorf auch. Selbst in Halensee...«

»Mitnichten, mon ami. Denn erstens war es ein Kegelspiel in den Dünen, mitten unter Strandhafer und blauen Disteln...«

»Nicht übel.«

»Und zweitens war das, was wir da hatten, keine landläufige Berliner Kegelbahn mit einem Brett und einer Rinne, daran man sich, wenn man nicht aufpaßt, immer einen Splitter einreißt, und einer von den Breslauer Ephraims (ich glaube der Lotterieinspektor) ist daran gestorben, sondern die Kugel hing an einem merkwürdigen, altfriesischen Schiffstau, ganz so wie wir früher in unsrem Garten einen Ring an einer grünen Korde hatten, einen Messingring, der, wenn man's verstand, immer in einen an einem Birnbaum angebrachten Haken fiel. Und genau so fiel da die Kugel in die Kegel. Aber man mußte richtig zielen, und ich entsinne mich, daß Alfred Meyer, damals ein reizender Junge von kaum Siebzehn und doch schon mit einem kleinen Schnurrbart, dreimal hintereinander alle neune warf.«

»Wohl möglich, Leontine. Ja, sogar wahrscheinlich. Später freilich hat er Konkurs gemacht und ist nach Amerika gegangen. Und wenn er wirklich solch Kegelvirtuose war, wie du ihn mir schilderst, so wird er wohl eine Tabagie drüben haben. Vielleicht am Niagara, dicht am großen Fall.«

»Du weißt, James, ich liebe solche Späße nicht, am wenigsten auf Kosten von Personen, die mir in meiner Jugend lieb und wert waren. Ich habe nicht die Prätension, meinen Willen durchzusetzen, man kann auch *das* verlernen, aber du hast mich aufgefordert, Vorschläge zu machen und Reiseziele zu nennen. Und dem bin ich nachgekommen. Und nun sage mir, was hast du gegen Norderney?«

»Nicht das geringste. Wenn du also willst, so nehmen wir Norderney. Warum nicht? Es ist schließlich keine Karaibeninsel von anthropophagem Charakter, und die wilden Triebe sowohl der einheimischen wie der eingewanderten Bevölkerung, die Hoteliers an der Spitze, sollen mehr auf Gut als auf Blut gerichtet sein. Also, ich wiederhole, warum nicht, Leontine? Aber so hübsch du mir eben das Kegelspiel beschrieben, so find' ich es dennoch für fünf Wochen etwas zu wenig. Um so mehr, als ich fest überzeugt bin, daß ich niemals dreimal hintereinander alle neun werfen werde.«

»Nein«, sagte sie mit jenem Ausdruck von Spott, darin Frauen, ihren Ehemännern gegenüber, allemal Meister sind. »Nein, James, *das* wirst du nicht.« Und in ihrer plötzlich erwachten guten Laune schien sie grad einen neuen Pfeil aus dem Köcher nehmen und ihren Triumph durch einen zweiten wohlgezielten Schuß vervollständigen zu wollen, als ein eintretender Diener den Justizrat Markauer meldete.

James ging dem Angemeldeten entgegen, der seinerseits, unter nur leichtem Gruße gegen den Freund, auf die schöne Frau zuschritt und ihr die Hand küßte.

»Geschäfte?« fragte James.

»Nein.«

»Tant mieux. Dann frühstücken wir zusammen. Meine Frau schwärmt eben für Norderney, gegen das ich nichts habe, wenn auch freilich nicht viel dafür. Aber daß sie ›Jugenderinnerungen‹ ins Feld führt, was immer eine schwache Position bedeutet, macht mir die Sache verdächtig. Sie, Markauer, kennen alle Bäder Westeuropas und noch einige mehr. Entscheiden Sie zwischen uns, und geben Sie, wenn es sein muß, meinem aus bloßem Friedensbedürfnis geborenen ›Ja‹ die höhere Weihe. Noch schwebt alles. Wie steht es? Raten Sie mir zu diesem jugenderinnerungsreichen Eiland?«

Und während James noch so sprach, schob er seinem Gaste die beiden auf dem Frühstückstische stehenden Karaffen zu. »Port oder Sherry, Markauer? Oder vielleicht lieber Liebfrauenmilch oder Bocksbeutel oder sonst was Urgermanisches? Wir brauchen uns bloß im Spiegel zu sehen, um unsere Spezialberechtigung wenigstens vor uns selber nachgewiesen zu haben.«

Beide lachten, und nur Leontine, die nach dieser Seite hin sehr empfindlich und im letzten Winkel ihres Herzens eigentlich Antisemitin war, trat an den offenen Flügel und strich mit dem kleinen Finger über die Tasten.

»Also Norderney«, wiederholte jetzt James, während er Markauer einschenkte. »Doch jedenfalls dagewesen?«

»Dreimal. Erst 64, als es noch hannoversch war. Und dann 80 und 81.«

»Nun«, sagte Leontine, vom Flügel her an den Frühstückstisch zurücktretend. »Lassen Sie hören, Freund. Aber vergessen Sie nicht, daß ich Sie kontrollieren und mit Hilfe davon in jedem Augenblick feststellen kann, ob Sie falsch Zeugnis reden. Also wenn ich bitten darf, ohne Parteinahme.«

»Gewiß, liebe Freundin. Aber werde ich pardoniert werden, wenn ich die Wahrheit sage?«

»Sie *sollen* sie sogar sagen. Ich liebe Wahrheit bis zur Leidenschaft. Es ist die Leidenschaft meiner reiferen Jahre...«

»Von denen Sie nicht sprechen dürfen, am wenigsten im Zusammenhange mit dem voraufgegangenen und Gott sei Dank trostreicheren Worte...«

James lachte, Markauer aber fuhr fort: »Nun also Norderney. Beginnen wir mit der Bodenbeschaffenheit. Da haben wir Dünensand, neuerdings intermittierend mit einem in allen drei Aggregatzuständen auftretenden Dünger. Oder wenn Sie wollen, Guano. Norderney soll nämlich à tout prix in einen Fruchtgarten umgewandelt werden, was mir vom Standpunkte der Agrikultur aus als ein höchst schätzenswertes, vom Standpunkte der Luftverbesserung aus aber als ein höchst fragwürdiges Unternehmen erscheint. Reine Luft ist selbstverständlich das dritte Wort, das man zu hören bekommt, aber nach meinen persönlichen Erfahrungen entstammt die diesen Namen führende, konstant über die Insel hingehende Brise keineswegs dem relativen Neuadel der Familie von Ozon, sondern der viel, viel älteren und eigentlich über jede Geschichte hinausgehenden Uradelsfamilie derer von Schwefelwasserstoff. Ich glaube, diese Bemerkung ohne Gefahr vor Widerspruch machen zu dürfen, denn die Hölle, wenn mich nicht alles täuscht, ist älter, war *vor* dem Himmel...«

»Lassen wir das. Das sind zu schwierige Fragen, selbst für Sie, Markauer.«

»Und vielleicht«, fuhr der Justizrat fort, »ist es in einem gewissen, wenn auch unaufgeklärten Zusammenhange mit dieser hygienischen über Norderney hinstreichenden Luftwelle, daß sich unmittelbar am Strand ein Barackenhotel aufgetan hat, unter dem herausfordernden Namen ›Giftbude‹, wohinter sich selbstverständlich, in feiner Selbstironie, das reinste Gewissen verbergen soll. Aber man kann in der Selbstironie zu weit gehn und ihr ungewollt den Stempel der Selbsterkenntnis aufdrücken.«

»Sehr gut«, unterbrach James.

»Nehmen wir zu dem allem noch eine Musikkapelle mit Lohengrin und Tannhäuser in Permanenz, des weiteren zwei Resedarondelle mit eingestreuten Levkojen und jeden dritten Tag einen Seehund, tot oder lebendig, so haben wir im wesentlichen Norderney. Dann und wann fahren auch Dampfschiffe nach Borkum oder Juist oder Spiekeroog, welche Fahrten sich als Vergnügungsfahrten ankündigen und in der Tat etwas zu versprechen scheinen. Aber nach dem bekannten Satze von den zwei Übeln, unter denen man das kleinere zu wählen habe, kann ich Ihnen oder jedem, der es mit seinem Vergnügen ehrlich meint, nur dringlich anraten, auf der Norderneyer Strandpromenade verbleiben zu wollen. Und dann, meine Gnädigste, muß es denn überhaupt etwas langweilig Meerumgürtetes sein? Wozu der ewige Strand? Ich persönlich bin für Berge, für Alpen, und wenn nicht Rigi, so wenigstens Brocken, und wenn nicht der Brocken, so wenigstens der Oybin.«

»Ja, der Oybin«, unterbrach hier Leontine. »Bei Zittau?«

»Sehr richtig. Brillant orientiert. Kennen Sie den Oybin?«

»Nein. Nicht ich, aber Lulu. Lulu war vorigen Herbst bei Tante Sarah in Zittau, leider nur knappe zehn Tage, weil die

Michaelisferien zu kurz sind. Aber als sie wiederkam, hörten wir nichts als Oybin und wieder Oybin. Und Sie kennen ihn auch?«

»Eigentlich nicht, meine Gnädigste, wiewohl ich weiß, daß man eine gewisse, moderne Pflicht hat, alles zu kennen, wonach man gefragt wird. Aber der Wahrheit die Ehre. Ich nahm ihn nur so beispielsweise.«

»Nun denn«, entschied James, »da müssen wir notwendig Lulu rufen. Ich entsinne mich, daß wir ihr damals nicht zuhören wollten, denn wer läßt sich gern Aussichten oder Landpartien beschreiben? Aber nun kommt sie doch noch zu Ehren.«

Und bei diesen Worten ging er an das Telephon und rief in die Kinderstube hinauf: »Lulu. Lulu soll kommen.«

Und nicht lange, so hörte man ein Singen und Trillern auf der kleinen eisernen Treppe, die, sich schlängelnd, vom oberen Stock her in das Wohnzimmer hinabstieg, und einen Augenblick danach trat Lulu durch eine Tapetentür ein, ein dreizehnjähriger Backfisch mit einem dicken, rotblonden Zopf, und ging, während sie dem Justizrate die Hand gab, auf den Vater zu, den sie heute noch nicht gesehen hatte. »Guten Tag, Papa. Fräulein Oberlin ist noch oben. Aber es war wieder so furchtbar langweilig, daß ich froh war, als ich dich rufen hörte.« Und dabei stellte sie sich neben die Lehne des Fauteuils und ziepte den Vater an seinem Backenbart.

»Nein, Lulu, nicht so. Gefährde mir nicht das einzige, was noch festen Grund und Boden unter den Füßen hat. Jedes Haar ist mir heilig. Das verstehst du nicht, mit deinem dicken Zopf. Ich habe dich nicht gerufen, um zu zerstören, sondern um aufzubauen. Wir sitzen hier nämlich im Hohen Rat, und du sollst entscheiden...«

»Ich weiß schon.«

»Was?«

»Was ihr vorhabt und wozu ich ja oder nein sagen soll.«

»Nun?«

»Die Singalesen.«

Alle drei lachten, was Lulu ruhig geschehen ließ, weil sie, die ganze Zeit über, eine zwischen allerhand Jam- und Marmeladenbüchsen stehende Schachtel beobachtet hatte, deren hellrote Frühkirschen ihr entgegenleuchteten. Sie wandte sich dann auch ohne weiteres von des Vaters Stuhl weg, den Kirschen zu, die Steine mit vieler Ungeniertheit in die Hand pustend, während der Justizrat, seine kleinen Schweinsaugen immer kleiner machend, mit einer Art Feierlichkeit sagte: »Singalesen! Oder was dasselbe sagen will: Zoologischer Garten. Hm. Sollte sich in diesem Kindeswort etwas von höherer Weisheit bergen? Ich glaube beinah. Was kein Verstand der Verständigen sieht... Ja, Lulu, du hast es getroffen. Oybin? Bah, Oybin ist noch viel zu weit, und ich behaupte mit jedem erdenklichen Nachdrucke, dies von unserer Lulu groß und ahnungslos in die Welt geschleuderte Wort ›Singalesen‹ enthält nicht nur (wenn auch noch verkapselt) das einzig Richtige, sondern deckt sich auch vollkommen mit den Weisheitsanschauungen meines verstorbenen Freundes Meddelhammer.«

Der Justizrat, als er glücklich bis an diese Stelle gekommen war, war natürlich auf dem Punkt, die vorläufig nur ganz allgemein angekündigte Meddelhammersche Weisheit in Gestalt einer kleinen Geschichte zum besten zu geben, James aber, der ein kleines Universalgenie war und, von Turf und Tattersall an bis zum Aquarell und lyrischen Gedicht hinunter, auf jedem denkbaren Gebiet dilettierte, hatte selbstverständlich auch eine Passion für vergleichende Sprachwissenschaft, Spezialität: Nomina propria, weshalb er, alle Reisepläne, ja selbst Oybin und Lulu momentan vergessend, den Justizrat mit einer gewissen Forscherfeierlichkeit interpellierte: »Meddelhammer. Eigentümliche Namensbildung. Ich vermute holländisch.«

»Wohl möglich«, warf der Justizrat leicht hin, der, wie begreiflich, lieber zu seiner Geschichte kommen, als über etwas so Gleichgültiges wie Meddelhammers Namensabstammung Rede und Antwort stehen wollte. James aber ließ nicht los und wiederholte nur: »Eigentümlich. Meddelhammer... Hammer ist bedeutungslos, weil Allerweltswort. Hammer ist Hammer. Aber *Meddel*-Hammer. Was ist Meddel? Meddel kann das englische Middle sein, aber auch Korrumpierung von unsrem deutschen Mädel. Ich muß mit einem Germanisten darüber sprechen. Middle-Hammer ist wahrscheinlicher, aber Mädel-Hammer ist amüsanter. Was meinen Sie, Justizrat, zu Mädelhammer?«

»Ich bitte dich, James, in Untersuchungen der Art nicht zu

weit gehen und lieber auf deine nächste Nähe Rücksicht nehmen zu wollen. Es ist doch fraglich, inwieweit sich Lulu in die Kirschen vertieft hat.«

»Oh, sie hat sich gar nicht vertieft«, sagte diese. »Sie hat alles gehört. Aber wenn Papa weiter nichts sagt!... Da hab' ich doch schon andres von ihm gehört.«

»Ich sehe schon«, fuhr James, seinem Pet einen dankbaren Blick zuwerfend, fort, »daß mit eurer Unwissenschaftlichkeit wieder mal nicht auszukommen ist. Ich lasse deshalb alles Sprachuntersuchliche fallen. Und nun sagen Sie mir, Markauer, was war das eigentlich mit Meddelhammer und seiner Reiseweisheit? Erzählbar?«

»O gewiß, wie Sie schon einfach aus seiner Lebensstellung ersehen können. Meddelhammer war nämlich Schulrat, und wiewohl ich im allgemeinen gegen Schulräte bin, weil sie sich in Extremen bewegen und entweder greuliche Pedanten oder frivole Zyniker sind (einen kannt' ich, bei dem es vorkam, daß ich errötete, nicht recht zu glauben, aber trotzdem wahr) – also wiewohl ich im allgemeinen *nicht* für Schulräte bin, so war ich doch für Meddelhammer. Wenigstens dann und wann. Und warum? Weil er ganz unschulrätliche, lichte Momente hatte.«

»Merkwürdig.«

»Allerdings. Und nun denken Sie sich, eines Tages begeb' ich mich ins Museum, um mir die pergamenischen Altertümer (*mir*, offen gestanden, etwas zu viel Leiberverrenkungen) anzusehen, und als ich damit fertig bin und im Hinausgehen eben meinen Regenschirm wieder nehmen und mein Zwanzigpfennigstück, ich gebe nie mehr, aber auch nie weniger, in die Büchse tun will, da steht *wer* vor mir? Natürlich Meddelhammer. An und für sich nichts Staunenswertes. Aber *wie* stand er da? *Wie* stand er mir gegenüber? In einem sozusagen kecken, graumelierten Reiseanzug, mit einem Tirolerhut auf dem Kopf und einem Krimstecher an der Seite. Dazu Baedeker in der Hand und last not least die Frau Schulrätin mit einem merkwürdig modernen Rembrandthut neben ihm. ›Alle Wetter, Meddelhammer‹, sag' ich, ›wie kommen *Sie* hierher? Aber bitte, wollen Sie mich nicht zunächst Ihrer Frau Gemahlin vorstellen?... Sehr erfreut... Und in Berlin und in dieser Julihitze. Wir müssen heute dreißig Grad haben. Ich dachte, Sie wären in Ostende...‹«

»Scheint mir kostenpunktlich etwas zu hoch gegriffen«, unterbrach hier James.

»Kann sein. Aber Meddelhammer schien an dieser Finanz- oder Standeserhöhung keinen Anstoß zu nehmen, nahm mich vielmehr ohne weiteres unterm Arm, was er seit vielen Jahren nicht mehr getan hatte, weil ich in unserem Entwicklungsgange naturgemäß darauf verzichten mußte, kirchlich oder auch nur politisch ein Gegenstand seines Vertrauens zu sein, und sagte, während seine Rätin immer en ligne mit uns vorrückte: ›Lieber Freund, eh' ich Ihnen auf Ihr Erstauntsein antworte, kommen Sie hier mit uns über die Friedrichsbrücke. Da drüben ist ein kapitales Frühstückslokal, in dem ich schon seit drei Tagen mit meiner Frau das Frühstück nehme. Denn solange wanken wir hier schon herum. Etwas anstrengend, wie – trotz allem Entzücken, das wir die ganze Zeit über empfunden haben – nicht bestritten werden soll. Aber dafür sind wir mit dem Alten Museum auch fertig; morgen kommt das Neue an die Reihe und dann die Nationalgalerie. Darauf freuen wir uns am meisten. Und dann wollen wir hier herum mit dem Kupferstichkabinett den Schluß machen. Die Zeichnungen zu Dante von dem Botticelli sollen ja ganz ersten Ranges sein. Wobei mir einfällt, entsinnen Sie sich noch, Markauer, als wir zusammen Dante lasen? Auf dem Joachimstal, in Obersekunda. Sie wollten damals Dichter werden?‹ ... Ja, meine gnädigste Frau Leontine, das hielt mir dieser Schulrat in Hörweite zweier Galeriediener vor, und ich konnt' ihm nicht einmal widersprechen, denn es war die Wahrheit.«

Lulu lachte ganz unbändig. »Onkel Markauer und Dichter werden ... Onkel Markauer ein Dichter! Das ist aber doch zu komisch.«

»Da hören Sie's, gnädige Frau. Zum zweiten Male die höhere Kinderweisheit ...«

»Naseweisheit«, korrigierte die Mutter und wollte weiter erziehn. James aber fiel ihr in die Zügel und sagte: »*Jetzt* nicht, Leontine. Keine Unterbrechungen. Markauer muß erst auserzählen. Dann können wir ja das Pädagogische wieder aufnehmen. Also ...«

»... Also wir kamen glücklich in dem Restaurant drüben an und etablierten uns in einer Ecke, die Meddelhammer, zu meinem abermaligen größten Erstaunen, berlinischmenschlich genug war eine ›schmustrige Ecke‹ zu nennen. Er habe sie schon ausprobiert. Und ich muß sagen, es *war* eine schmustrige Ecke: großes Fenster in einer tiefeingebauten Nische und die Spiegelscheibe durch einen grünen Seidenvorhang derart geschlossen, daß man persönlich ganz unbemerkt saß, während man, durch einen Spalt hindurch, das ganze Straßentreiben deutlich beobachten konnte.«

»Hören Sie, Markauer, Ihr Meddelhammer imponiert mir. Und ein Schulrat, sagten Sie?«

»Nicht anders. Richtiger Schulrat. Aber hören Sie weiter, die letzten Trümpfe kommen noch. Ich war hungrig geworden, wie meistens, wenn ich mich eine Stunde lang ernsthaft mit Kunst beschäftige, und so rief ich denn den Oberkellner heran und fragte, was ich wohl haben könne? Wir einigten uns rasch über Bouillon mit Ei, Roastbeef und eine halbe Larose, wonach ich meinen Schulrat artig auffordernd ansah, etwa wie wenn ich sagen wollte: ›Mein lieber Meddelhammer, die Reihe des Bestellens ist nun an Ihnen.‹ Meddelhammer verstand mich auch vollkommen und beorderte nunmehr seinerseits zwei Gläser Portwein samt zwei Brötchen mit Chesterkäse, was mich doppelt überraschte...«

»Warum?«

»...und worüber ich mir eine kleine Bemerkung erlauben möchte, immer vorausgesetzt, daß unser lediglich wegen des Oybin heranzitierter Liebling einen solchen Exkurs gestattet.«

»Ich gestatte alles«, sagte Lulu, während sie die mittlerweile stark angesammelten Kirschkerne beiseite tat und sich die Hand an der Serviette putzte.

»Nun denn, was mir in dieser Meddelhammerschen Bestellung einen so großen Eindruck machte, war einerseits das spezifisch Englische, das sich darin aussprach, das Internationale, das gewiegt Reisekundige, während mir, auf der andern Seite, das bloß Imbißartige, das quantitativ Geringfügige der Bestellung beinah noch mehr imponierte. Denn ich bekenne gern, wenn ich etwas nennen sollte, was imstande wäre, mir auf dem gesamten Gebiete des Frühstücklichen den Begriff von ›wenig‹ auszudrücken, so würd' ich immer ein Brötchen mit Chesterkäse nennen. Namentlich jetzt, wo die Semmeln infolge der niedrigen Weizenpreise jeden Tag kleiner werden.«

»Sehr wahr. Die armen Bäcker. Nichts als Not und Sorge.«

»Nun«, fuhr Markauer fort, »ich sah auf der Stelle, daß Meddelhammer in meiner Seele wie in einem aufgeschlagenen Buche las (die Schulräte bilden alle so was von tieferer Menschenergründung aus), weshalb er, als zunächst meine halbe Larose und gleich danach die beiden Gläschen mit Portwein gekommen waren, mit mir anstieß und unbefangen sagte: ›Meine Frau und ich, lieber Markauer, müssen nämlich überaus vorsichtig operieren und unserem sehr angeregten Appetite Zaum und Zügel anlegen. Fast möcht' ich sagen, leider, denn drei Stunden Museum, mit immer neuem Sehen und Nachschlagen, sind wirklich kein Spaß, und ich beneide Sie da mit Ihrem Roastbeef und Ihrer Tasse Bouillon. Aber man muß sich in die Schule nehmen, auch wenn man ein Schulrat ist, oder vielleicht dann erst recht. Wir essen um fünf, und wenn man um zweiundeinhalb ein reichliches Gabelfrühstück nimmt, so sitzt man um fünf als ein Unwürdiger bei Tisch.‹«

»Aber fünf ist etwas spät«, warf James hier ein, der augenscheinlich die Tendenz verfolgte, den Schulräten neben den Bankiers eine bescheidene Stellung anzuweisen.

»Ganz meine Meinung«, entgegnete Markauer, »und ich nahm auch nicht Anstand, dieser meiner Meinung unverhohlen Ausdruck zu geben.«

»Und wie wurde das aufgenommen? Alle modernen Menschen sind ziemlich empfindlich in diesem Punkte.«

»Meddelhammer war es *nicht*«, fuhr Markauer fort. »Dazu war er doch zu klug. Er lachte nur und sagte: ›Fünf Uhr ist spät, natürlich, und wenn wir zu Hause sind, so essen wir gut bürgerlich um zwei. Nur keine Neuerungen, wo sie nicht nötig sind.‹ Ich meinerseits wollte selbstverständlich einlenken und alles wieder begleichen, er ließ es aber nicht dazu kommen und wiederholte nur: ›... *wenn* wir zu Hause sind. Wir *sind* aber nicht zu Hause, lieber Markauer, wir sind Reisende, ja, wenn Sie wollen, Berliner Stadtreisende. Als die Ferien anfingen, haben wir uns überlegt, *wohin*? und sind nach dreitägiger Beratung, in der wir mehr als fünfzig Plätze durchgenommen haben, zu dem Entschluß gekommen, *hier* bleiben und uns als Fremde mit Berlin beschäftigen zu wollen. Wirklich als Fremde. Denn eigentlich leben wir gebornen Berliner doch nur in Berlin, um unsre Hauptstadt nie kennenzulernen. Und nun sehn Sie, lieber Markauer, um diesem unpatriotischen Nonsens endlich ein Ende zu machen, und vielleicht auch um ein Beispiel zu geben, wie's einem Schulrate zukommt, haben wir an demselben Tage noch unsere Koffer gepackt und sind um zehn Uhr abends, wo der große Pariser Zug ankommt, vor dem Hôtel de Rome vorgefahren, haben uns als vornehme Leute, sagen wir als Russen oder Engländer, den Tee aufs Zimmer bringen lassen und noch anderthalb Stunden lang aus dem Fenster gesehen. Es war entzückend. Über die Linden weg, die bekanntlich keine sind, schimmerten die hohen, erleuchteten Fenster von der Passage her, und alles wirkte wie spanische Nacht und Alhambra. Heut ist unser dritter Tag. Unter vierzehn Tagen tun wir's nicht, und wenn es uns gefällt, legen wir noch eine Woche zu!‹ So berichtete mir Meddelhammer, während wir im munteren Geplauder in der Fensternische saßen, bis er plötzlich die Uhr zog und zum Aufbruch mahnte. ›Wir sind nämlich jetzt regelmäßig von drei bis vier bei Kranzler‹, nahm er wieder das Wort, ›um etwas Eis oder eine Flasche Sodawasser zu nehmen und in jener Pedanterie, die mir sozusagen von Standes wegen zukommt‹ (und er lächelte hierbei), ›möcht' ich auch heute keine Ausnahme machen.‹ Und siehe da, eine halbe Stunde später saßen wir, ich mit, wirklich bei Kranzler, jeder bei seinem Panaché. Glücklicherweise kam auch ein Blumenmädchen und ich war in der angenehmen Lage, der Frau Schulrätin, einer übrigens allerliebsten Frau, die mehr an eine Rittergutsbesitzerin als an eine Schulregentin erinnerte, ein Bouquet überreichen zu können. Sie nahm es auch freundlich an und sagte, daß sie's bei Tische tragen würde. Dabei wies sie nach dem Hôtel de Rome hinüber, und gleich danach trennten wir uns. Und nun, meine gnädigste Frau Leontine, was sagen Sie zu solchem Schulrat und zu so vorbildlicher Reiseweisheit?«

Leontine schwieg, James jubelte: »Ich votiere, daß diesem Schulrat ein Denkmal errichtet werde, sagen wir ein Obelisk mit Inschrift und Sockelfiguren.«

»Welche?«

»Natürlich Meddelhammer in Front. Und daneben Kranzler und Mühling.«

»Versteht sich.«

»Vor allem aber Nacheiferung und Heeresfolge. Lulu, schenke dem Onkel Justizrat ein. So. Anstoßen. Es lebe Meddelhammer...«

»Meddelhammer und ein Sommer in Berlin!«

Herbert Rosendorfer
Die springenden Alleebäume

Jahr für Jahr geben die deutschen Autofahrerclubs und verwandte Institutionen ein Bulletin heraus, das die erschrekkende Statistik der im letzten Jahr durch Alleebäume getöteten Autofahrer enthält. Dreitausend heißt es, sollen es jährlich sein. Es wäre zu einfach, diesen Problemkreis mit der Meinung des Amtsgerichtsrates Wegscheider abzutun, der dazu sagte: »Ich bin seit Jahren Richter in Straßenverkehrssachen. Mir ist noch kein Fall einer Kollision Autofahrer – Alleebaum vorgekommen, in dem nicht ein Versagen – meist zu hohe Geschwindigkeit – seitens des Autofahrers vorgelegen hat. Ich halte«, fuhr Amtsgerichtsrat Wegscheider fort, »den Alleebaum für eine bessere Institution zur Dezimierung von Verkehrsrowdies als z. B. unbeteiligte fremde Autos.«

Die Berufserfahrung des Herrn Amtsgerichtsrates Wegscheider in Ehren – aber so einfach ist die Sache nicht. Es liegt jetzt neuerdings eine ausgezeichnete und umfassende Studie aus dem Institut des weltberühmten Professors Ygdrasilović vor, die sich eingehend mit dem Verhalten des deutschen Alleebaumes befaßt.

Der deutsche Alleebaum, zu diesem Schluß kommt die erwähnte Studie, ist bösartig.

Es ist Nacht. Gemütlich tuckert ein Sportwagen mit 120 oder 140 km/h auf einer Landstraße dahin. Der Fahrer dämmert, weil eine nächtliche Fahrt auf einer Landstraße langweilig ist, im Halbschlaf. Der Alleebaum aber, der Alleebaum ist hellwach. Genüßlich – wir wissen es ja nicht genau, können ihn nicht fragen, aber alles deutet darauf hin, daß es genüßlich von ihm ist – genüßlich läßt der Alleebaum den Wagen herankommen, dann . . . ein Sprung von nicht mehr als einem Meter in die Fahrbahn des Wagens. Der Mann am Steuer, der obendrein halb schläft, kann natürlich nicht mehr ausweichen, es kracht, Blech fliegt herum, vielleicht brennt es ein wenig. Behutsam klaubt – hoffen wir es – Sankt Christopherus den zerquetschten Fahrer aus den Trümmern und führt ihn in eine möglicherweise bessere Welt. Der Alleebaum, dem ja in der Regel außer ein paar

Kratzern in der Rinde nichts passieren kann, rauscht hämisch mit den Blättern.

Es ist ganz merkwürdig, daß die Alleebäume – wenn man der Ygdrasilović-Studie glauben darf – übermüdete, schlafende oder betrunkene Autofahrer offenbar von weitem schon erkennen. Mit ganz besonderer Vorliebe springen die Alleebäume solchen Fahrern in den Weg, die ja viel langsamer reagieren als andere, also gegen die Tücken der Alleebäume so gut wie wehrlos sind. Möglicherweise senden Alleebäume radarartige Strahlen aus, wie Fledermäuse. Wie das vor sich geht, ist noch nicht geklärt. Daß die Alleebäume fast ausschließlich nachts den Autofahrern in den Weg springen, erklärt sich ganz einfach aus der angeborenen Tücke der Bäume. Wie raffiniert sie dazu noch sind, erhellt aus der Tatsache, daß drei Viertel aller Fälle, in denen Alleebäume sich Autos in den Weg stellen, bei Regen geschehen. Da das Auto nach dem Zusammenstoß oft zu brennen anfängt, wählen die Alleebäume für ihre Überfälle gern feuchtes Wetter, wo sie selber naß sind, und so der Brand nicht auf sie übergreifen kann.

Es ist ein Fall bekanntgeworden, wo ein Alleebaum in einer besonders gefährlichen Kurve hinter einem Gasthaus, das für sein gutes Bier bekannt ist, Posto gefaßt hatte, offenbar weil er wußte, daß ihm hier die wehrlosen, angetrunkenen Autofahrer in die Falle gingen, ohne daß er selber sich groß anzustrengen brauchte. Allein während eines Erntedankfestes überfiel dieser Baum dreiundzwanzig Autos. Bekannt ist auch der – behördlich überhaupt nicht genehmigte – Zuzug von Alleebäumen während des Oktoberfestes in das Stadtgebiet von München. Zwar konnte man die sehr geschickten Bäume noch nie auf ihrem ungesetzlichen Marsch ertappen, aber wie anders soll die Häufung von Auffahrunfällen auf Bäumen während des Oktoberfestes sonst erklärlich sein?

Ein besonders krasser und dreister Fall von Heimtücke eines Alleebaumes ereignete sich in der Nähe von Kulmbach. Ein Autofahrer hatte friedlich in einem Landgasthaus seine vierundzwanzig Halbe Eisbock getrunken und sich dann auf die Heimfahrt gemacht. Auf schnurgerader Strecke sprang ihm, wie nicht anders zu erwarten, ein Alleebaum in den Fahrweg. Der Autofahrer konnte aber gerade noch bremsen und kam wenige Zentimeter vor dem Baum zum Stehen.

Verschreckt und voll Furcht wendete der Autofahrer sofort und wollte zurück in die Gastwirtschaft flüchten. Der Alleebaum folgte ihm aber, überholte ihn, unbemerkt sogar, und stellte sich im umzäunten Parkplatz des Landgasthauses dem Autofahrer genau in den Weg, als dieser eben in die Einfahrt einbiegen wollte. Es kam zum Zusammenstoß, der Fahrer wurde aus seinem Wagen geschleudert, blieb aber nahezu unverletzt. Mit Recht glaubte sich der arme Kerl nun von allen Furien gehetzt und wollte nach Hause rennen, um sich in Sicherheit zu bringen. Da stellte sich ihm der Alleebaum ein drittes Mal in den Weg. Mit schwerer Gehirnerschütterung mußte der Mann ins Krankenhaus gebracht werden. Bei diesem Verbrechen muß sogar ein anderer Alleebaum Schmiere gestanden haben, der der Funkstreife, die kam, um den Baum dingfest zu machen, in den Weg sprang. Im allgemeinen trauen sich die Alleebäume sonst nicht, Funkstreifenwagen, die Feuerwehr und ähnliche Fahrzeuge, selbst wenn diese sehr schnell fahren, zu belästigen; wahrscheinlich, weil sie letzten Endes bei diesen Fahrzeugen den kürzeren ziehen, es würde nämlich in der Regel dann das Abholzen verfügt. Auch vor allen Schienenfahrzeugen haben Alleebäume einen heillosen Respekt.

So gibt uns die gründliche, wenngleich traurige Studie des Professors Ygdrasilović die Gewißheit, daß es nicht falsch ist, wenn die deutschen Autofahrervereinigungen kein anderes Mittel mehr sehen, als die restlose Ausrottung der Alleebäume zu verlangen. Keinesfalls dürfen wir es bei der leichtfertigen, ja zynischen und herzlosen Meinung des eingangs genannten Amtsgerichtsrates Wegscheider bewenden lassen, der gesagt haben soll: »Was? Dreitausend in einem Jahr? Das sind ja fast zehn am Tag. Da werde ich in Zukunft mich mit der freudigen Gewißheit in der Früh aus dem Bett erheben können, daß es, wenn ich heute wieder schlafen gehe, dank der Alleebäume zehn Verkehrsrowdies weniger gibt.«

Keto von Waberer
Das Seil

Die Männer von der Wasserwacht trugen blau-weiße Dreieckshosen. Ihnen gehörte der Holzsteg am Ende der Badeanstalt. Der Kanal verschwand unter den Planken zwischen den Eisenstangen, die wie ein Kamm den Schwimmer aufhielten, den das reißende Wasser weiterzuspülen drohte aus der Badeanstalt hinaus und hinunter zur Kammgarnspinnerei.

Dort oben saßen sie zusammen, lauter starke Männer, auch alte, die den ganzen Tag dort verbrachten und dunkelbraun und knotig aussahen wie Wurzeln. Sie waren verbündet und hochmütig. Sie spielten Karten, lachten, tranken Bier und rangelten miteinander. Wenn sie plötzlich alle zusammen wie Seehunde ins Tiefe sprangen, um Wasserball zu spielen, wagte niemand, zu ihnen hin zu schwimmen.

Ich war vierzehn und verachtete sie. Brutal waren sie und gewöhnlich. »Proleten«, hätte mein Vater gesagt. Am Eisstand paßte ich gut auf, um im Gedränge nicht mit ihnen zusammenzustoßen.

Ein paar Meter vor den Eisenstangen, zwischen denen das Wasser verschwand, gab es ein schmales, hölzernes Wehr. Dort staute sich der Kanal und stürzte in einem dichten Wasserfall auf ein hölzernes, bemoostes Podest. Am Wehr war ein dickes geknotetes Hanfseil festgebunden. Ich hielt mich gern daran fest und hängte mich in den Wasserfall. Das Wasser schoß an mir vorbei und zerrte an meinem Badeanzug. Meine Freundinnen trauten sich nicht hinein, aber ich hing oft in dem lauten Tosen und stemmte mich gegen den schlüpfrigen Balken, der über das Podest lief und gegen den das herabfallende Wasser schäumte. Ich war mutig und stolz, ich war ein Delphin, der aus den Wellen schnalzte und zurückglitt. Mein Körper war stark, wenn das Wasser an ihm zerrte. Ich glitt durchs Wasser wie aus eigener Kraft, und mir war manchmal bang, weil meine Schnelligkeit so groß war.

Die Sommerferien waren lang, und ich ging schon am Morgen ins Schwimmbad und blieb den ganzen Tag dort.

Am Abend, wenn die Bäume auf der Liegewiese lange

Schatten warfen und kaum noch Handtücher zu sehen waren, wurde ich so traurig, als wäre der Sommer schon vorbei.

Um diese Zeit kam er immer, nie früher. Er arbeitete in einem Reisebüro. Er verdiene Geld, sagte Marlene, und er heiße Siggi.

Er kam langsam und wichtig über die Wiese daher, in kurzen Hosen und einem Polohemd. Er beachtete mich nie.

Ich sah ihn kommen, ich wartete im Wasserfall.

Ich habe nie zugeschaut, wie er sich auszog und wie er hinter meinem Rücken seine Kumpane von der Wasserwacht begrüßte. Ich hing an dem steifen Strick im Wasserfall.

Später hörte ich ihn über das schmale Wehr rennen. Er hechtete ins Wasser. Das sah ich immer, das sah ich jeden Abend. Sekundenlang stand sein Körper gespannt in der bläulichen Luft der Dämmerung. Ich sah seine blau-weiße Dreieckshose mit dem verblichenen Seeadler. Ich fror.

Alles lief immer gleich ab.

Trotzdem wartete ich, an das Seil geklammert, unterkühlt und halb taub im Tosen des Wassers, ganz ruhig und geduldig.

Er ließ sich unter das Wehr treiben.

Sein heller Arm leuchtete im Schatten, er hielt sich an den Bohlen des Steges fest. Ich sah seine Haare in der Achselgrube, die mich verlegen machten. Aber ich mußte hinsehen, mußte den Blick heben zu seinem Gesicht im Schatten des Steges. Ich schaute ihm in die Augen, die mich anschauten, nur einen Augenblick lang.

So ein Vorstadtstenz, dachte ich zornig. Mit einer Kopfbewegung schleuderte er die nassen Haare aus der Stirn. So ein Angeber.

Wir sprachen nie ein Wort miteinander.

Dann ließ er los und trieb mit dem grünen, stürzenden Wasser auf mich zu. Er erwischte das Seil und prallte gegen mich. Er glitt an mir entlang, hing dicht an mir. Das Seil wurde schwer und tauchte uns beide tief unter. Ich hatte Wasser vor den Augen, Dröhnen in den Ohren. Ich hielt fest, wir drehten uns. Ich tauchte schnappend auf. Seine kalten schlüpfrigen Glieder, die mich kurz umschlossen hatten und dann wegrutschten. Wir drehten uns wieder. Es war wie Ertrinken und dann wieder Luft und sein Profil, abgewandt. Er versuchte nicht, meine Hände vom Seil zu lösen oder mich unter Wasser zu drücken. Er tat so, als wäre ich nicht da, als wäre ich ein Stück Seil, eine Welle oder Gischt. Sein Bauch stieß gegen meine Hüfte, Schulter an Schulter drängten wir uns zur Seite, ganz langsam im quirlenden Wasser. Mein Gesicht stieß gegen seine Brust, seine Beine verflochten sich mit den meinen.

Abwechselnd warfen wir uns nach oben, um beim Landen den anderen durch den scharfen Ruck des Seiles abzuschütteln. Wir schlugen gegen den Balken, glitten ab und richteten uns taumelnd halb auf, um wieder zu fallen. Das Wasser drängte uns aneinander, schlug auf uns auf und überzog uns mit durchsichtigen Schleiern. Ich schluckte viel Wasser, meine Nase brannte. Meine Arme taten weh. Blind vor nassen Haaren hielt ich verbissen fest.

Du Angeber, dachte ich, Reisebüro, ein Wasserwachtler.

Dann konnte ich ihn nicht mehr unterscheiden vom Wasserfall. Jeden Abend kam der Augenblick, an dem ich nicht mehr wußte, ob ich Wasser atmete oder Luft.

Flußmann, dachte ich, Fischkerl, Mörder.

Wer zuerst losließ, hatte verloren. Wer zuerst losließ, hatte gewonnen. Denn allein am Seil zurückzubleiben, war entsetzlich. Und es war entsetzlich, allein aus dem Wasser zu steigen.

Manchmal blieben wir im Wasserfall hängen, bis das Bad geschlossen wurde und bis der Bademeister pfeifend über uns auf dem Steg auftauchte und dort stehenblieb. Ich habe nie gewagt, zu ihm hochzuschauen. Manchmal fror ich so sehr, daß meine Hand das Seil von selbst losließ. Und manchmal schwamm Siggi einfach davon, ohne mich anzuschauen.

Das schäumende Wasser riß mich mit, wenn ich losgelassen hatte, und drückte mich gegen die Eisenstäbe. Sehr schwach und kalt blieb ich oft lange dort hängen. Später auf dem Heimweg habe ich manchmal geweint.

Ulla Hahn
Anständiges Sonett

Schreib doch mal
ein anständiges Sonett
St. H.

Komm beiß dich fest ich halte nichts
vom Nippen. Dreimal am Anfang küß
mich wo's gut tut. Miß
mich von Mund zu Mund. Mal angesichts

der Augen mir Ringe um
und laß mich springen unter
der Hand in deine. Zeig mir wie's drunter
geht und drüber. Ich schreie ich bin stumm.

Bleib bei mir. Warte. Ich komme wieder
zu mir zu dir dann auch
»ganz wie ein Kehrreim schöner alter Lieder«.

Verreib die Sonnenkringel auf dem Bauch
mir ein und allemal. Die Lider
halt mir offen. Die Lippen auch.

Ivan Klíma
Hochzeitsreise

1

Die Straße stieg in steilen Kurven an.

Das Mädchen drückte sich an seine Schulter, sie war kleiner als er und zarter, und sie verschwand fast neben ihm in dem großen Sitz.

Er lenkte mit einer Hand, mit der anderen hielt er sie umschlungen, er hatte sich in diesem Jahr angewöhnt, mit einer Hand zu lenken, und auf diese nicht sonderlich bequeme Weise waren sie gemeinsam durch halb Europa gefahren, über die Autobahnen Deutschlands und über eine seltsam öde, von windzerzausten Ahornen gesäumte Straße zwischen Châlons und Meaux (vielleicht waren es gar keine Ahorne gewesen, denn dort waren sie bei Nacht und Nebel vorbeigekommen) und durch das wilde Bergland des Olymps zwischen Kozani und Tyrnavos, und nach all der Zeit, nach den endlosen Stunden der Reise, nahm er sie immer noch wahr, die Berührung ihrer Hand und das leichte Erbeben ihres Körpers, und manchmal küßte er sie mitten im Fahren, sie küßten sich bei wildester Fahrt auf vielen, sofort wieder vergessenen Straßen, und sie liebten sich auch in diesem Auto, auf ausgestorbenen Feldwegen, bei Nacht und mitten am Tag, wenn die Sonne voll auf ihr blasses und nicht besonders schönes Gesicht fiel, während ein griechischer Hirte, breitbeinig auf einem lethargischen Esel sitzend, langsam an ihnen vorüberzog, und jetzt näherten sie sich wieder einem jener Ziele, die eigentlich kein Ziel waren, die Dächer eines Städtchens lugten hinter den Kronen bunter Bäume hervor und wirkten, von der sinkenden Sonne beschienen, fast wie eine Theaterkulisse.

»Du hast also geheiratet«, sagte er, und es klang nicht wie ein Vorwurf, es war eher eine Feststellung, oder aber nur ein Satz, der die Stille für einen Moment unterbrechen sollte.

»Ich habe also geheiratet«, bestätigte sie. »Aber mit dir bin ich auf der Hochzeitsreise.« Und sie riß ihre Fischaugen weit auf, wie immer, wenn sie etwas verkündete, woran kein

Zweifel bestand. »Das ist meine Hochzeitsreise, wo ich doch jetzt geheiratet habe. Und deine, wo du doch bei mir bist.«

»Ja«, erwiderte er leicht erstaunt.

»Dich konnte ich ja nicht heiraten.« Sie berührte seine Schulter mit ihrer Schulter. »Oder hätte ich dich heiraten können?«

»Ich glaube nicht«, gab er zu.

»Mit dir kann ich nur auf Hochzeitsreise gehen.«

»Es kommt mir vor, als wären wir schon auf vielen Hochzeitsreisen gewesen«, meinte er.

»Du findest also, wir sind zusammen schon auf vielen Hochzeitsreisen gewesen?« fragte sie.

»Aber das macht nichts«, sagte er rasch. »Du bist erst jetzt verheiratet, erst jetzt ist es eine richtige Hochzeitsreise«, ging er auf das Spiel ein und bremste, drehte mit der freien Hand das Lenkrad herum, und sie fuhren an einem barocken Brunnen vorbei und hielten vor einem ehemals wohl gotischen Haus. »Kein sehr luxuriöses Gebäude für eine Hochzeitsnacht«, meinte er. Über dem Marktplatz ragte ein Berg empor, auf dessen Gipfel eine Burg langsam verfiel.

»Dann ist es eben kein sehr luxuriöses Gebäude«, sagte sie, als sie die Einfahrt betraten, und hob den Blick zu dem steinernen Gewölbe, das man weiß gekalkt hatte.

Im Lokal stand – wohl als einzige Attraktion außer der buntbemalten gotischen Decke – eine große italienische Musikbox. Auf sechzehn gedeckten Tischen blühten in sechzehn gleichen Vasen sechzehn Papierrosen. Nur der Tisch neben dem Ausschank war anders, er war lang, braun und ungedeckt, und an ihm saßen vier Männer und eine Frau. Die Männer, einer davon in Uniform, tranken Bier.

»Hast du Hunger?« fragte er. Er wußte, sie würde jetzt essen und trinken, sehr lange und langsam trinken, um den Moment, auf den auch sie wartete, möglichst weit hinauszuzögern.

Sie blickte sich im Raum um, als suchte sie sich den passendsten von all den völlig gleichen Tischen aus. Dann sagte sie: »Sollten wir nicht ein Hochzeitsmahl veranstalten, wenn wir schon auf der Hochzeitsreise sind?«

»Warum nicht?« Er spielte weiter mit. »Hattest du denn vor einer Woche kein Hochzeitsmahl?«

»Nein. Warum hätte ich vor einer Woche ein Hochzeitsmahl haben sollen?« wunderte sie sich.

»Ich dachte nur«, stutzte er. »Du hast doch vor einer Woche geheiratet.«

»Das habe ich gar nicht bedacht«, sagte sie. »Aber es ist kein anständiger Tisch da.«

»Alle sind gleich anständig«, wandte er ein. »Wir können sie ja bitten, uns ein anderes Tischtuch zu bringen, wenn sie ein anderes Tischtuch haben, und andere Blumen, wenn sie andere Blumen haben.«

»Ja«, stimmte sie zu. »Aber wohin setzen wir die Gäste?«

»Gäste?«

»Zu einem Hochzeitsmahl gehören doch Gäste«, sagte sie. »Oder willst du kein Hochzeitsmahl?«

»Wir kennen hier doch niemanden«, wandte er matt ein.

»Es müssen keine Bekannten sein. Vielleicht die dort an dem Tisch. Vielleicht würden sie unsere Gäste spielen, wenn wir sie einladen.«

»Gut. Wie viele Gäste wünschst du bei deinem Hochzeitsmahl?«

»Fünf«, antwortete sie ohne Zögern, als hätte sie diese Frage schon längst durchdacht. »Du ärgerst dich doch nicht?«

»Nein, warum sollte ich mich ärgern?«

»Du hattest bestimmt auch ein Hochzeitsmahl«, sagte sie. »Oder nicht?«

»Ich erinnere mich nicht mehr.«

»Du erinnerst dich nicht mehr.«

»Es ist sechzehn Jahre her«, rechnete er nach. »Ich war damals jünger als du heute.«

Er rief den Kellner und versuchte ihm klarzumachen, was er eigentlich wollte.

Er richtete den Blick unverwandt auf den großen Tisch. Drei der Männer waren ganz gewöhnliche Dorftypen, ihre unrasierten und braungebrannten Gesichter, jetzt vom Trinken gerötet, waren von der Sorte, die er gleich wieder vergaß, sobald sie aus seinem Blickfeld verschwunden waren, und dabei hatte er gar kein so schlechtes Personengedächtnis; der Soldat war schwarzhaarig, schlank, fast ausgezehrt, er hatte ein blasses Gesicht, unter den wäßrigen Augen hingen bläuliche Tränensäcke. Er glich nur allzusehr jenem – eigentlich jetzt ihrem – Mann, er glich allen ihren Liebhabern, wie er sie aus ihren Erzählungen kannte, und von den abgegriffenen Fotos, die sie dauernd mit sich herumschleppte.

Dem Soldaten zur Seite saß ein Mädchen, offensichtlich frisch vom Dorffriseur bearbeitet. Sie glich einem Schäfchen, dem man die Augen angemalt und künstliche Wimpern angeklebt hatte.

Er beobachtete, wie der Kellner sich über den Tisch beugte. Dann wandten die fünf wie auf Befehl den Kopf zu ihrem Tisch herüber, die fremden Blicke fielen auf das Gesicht seiner Begleiterin und blieben dort haften.

Er spürte, wie sie seine Hand berührte.

»Liebling«, sagte sie, »ich liebe dich dafür, daß du mit mir auf Hochzeitsreise gegangen bist. Daß wir ein Hochzeitsmahl haben werden. Und dafür, daß du sie alle eingeladen hast. Schau, wie sie gehen, wie komisch sie gehen!«

Die fünf waren vom Tisch aufgestanden, der Soldat schloß mit einem Klicken sein Koppel. Sie näherten sich ein wenig verlegen, auf den Lippen ein Feiertagslächeln, wie es sich für Gäste geziemt, die am Tisch der Brautleute Platz nehmen wollen. Er bemerkte, daß einer der Dörfler unter dem rechten Ohrläppchen eine kleine bläuliche Beule hatte (sein Gesicht würde er vergessen, aber das rechte Ohrläppchen würde er sich merken), und daß am entblößten Hals des Mädchens ein goldenes Kettchen hing.

2

Bis in die Kehle spürte er das angebrannte Fett der Schnitzel und den Geschmack des schlechten Weins. Die lange Fahrt im Auto, und jetzt dieser endlose Abend in einem Raum, der vor Langeweile gähnte. Er fühlte sich müde bis zur Erschöpfung.

Die drei Einheimischen, Zeugen seiner Pseudohochzeit, drängten sich danach, für das Schnitzel und den Wein mit ihrem Leben zu bezahlen, ihre Worte ließen jedenfalls darauf schließen, der mit der Beule unterm Ohr hatte acht Jahre in verschiedenen Kerkern verbracht, und die beiden andern ergänzten unaufhörlich seine Erzählungen, als wären sie bei allem dabeigewesen, was er durchgemacht hatte.

Er bemühte sich, ihnen nicht zuzuhören. Er kannte die Geschichte, diese im Grunde immer gleiche Geschichte mit geringfügigen Varianten, wenigstens diesen Abend wollte er dem entgehen: den Gefängnissen, Wachtürmen, Scheinwerfern und Stacheldrahtverhauen. Den Fluchtversuchen entfliehen.

Wenn er mit ihr zusammen war, trennte er sich zumindest in Gedanken von seinem ganzen Leben, alles, womit er lebte, ließ er in völlige Vergessenheit sinken, er dachte weder an seine Familie noch an seine Arbeit, er trat in einen anderen Bereich von Ursachen und Wirkungen, von Taten und Worten. Vielleicht beruhte die überwältigende Ausschließlichkeit dieser Liebe eben auf dem Losgelöstsein von allem, womit er je gelebt hatte.

Jetzt tanzte sie mit dem Soldaten zu der krächzenden Musik, die für eine Krone volle drei Minuten lang dem italienischen Apparat entströmte. Es war ihm bewußt, wie sie tanzte, auch wenn er sie nicht ansah. Und sie tanzte schon ziemlich lange.

Er wußte, daß ihr Tanzen nur einen einzigen Sinn hatte, denselben Sinn wie alles andere, was sie tat. Sie liebte mit jeder ihrer Bewegungen. Sie liebte, wenn sie tanzte, wenn sie aß, wenn sie allein einen Gehsteig entlangschritt, alle ihre Bewegungen waren die gleichen Bewegungen, aber vielleicht irrte er sich, vielleicht war er der Besessene.

»Acht Jahre Leben«, sagte der Mann mit der Beule, »die hole ich in meinem Alter nie wieder ein.« Er sah den Mann an, und er dachte, daß sie gleichaltrig sein konnten, aber der andere war offenbar nur noch mit seiner Vergangenheit beschäftigt. Diese acht Jahre, das war eine übermäßige Leere, die einen anzog wie ein Abgrund, außerdem kommt für jeden einmal der Tag, da nur noch die Vergangenheit bleibt, und sei es auch eine noch so schreckliche, als einzig Wirkliches und Lebendiges, denn die Zukunft hatte nichts Lebendiges mehr und nichts mehr zu bieten, nicht einmal einen Hoffnungsschimmer. Er hatte noch Hoffnung, sie tanzte jetzt ein paar Schritte von ihm entfernt, noch war er imstande, sich ein Morgen vorzustellen, ohne dabei verzweifelt aufzustöhnen. Aber wie lange noch?

Einen kurzen Moment lang sah er sich selbst, wie er dasaß, mit müden Augen, unter der Last seines ganzen bisherigen Lebens, und wartete. Er hatte noch etwas zu erwarten, und deshalb wartete er voll Ungeduld, bis das Mädchen zu Ende tanzte und sich zu ihm setzte.

Darin unterschied er sich von den drei Männern, die hier an ihrem Tisch saßen; sein Leben bäumte sich noch einmal auf, zu einem letzten Aufschrei vor der Stille, die sich nachts schon bei ihm einschlich, sandte den letzten Strahl vor dem Dunkelwerden aus, er liebte, und deshalb saß er hier und spielte mit, dieses Spiel, mit dem er sich über sich selbst und seine Liebe lustig machte, er spielte ihr Spiel, für sie war es natürlich ein Spiel, diese ganze Liebe, diese langen Fahrten ohne Ziel, die ständig wiederholten Beteuerungen, Beschwörungsformeln gleich, am Rande eines Abgrunds gemurmelt, für sie war das nur ein Zeitvertreib zwischen Morgen und Abend, zwischen Abendessen und Nacht, zwischen der letzten Zigarette und dem Liebesakt.

Diese Zeit konnte ihr jeder Beliebige vertreiben, das wußte er. Er war für sie ganz einfach austauschbar.

Er sah sie an, sie merkte es und lächelte ihm zu.

Dieses Lächeln, er konnte es sehen, auch wenn er die Augen schloß, ihren Mund mit der vollen Oberlippe, die ein wenig vorstand.

Er haßte sie in diesem Moment und sehnte sich danach, sie abzuschütteln, sie loszuwerden, schon jetzt diese Hoffnung loszuwerden, die eigentlich keine Hoffnung war, sondern eher ein Sichverzehren, eher eine dauernde Verlängerung der Angst vor dem Sturz, der unausbleiblich war, all das loswerden, schon jetzt in den Frieden eingehen, sie abschütteln, das Leben abschütteln und die Zukunft, jetzt gleich, aber er wußte, daß er es nicht tun würde.

Liebe mich, dachte er müde, wenigstens heute noch.

Ihm fiel auf, daß das Mädchen, das vielleicht zu dem Soldaten gehörte, reglos am Tisch saß und das eine tanzende Paar beobachtete. Sie war nicht eigentlich häßlich, nur ihren Kopf hatte dieser verbrecherische Friseur entstellt, und ihr Gesicht war bar jeden Selbstbewußtseins. In ihren Augen standen jetzt Tränen.

Er stand auf, rief den Kellner und zahlte.

Die Dörfler erhoben sich und wünschten ihnen beiden viel

Glück, während der Soldat noch so vor ihr dastand, wie sie den Tanz abgebrochen hatten, nur ein paar Schritte näher zum Tisch, und sie mit dem unverwandten Blick eines Mannes ansah, der nur noch an das eine zu denken vermag.

»Liebling«, sagte sie, als sie die Treppe hinaufgingen, »das war schön. Wir hatten ein Festmahl.«

»Das ist recht, daß du zufrieden warst«, sagte er.

»Was machen wir jetzt?«

»Wir sind doch auf der Hochzeitsreise«, erinnerte er sie.

Die Betten waren altertümlich, und das Waschbecken hatte zwei Hähne, aber aus beiden floß nur kaltes Wasser.

Sie stand vor dem Spiegel und nahm die Klammern aus dem Haar. Ihr Haar war lang, es bedeckte ein Drittel ihres Rückens, er stellte sich diesen Rücken nackt vor, wie er ihn bald sehen würde, und jäh erleichtert, daß das Spiel, die unsinnig lange Wartezeit, schon zu Ende war, trat er zu ihr und umarmte sie.

»Du meine Schönste«, sagte er, »du mein Fischlein.«

Sie zündete sich eine Zigarette an. »Glaubst du, der Soldat schläft mit dem Mädchen?«

»Ich weiß nicht«, sagte er ungeduldig. »Soldaten schlafen meistens mit jedem Mädchen, das dazu bereit ist.«

»Du glaubst also, Soldaten schlafen mit jedem Mädchen.«

»Aber sie hat ihn gesiezt«, entsann er sich. »Wahrscheinlich hatten sie sich gerade in der Kneipe da unten kennengelernt.«

Sie zog die Vorhänge zu.

»Er hat gesagt, er arbeitet beim Film. Im Zivilleben. Als Beleuchter.«

»Alle arbeiten beim Film«, sagte er verärgert.

»Du glaubst also, heutzutage arbeiten alle beim Film.« Erst jetzt schaute sie sich im Zimmer um. »Das ist aber ein kaltes Zimmer, findest du nicht?«

»Das Zimmer reicht völlig für das, wofür wir es brauchen.«

»Wir brauchen es für etwas?« fragte sie.

Er antwortete nicht. Er hatte sich angewöhnt, ihr nicht zuzuhören, sie nicht zu beachten, wenn er sie nicht beachten wollte. Er spürte nur den Abstand.

»Liebling, du ärgerst dich?« fragte sie.

»Ich weiß nicht«, sagte er. »Ich weiß es wirklich nicht. Ich nehme an, das Kino spielt nicht mehr, falls es hier überhaupt ein Kino gibt.«

»Wir sollten etwas Ausgefallenes tun«, schlug sie vor. »Wenn wir schon auf der Hochzeitsreise sind.« Sie setzte sich aufs Bett. »Sag mir was. Sag mir wenigstens etwas Ausgefallenes.«

»Einmal«, begann er mit dem gleichen Wort, mit dem er bei seinen Kindern die Märchen einzuleiten pflegte, »einmal war ich auch so alt wie du...«

»Nein«, unterbrach sie ihn. »So etwas meine ich nicht. Liebst du mich?«

»Ja«, antwortete er rasch. »Du weißt, ich liebe dich mehr, als ich jemals irgendwen geliebt habe.«

Sie schwieg. Sie lehnte sich gegen das Kissen und machte schläfrige Augen.

»Du bist meine einzige und letzte Liebe.«

Er küßte sie. »Die Gefährtin meiner Träume«, sagte er. »Manchmal bin ich mitten in der Nacht aufgewacht und hatte Angst, es würde nie geschehen, ich würde dir nie begegnen.«

»Da hast du mich schon gekannt?«

»Gekannt nicht. Herbeigesehnt habe ich dich. Ich habe dich herbeigesehnt, immer wenn ich auf der Straße ging, wenn ich mich allein ins Auto setzte, wenn ich durch eine Landschaft fuhr, die mir seltsam vertraut vorkam oder melancholisch, oder auch schön. Und auch jedesmal wenn ich ein Hotel betrat, und dann, wenn ich die Tür des leeren Zimmers öffnete, jedesmal wenn ich zwei erblickte, die sich küßten, und am meisten habe ich dich herbeigesehnt, wenn ich im Sommer spät nachts zurückkam.«

»Halt«, unterbrach sie ihn. »Das erzählst du mir immer.«

»Das habe ich dir noch nie gesagt!«

»Ich weiß, ich weiß. Aber so was Ähnliches.«

Er schwieg.

»Du ärgerst dich?« fragte sie. »Es gefällt mir«, sagte sie rasch, »es gefällt mir, wenn du mir so etwas sagst. Aber heute, ich meine, wenn wir schon auf der Hochzeitsreise sind...«

Er schwieg.

»Liebling«, sagte sie. »Komm weg hier. Es ist ein Zimmer wie immer. Man kann darin nur dasselbe machen wie immer.«

»Mein Gott, wir wollen ja dasselbe machen wie immer!«

»Ja... Aber heute – heute sollten wir...« Sie trat ans Fenster und zog den Vorhang zurück. Vor dem dunklen Himmel zeichneten sich noch dunkler die Ruinen der Burg ab.

3

Den Berg mit der Burg sahen sie jetzt von der anderen Seite, die halbverfallenen Zinnen waren vom Mondlicht beschienen und sahen in dieser Nacht majestätisch und drohend aus.

Er brachte den Wagen zum Stehen und schaltete die Scheinwerfer aus. »Wohin jetzt?« fragte er.

Die Nacht war kühl, und das herbstliche Gras, das Laub und der Nebel verströmten einen fast melancholischen Duft. Es wäre durchaus angenehm gewesen, mit ihr über den Weg inmitten der Wiese zu spazieren, wenn ihm nach einem Spaziergang zumute gewesen wäre.

»Ein seltsames Licht ist hier«, fand sie. Sie schritten über irgendeinen Pfad, eigentlich war es nur niedergetretenes Gras, er legte ihr den Arm um die Schultern. Er sehnte sich nach ihr und haßte sie dafür.

»Erinnerst du dich an die Nacht auf der Straße nach Frankreich?« fragte sie.

»In der Nacht hat es geregnet«, sagte er, »die Straße war beinahe unpassierbar.«

»Ja. Es hat nur so aufs Wagendach getrommelt.« Sie zitterte vor Kälte. Dann begann sie ohne jeglichen Zusammenhang zu erzählen. »Als ich ungefähr vier Jahre alt war, habe ich mir vorgespielt, daß ich einen Hunde habe. Ich habe ihn so an der Leine geführt, als gäbe es ihn wirklich, als ginge er hinter mir. Ich habe gewartet, wenn er am Baum das Bein gehoben hat, und immer habe ich ihm von meinem Abendessen etwas ins Näpfchen getan. Neben dem Bett habe ich ihm ein Kissen hingelegt, dort lag er dann sozusagen, und jeden Abend vor dem Einschlafen habe ich ihm etwas erzählt. Ich habe ihm auch nie einen Namen gegeben, ich habe immer nur zu ihm gesagt: Hund. Wenn ich ihn besonders gern hatte, nannte ich ihn: mein Hund.« Sie seufzte. »Ich glaube, ich habe nie wieder jemanden so geliebt wie diesen Hund.«

Sie erreichten einen hölzernen Schuppen inmitten der Wiese. Es duftete nach Heu.

»Liebling«, sagte sie, »komm, jetzt wollen wir uns lieben.«

Er half ihr beim Hinaufklettern.

Das Innere war zur Hälfte mit Heu ausgefüllt, und die Luft war zum Ersticken gesättigt mit Heustaub.

»Liebling«, flüsterte sie, »gefällt es dir hier?«

»Mir ist es gleich, wo ich bin, wenn ich bei dir bin«, sagte er.

»Ja, ich weiß.« Sie zog sich eilig aus. »Aber ich konnte heute nicht im Zimmer bleiben. Du bist mir doch deshalb nicht böse?« Sie schmiegte sich an ihn. Er umarmte sie. Bei jeder Bewegung sanken sie tiefer in die weiche Masse unter sich ein, und die Halme kitzelten und stachen die nackten Leiber.

»Liebling«, flüsterte sie.

Draußen näherten sich Schritte. Er richtete sich halb auf und erblickte eine Silhouette, die ihm bekannt vorkam.

»Also, das ist der Platz?« fragte der Soldat, als sie heraufkletterten.

»Hoffentlich gefällt es Ihnen hier«, flüsterte das Mädchen. Das Dunkel verdeckte jetzt ihr Gesicht und auch ihre Frisur. Der Soldat nahm gleich am Eingang feierlich sein Koppel ab, als reute ihn jeder zusätzliche Schritt.

»Sie sind ein so schöner Mann«, flüsterte das Mädchen.

Anscheinend küßte er sie, jetzt war nur noch rasches Atmen zu hören, betrunkenes Schnaufen, tastende Handbewegungen, das Rascheln des Heus, und dann das stöhnende Flüstern des Mädchens. »Nehmen Sie keine Rücksicht auf mich, Hauptsache, Sie sind zufrieden.«

Nach einigen Minuten richtete sich der Soldat in der plötzlichen Stille auf und versuchte, im Mondlicht von seiner Uhr die Zeit abzulesen.

»Sie wollen schon gehen?« fragte das Mädchen.

»Fast Mitternacht«, sagte der Soldat verdrossen. »Warum hast du mir nicht früher was von dem Heu gesagt?« Er spuckte aus, vielleicht spuckte er nur einen Halm aus, der ihm in den Mund geraten war. Er nahm noch das Koppel um, dann stiegen beide fast lautlos hinunter in die Finsternis.

»Liebling«, flüsterte sie, als sie wieder allein waren. »Hast du mich lieb?«

Er bemühte sich, in der Dunkelheit ihr Gesicht auszumachen, aber es war so undeutlich, daß es ein beliebiges Gesicht hätte sein können, und auch den Duft ihres Körpers überlagerte der durchdringende Geruch des Heus.

»Nein«, sagte er. Und dachte: Ich hasse dich. Dafür, daß für dich ein Spiel ist, was für mich Liebe ist, dafür, daß du meine einzige und letzte Zukunft bist, ich aber bin für dich nur dieser Augenblick, der fast schon vergangen ist.

»Nein«, sprach sie ihm nach. »Er hat mich nicht lieb.«

Er schwieg. Fünfzehn Jahre jünger sein.

»Er liebt mich einfach nicht mehr«, sagte sie. »Warum?«

»Weil du...« Aber er sagte es dann doch nicht.

»Weil ich ein Flittchen bin?« fragte sie.

Er schwieg.

»Du bist also mit einem Flittchen auf Hochzeitsreise gegangen?« Sie schmiegte sich an ihn. »Du mein Liebling.« Sie küßte ihn. Er umarmte sie.

»Endlich, endlich«, flüsterte sie, »endlich.«

»Ich liebe dich«, sagte er. »Ich liebe dich wahnsinnig, und ich würde alles, alles würde ich hergeben für diesen Augenblick mit dir.«

»Ich weiß«, flüsterte sie, ich weiß es. Hund«, sagte sie dann leise. »Du mein Hund.«

Hanna Johansen
Die Freundin

Susanne, mit der ich zwei Jahre lang jeden einzelnen Tag geteilt habe, weil wir Studentinnen waren und uns in einem Doppelzimmer kennengelernt hatten, hob ihre Stimme bereits um eine halbe Oktave, wenn wir zu Beginn der Ferien auf den damals noch rußigen Bahnsteigen neben unsern Koffern standen, um zu unsern privaten Familienhintergründen zu fahren. Wenn wir Zeit genug hatten, begann sie in dieser Abschiedsszenerie auch ihren Wortschatz im voraus auf das einzustellen, was sie erwartete. Es war nicht mein Wortschatz. Das Licht, das in den Zeiten der Trennung auf unsere noch schutzbedürftigen Konturen fiel, unterschied sich so sehr, daß jedesmal das Bild von uns selber, welches wir in der gemeinsamen Zwischenzeit mit großem Aufwand von Zeit, Phantasie und Mühe aufzurichten bemüht waren, undeutlich wurde. Wenn wir zum Unterricht zurückkamen, wußten wir überhaupt nicht mehr, wer wir waren. Die Bedeutung von ganzen Wortfeldern wie »Zugehörigkeit« war verlorengegangen.

Die Auseinandersetzung sowohl mit Wortfeldern als auch mit Zugehörigkeit war unsere tägliche Beschäftigung.

Das ist lange her.

Nach zwei Jahren kehrten wir dann in die Landschaften unserer Ursprünge zurück. Aber die Arbeit an dieser Fremdheit hat sich jahrzehntelang fortgesetzt, zäh und ganz und gar unbemerkt, weil sie von den Anforderungen des aktuellen Lebens, in welchem ein Jahr auf das andere folgt, wie es sich gehört, vollständig zugedeckt war.

Niemand hätte vermutet, welche Schwerarbeit ich insgeheim verrichtete auf der immer unzeitgemäßer werdenden Suche nach einer Antwort auf die Frage, wer ich denn eigentlich sei.

Zuzeiten schien es, als hätte ich die Antwort gefunden.

Dann mußte ich ein Verfahren entwickeln, das es mir möglich machte, so zu leben wie diese Person, die ich vielleicht war. Fragen Sie mich nicht, was mich das gekostet hat. Kraft, Hoffnung und, denke ich in trüben Stunden, die Art von männlicher Zuneigung, die ich immer zu brauchen meinte. Ehrlich, ich hatte nicht viel Erfolg damit.

Ich habe das Geheimnis gehütet wie ein Laster.

Genau in dem Sommer, als ich beschlossen hatte, damit Schluß zu machen, rief Susanne an. Sie wollte mir nicht sagen, woher sie meine Telephonnummer wußte. Es war nicht schwer, sagte sie. Sie war schon da, seit zwei Tagen, in denen sie so viel zu tun hatte, daß keine Minute fürs Telephonieren übriggeblieben war.

Als ich gegen Abend in ihrem Hotel ankam, war sie noch unterwegs. Ich saß auf einem unbequemen, aber teuer aussehenden Sessel, schaute den Teppich und die Schuhe der Menschen an, die vorbeigingen, und versuchte mir vorzustellen, wie Susanne sich verändert hatte.

Zwanzig Jahre, sagte in diesem Augenblick eine Frauenstimme, welche zwar verändert, aber dennoch ganz unverkennbar die ihre war. Sie klang ein wenig wie die Stimme von Menschen, die gefunden haben, was sie suchen. Wir redeten, obwohl wir, sobald wir uns ansahen, kaum wußten, was wir sagen sollten. Susanne sah hinreißend aus. Ihre Augen waren müde und strahlten doch. Genau die Art von Weiblichkeit, dachte ich, nach der mein Mann heimlich Ausschau gehalten hat. Der Kellner sprach uns auf englisch an, sie bestellte Wasser und entschuldigte sich für die Umgebung.

Das erste Haus am Platze, sagte sie höhnisch.

Sie arbeitete neuerdings für ein Blatt, bei dem Hochglanz oberstes Gebot war, und hoffte, etwas Nützliches für seinen Inhalt zu tun.

Und du warst sozusagen die ganze Zeit verheiratet?

Ich nickte. Dazu gab es so viel zu sagen, daß ich damit nicht gleich den Anfang machen wollte.

Du als Ehefrau, sagte sie, das haben wir uns früher nicht vorstellen können. Jeden Tag einen Mann, ist das nicht zu viel?

Ich lachte. Susanne mochte recht haben mit ihrer Frage. Ich hatte es nie so gesehen, weil meine Ehe sich von anderen dadurch unterschied, daß mein Mann viel unterwegs war.

Nur am Wochenende einen Mann, schlägst du vor?

Oder einmal im Monat, sagte Susanne. Genügt das nicht, wenn man sonst viel zu tun hat?

Das wäre mir zu wenig.

Ich hätte Lust, ins Kino zu gehen, sagte Susanne. Ich komme sonst nie dazu.

Ich auch nicht. Ich habe es mir abgewöhnt, als Barbara klein war, und bis heute noch nicht wieder damit angefangen.

Komm, sagte sie, wir fangen einen neuen Lebensabschnitt an, wir gehen ins Kino. Was werden wir sehen?

›Frühstück im Regen‹ hieß der Film. Die Kritiker mochten ihn, das war alles, was ich wußte. Wir saßen ziemlich weit vorne. Wie gebannt schaute ich zu, und nicht nur, weil ich lange nicht im Kino gewesen war. Ich kann mich besonders dann, wenn das Bild so groß und gleich über mir und darüber hinaus von Musik begleitet ist, meines Hangs zur Rührung nur schwer erwehren. Das war schon immer so, aber man hat es mir nie angesehen. Ich hatte es lange nicht mehr versucht, brachte nun aber mühelos fertig, meine bloße Rührung so zu formulieren, daß sie klang wie ganz gewöhnliche Gedanken, die Hand und Fuß haben und sich infolgedessen sehen lassen können. Ich freute mich, daß diese Fähigkeit noch nicht verloren war.

Dieser Film ist das Beschissenste, was ich seit langem gesehen habe, sagte Susanne in der Pause. Nichts als Ehebruch und Unglück und Einsamkeit, murmelte sie beim Hinausgehen, als ob es keine andern Themen gäbe auf dieser Welt. Ich kann es nicht mehr sehen.

Auch als wir draußen standen und zu dem schon wärmeren Nachthimmel aufsahen, konnte ich die Heftigkeit, mit der sie den Film ablehnte, nicht begreifen. Mir gefiel vieles, besonders, daß er ein einfaches Muster für eine komplizierte Sache gefunden hatte. Ich schämte mich aber wegen meiner Tränen und hoffte, daß Susanne sie nicht gesehen hatte.

Er ist gut gemacht, sagte ich, und was die Thematik betrifft, denke ich –

Du willst doch wohl nicht sagen, daß dir so was gefällt? Was ist los mit dir?

Jedenfalls will ich es nicht beurteilen, bevor ich das Ganze kenne.

Susanne war nicht dazu zu bewegen, den Rest anzusehen. Eine alberne Geschichte, mit albernen Schauspielern zu einem albernen Machwerk zusammengestückelt, sagte sie.

Natürlich von einem Mann, der überhaupt nicht weiß, wovon er redet. Sie wünschte sich, zu mir nach Hause zu kommen, um Barbara kennenzulernen.

Die Fremde, sagte sie. Dein Mann hat sie sehr geliebt.

Ich weiß nicht, ob sie zu Hause ist.

Darf ich anrufen?

Wenn du willst, sagte ich.

Sie winkte ab, als ich ihr die Nummer aufschreiben wollte. Du hast eine schöne Nummer. Sie kannte sie seit Jahren auswendig.

Du wolltest mich anrufen?

Sie nickte.

Warum hast du es nicht getan?

Sie nickte wieder und sagte: Ich weiß es nicht.

Sie ging allein in eine Telephonzelle und schüttelte den Kopf, als sie herauskam. Barbara ist nicht zu Hause. Was nun?

Nichts. Ich hatte Lust, herumzugehen und kein Ziel zu haben, obwohl die Stadt schön und voller Sehenswürdigkeiten ist. Zwischen den belebten waren sehr einsame Straßen, in denen unsere Schritte sich mit Echos von den schweren Sokkeln der Häuser mischten. Susanne las die Namen der Straßen vor. Sie las die Namen der Geschäfte. Irgend etwas stimmte nicht. Soweit ich mich erinnerte, hatten wir früher die gleichen Filme gemocht. Bei Filmen war es einfach gewesen. Sonst konnte es schwierig sein, jedenfalls für mich.

Mit Männern hast du früher nicht viel im Sinn gehabt, sagte ich.

Sie erinnerte sich gut.

Enttäuschung beschlich mich, als sie meine Frage, ob sich da was geändert hätte, mit einem Achselzucken beantwortete. Wie kann eine Frau, dachte ich, während ich einer von diesen schimmernden Straßenbahnen nachhorchte, die vor Mitternacht geradezu leer und bloß um des Fahrplans willen vorbeifahren, wie kann eine Frau, der schon in der unmittelbar bevorstehenden Zukunft jedermann das Recht auf unüberwindliche fleischliche Wünsche absprechen wird, so prüde sein. Mit Erstaunen stellte ich fest, daß ich Susanne für prüde hielt. Ich schüttelte den Kopf. Ich war vollkommen sicher, damit im Irrtum zu sein. Welche Art von Wahrheit ihr Achselzucken enthielt, wußte ich nicht. Ich wußte auch nicht, wie ich sie hätte fragen sollen. Erst jetzt merkte ich, daß es schon in unsern gemeinsamen Jahren nicht leicht war, sie zu fragen. Sie sagte nur, was sie sagen wollte und wann sie es sagen wollte. Nicht, wenn man fragte. Mir schien aber, daß die Schwierigkeit, sie zu fragen, in der Zwischenzeit neue Züge angenommen hatte. Ich fragte: Du bist allein?

Kein Ehemann, kein Liebhaber, kein Nichts, sagte sie, drückte ihren Bauch gegen die Brüstung, schaute ins Wasser und fügte hinzu: Nicht mal ein Hund.

Das Wasser, hier ziemlich schwarz und stumm, zog rasch vorbei.

Damals hatte ich nur eins im Sinn. Meine Arbeit. Und jetzt?

Meine Arbeit, meine Zukunft, sagte sie damals. Dieser Satz, einer von denen, die uns, einmal gehört, nie wieder verlassen, war das Prunkstück in meiner Sammlung. Ich hatte sie darum beneidet. Ich hätte lügen müssen, um so zu reden. Was meine eigene Zukunft anging, hatte ich keine Ahnung.

Meine Entschlossenheit, wenn es darum ging, ein Ziel anzupeilen, wollte sich in meinen ersten zwanzig Jahren überhaupt nicht entwickeln. Und wenn ich ehrlich bin, muß ich zugeben, daß sie es auch in den nächsten nicht getan hat. Bis heute nicht. Sie ist sozusagen genau da stehengeblieben, wo sie am Tage meiner Geburt war, als mein Kopf zwar durch und durch und geradezu starrsinnig entschlossen war, mir den Weg ins Freie zu weisen, und auch jede mögliche Anstrengung in dieser Richtung unternahm, aber nicht den geringsten Erfolg damit hatte. Das Gegenteil trat ein. Mein Kopf konnte nichts dafür, weil er von falschen Voraussetzungen ausging, indem wider jeden damals schon entwickelten Verstand es nicht der Kopf, sondern die Füße waren, die sozusagen an der Tür standen und infolgedessen zuerst hinausmußten. Nach ein paar Tagen hat sich der Kopf dann von seiner Überraschung erholt, den Füßen verziehen und die Welt, die ihn umgab, anerkannt. Aber zum Plänemachen hat man ihn seither nicht mehr überreden können. Da hat er seine Zweifel.

Anders Susanne. Sie wußte, was sie wollte. Und sie hat es erreicht. Schon sechs Jahre später hatte sie ihren Platz in genau der Zeitungsredaktion, von der sie mit zwanzig träumte. Als Leserin dieser Zeitung hatte ich es herausgefunden.

Ich war die ganze Zeit verheiratet. Mindestens einmal im

Jahr nahm ich mir vor, Susanne zu schreiben. Ich las alle Artikel, unter denen ihr Name stand, aber es ist trotzdem nie dazu gekommen. Dabei hatte ich abends Zeit. Mein Mann reiste viel. Alles war, wie es sein sollte. Alles, bis auf mein geheimes Laster, das mich so viel Zeit kostete, weil ich immer noch nicht wußte, wer ich war.

Unsere Tochter wuchs. Ich wollte sie Susanne nennen. Erst im letzten Augenblick gab ich meinem Mann recht, dem Barbara besser gefiel.

Die Fremde, sagte er lächelnd.

Ich lächelte zurück, obwohl ich immer noch anderer Meinung war. Ich fürchtete mich vor allem, was fremd war.

Wie du meinst, flüsterte ich dann. Es ist deine Tochter.

Susanne schaute auf das Pflaster zu ihren Füßen, auf die Fugen, auf die Bordsteine. Bei jeder Haltestelle fragten wir uns, ob wir fahren wollten, entschieden uns für Gehen und gingen wieder.

Barbara gefiel mir, obwohl ich nie gelernt habe, wie man ein Kind erzieht, und den Vorwürfen der sogenannten Gesellschaft immer schutzlos ausgeliefert war. Wer ich war, konnte ich mit jedem Jahr weniger herausfinden, obwohl unser Leben, wie sich Tag für Tag zeigte, war, wie es sein sollte. Unsere Liebe wurde nicht kalt. Sie verlor bloß, wie man es so oft hört, an Bewegung, als müßte sie sich für das eine oder das andere entscheiden. Auch schien mir, daß die Liebe zwischen Mann und Frau ohnehin mit den Jahren an Bedeutung verlor. Ich jedenfalls brauchte sie überhaupt nicht.

Dann wurde an einem Juniabend mein Mann von seinem Fahrrad geworfen. Das geschah, weil ein Autofahrer am Steuer einschlief, bevor auch nur die Sonne unterging. Mein Mann war am nächsten Tag tot. Ich dachte, daß ich nie wieder einen Menschen lieben könnte.

In der Woche vor Weihnachten schien mir, daß ich es keine Stunde länger aushalten könnte ohne die sanfte Nähe eines Mannes, der mir gefiel. Ich stand am Herd und wußte nicht, wie ich die nächste Minute durchstehen sollte. Als es das nächste Mal Weihnachten wurde, war dieser Mann immer noch nicht gefunden.

Meine Tochter erreichte ein Alter, wo es die Kinder nicht mehr hinnehmen, daß man sie mit einem geschmückten Weihnachtsbaum überrascht. Ihre Argumentation hinkte an allen Enden, duldete aber keinen Widerspruch. Sie wollte, sagte sie, nicht zulassen, daß unserem von der Ausrottung nicht nur bedrohten, sondern bereits befallenen Wald von uns der Todesstoß versetzt wird. Sie wies auf die giftigen Nebenprodukte der Transportkapazitäten hin, welche unserem persönlichen Weihnachtsmann sein Kontingent vor die Haustür stellen. Und vor allem wollte sie den Baum nach ihrem eigenen Geschmack herrichten, der, wie sie mir glaubwürdig versicherte, ganz und gar nicht der meine sei.

Ja, sagte ich. Was nun?

Sie war bereits am Packen und reiste in die Fremde.

In der Stunde der guten Vorsätze, die ich in diesem Jahr zum erstenmal allein beging, beschloß ich, nicht mehr auf den Mann zu warten, der mir gefiel, sondern ruhig auch einen von den anderen zu nehmen.

Aber hätte ich das Susanne erzählen können? In diesem Punkt, dachte ich, liefen unsere Ansichten zu weit auseinander.

Meine Tochter kam zurück und sagte: Du hättest ihn nicht auf dieses Rad steigen lassen sollen.

Ich dachte, ich hätte mich verhört. Wer kann denn einen Mann, der auf ein Rad steigen will, zurückhalten?

An einem heiligen Samstagabend, fuhr sie fort, wo die Straßen voll sind von Betrunkenen.

Halt den Mund, sagte ich.

Das überraschte sie. Warum? Weil ich so was noch nie gesagt hatte.

Überhaupt begann ich, unpassende Formulierungen zu gebrauchen. Es störte mich kaum. Es machte mir sogar Freude, soweit Freude der richtige Ausdruck ist für den verzweifelten Zustand, in dem ich mich befand.

Weinend ging meine Tochter in ihr Zimmer. In den Pausen warf sie, die mich jahrelang freundschaftlich getröstet hatte, mir vor, daß ich nicht traurig sei.

Ich dachte an die Vergangenheit, die Gegenwart und die Zukunft. Ich meine, was soll eine Frau machen, die im Gegensatz zu allen andern Menschen nicht einmal weiß, wer sie ist? Meine Tochter behauptete es zu wissen. Sie hat es gesagt, und nicht nur einmal.

Wenn er wenigstens ein Auto gehabt hätte, sagte sie im Widerspruch zu so mancher ihrer Überzeugungen.

Das war am nächsten Wochenende, als ob sie es darauf angelegt hätte, mir die Zeiten zu verderben, in denen sie nicht in der Schule oder mit Menschen, die ich nicht kannte, an Orten war, von denen ich nicht einmal wußte, daß es sie gab. Wenn ich zum Autoschlüssel griff, weil ich vergessen hatte, genügend Yoghurt einzukaufen, sagte sie: Warum gehst du nicht zu Fuß?

Ein paarmal hatte ich versucht zu tun, was von einer Mutter mit Recht erwartet wird, nämlich mir Informationen darüber zu verschaffen, wo mein Kind sich aufhielt.

Ich kein kein Kind, sagte sie.

Sie war bereit, sich mit mir über diesen Satz zu streiten. Ich nicht. Für mich war das nur ein Wort, und zwar ein liebevolles. Für sie war es eine Aussage. Um erwachsen zu werden, konnte sie nicht ein einziges Mal darauf verzichten, mich zurechtzuweisen, wenn ich etwas gesagt hatte, was ich nicht wirklich oder nicht so meinte. Sie hatte einen neuen Umgang mit den Wörtern angefangen, der mich schweigsam werden ließ, weil es unmöglich schien, überhaupt noch ein richtiges Wort zu finden. Begriffe wie Verantwortung gingen mir also im Kopf herum, ohne daß ich sie je auszusprechen wagte. Ich wußte, daß Vorstellungen von Aufsicht und Pflicht und Vernachlässigung in unsern Gesetzen vorkommen, ohne daß ich sie mit der Wirklichkeit hätte in Einklang bringen können. Hier in der Wirklichkeit sagt man: eine Mutter muß wissen, wo ihr Kind ist. Man sagt das so leichthin, wie man auch andere Dinge sagt, zum Beispiel, daß sie, die Mutter, ein Vertrauensverhältnis zu ihrem Kind aufbauen und pflegen solle. Das ist leicht gesagt. Niemand sagt, wie. Im Ernst, die Kinder sind unglücklich ohne Geheimnisse.

Mit dem Rad! wiederholte sie, wobei sie nicht mehr vorwurfsvoll, sondern nur noch resigniert aus dem Fenster schaute. Draußen regnete es.

Ich sah sie bloß an.

Gut, gut, sagte sie. Dann war das gemeinsame Wochenende zu Ende.

All das ging mir unabweislich durch den Kopf, während wir am Fluß entlang durch die Stadt gingen, an deren Rand ich wohnte, während ich ihr zeigte, was mir an dieser Stadt gefiel, und nach und nach erzählte ich Susanne, was mir im Kopf herumging, wenn auch nicht in diesen Worten. Die Geschichte der Kommunikation zwischen Frauen war nach langer Stagnation zu unsern Lebzeiten in eine neue Phase eingetreten. Wir verwendeten also eine Sprache, in welcher Elemente jener neuen Sprache sich mit solchen aus unsern gemeinsamen Zeiten wunderbar vermischten, ohne jedoch auf all das zu verzichten, was die entscheidenden Jahre individueller Lebenserfahrung dazu noch beigetragen hatten. Wir brachten dieses komplizierte Ergebnis jahrelang wirklichen Lebens, so am Fluß nach Hause gehend, nicht ganz mühelos zustande.

In diesen Jahren, sagte ich, wurden alle Gesetze, Volksinitiativen und kommunalen Projekte, für die ich gestimmt habe, abgelehnt von der Mehrheit derer, die überhaupt bereit waren, ihre Meinung in eine Waagschale zu werfen. Zum Ausgleich wurde fast alles, was ich nicht wollte, angenommen und in die Tat umgesetzt. Ich wäre mir ziemlich allein vorgekommen, wenn es nicht eine Menge anderer gegeben hätte, denen es genauso ging. Und wer die Spielregeln akzeptiert hat, soll nicht bitter werden. Das gehört sich nicht.

Ist es wahr, sagte Susanne, daß in eurem Land die Altersheimbewohner sich ihre Stimmzettel von anderen ausfüllen und sie dann auch von diesen einwerfen lassen?

Ich war gerührt über ihre Frage, wußte aber die Antwort nicht.

Plötzlich stand ich stumm vor dieser Frau, die meine Freundin war. Mir wurde bewußt, daß ich, als wäre es etwas Selbstverständliches, von Dingen sprach, die sie nie gehabt hatte. Ich hatte immer nur ihre Arbeit gesehen. Aber einen Mann hatte sie nicht gehabt, keine Kinder. Und was mir Sorgen machte, war für sie ein unerreichter Luxus.

Festlich, wenn auch in sonderbaren Blautönen beleuchtet, kam die letzte Straßenbahn. Willst du fahren? sagte ich.

Wohin? sagte sie.

Wir gingen dann nicht mehr, wir blieben einfach stehen. Es war kein schlechter Ort zum Stehenbleiben. Rechts das neunzehnte Jahrhundert, im Hintergrund der Fluß, geradeaus nichts als Baustellen.

Ich erzählte Susanne, wie ich eines Tages meiner Tochter Bericht erstattet hatte über einen Bereich meines Lebens, der bis dahin aus guten oder weniger guten Gründen verschlossen geblieben war. Ich erzählte, wie eine gewisse Art von männlicher Zuwendung, ohne die ich nicht sein konnte, in meinem Leben fehlte, und daß ich nicht wußte, was ich dagegen tun sollte. Dann schwieg ich und wartete auf das, was meine Tochter sagen würde.

Insgeheim, sagte ich, hoffte ich auf eine Gegenleistung. Diese Hoffnung wurde ungefähr zwei Jahre später erfüllt. Nicht vorher. Hieß das nun, daß der Spalt, der unsern getrennten Welten ein gewisses Hin und Her erlaubte, sich so weit geöffnet hatte, daß auch die umfangreichen Brocken des Geheimnisses, das eine eigenständige Person in den frühen Jahren ausmacht, hindurchgepaßt hätte? Nein.

Meine Versuche, ein Vertrauensverhältnis mit ihr zu pflegen, endeten damit, daß sie mir zwei Dinge zu verstehen gab. Erstens, sie verstand, daß ich einen Menschen brauchte, mit dem ich reden konnte. Und zweitens, sie war nicht die richtige Person dafür, und zwar aus verschiedenen Gründen, von denen die Tatsache, daß sie keine Zeit mehr hatte, nicht einmal der wichtigste war.

Susanne schüttelte den Kopf. Sie schaute einem unbestimmten hellen Gegenstand nach, der den Fluß hinunterschwamm und sich dabei langsam um sich selber drehte. Das Wasser war drei Meter unter uns, und sie sagte: Ich habe mir immer vorgestellt, wie wunderbar es für dich war, eine Tochter in die Schönheiten des Frauenlebens einzuweihen.

Ich nickte.

Was ist schiefgegangen, sagte Susanne.

Ihre Frage, gut gemeint, weckte eine unerwartete Wut in mir. Es gelang mir, sie runterzuschlucken. Es war nicht Susanne, auf die ich wütend war.

Das hab ich auch gedacht, sagte ich.

Die Idee war gut, aber sie hielt die Praxis ebensowenig aus wie andere romantische Vorstellungen. Frauenleben? hörte ich Barbaras Stimme sagen. Was soll daran so schön sein? Auf diese Weise konnte sie mich entwaffnen. Denn woher hätte ich die Beweise nehmen sollen? Worte, selbst wenn ich sie gefunden hätte, sind nicht gut genug.

Findest du es schön, Susanne, sagte ich, das Frauenleben?

Jetzt nicht.

Es klang, als wollte sie kein einziges Wort mehr sagen.

Ich dachte an meine Tochter, an jenes eine Lachen, mit dem sie ihrem Vater entgegenlief, wenn er von der Reise zurückkam. Sie hatte auch andere, gebrauchte sie aber, während sie erwachsen wurde, nur noch selten. Dann fing sie mit dem Radfahren an. Zuerst glaubte ich an ein Mißverständnis. Als ich es begriffen hatte, ließ sie keinerlei Einwände gelten.

Radfahren? sagte Susanne.

Nachts. Ich habe mich nach den Gründen gefragt. Will sie werden wie er? So großartig war er nun auch wieder nicht.

Ich glaube doch, sagte Susanne.

Wenn mein Mann zu Hause war, haben wir oft über dich gesprochen. Im gleichen Augenblick wünschte ich mir, ich könnte meine Worte zurücknehmen. Ich sage sonst nicht mein Mann, wenn ich von meinem Mann spreche.

Über mich? Nein.

Mehr sagte sie nicht, und auch das erst nach längerem Nachdenken und nicht ohne gleichzeitig nach einem Taxi Ausschau zu halten. Das Taxi kam so schnell, daß wir gerade noch Zeit hatten, mit den allergebräuchlichsten Wendungen eine Art Abschied zu formulieren. Er erinnerte mich an früher, wenn nach lange sich hinziehendem gemeinsamem Warten die Züge jeweils sehr plötzlich einfuhren.

Eike Christian Hirsch
Kompensieren

Wie verrückt das moderne Leben ist, kann man schon daran sehen, daß wir uns gewöhnlich kaputtarbeiten, um uns den Urlaub leisten zu können, den wir dann auch wirklich nötig haben. Das mag etwas übertrieben klingen, aber als erwiesen darf gelten, daß weit mehr als die Hälfte der Bundesbürger im Urlaub vor allem Erholung sucht. Und warum muß man sich erholen? Weil man so viel gearbeitet hat. Und warum hat man so viel gearbeitet? Um sich den Urlaub leisten zu können. Also doch!

Auch im Arbeitsalltag verfahren wir so. Wir trinken so viel Kaffee tagsüber, um wach zu werden, daß wir abends eine Menge Alkohol brauchen, um uns wieder zu beruhigen. Für Fortgeschrittene sieht das Programm noch bunter aus. Diese Kenner schlucken morgens Wachmacher, bei der Arbeit Beruhigungspillen gegen den Streß und abends Schlafmittel. So ist immer dafür gesorgt, daß ein Mittel das andere rechtzeitig in seiner Wirkung aufhebt.

Das vollkommene Symbol des modernen Regelkreises aber ist die Zigarette, denn sie vereinigt in sich die Wirkung aller genannten Mittel. Im Streß greift man nach diesem Stengel wie der Ertrinkende nach dem Strohhalm, denn das Zeug wirkt beruhigend. Jedoch bleibt dann die zweite, die aufputschende Wirkung auch nicht aus. Das Nikotin, ein Nervengift von angenehmer Wirkung, versetzt den Körper in eine Art Alarmzustand, auch Streß genannt. Und, wie gesagt, im Streß greift man gern zur Zigarette. Womit der Kreis geschlossen wäre. Das Ganze nennt man dann Sucht.

Bei der Ernährung hingegen brauchen wir noch beides getrennt, den Verursacher und das Gegenmittel. Wir essen so viel Weißbrot, daß es dringend geraten scheint, die Kleie, die man dem Mehl entzogen hat, nachzukaufen und als Mittel gegen Verstopfung hinterherzuwürgen. Viele Bundesbürger sollen ebensoviel Geld für Diät und Schlankheitskuren ausgeben wie für das Essen – mit dem sie dann die Grundlage für die nächste Kur legen.

Warum hat man sich eigentlich, um ein anderes Beispiel zu

betrachten, angewöhnt, durch Dauerduschen den letzten Schutzfilm der Haut zu vertreiben? Um der Kosmetikindustrie Gelegenheit zu geben, uns Hunderte von Hautcremes und -ölen zu verkaufen, die uns das natürliche Hautfett wieder ersetzen sollen, das wir eben herausgewaschen haben. Gar nicht zu reden von den Leuten, die keinen Schritt auf der Straße zu Fuß machen. Zum Ausgleich, damit der Bewegungsapparat nicht ganz verkümmert, beschließen gerade die Vernünftigen unter ihnen, viel Sport zu treiben, zum Beispiel Jogging. Was aber auch nicht ohne Rückwirkungen ist, die wohl bedacht sein wollen. Denn Joggen führt zu Abnutzungserscheinungen, denen man nun wiederum durch Ausgleichssport vorbeugen sollte. Das alles brauchten die alten Fußgänger nicht, die sich täglich langsam und natürlich fortbewegten.

Aber wo soll man heute noch zu Fuß spazierengehen? Bevor man in eine Gegend kommt, wo das Wandern lohnt, muß man so lange mit dem Auto fahren, bis man keinem anderen Auto mehr begegnet. In den Ballungszentren bleibt dann zum Laufen keine Zeit mehr. Der Teufelskreis ist zum Karussell geworden. Aussteigen? Ach, das klingt so radikal. Uns würde auch etwas fehlen. Karussellfahren macht so angenehm benommen. Man möchte das gar nicht mehr missen.

Christine Nöstlinger
»Ich merke doch, daß du was hast!«

In allen Partnerschaften, auch denen, die als harmonisch angesehen werden dürfen, gibt es Tage, die der Harmonie entbehren.

Nein, da war kein Streit, keine heftige Debatte, auch kein Vorfall, der Verstimmung nach sich ziehen könnte.

Und trotzdem: Schon beim Frühstück merkt der eine Kompagnon der Partnerschaft, daß der andere »etwas hat«.

Dumpf hockt der Partner beim Kaffee, Fragen beantwortet er mit »ja«, »nein« oder einem schlichten »hmpf«. Gewiß, auch an harmonischen Tagen gibt der Partner keine ausführlicheren Antworten. Doch an den Tagen, an denen er »etwas hat«, fehlt den Kürzestantworten die übliche Freundlichkeit.

Und er schaut auch so!

Fremd, ablehnend schaut er. Man kommt sich vor, als säße man im Schnellzug Wien–Paris, vom Speisewagenober zu einem Menschen an den Tisch gesetzt, der lieber allein geblieben wäre.

Da man aber nicht im Schnellzug Wien–Paris sitzt, fragt man: »Was hast du denn?«

»Nichts!« sagt der Partner ablehnend.

»Doch!« sagt man. »Ich merke doch, daß du was hast!«

»Was soll ich denn haben?« fragt der Partner, und den Tonfall, in dem er das sagt, kann man als gereizt bezeichnen. Natürlich wäre es klug, jetzt nicht mehr weiter zu bohren. Aber das Benehmen, das der Partner an den Tag legt, ist schließlich nichts anderes als Liebesentzug, und der verunsichert auch nach zwanzigjähriger Gemeinschaft. Also fragt man noch zehnmal nach, die letzten Male auch schon sehr gereizt. Aufklärung bekommt man keine.

Am nächsten Tag dann ist der Partner wieder wie immer! Und erklärt: »Nichts habe ich gehabt. Aber wenn ich hundertmal gefragt werde, ob ich was habe, werde ich grantig, und dann habe ich was!« Man nickt, aber man glaubt es nicht. Man hat recht damit.

Nach Wochen, unter Umständen, erfährt man dann, warum der Partner an jenem Morgen so sauer gewesen ist.

Weil er – nur zum Beispiel – keine Socken ohne Loch gefunden hat! Das hat ihn maßlos verärgert. Da er aber ein vernünftiger, großzügiger Mensch ist, spürt er, daß er wegen löchriger Socken keinen Anspruch auf Gram habe. Also schwieg er.

»Und außerdem«, sagt dann der Partner, »hättest du ja merken können, daß ich wie ein Irrer Socken suche! Aber dir fällt ja nie etwas auf!«

Marlen Haushofer
Schreckliche Treue

Im letzten Kriegswinter reiste eine junge Frau mit ihrem dreijährigen Sohn aus Norddeutschland in ihre österreichische Heimat. Ihr ganzes Bestreben war, das Kind heil nach Hause zu bringen. Sie hatte nur das Notwendigste in ihren Rucksack verstaut, denn sie mußte die Arme frei haben, um den kleinen Jungen, der zart und übermüdet war, tragen zu können.

Die Züge waren vollgestopft mit Militär und Flüchtlingen aus den zerbombten Städten. Es wurde sehr wenig gesprochen, und alles vollzog sich in grauer Gleichgültigkeit. Die junge Frau sah die Mütter kleiner Kinder besessen von dem Willen, ihr Kind zu retten, bereit, zehn fremde Kinder verhungern zu lassen, um das eigene füttern zu können. Sie sah es mit durch Erschöpfung gedämpftem Entsetzen und wußte, daß diese Wilden ihre Schwestern waren und daß sie selbst im Ernstfall nicht anders handeln würde. Schon jetzt hatte sie gelernt, sich ihren Weg mit vollkommener Rücksichtslosigkeit zu bahnen. Sie hatte immer als schüchtern gegolten; das Kind auf ihrem Arm ließ sie zu einer gereizten Löwin werden.

Übrigens ging es ihr besser als vielen anderen. Oft half ihr ein Soldat weiter oder überließ ihr seinen Platz. Einer schenkte ihr Traubenzucker, einer getrocknete Apfelschnitze, immer wieder zeigten sich Spuren von Ritterlichkeit bei den Männern, allerdings nicht allen Frauen gegenüber. Es war ein Glück für ihren kleinen Sohn, daß seine Mutter jung und anziehend war und schutzbedürftig wirkte. Und sie lächelte wie ein Automat in die fremden Männergesichter, schlug groß und hilflos die Augen auf und dachte nur daran, wie es ihrem Kind von Nutzen sein konnte. Manchmal versuchten die Soldaten, mit dem Kleinen zu scherzen, lachten dröhnend und kniffen ihn in die Wange. Er verzog keine Miene, lachte nicht, weinte nicht und sah nachdenklich und unbeteiligt in die fremden Gesichter. Er war ein sehr vernünftiges und angenehmes Kind und hatte begriffen, daß er still sein mußte.

Manchmal blieb ein Zug auf offener Strecke stehen, stundenlang, einen Tag, eine Nacht, nie erfuhr man, warum, oder nur in Gerüchten. Eine Stadt war nachts bombardiert worden, ein Militärtransport blockierte die Strecke. Einmal mußten sie nachts aussteigen und sich in ein Rübenfeld legen. Die Erde war kalt und feucht, der Himmel hing in der Ferne voll weiß gleißender Kugeln, und hin und wieder heulten Sirenen auf, erzitterte der Boden von Detonationen, Bombeneinschlägen und bellten Schüsse auf.

Trotz dieser Anstrengungen war etwas Anheimelndes an dieser Reise zu zweit. Sie waren Tag und Nacht beisammen, so eng waren sie noch nie verbunden gewesen, zumindest nicht seit seiner Geburt. Es war süß, ihn im Arm zu halten, seine Wange an der Schulter zu spüren und den Geruch seiner Haare in der Nase zu haben. Sie mochte sich nicht an den spärlichen Gesprächen beteiligen und empfand alles, was um sie vorging, als Störung. Fremde Gesichter zogen an ihr vorüber, ein ständiger Menschenstrom, und sie mitten darin, den Rucksack auf den Schultern und den Kleinen auf dem Arm. Sie trug ihn fast immer, denn er konnte nicht so schnell laufen wie sie und wäre nur gestoßen und gequetscht worden. Die Menschen um sie herum redeten in verschiedenen Dialekten, sehr vieles verstand sie überhaupt nicht. Erst als sie weiter nach Süden kamen, konnte sie sich besser verständigen. Alles wurde vertrauter, und die Leute im Zug neigten jetzt eher dazu, laut zu fluchen, als mit steinernem Gesicht zu schweigen. Allgemein hieß es, daß der Krieg zu Ende gehe, es könne sich nur noch um kurze Zeit handeln. Darüber wurde gelegentlich heftig gestritten. Einmal schlug ein riesenhafter Feldwebel, dem der rechte Arm fehlte, einen Zivilisten mit der Faust auf den Mund. Etwas sprang klirrend auf den Boden, es war ein Zahn des Zivilisten, aber nur ein falscher Zahn, darüber brach rund um die Streitenden Gelächter aus. Jemand ließ Schnaps herumgehen, und die beiden mußten sich die Hände schütteln, was nicht gelingen wollte, weil der Zivilist immer mit seiner Rechten nach der nicht vorhandenen Rechten des Feldwebels griff.

Sie sah dies alles sehr deutlich und völlig unbeteiligt. Solange ihr Sohn schlief und nichts davon hören und sehen konnte, mochten sich die Leute um sie herum gegenseitig erschlagen. Aber obgleich sie unbeteiligt war, blieb sie immer auf der Hut. Sie trug in der Tasche ihres Rockes ein kleines scharfes Messer, mit dem sie Brot oder andere Lebensmittel schnitt, das man aber bestimmt sehr gut zu anderen Zwecken verwenden konnte.

Wenn der Kleine schlief, fühlte sie sich manchmal verlassen und kraftlos. Da sie ihren Mann nicht bei sich haben konnte, er stand im Osten an der Front, und sie wußte seit Monaten nichts von ihm, war es ihr einziges Ziel, das Kind gesund nach Hause zu bringen. Wirkliche Sicherheit gab es ja keine mehr, aber sie kannte eine Gegend in ihrer Heimat, in der, nach allem, was sie jetzt gesehen hatte, beinahe Frieden herrschte. Dorthin mußte sie das Kind bringen, und dann, wenn es stimmte, was die Leute sagten, mußte dieser Krieg aufhören und ihr Mann würde zu ihr zurückkommen. Niemals erlaubte sie sich, an diesem Gedanken zu zweifeln, aus irgendeinem unbewußten Aberglauben heraus. Während das Kind auf ihrem Schoß, unter dem Mantel geborgen, ruhig atmete, dachte sie an ihn. Er war ein paar Jahre älter als sie, ein schmaler Junge mit einem dunklen Haarschopf und einem Grübchen am Kinn. Und er war sehr leichtsinnig und verspielt und konnte nichts auf der Welt wirklich ernst nehmen. Dies war einer der Gründe gewesen, warum sie ihn sofort geheiratet hatte. Sie war allein aufgewachsen, ohne Geschwister und Freunde, und dieser junge Mann hatte die Freude in ihr Leben gebracht, und zum erstenmal hatte sie laut und herzlich gelacht. Sie liebte ihn sehr, er war ein wunderbares Wesen, mit dem man fröhlich sein konnte, das man aber immerzu vor seinem eigenen Leichtsinn beschützen mußte. Und sie haßte den Krieg und alle jene widerlichen alten Männer, die ihr den Spielgefährten genommen hatten. Aber keine Minute durfte sie daran zweifeln, daß er zu ihr zurückkommen würde.

Manchmal träumte sie von einer ganz bestimmten Scheune, die in der Nähe eines Wäldchens stand. Ihr Mann befand sich in dieser Scheune, und sie selbst stand vor dem Tor und wehrte mit einem Maschinengewehr einen Haufen bärtiger Soldaten ab, die in die Scheune eindringen und ihn holen wollten. Wenn sie sah, wie die Männer reihenweise ins Gras sanken, durchbohrt von ihren Kugeln, spürte sie wilden Triumph. Diesen Traum hatte sie ihrem Mann nie erzählt. Sie hatte überhaupt wenig Gelegenheit gehabt, ihm Träume zu erzählen, während ihrer Ehe waren sie nicht länger als ein halbes Jahr zusammengewesen. Im übrigen hatte es nur seine Briefe gegeben, Briefe, in denen er immer versucht hatte, sie aufzuheitern und zum Lachen zu bringen. Man hätte nach seinen Schilderungen glauben können, an der Front gehe es zu wie in einem Kabarett. Sie wußte, daß er diese Geschichten zum größten Teil erfunden hatte, er konnte einfach nicht aufhören zu spielen, nicht einmal im Krieg.

Sie dachte: Er und ich und der Kleine, wir werden leben und beisammen sein, und alles wird werden wie früher. Aber es blieb bei den Gedanken, es wurden keine Bilder daraus, und das war bestürzend für sie, die fast nur in Bildern dachte. Er, ich und der Kleine, versuchte sie es noch einmal, aber da war nichts als das Rattern des Zuges in ihren Ohren, und, als sie die Augen schloß, schwarzrotes Nichts. Sie preßte erschrocken das Kind an sich, bis es im Schlaf zu murmeln begann, und beruhigte sich erst, als sie seine Stimme hörte. Sie wollte jetzt nicht mehr an später denken, nur an heute, morgen und übermorgen, höchstens drei Tage voraus.

Allmählich schien es ihr, als nehme diese Reise kein Ende. Sie wußte den Wochentag nicht mehr und auch kein Datum, und sie fragte auch nicht danach, es schien nicht mehr von Bedeutung zu sein. Graue Gesichter, schäbige Mäntel, Soldaten, einbeinige und einarmige Soldaten, Kindergeplärr, dicke schlechte Luft im Abteil und nasse Kälte auf den Bahnsteigen. Vielleicht mußte sie ewig so weiterfahren, in eine Ecke gedrückt, voll Ruß, das Kind an sich gepreßt unter dem weiten Mantel. Froh war sie, wenn sie einen Sitzplatz bekam und das Kind sich auf ihrem Schoß einrollen und schlafen konnte. Aber manchmal mußte sie stundenlang stehen. Dann saß der Kleine auf dem Rucksack und lehnte seine Wange gegen ihre Beine. Sie selber schlief sehr wenig, immer nur ein paar Minuten, und diese Schlaflosigkeit machte sie körperlich zerschlagen, aber unnatürlich gespannt und hellwach. Alles, was vorging, sah sie überdeutlich, dabei schien es ganz unwirklich.

Einmal, als sie sich der alten österreichischen Staatsgrenze näherten, sie nahm jedenfalls an, daß sie endlich so weit sein mußten, nickte sie ein und träumte von bärtigen Männern, die ins Abteil sprangen und das Kind von ihr wegreißen wollten. Sie schrie auf und blickte wild um sich nach den Eindringlingen. Das ganze Abteil schlief; nur eine alte Frau mit einem schwarzen Kopftuch, die an einer Brotkruste nagte, sah sie mißbilligend an und schüttelte den Kopf. Das Kind schlief ruhig, atmete aber lauter als sonst, und auf seiner Wange lag fiebrige Röte. Sie spürte, wie sie vor Angst ganz starr wurde. Vielleicht hätte sie die Reise doch nicht wagen sollen. Er war so zart und hatte im vergangenen Winter eine Bronchitis überstanden. Außerdem mußte er endlich besseres Essen bekommen. Sein rundes Gesicht wurde von Tag zu Tag eingefallener und blasser.

Der Zug rollte jetzt langsam dahin. Das konnte alles mögliche bedeuten, hoffentlich eine große Station, an der sie ihr Eßgeschirr füllen und für das Kind eine warme Mahlzeit bekommen konnte. Ihr Reiseproviant war längst aufgebraucht.

Es war wirklich ein Bahnhof. Sie erhob sich steif von ihrem Sitz und ließ den Kleinen zur Seite gleiten. Er erwachte nicht, seufzte nur mit zurückgesunkenem Kopf. Seine Kehle war sehr weiß und klein. Sie schob die Hand unter sein Hemd und spürte Feuchtigkeit. Es war unmöglich, ein fieberndes Kind auf den kalten Bahnsteig zu bringen. Sie legte ihren Mantel um ihn und bat die alte Frau im schwarzen Kopftuch auf ihn zu achten. Die Alte, die eben noch mißbilligend gelächelt hatte, nickte ernst, und wer sie so sitzen sah, eine knochige, unfreundliche Person, wußte, daß sie kein Auge von dem Kind lassen würde. Immer waren die Unfreundlichen die Verläßlichen, das hatte die junge Frau auf dieser Reise erfahren.

Sie beeilte sich sehr, aus dem Zug zu kommen, wurde aber dauernd behindert, ohne Kind auf dem Arm nicht länger mit übernatürlichen Kräften ausgestattet; es dauerte eine ganze Weile, bis sie ihre Flasche und das Geschirr gefüllt bekam. Sie hatte sich den Waggon genau eingeprägt. Als sie auf den Bahnsteig trat, zählte sie automatisch bis acht, stieg ein und sah sich völlig fremden Gesichtern gegenüber. Schließlich stellte sich heraus, daß es sich um einen ganz anderen Zug handelte. Ihr Zug war aus unbekannter Ursache früher abgefahren, sie und noch ungefähr zehn Leute hatten ihn versäumt. Ein Beamter, der dem Zusammenbruch nahe schien, telephonierte mit einer anderen Station und gab Weisung, sich um das Kind und das Gepäck der anderen Reisenden zu kümmern. »Sie sehen, junge Frau«, sagte er, »ich tue, was ich kann, morgen wartet Ihr Kind schon auf Sie.« Sie sagte gar nichts, weil sie seine Worte nicht richtig begriff. In der Nacht, auf einer Bank im Wartesaal liegend, hörte sie das Dröhnen der Flugzeuge, fernes Grollen und Murren, und manchmal schien es ihr, als bebe die Erde in schwachen Stößen. Sie konnte nichts sehen, denn die Fenster waren verdunkelt. Und dann schlief sie ein, zum erstenmal nach vielen Tagen den Schlaf tiefer Erschöpfung. Es gab nichts, was sie auch im Schlaf noch beschützen mußte, und sie ließ sich fallen.

Sie sah ihren Sohn nie wieder. In der Nacht waren zwei Bahnhöfe bombardiert worden, von den Zügen war nicht viel übriggeblieben, und es ließ sich nicht einmal feststellen, ob jener bestimmte Zug getroffen worden war. Auch ihr Mann kam nicht zurück, er wurde als vermißt gemeldet. Nachdem sie sieben Jahre lang die beiden gesucht hatte, heiratete sie den Mann, der ihr bei dieser Suche sehr geholfen hatte, teils weil sie müde und allein war, teils aus Dankbarkeit. Er war ein Mensch, auf den man sich verlassen konnte, ein vollkommen erwachsener Mann. Sie achtete ihn, und die Ehe verlief ganz gut. Sie hatte einen Sohn und eine Tochter, und ihr Verhältnis zu den Kindern blieb gemäßigt. Das schien ihnen sehr gutzutun, denn sie entwickelten sich erfreulich und wurden früh selbständig. Beide waren sie gesund und kräftig gebaut und ähnelten ihrem Vater.

Die ehedem junge Frau, jetzt in mittleren Jahren, wurde oft von sonderbaren Anwandlungen befallen und bildete sich für Minuten ein, bei ihrer Familie nur als Gast zu sein. Überhaupt konnte sie ein schwaches Gefühl der Unwirklichkeit nie mehr loswerden. Dies alles behielt sie natürlich für sich, sie wollte ihren Mann und die Kinder nicht kränken. Sie konnten ja nichts dafür, daß sie ihre wirkliche kleine Familie nicht vergessen konnte, jenen mageren jungen Mann mit dem schwarzen Haarschopf und dem Grübchen im Kinn, der das Leben an der Front so von der leichten Seite genommen hatte, und den kleinen Jungen, der nicht gelacht hatte zu den Späßen der Soldaten und so leicht gewesen war in ihren Armen; leicht wie eine Feder, ein Windhauch, und er war fortgeflogen.

Manchmal, wenn sie sah, wie ihre Kinder sich mit Schokolade, Bananen und Orangen vollstopften, dachte sie an ihn, der diese Dinge nie gekannt hatte und für den es nur Brot mit

Margarine und Graupensuppe gegeben hatte. Und es fiel ihr ein, wie sie auf der Reise ihre gemeinsame Zukunft nicht hatte sehen können, wie hinter ihren geschlossenen Lidern kein Bild erschienen war, nur das schwarzrote Nichts.

Sehr oft sah sie aus dem Fenster auf einen bestimmten Baum im Vorgarten, der in ständiger heimlicher Bewegung zu sein schien. Niemals war er ganz ruhig. Es war gut, ihm zuzusehen, aber nicht in Ordnung. Abends war sie dann immer besonders freundlich zu ihrem Mann und den Kindern, und es beruhigte sie, daß alle so zufrieden und glücklich schienen, freilich auf eine Weise glücklich, die in ihren Augen gar nichts mit Glück zu tun hatte.

Und immer noch träumte sie manchmal ihren alten Traum. Sie stand vor jener Scheune mit einem Maschinengewehr in den Händen und wehrte eine Horde bärtiger Soldaten ab, die auf sie losstürmten und reihenweise getroffen in den Schnee sanken. Alles geschah ganz lautlos, nur der Schnee färbte sich rot. Und sie durfte nicht müde werden, denn in der Scheune saßen an einem rohen Tisch ihr Mann und ihr kleiner Sohn und spielten mit einer Kindereisenbahn. Es kam noch immer vor, daß sie aufschreiend erwachte, wenn die bärtigen Gesichter ganz nahe kamen.

Ein fremder Mann legte dann seine breite Hand auf ihre Wange, streichelte sie und murmelte schlaftrunken tröstende Worte. Dann war sie nahe daran, zu einer neuen Wirklichkeit durchzubrechen, zu Wärme, Glück und dem Gefühl, endlich daheim zu sein. Aber es gelang ihr nie, diese Schwelle zu überschreiten und ihrer schrecklichen Treue zu entkommen.

Theo Löbsack
»Der Mensch, ein verrückt gewordenes Tier...«

Wenn Tiere sprechen könnten, wenn sie uns auch nur einmal ihre Meinung sagten – wir wären wahrscheinlich sehr erstaunt. Hätten sie Verstand, so würden sie vermutlich erklären: der Mensch ist ein verrückt gewordenes Tier, das in höchst gefährlicher Weise den gesunden Tierverstand verloren hat. Er ist ein Tier, das wahnwitzig geworden ist.

Diese gleichnishafte Wendung Friedrich Nietzsches sollte nachdenklich machen. Neue Lebensräume zu erobern, eine einst als feindlich erlebte Umwelt zu zähmen, sie den eigenen Bedürfnissen gefügig zu machen und immer wirksamere Tricks dafür zu ersinnen, sich ständig komfortabler zu behausen, zu bekleiden, Raubbau zu treiben an den Wäldern und dem Boden immer mehr abzugewinnen – kurz: sich die Natur »untertan« zu machen, das mag zwingend geboten gewesen sein zu einer Zeit, da es weder Bevölkerungsexplosion noch Umweltkrise gab. Heute hat solches Verhalten tödliche Folgen. Was aus dem »Untertanmachen« der Natur geworden ist, demonstrieren die Baumgerippe in den sterbenden Wäldern. Wir sehen es an den verpesteten Meeresstränden, der verschmutzten und gefährlich sich erwärmenden Luft und an einem Bevölkerungszuwachs, der alle Zukunftshoffnungen auf ein menschenwürdiges Leben zunichte macht, wenn er so weitergeht.

Das Schlimmste aber ist: Wir Menschen kommen aus diesem Teufelskreis gar nicht mehr heraus. Denn was uns so denken läßt, wie wir denken, was uns so handeln läßt, wie wir handeln, geht auf jene in Jahrmillionen gewachsenen und einst zweckmäßigen Verhaltensweisen zurück. Tatsächlich werden wir heute bedroht von jenen Antrieben aus einstigen Wildbahnzeiten. Denen können wir kaum entrinnen. Noch immer steuern sie unser Tun und Lassen in einer längst übervölkerten, ausgeplünderten und gepeinigten Natur, und sie tun dies unverändert weiter. Sie bringen uns noch um Kopf und Kragen. Doch soll hier nicht vom Untergang der Menschheit die Rede sein, so drohend er sich auch schon abzeichnet. Wir beschäftigen uns mit den »Wildheitsrelikten«

in uns – auch mit solchen, die nicht unbedingt das Überleben des Homo sapiens gefährden.

Manches ist da ausgesprochen amüsant. So etwa das Einschlafen im Dienst, eine peinliche Schwäche vieler Menschen, die dann und wann lautstarke Beschimpfungen durch den Vorgesetzten zur Folge hat. Dabei zeigt so ein Schläfchen nicht etwa haltloses Sichgehenlassen an, sondern bloß den Leistungsknick, der uns gewöhnlich zwischen dreizehn und fünfzehn Uhr ereilt (Leistungshöhepunkte erleben wir dagegen meist morgens zwischen acht und zehn und nochmals am späten Nachmittag).

Welche Bewandtnis es mit dem »Büroschlaf« hat, wird deutlich, wenn wir uns wieder einmal zurückversetzen in die Zeit unseres Jäger- und Sammlerdaseins. Im Gegensatz zur heutigen streng geregelten Tätigkeit, die nicht selten Fließbandarbeit ist, mag die Nahrungssuche damals in freier Natur zwar vom Hunger diktiert, aber doch eher lustbetont gewesen sein. Nicht zufällig zahlt mancher Jagdpächter noch heute hohe Summen, um der lustvoll erlebten Jagd zu frönen. Entsprechendes gilt für das Sammeln der verschiedensten Dinge wie Pilze und Beeren, aber auch Briefmarken, Münzen und vielem mehr.

Bezeichnend ist nun, daß die Leistungsflaute am Arbeitsplatz vorzugsweise solche Menschen heimsucht, die an ihrer Tätigkeit keine oder nur wenig Freude finden, denen ihr Beruf kaum Erfolgserlebnisse beschert und denen die Anerkennung durch den Arbeitgeber versagt bleibt.

Bei den Jägern und Sammlern gab es dergleichen nicht. Sie machten Rast, wenn sie müde waren. Sie schliefen mehr oder weniger lange, bis sie sich wieder fit fühlten. Keine Stechuhr, keine geregelte Arbeitszeit zwang sie zum pünktlichen Kommen und Gehen. Kein Arbeitsvertrag spannte sie in einen immer gleich ablaufenden Arbeitsalltag ein, ohne daß Rücksicht auf ihre individuelle Leistungsfähigkeit genommen würde. War die Beute erst erlegt, führte man wahrscheinlich Freudentänze auf.

Rudolf Bilz, dem wir zahlreiche Beispiele für Verhaltens-Überbleibsel aus unserer stammesgeschichtlichen Vergangenheit verdanken, verweist beim »Büroschläfer« auf den Typ des Leistungs-Neurasthenikers. Das ist ein Mensch, der am Arbeitsplatz unter nervösen Erschöpfungserscheinungen leidet, weil sein Durchstehvermögen eher erlahmt als bei anderen. Die unvermindert stete Arbeitsleistung, die von ihm erwartet wird, die er aber nicht erbringen kann, führe zu einer Konfliktsituation.

»Die Leistungs-Neurastheniker lassen sich einspannen«, findet Bilz, »aber die ununterbrochene Leistung des Ackergauls ist ihnen versagt. Wir kennen Menschen, die sich von Anfang an nicht einschirren lassen, wir kennen allerdings auch die Ackergäule. Wenn der Neurastheniker in seinen Konflikt fällt, kommt eine Verfassung über ihn, die uns an den Pavian erinnert, der am Einschlafen gehindert wird.«

Häufig melde sich dann bei diesen Menschen eine aggressive Gereiztheit unter der auch ihre Mitarbeiter litten. Es bezeichne offenbar eine fundamentale Wahrheit, wenn es heiße, der Büroschlaf sei der gesündeste Schlaf. Da solchen Menschen der Schlaf jedoch verwehrt sei, versuchten sie, über die »Blamage« ihres Leistungsknicks anderweitig hinwegzukommen. Sie täten dies, indem sie zum Beispiel Akten herbeiholten oder wegschafften. Die neurasthenische Leistungsschwäche habe absolut nichts mit Faulheit zu tun – eine Erkenntnis, die den Betreffenden vor einer Minderung seines Selbstwertgefühls bewahren könne. Häufig seien es hochbegabte Menschen, die darunter litten.

Hierzu sei eine amüsante Ergänzung erlaubt. Nachdem ich vor mehreren Jahren eine Abhandlung über den »Büroschlaf« in einer Zeitschrift veröffentlicht hatte, wollte es die Redaktion genau wissen und fragte einen Juristen des Deutschen Gewerkschaftsbundes, ob er einen Kündigungsgrund darin erkennen könne, wenn ein Mitarbeiter in einem Betrieb während der Arbeitszeit gelegentlich ein Nickerchen mache. Der Jurist war damals der Meinung, dies könne wohl kein Anlaß zur Kündigung sein. Er begründete seine Meinung damit, daß ein Schlaf aus den genannten Ursachen ja nur sehr kurz und auch nicht beabsichtigt sei.

Wie man heute darüber denkt, sei dahingestellt. Die Arbeitsdisziplin hat sich gegenüber einst gewandelt und wandelt sich weiter. In vielen Betrieben versucht die »gleitende Arbeitszeit« den individuellen Leistungskurven gerecht zu werden. Wer am frühen Nachmittag um alles in der Welt sein Schläfchen braucht, soll es sich nehmen, wenn er dafür morgens früher kommt oder abends später geht. Nur sollte es nicht so weit kommen – und dieses Zugeständnis sind wir unserer Leistungsgesellschaft wohl schuldig –, daß jener freundliche Rat vonnöten wird, den ein Betriebsboß seinen säumigen Angestellten an die Eingangstür heftete: »Wer morgens etwas später kommt, wird gebeten, scharf rechts zu gehen, damit er nicht mit jenen zusammenstößt, die sich abends schon etwas eher verabschieden...«

Zu den veränderten Arbeitsbedingungen in unserer modernen Welt tragen nicht zuletzt die vielen neu entwickelten technischen Hilfsmittel der Telekommunikation und der Umgang mit Computern bei. Im allgemeinen arbeiten wir heute in kürzeren Zeiten intensiver, um dafür längere Freizeit- und Urlaubsfreuden zu genießen. Es scheint, als näherten wir uns wieder den Gewohnheiten unserer Altvorderen. Auch sie »arbeiteten« jeweils nur phasenweise intensiv.

Man kann dies heute noch bei Gruppen von Menschenaffen beobachten, wenn wir auch weit davon entfernt sind, uns mit ihnen zu vergleichen. Gemächlich verzehren die Tiere die vorgefundenen Früchte und legen dabei, wie auch beim Bau von Baumnestern, immer wieder Ruhepausen ein. Erst wenn sie sich ausgeruht haben, ziehen sie weiter und sehen sich nach neuen Nahrungsquellen oder Schlafplätzen um. Streng geregelte Zeiten der Aktivität gibt es bei ihnen nicht, nur den Tag-Nacht-Rhythmus halten sie ein.

Das Dilemma unseres Verhaftetseins mit den Antrieben und Wertvorstellungen unserer Vorfahren erleben wir auf Schritt und Tritt. Eines der Relikte von damals ist die verbreitete Freude am Waffenbesitz und am Waffengebrauch mit der Perversion der Kriege. Sehen wir genau hin, so regt sich vor allem in den Männern als den einstigen Steinzeitjägern der Wunsch, aus nicht selten irrationalen Gründen Waffen zu besitzen. Und dies, obwohl im täglichen Leben heutzutage nur selten Waffen gebraucht werden können, sieht man einmal von der Armee, der Polizei, der Jägerei und den Schützenvereinen ab. Pistolen und Revolver, Schlagstöcke, Stiletts, exotische Dolche, Messer aller Art, Macheten, Schleudern und Speere sind beliebt und steigern offenbar das Selbstbewußtsein. Sie werden gesammelt und in eigens dazu dienenden Schränken oder Vitrinen aufbewahrt. Vor den Schaufenstern der Waffengeschäfte sind es fast ausnahmslos

Männer, die stehenbleiben und ihre verlangenden Blicke über die Auslagen schweifen lassen.

Der Drang, Waffen zu besitzen, ist so stark, daß der Erwerb von Feuerwaffen in den meisten Ländern durch strenge Gesetze eingeschränkt ist und Handfeuerwaffen überhaupt nur ausnahmsweise und gegen Waffenschein verkauft werden dürfen. Kein Wunder, daß es einen florierenden schwarzen Markt im Waffenhandel gibt. In den USA allein sind schätzungsweise 100 Millionen Feuerwaffen in privatem Besitz, und es ist kein Geheimnis, daß gerade die Bewohner dieses freiheitlichsten Landes ein geradezu kultisches Verhältnis zu ihren Waffen pflegen.

Auf der Suche nach Gründen für diese Vorliebe wird gern auf die amerikanische Pionierzeit verwiesen, auf die in Romanen und Filmen glorifizierten Revolverhelden des Wilden Westens. Doch muß man wohl tiefer loten und mehr oder weniger alle Menschen als betroffen sehen. Der geschickte Umgang mit Waffen entschied in der langen Jäger- und Sammlerepoche nicht selten über Leben und Tod. Er war ausschlaggebend, wenn es galt, die notwendige tierische Nahrung für die Sippe zu beschaffen. Wer zum erfolgreichen Waffengebrauch fähig und veranlagt war, hatte die größeren Überlebenschancen und konnte seine diesbezüglichen Anlagen entsprechend erfolgreicher verbreiten. Dieses Erbe blieb uns erhalten.

Waffenbesitz, Waffensammeln, Jagd und Schützenvereine – all das erinnert an die Zeit einstigen Jägerdaseins. Aber auch das Bedürfnis nach Sicherheit, nach Schutz vor allfälliger Bedrohung ist in uns wach. So läßt sich beobachten, wie in einem Restaurant die von allen Seiten einsehbaren, insofern quasi »bedrohten« Mitteltische von den Gästen gemieden und statt dessen Eck- oder Nischen-, zumindest Wandtische bevorzugt werden. Das instinktive Bedürfnis nach Distanz und Sicherheit, nach »Rückendeckung«, nach der schützenden Höhle des Steinzeitmenschen, ist offenkundig.

Interessante Hinweise auf unsere stammesgeschichtliche Vergangenheit liefern auch die heute so modernen »Wohngemeinschaften«. Hat es nur ökonomische Gründe, daß sie so beliebt sind? Steckt vielleicht mehr dahinter, wenn sich immer wieder kleine überschaubare Gruppen beiderlei Geschlechts zusammentun, um bewußt einen Kontrast zu den etablierten Wohn- und Lebensgewohnheiten herzustellen? In dem Entschluß, in einer Wohngemeinschaft sowohl den Massenansammlungen wie auch der Vereinsamung zu entgehen, könnte letztlich auch die Sehnsucht nach den kleinen Jagd- und Sammelgesellschaften der Altsteinzeit mitschwingen, die uns über Jahrmillionen geprägt haben.

Wie sehr uns altsteinzeitliches, ja viel weiter zurückreichendes Erbe auf teils erheiternde, teils bedenkliche Weise noch immer beherrscht, lehrt der Umgang mit anderen Menschen. Wir beobachten es in der Art, wie wir uns kleiden, beim Sport und auf den Autostraßen. Überall bieten sich Gelegenheiten, sich herauszuputzen, sich vorteilhaft darzustellen, zu glänzen, sich herauszuheben aus der Masse, kurz, eine gewisse Bedeutung zu signalisieren oder durch entsprechendes Auftreten auch einen gesellschaftlichen Rang. Das Bedürfnis, eine bemerkenswerte Persönlichkeit zu sein und die dazugehörige Position einzunehmen, finden wir auch bei gesellig lebenden Tieren. Wir finden es in der Hackordnung der Hühner, bei Affen und anderen Tieren, die sich in Rudeln zusammenschließen.

Bekanntlich bietet ja unsere Gesellschaft zahlreiche Möglichkeiten, sich Rang und Namen zu verschaffen, etwa durch käuflich zu erwerbende Titel verschiedenster Art und Herkunft. Angesehen zu sein wie der Leitwolf, wie der ranghöchste Pavian in einem Rudel, das ist erstrebenswert, wenn auch nicht jedem gemäß. Während bei Tieren meist das stärkste, oft älteste Mitglied einer Gruppe den höchsten Rang einnimmt, herrschen bei Menschen gewöhnlich diejenigen mit dem größten Talent zur Führung, zum Organisieren, zur geschickten Lösung allfälliger Probleme und die mit überzeugender Redegabe und Durchsetzungskraft. Diese Eigenschaften erwiesen sich wahrscheinlich schon beim Frühmenschen als nützlich und qualifizierten zum Anführer, wenn wir hier auch das Talent zum »Reden« im heutigen Verständnis ausklammern müssen.

In den modernen arbeitsintensiven Industriegesellschaften ist das so geblieben. Allerorten trifft man auf Eitle und Karriesüchtige, die sich bemühen, ihren Rang zu demonstrieren oder vorzutäuschen. In Wirtschaft, Politik und Wissenschaft gehört dazu der Ehrgeiz, Verantwortung zu tragen, also möglichst hochdotierte Stellungen mit entsprechender Weisungsbefugnis und Machtfülle einzunehmen, doch nicht nur dort. Aus zahlreichen Beispielen sei das Imponieren mit dem Automobil als besonders bezeichnend herausgegriffen.

Der Bezug zum stammesgeschichtlichen Erbe zeigt sich hier gleich auf zweierlei Weise. Einmal ist es das Zurschaustellen des Autos als Schmuckfeder und Rangabzeichen. Teilweise wird dem durch mehr oder weniger geistreiche Aufkleber nachgeholfen, soweit nicht schon der Nimbus der Automarke das Seine tut. Sprüche und Bildchen von Urlaubsorten zeigen, wo überall der Fahrer schon gewesen ist, welche Sinnsprüche ihm mitteilenswert erscheinen oder welche originellen sexuellen Freuden er schätzt. Unwillkürlich drängt sich der Vergleich mit dem Imponieren in prächtigen Verkleidungen und Karnevalsorden auf (eine subtile Form des Imponiergehabes ist das Entfernen der Modellbezeichnungen am Kofferraumdeckel, um damit ein besonders elitäres Rangbewußtsein zu signalisieren).

Wildheitsrelikte zeigen sich auch im Unbehagen des Autofahrers, wenn er auf der Straße überholt wird. Denken wir wieder an die einstigen Steppenjäger, so hingen bei ihnen nicht selten Leben oder Tod davon ab, ob einer schnell genug war und sich auf der Flucht nicht einholen ließ. Zu den Hauptfeinden des Frühmenschen in der Steppe zählten ziemlich sicher die Leoparden. Deren Schnelligkeit beim Verfolgen der flüchtenden Beute übertraf die der Jäger und Sammler bei weitem. Gelang es in einer solchen Situation nicht augenblicklich, einen sicheren Ort zu erreichen, in ein Gewässer zu springen oder in den Schutz der mit Lanzen und Speeren bewaffneten Horde zu fliehen, so gab es kaum ein Entrinnen. Der Verfolgte wurde eingeholt und getötet.

Nicht zufällig stehen auf Sportfesten noch heute die Lauf-Wettbewerbe besonders hoch in der Gunst der Zuschauer. Nicht von ungefähr genießen auch sieggewohnte Sprinter bei den Leichtathletik-Fans eine höhere Publizität als etwa Kugelstoßer oder Diskuswerfer. Unsere Hunde erregen sich, wenn sie bemerken, daß ein Artgenosse oder ein Fahrzeug sie beim Laufen überholt. Wer es ermöglichen kann, der fahre einmal in einem offenen Wagen mit einem undressierten, noch nicht überzüchteten Schäferhund. Das Tier wird mit großer Wahrscheinlichkeit nervös werden und bellen, wenn sich ein überholender Wagen nähert und vorüberfährt. Ähnliches geschieht auf Dorfstraßen. Fährt man da im Wagen oder auf dem Rad, tauchen oft kleine oder größere Kläffer auf, die wie außer sich neben und hinter dem schnellen Fahrzeug eine Strecke mitrennen, es zu beißen versuchen oder nach den Füßen auf den Pedalen schnappen. Ein stillstehendes Gefährt dagegen läßt sie völlig kalt.

Wir können also festhalten: Vor Hunderttausenden von Jahren kam es in freier Wildbahn darauf an, ein guter Läufer zu sein. Eingeholt zu werden, das bedeutete nicht selten den Tod. Widerfährt uns das »Eingeholtwerden«, das »Überholtwerden« heute im Auto, so regt sich unbewußt in uns noch immer ein Gefühl des Unterlegenseins, als würden wir vom angreifenden Leoparden oder anderen schnellen Räubern verfolgt. Entsprechend wichtig ist für viele, vielleicht die meisten Autofahrer, die erreichbare Höchstgeschwindigkeit als Kriterium beim Autokauf. Man möchte schnell genug sein, um dem Überholtwerden durch zumindest die meisten anderen Wagen zu entgehen, und man »frisiert den Schlitten« dazu gegebenenfalls noch um, so fragwürdig ein solches »Flottermachen« angesichts der drangvollen Enge auf unseren Straßen heute auch erscheint.

Mit Vorbedacht stellt allerdings die Industrie von sich aus schon entsprechende Modelle her. Sie sind auf junge Leute gemünzt und weniger als bequeme Fortbewegungsmittel gedacht, als vielmehr, besonders schnell zu sein. Welche Konsequenzen das hat, sehen wir an den Unfallstatistiken. Erschreckend viele Unfälle ereignen sich als Folge unverantwortlichen Rasens und halsbrecherischen Imponierens mit den sportlichen Flitzern.

»Beim Autofahren«, schreibt Eibl-Eibesfeldt, »kommen zusätzlich Aggressivität und Anonymität ins Spiel, was das Imponierverhalten auf der Straße noch verschärft. Es ist ebenso grotesk wie verantwortungslos, wenn sich Politiker unter Hinweis auf die Mündigkeit des Bürgers noch immer weigern, Geschwindigkeitsbegrenzungen einzuführen. Die Unfallstatistiken zeigen, daß die meisten Menschen, was das Autofahren anbelangt, eben nicht mündig, sondern vielmehr erblich, sprich: stammesgeschichtlich, vorbelastet sind.«

Wie das aus der Sicht des Begründers der Unfallforschung, Professor Max Danner, aussieht, machen vier Zitate von ihm aus einem Interview deutlich. Auf die Frage, ob im Verkehr sonst unterdrückte Triebe zutage treten, antwortete er: »Autofahrer reagieren sich im Verkehr ab. Manch ein Biedermann wird in seinem Auto zu einem furchterregenden Brandstifter. Im Verkehr beschimpfen sich unbekannte Menschen wie Brüllaffen, was sie andernorts kaum täten.«

Befragt, ob das Autofahren zur Sucht werden kann, findet Danner: »Für einzelne sicherlich. Wer sich in Beruf oder Gesellschaft nicht so durchsetzen kann, wie er es gerne möchte, für den kann das Auto ein Ersatz sein.« Zu der Frage, wer die »Raser« seien: »Eine zuverlässige Zuordnung zu gesellschaftlichen Gruppen gibt es nicht. Aber soviel ist bekannt: Raser sind jünger, eher männlich und kommen oft vom Land. Aber wir beobachten auch ältere städtische Raserinnen.« Danner schließlich auf die Frage, ob sich die Autofahrer überschätzen: »Ja, jeder ist der beste Fahrer, das hat die Untersuchung eines Marktforschungsinstituts ergeben. Fünfundneunzig Prozent aller Autofahrer halten sich für überdurchschnittlich gute Fahrer. Wer soll dann die Unfälle verursachen? Das ist ein absurdes Ergebnis.«

Wer sich für einen guten, einen überdurchschnittlich guten Fahrer hält, und das tun offensichtlich nahezu alle, der braucht natürlich ein potentes Auto. Auf diese Erkenntnis zielt die Werbung der Autoindustrie. Da werden Modelle angepriesen, mit denen man »jede Situation souverän beherrscht« und »die Überholspur leerfegt«. Da kreiert man Modellbezeichnungen wie »Colt«, »Sprint«, »Jaguar« oder (knurrend zu sprechen) »Corrado«. Da wird mit PS-Zahlen kokettiert und der »Tiger in den Tank gepackt«.

Über einen japanischen Automobilmagnaten gibt es einen bezeichnenden Bericht, der in einem deutschen Sonntagsblatt erschien. Er sei dem Leser hier nicht vorenthalten. Da heißt es, der ehrenwerte Autonarr wünsche bei Besuchen seiner deutschen Filiale am Flughafen einen »Porsche 929« zu leihen. »Mit dem tobt er sich zwei Tage lang auf Autobahnen aus und ist dann bereit zu entspannten Gesprächen.«

Weiter unten im Text ergeht sich der Berichterstatter in Bewunderung über das »Flaggschiff« besagter Marke, den »Prachtkerl 924 S 4«: »Der bullige Fünf-Liter-V8-Motor leistet mit Vierventiltechnik 320 PS/235 kW. Damit ist der 928 S 4 das stärkste und schnellste serienmäßige Katalysator-Auto der Welt – in 5,9 Sekunden auf Tempo 100, Höchstgeschwindigkeit 270 km/st. Auf dem Fahrersitz erlebt man das so: Man wird in den Sessel gedrückt, schiebt schwer die rechte Hand zum Ganghebel, um bei 6000 Umdrehungen den zweiten Gang einzulegen. Der sonst kultivierte Motor gibt dann ein aggressives Brüllen von sich, das vorübergehend zu einem dumpfen Grollen absinkt, wieder anschwillt, wenn die Drehzahlnadel sich dem roten Bereich nähert – dritter Gang: Brüllen, Grollen – vierter, dann fünfter. Langgezogene Kurven werden eng, man glaubt, mindestens zwei Fahrstreifen auf der Autobahn haben zu müssen. Langsamere Fahrzeuge fliegen einem förmlich entgegen...«

Drei Wochen später feiert das gleiche Sonntagsblatt einen Ferrari Testarossa namens »Koenig Competition« mit der Schlagzeile »In 3,5 Sekunden auf Tempo 100« und nennt das Gefährt das schnellste zugelassene Straßenfahrzeug der Welt, das es mit seinen 800 PS Leistung in 10,5 Sekunden auf 200 km/st bringt und eine Geschwindigkeit von 350 km/st entfaltet.

Derlei Huldigungen appellieren unverhohlen an Raubtier-Instinkte. Und mit Erfolg. Das Raubtier in uns läßt sich wekken. Die Steinzeit läßt grüßen. »Der Mensch«, befand Friedrich Nietzsche, »ist ein verrückt gewordenes Tier.« Man kann es kaum treffender ausdrücken.

Joyce Carol Oates
Auf der Pirsch

Der Unsichtbare Widersacher flüchtet querfeldein.

Gretchen geht langsam, bedächtig, beobachtet mit scharfem, starrem Blick die Gestalt des Unsichtbaren Widersachers ein Stück weiter vorn. Der Widersacher ist dreist vor den dichten Verkehr gelaufen – auf langen, staksigen Beinen, flink wie ein Fohlen – und auf den neuen Rinnstein gehüpft, und läuft jetzt über ein freies Feld. Der Widersacher späht über die Schulter zurück zu Gretchen.

Schweinehund, denkt Gretchen.

Samstag nachmittag. November. Ein kalter, klirrender Tag. Gretchen ist auf der Pirsch. Sie hat Stunden für ihr Spiel. Stunden. Sie ist für die Jagd gekleidet, ihre strammen Beine sind in alte Bluejeans gezwängt, ihre großen, breiten, kräftigen Füße in weiße Lederstiefel gequetscht, die ihre Mutter vor gar nicht langer Zeit vierzig Dollar gekostet haben, die aber jetzt abgewetzt sind und starrend vor Schmutz. Hoffnungslos, sie wieder sauber zu kriegen. Gretchen ist das scheißegal. Sie hat eine dunkelgrüne Cordjacke an, die an den Ellbogen und hinten verschlissen ist, mit einem Reißverschluß, der sich schnell hoch- oder runterziehen läßt und an einem ausgefransten Lederstreifen sitzt. Nichts auf dem Kopf, obwohl es windig ist heute.

Sie hat Stunden vor sich.

Autos und Lastwagen und Busse aus der Stadt und riesige Ferntransporter mit Autos oben drauf fahren auf dem Highway vorbei. Gretchen wartet, bis der Weg fast frei ist, dann spurtet sie los. Ein einzelner Wagen nähert sich ihr. *Fahr langsamer, du Schweinehund,* denkt Gretchen; und wie auf ein Zauberwort tut er das auch.

In den Fußstapfen des Unsichtbaren Widersachers. Es gibt hier noch keine Gehwege, also kann sie genausogut quer rübergehen, über das Feld. Ein riesiges Schild kündigt den Bau des neuen Pace & Fischbach-Gebäudes an, ein Bürohaus mit fünfzehn Stockwerken, das im nächsten Jahr fertiggestellt werden soll. Der Boden ringsum ist aufgewühlt und matschig; sie kann die Fußstapfen des Widersachers sehen, direkt neben der ausgehobenen Baugrube... und da ist er auch schon, grinst zu ihr zurück, tut so, als fürchte er sich ganz schrecklich.

Ich krieg dich schon. Keine Sorge, denkt Gretchen.

Weil der Widersacher so leichtfüßig und unsichtbar ist, gibt sich Gretchen keine Mühe, es auch zu sein. Sie stapft dahin wie in der Schule, von einem Klassenzimmer zum anderen, ohne sich groß zu beeilen, gar nicht mal mürrisch, nur ohne Eile. Sie weiß, daß sie außerordentlich sichtbar ist. Sie ist dreizehn Jahre alt und wiegt einhundertfünfunddreißig Pfund. Sie ist nur einen Meter sechzig groß – untersetzt, muskulös, Körper und Schultern sind flach, Beine und Schenkel ganz schön kräftig. Im Turnen könnte sie ausgezeichnet sein, wenn sie nur wollte; aber sie steht immer nur so rum, mit leerem Gesicht, verschränkten Armen und hängenden Schultern. Wenn es gar nicht anders geht, spielt sie beim Volleyball und beim Basketball mit, aber sie ist schwerfällig, ohne Schwung, und manchmal rempelt sie die anderen Mädchen an, schubst sie weg. *Platz da,* denkt sie; und ihr Gesicht ist ausdruckslos, leer.

Und jetzt?... Der Widersacher späht hinter einer Tankstelle hervor. Etwas blitzt auf in ihrem Kopf. *Ich kann dich sehen,* denkt sie mit verhaltener Erregung. Der Widersacher duckt sich wieder und verschwindet aus ihrem Blickfeld. Gretchen läuft in seine Richtung, stapft über einen aufgewühlten Acker aus Schlamm und Disteln und Schutt und Steinen und Glasscherben. Die Tankstelle ist nagelneu und noch nicht in Betrieb. Sie ist ganz aus weißen Kacheln, weißen Mauern, großen Glasscheiben mit einem X aus weißer Farbe darauf, mit einer großen Auffahrt und acht Zapfsäulen, die stolz in die Höhe ragen und auf Geschäfte warten. Aber die Tankstelle ist nicht in Betrieb, so lange Gretchen und ihre Familie hier wohnen – seit ungefähr sechs Monaten. Irgend etwas mußte schiefgelaufen sein. Gretchen richtet ihren Blick auf die Ecke, hinter der sie den Widersacher zuletzt gesehen hat. Er kann nicht entkommen.

Die weißgekachelte Wand der Tankstelle ist mit so was ähnlichem wie Teer vollgeschmiert. Verschwommene, schlangenartige, dicke schwarze Linien und Striche. Schwarzer Teer. Mehrere Fenster sind eingeschlagen. Gretchen steht in der leeren Auffahrt, die Hände tief in den Taschen. Der Verkehr bewegt sich hier langsam vorbei. Man hat eine Absperrung errichtet, die den Verkehr über eine schmale, holprige, matschige Fahrspur leitet und in einer Schleife wieder zurück auf die Straße, auf das Bankett. Die Wagen fahren langsam, vorsichtig. Ihre Böden schaben über die Fahrbahn. Die Umleitungsschilder sind große rechteckige Dinger, grellgelb mit schwarzen Zickzacklinien. LANGSAM FAHREN. UMLEITUNG. Auf den beiden mittleren Fahrspuren der Straße sind Bulldozer, die heute stillstehen, und riesige Betonröhren, in denen das Wasser abrinnen soll. Acht Röhren. Sie sind wirklich riesig; Gretchens Augen weiten sich vor Staunen, schon bei ihrem Anblick.

Sie erinnert sich an den Widersacher.

Da ist er – peilt das Einkaufszentrum an. *Der entwischt mir nicht in der Menge,* denkt Gretchen. Sie folgt ihm. Jetzt nähert sie sich einer Gegend, die schon fertig bebaut ist, obwohl noch immer ohne Gehwege, und die meisten Gebäude nagelneu, aber ungenutzt, leer. Sie springt über einen Abflußgraben aus Beton, mit rostbraunem Wasser darin, und rennt die Autoauffahrt zur Federal Savings Bank rauf. Die Schalter hinter den grüngefärbten Glasscheiben sind dunkel. Die ganze Bank ist dunkel, geschlossen. Ist das nicht die Bank, zu der ihre Eltern jetzt gehen? Gretchen braucht eine Weile, bis sie sie wiedererkennt.

Jetzt biegt ein einspuriger ununterbrochener Verkehrsstrom in die Kundenzufahrt des Einkaufszentrums ein. BUCKINGHAM MALL. 101 LÄDEN. Gretchen entdeckt ein paar Kinder, die so alt sind wie sie, Jungen und Mädchen in Jeans und Jacken, die ein Stückchen weiter vorn durch den Schlamm waten. Vielleicht aus ihrer Schulklasse. Ihre Aufmerksamkeit richtet sich jetzt wieder auf den Unsichtbaren Widersacher, der schon oben auf der Einkaufsstraße ist und sich vor dem Cunningham Drugstore herumdrückt, und sich lustig macht über sie.

Das wird dir noch leid tun, du Schweinehund, denkt Gretchen und lächelt.

Autos rollen an ihr vorbei. Der Parkplatz des Einkaufszentrums ist riesig, mehrere Morgen groß. Eine Wagenstadt, an einem Samstagnachmittag. Gretchen sieht ein Auto, das ihrer Mutter gehören könnte, aber ganz sicher ist sie sich nicht. Die Wagen sind schräg geparkt, in Reihen, die mit PLATZ K, REIHE 15; PLATZ K, REIHE 16 und so weiter gekennzeichnet sind. Die Schilder sind Kugeln, Blasen, auf lange dünne Pfähle aufgespießt. Die bei Nacht beleuchtet sind.

Ein Dutzend schon etwas älterer Kinder lungert vor dem Drugstore herum. Eins von ihnen hockt auf einem Briefkasten, schaukelt ihn hin und her. Gretchen schiebt sich an ihnen vorbei – sie albern herum, verstellen den Leuten den Weg –, und drinnen im Laden schießt ihr Blick auf und ab durch die Gänge, auf der Suche nach dem Unsichtbaren Widersacher.

Versteckt er sich hier? Versteckt er sich?

Sie schlendert umher, geduldig, gerissen. Am Kosmetikstand führt ein junges Mädchen einer älteren Frau ein flüssiges Make-up vor. Sie schmiert einen kleinen ovalen Fleck auf den Handrücken der Frau, verreibt ihn vorsichtig. »Pfirsichpracht«, sagt das Mädchen. Sie hat schimmerndes blondes Haar, und ihre Augen sind von Strichen umrandet, die permanentes unverhülltes Interesse ausdrücken. Gretchen, deren Hand lässig über ein Sonderangebot Lippenstifte gleitet, jeder für nur einen Dollar neunundfünfzig, bleibt unbemerkt.

Gretchen schiebt einen Lippenstift in ihre Tasche. Geschickt. Flink. Den Unsichtbaren Widersacher, der ihr mit dem Finger droht, ignoriert sie, während sie zum Zeitungsstand schlendert, sich die Titelseiten der Illustrierten ansieht, ohne sie zu lesen, und dann gemächlich zur nächsten Auslage geht. Päckchen in einem riesigen Pappkarton, mitten im Gang. Sonderposten. Ohne auch nur einen Blick darauf zu verschwenden, was hier zu haben ist, läßt Gretchen eins der Päckchen in ihre Tasche gleiten. Kein Problem.

Beim Hinausgehen benutzt sie eine andere Tür, an der Seite. Auf ihren Lippen spielt ein leises Lächeln.

Der Widersacher trottet vor ihr her. Die Einkaufsstraße ist in geometrische Felder aufgeteilt, jedes in einer anderen Farbe; der Widersacher verläßt jetzt das blaue Pflaster und befindet sich auf dem grünen. Gretchen hinterher. Sie sieht, wie er einen Franklin-Joseph-Laden betritt.

Gretchen geht ebenfalls in den Laden, zieht schnuppernd den schweren parfumgeschwängerten Geruch ein, kann weder auf den Ladentischen noch an den Kleiderständern etwas entdecken, was sie interessieren würde, und geht schnurstracks quer durch den Raum bis nach hinten, wo die Damentoilette ist. Niemand hier. Sie zieht die Lippenstifthülle aus der Tasche, schraubt sie auf, inspiziert den Lippenstift. Er strömt einen strengen, süßlichen Geruch aus. Die Farbe ist ein sehr helles Pink: *Frühlingsblüte.* Gretchen geht zum Spiegel und schmiert den Lippenstift darauf, zuerst ganz leicht, dann kräftig; der Lippenstift bricht ab und fällt in ein Waschbecken, in dem überall Haare kleben. Gretchen geht in eine der Toiletten und wirft den Lippenstift in die Kloschüssel. Sie reißt ganze Hände voll Toilettenpapier ab, das sie zu einem Ball zusammenknüllt und ebenfalls ins Klo wirft. Sie erinnert sich an das Päckchen aus dem Drugstore und zieht es aus der Tasche – nur Zahnpasta. Sie wirft sie, mitsamt der Verpakkung und allem, in die Kloschüssel, dann hat sie eine Idee und geht zu dem Handtuchkasten – ein einzelnes Stoffhandtuch, das über eine Rolle läuft –, sie zerrt so lange daran, bis es sich lockert, dann zieht sie es Stück für Stück heraus, geduldig, bis es der ganzen Länge nach draußen ist. Sie heimst es ein und geht damit in die Toilette. Sie stopft es in die Schüssel und zieht die Spülung.

Das Zeug will nicht runterrutschen, und sie versucht es noch einmal. Jetzt wird es ein Stückchen weggeschwemmt, dann bleibt es stecken.

Gretchen verläßt die Toilette und schlendert gemächlich durch den Laden. Draußen wartet der Widersacher – späht durchs Fenster – droht ihr mit dem Finger. *Du kannst mir nicht drohen,* denkt sie und lächelt verbissen. Draußen folgt sie ihm in gehörigem Abstand. Laute Musik dröhnt in ihre Ohren. Rockmusik, die sich über die farbigen Quadrate und Rechtecke der Ladenstraße ergießt, die der Novemberwind überallhin bläst, aber Gretchen hört sie kaum.

Vor dem Schallplattenladen balgen sich ein paar Jungen. Einer von ihnen rempelt Gretchen an, und alle lachen, als sie gegen eine Mülltonne fällt. »Paß gefälligst auf, Baby!« schreit der Junge sie an. Ihr tut das Bein weh. Gretchen beachtet die Jungen nicht, aber in kalter, jäher Wut, ohne hinzusehen, packt sie die Mülltonne und kippt sie auf den Gehweg. Die Abfälle quellen heraus. Die Tonne rollt ein Stückchen weiter. Ein paar Frauen, die zum Einkaufen unterwegs sind, springen schnell auf die Seite, und die Jungen lachen.

Ohne sich umzusehen, geht Gretchen weg.

Sie wandert durch Sampson Furniture und sieht sich die

Möbel an. Hier gibt es zwei Eingänge. Zum einen rein, zum andern raus, wie sie es immer tut; das ist ein Ritual. Wieder sieht sie das Sofa, das genauso aussieht wie das Sofa in ihrem Wohnzimmer zu Hause – mit schwarzem und weißem Fell bezogen, echtem Ziegenfell. Überall stehen Sofas, Stühle, Tische, Betten. Ein Durcheinander von Einrichtungen. Die Leute spazieren darin herum, gehen in die einzelnen Abteilungen, in denen Wohnzimmer, Eßzimmer, Schlafzimmer ausgestellt sind. Gretchen kneift die Augen zusammen beim Anblick so vieler Einrichtungen: als sähe man gleichzeitig in hundert Häuser. Sie geht langsamer, kommt kaum vom Fleck. Ihr Blick bleibt an einer Wohnzimmergarnitur hängen, die auf einem Podium steht. Erst nach einer ganzen Weile erinnert sie sich, warum sie hier ist – wem sie folgt –, und als sie sich umdreht, sieht sie den Widersacher, der ihr winkt.

Sie folgt ihm wieder nach draußen. Er geht in Dodi's Boutique, und Gretchen folgt ihm mit tiefgesenktem Kopf, daß ihre Augen fast an die Brauen stoßen, sich tief in die Stirn bohren. *Das wirst du bereuen,* denkt sie. Dodi's Boutique ist in Silber und Schwarz dekoriert. Von der dunklen Decke baumeln Metallbänder, die zittern und beben. Verkäuferinnen in Hosenanzügen stehen herum und kichern, sie bewegen die Köpfe zum Takt der Musik, die durch den Laden dröhnt. Es ist Musik von einem lokalen Radiosender. Gretchen schlendert zu den Kleiderständern, nur so zum Spaß. Größe 14. »Es ist jetzt zwei Uhr fünfunddreißig«, verkündet ein Rundfunksprecher munter. »Die Temperatur liegt um den Gefrierpunkt, es ist mit Regenschauern zu rechnen, die nachts in Graupel übergehen. Sie hören *WCKK, Radio Wonderful* ...« Gretchen wählt mehrere Kleider aus und läßt sich von einer Verkäuferin in eine Umkleidekabine bringen.

»Kommen Sie allein zurecht?« fragt das Mädchen. Sie hat langes wippendes Haar und ein überhebliches, unpersönliches, freundliches Benehmen.

»Ja«, murmelt Gretchen.

Als sie allein ist, zieht Gretchen die Jacke aus. Darunter trägt sie einen marineblauen Pulli. Sie zieht den Reißverschluß an einem der Kleider auf, und es rutscht von dem dünnen Plastikbügel, bevor sie es auffangen kann. Sie tritt mit dem Fuß darauf und schmiert Schmutz auf die weiße Wolle.

Zum Teufel damit. Sie läßt es liegen und nimmt ein anderes Kleid, hält es hoch, mustert sich im Spiegel.

Sie hat unordentliches, gelocktes Haar, das aussieht wie eine Perücke, die lose über ihren Kopf gestülpt ist. Überall quellen hellbraune Locken heraus, wippend, leicht gekräuselt, eine Kaskade, ein Lockengefälle. Ihre Augen liegen tief in den Höhlen, mit dichten dunklen Augenbrauen darüber. Ihr Blick ist starr, eindringlich, wie bei einem Mann. Ihre Nase hat eine perfekte Form, gerade und edel. Ihre Oberlippe reicht weit nach unten, als hätte man sie gewaltsam über die Schneidezähne gezogen. Sie trägt kein Make-up, ihre Lippen sind völlig farblos, blaß, ein bißchen aufgesprungen, und meist straff gespannt, zusammengekniffen. Ihr Kinn ist rund und fest. Ihr Gesicht ist streng, nachdenklich, es hat harte, symmetrische Züge, wie eine Statue, leer, unbeteiligt, verschlossen. Sie ist hübsch. Aber es liegt eine dumpfe, unbeteiligte, geschlechtslose Stille über ihr, als sei sie losgelöst von allem, irgendwo anders, nicht interessiert.

Sie hält das Kleid vor ihren Körper, streicht es über der Brust glatt, starrt in den Spiegel.

Nach einer Weile hängt sie das Kleid wieder auf den Bügel und schließt den Reißverschluß so heftig, daß er kaputtgeht. Das andere Kleid läßt sie liegen. Sie verläßt die Kabine, zieht ihre Jacke an.

Als sie wieder nach vorn kommt, wirft ihr die Verkäuferin einen flüchtigen Blick zu... »– Nicht gepaßt? –«

»Nein«, sagt Gretchen.

Eine Zeitlang streift sie ziellos umher, rein und raus bei Carmichael's, dem großen, berühmten Haus in der Ladenstraße, wo sie ihre Mutter im Fahrstuhl nach oben fahren sieht. Ihre Mutter hat sie nicht bemerkt. Sie bleibt bei einer Ausstellung von »Winterheimen« stehen. Ihre Familie besitzt ein solches Haus auf der *Upper Peninsula,* nur ist ihres größer. Dieses hier kostet komplett nur 5330 Dollar: FERTIGBAUWEISE, WIRD AUF IHREM GRUNDSTÜCK ERRICHTET – EIN HEIM FÜR DAS GANZE JAHR, FIBERGLASISOLIERUNG – HERRLICHE NATURBELASSENE URALTE (V. CHR.) VERTIKALE ZEDERNHOLZVERSCHALUNG MIT ZUSÄTZLICHER STRUKTURIERUNG, UM DEN NATÜRLICHEN CHARAKTER HERVORZUHEBEN.

Erst drei Uhr fünfzehn. Nur so zum Spaß geht Gretchen ins Big-Boy-Restaurant und bestellt sich einen Hamburger mit Pommes frites. Und eine Cola dazu. Sie setzt sich an die überfüllte Theke und kaut gemächlich, mit langsam mahlenden Kiefern, und betrachtet sich im Spiegel, direkt vor ihr – ihr üppiges Haar bewegt sich fast unmerklich zum Mahlen ihrer Kiefer –, und gelegentlich sieht sie ihren Widersacher, der ruhig draußen wartet. *Du kriegst schon noch deinen Teil,* denkt sie.

Sie verläßt das Big Boy und schlendert zum Parkplatz, während sie Kartoffelchips aus der Tüte ißt. Ihre fettigen Hände wischt sie sich an den Schenkeln ab. Der Nachmittag ist dunkel und kalt geworden. Sie zittert ein wenig, sieht über das Autolabyrinth, sucht ihren Widersacher – ja, da ist er – und folgt ihm. Er läuft vor ihr. Er läuft über den Parkplatz, wartet, sie hänselnd, am Rand eines Feldes, und läuft, als sie näher kommt, querfeldein, trabt inmitten einer lärmenden Meute streunender Hunde, vier oder fünf, die ihn gar nicht zu bemerken scheinen.

Gretchen folgt ihm quer über das Feld, durch Schlammpfützen hindurch, und dann, ohne ihn aus den Augen zu lassen, über ein weiteres mit genauso tiefem Schlamm. Jetzt hat er den Highway erreicht, bleibt zögernd stehen – jetzt macht er sich daran, vor dem Verkehr hinüberzulaufen – jetzt, jetzt – jetzt läuft er los –

Jetzt! Er wird von einem Auto erfaßt! Sein Körper wird nach hinten geschleudert, nach hinten gewirbelt. *Ah, und nun, wie fühlt man sich nun?* fragt Gretchen.

Er rafft sich auf. Kommt auf die Beine. Blutet er? Ja, er blutet! Er taumelt über die Straße, auf die andere Seite, wo ein Gehweg ist. Gretchen folgt ihm, sobald der Verkehr eine Lücke läßt. Er torkelt jetzt richtig, wie ein Betrunkener. *Na, wie fühlt sich das an? Gefällt es dir so?*

Der Widersacher torkelt über den Gehweg. Er biegt in eine Seitenstraße, unter Arkaden. *Piney Woods.* Er führt Gretchen nach Piney Woods. Hier sind die Häuser größer, und sie stehen auf künstlichen Hügeln, was sie noch mehr hervorhebt. Die meisten Häuser sind weiß, im Kolonialstil, mit angebauter Garage. Hier gibt es keine Gehwege, und der Widersacher muß auf der Straße gehen, er humpelt wie ein alter Mann, und Gretchen folgt ihm, den Blick fest auf ihn gerichtet, in die Straße.

Na, bist du jetzt zufrieden? Tut es weh? Ja? Sie kichert über seine Art zu gehen. Er sieht aus wie ein Betrunkener. Er wirft ihr einen Blick über die Schulter zu, sein Gesicht ist weiß wie Kalk, dann biegt er in einen mit Platten ausgelegten Weg ein... geht geradewegs auf ein großes weißes Haus zu...

Gretchen folgt ihm nach drinnen. Sie betrachtet prüfend die Backsteinimitationen in der Eingangshalle: Ja, da sind Blutflecken. Er blutet. Hingerissen folgt sie den Blutspritzern in den Flur, bis an die Treppe... vergißt ihre Stiefel, die schmutzig sind... hat keine Lust, noch mal umzukehren, um sich die Füße abzutreten. Zum Teufel damit.

Es scheint niemand zu Hause zu sein. Ihre Mutter ist bestimmt noch beim Einkaufen, ihr Vater ist übers Wochenende weggefahren. Das Haus ist leer. Gretchen geht in die Küche, macht den Kühlschrank auf, holt eine Cola raus und schlendert nach hinten, ins Wohnzimmer. Es liegt zwei Stufen tiefer als das übrige Haus. Sie zieht ihre Jacke aus und wirft sie irgendwohin. Schaltet den Fernseher ein. Sitzt auf dem Ziegenfellsofa und starrt auf den Bildschirm: die Wiederholung einer Shotgun-Steve-Folge, die sie schon kennt.

Wenn der Widersacher hinter ihr angekrochen kommt, wimmernd, vor Schmerzen schluchzend, wird sie ihn keines Blickes würdigen.

Christine Nöstlinger
Unvernünftiges Gleichheitsprinzip

In vielen Familien herrscht ein geradezu rabiater Gerechtigkeitssinn, der darin seinen Ausdruck findet, daß jedes Kind »das gleiche« zu bekommen hat.

Bekommt also der Hansi von der Mama Geld, um sich die heißbegehrte Schallplatte zu kaufen, bekommen auch die Evi und der Xandi den gleichen Geldbetrag, obwohl sie im Moment keine Schallplatte wollen und überhaupt nicht »heiß« begehren.

Mütter, die von diesem »Gleichheitsprinzip« durchdrungen sind, habe ich – zum Beispiel – schon sagen hören: »Mein Sohn tät' einen neuen Anorak brauchen, aber dann müßte ich auch den beiden Töchtern einen kaufen, und soviel Geld habe ich im Moment nicht!«

Auf den ersten Blick erscheint diese familiäre Verteilungsart ja gerecht und vernünftig, denn keines der Kinder kann sich benachteiligt vorkommen.

Letztlich führt sie aber doch auch dazu, daß die Kinder gar nicht mehr darauf achten, was sie selbst gern hätten und brauchen würden, sondern nur darauf, was die Geschwister kriegen und ob auch alles »gerecht und gleich« verteilt wird.

Und da Eltern nie hundertprozentig »gleich und gerecht« verteilen können, finden die Kinder dann irgendwo und irgendwann immer einen Grund zur Klage.

So habe ich schon gehört, daß sich ein halbwüchsiger Knabe bitter darüber beklagte, daß ihm seine Eltern vierhundert Schilling, die sie für seinen Bruder für den Nachhilfelehrer zahlen, vorenthalten. Und eine meiner Freundinnen spielt – trotz angegriffener Gesundheit – ernsthaft mit dem Gedanken, statt ihres Halbtagsjobs einen Ganztagsjob anzunehmen, weil sie vor fünf Jahren, als die Finanzen der Familie noch besser waren, ihrer großen Tochter zum achtzehnten Geburtstag ein Auto geschenkt hat.

Nun wird die kleine Tochter aber auch bald achtzehn Jahre alt und findet, daß ihr nach dem »gerechten Gleichheitsprinzip« ebenfalls ein Geburtstagsauto zustehe!

Und meine Freundin sieht das ein und meint: »Sonst fühlt sie sich ja weniger geliebt!«

Es muß etwas sehr schiefgelaufen sein in der Entwicklung eines Menschen, wenn Liebe und Konsumgutzuteilung so eng aneinandergekoppelt sind. Das totale »Gleichheitsprinzip« scheint seinen guten Teil dazu beizutragen.

Erich Loest
Bauchschüsse

Der Zug trat auf dem Kasernenhof an, der staubgrau war wie der Himmel. Gegen das Tor wurde gesungen: »Wer nicht jetzt sein Spiel gewinnt, wird es ewig missen. Michel horch, es pfeift der Wind, Segelsegel sind zu hissen.« Die zweite Kompanie sang das immer, wenn sie ausrückte, und würde es durchhalten bis in alle Ewigkeit.

Ein Bus fuhr vor. Die Genossen Soldaten, die ihn anrollen sahen, argwöhnten, etwas sei im Busch: Stiefelputz und Sitz des Koppels waren penibler als sonst kontrolliert worden, der Leutnant sprach in angehobener, fistelnder Tonlage; er war nervös. Die Zeit der Kraftproben zwischen ihm und den Soldaten war vorbei und in eine Phase gelangweilter Tolerierung übergegangen. Die Genossen Soldaten hatten von ihren achtzehn Monaten bei der Fahne sorgsam registrierte dreiundzwanzig Tage länger als ein Jahr hinter sich und waren somit EK, Entlassungskandidaten, mit dem Drang in allen Blutbahnen, abgebrüht zu wirken, stoisch zu sein, alles zu kennen, was die Nationale Volksarmee zu bieten hatte, alte Hasen, die so denken und fühlen wollten wie ihre Großväter, falls die Obergefreite gewesen waren, frankreich-, balkan- und vor allem rußlanderfahren. Sie strebten eine Eigenschaft an, rühmten sie an sich selbst und hörten sie lieber als alles sonst auf sich angewendet: Sie waren stur.

Dem Bus entstiegen – die Genossen Soldaten beobachteten unter halb gesenkten Lidern heraus im Bemühen, sich ihre Neugier nicht anmerken zu lassen – ein Major und ein Dutzend Unteroffiziere, die letzteren nicht älter als sie. Die hatten sich, so urteilten die EK, von Musterungskommissionen breitschlagen lassen, hatten für drei Jahre unterschrieben, sich dadurch fürs Studium bessere Chancen ausrechnend, sie waren vom aufgestockten Sold angelockt worden oder hatten schlicht vor dem Schwall immer wiederholter Argumente kapituliert. In den Augen der EK waren sie Arschlöcher; sie pflaumten sie bei jeder Gelegenheit an und schmissen ihnen auch mal in der Kneipe mit Vergnügen die Mütze ins Klo. Mächtiges Aufgebot also, und so völlig kalt, wie sie es gern gewollt hätten, blieben die EK nun doch nicht. Eine Maßnahme bahnte sich an, die aus dem Rahmen kippte. Bei der Nationalen Volksarmee hieß alles Maßnahme, ob es sich nun um Gefechtsdienst oder Waffenpflege oder Streichung des Urlaubs handelte, sie kannten kulturelle und sportliche Maßnahmen, und hier entwickelte sich eine Maßnahme, die voller Tücken sein konnte, und die Genossen Soldaten nahmen sich vor, auf der Hut zu sein. Sie beschlossen es jeder für sich so verbissen, daß es sich wie eine elektrische Spannung über sie legte, daß sie meinten, ein Knistern zu spüren, aber vielleicht war es bloß Schweißdunst, der weniger aus Angst über ihnen aufstieg als infolge angestrengter Wachsamkeit.

Der Leutnant meldete; die Soldaten hörten heraus, daß er sich mühte, ohne Versprechen und Stottern durch die Formel zu kommen. Der Major grüßte ihn und die Soldaten, er war massig, sein Gesicht dick, aber nicht aufgeschwemmt, gut im Fleisch, einer, der sich sichtlich Zeit nahm für Volleyball und Sauna, nicht abgehetzt war von zwanzigstündigem Dienst jeden Tag wie der Leutnant, das arme Schwein ganz vorne, wo im Frieden die Front verlief: zwischen den Wehrpflichtigen, die immer nur pflichtig sein wollten und nie freiwillig, und allen über ihnen.

»Lassen Sie einrücken«, befahl der Major und blickte die Soldaten beinahe väterlich an. So einer war als Werber am gefährlichsten, wußten die Soldaten und strengten sich an, noch vorsichtiger zu sein, als sie es immer sein wollten, und ihnen wurde klar, daß ihr Leutnant wußte, welche Art von Maßnahme angesetzt war. Zumindest war ihm bekannt, wohin eingerückt werden sollte, und ein Leutnant, der eingesehen hatte, daß gegen den vereinten Willen von dreißig EK schwerlich etwas zu machen war, hätte etwas durchblicken lassen sollen, das verlangten sie, und dieser Leutnant hatte sie selten enttäuscht. Was auch in der Schulungsbaracke geschehen konnte – es war in jedem Fall besser, als wenn sie dem Pulk, der ihnen nachtrottete, ihre Fähigkeiten an der Sturmbahn oder beim Anlegen des Schutzanzuges hätten demonstrieren müssen. Konnte sein, der Dicke hielt einen Vortrag über irgendwas, oder sie sahen einen Film. Wer hinten saß, konnte pennen.

So drängelten sie sich auf die letzte Bank, aber der Leutnant befahl sie nach vorn. »Genosse Breitenbach, Genosse Schimmel, ja Sie besonders!« Das alles kostete mehr Zeit, als dem Major lieb zu sein schien, er legte seine Mappe aufs Pult und blickte starr auf die Pflichtigen, die eingerahmt wurden von den Unteroffizieren, die unaufgefordert nach vorn aufschlossen, in jeder Bewegung willig waren – die EK nannten es dienstgeil – und sich um Mienen mühten, die als eifrig gewertet werden durften.

Die Soldaten legten die Hände auf die Oberschenkel. Über die imperialistischen Gegner begann der Major zu sprechen, die, sich mal in dieser und jener Form tarnend, es nicht aufgegeben hätten, die Länder des Sozialismus schlucken zu wollen, darüber könnten alle Sirenenklänge und Umarmungsversuche nicht hinwegtäuschen. »Wie Sie wissen«, flocht er gelegentlich ein, oder: »Ihnen ist ja bekannt«; damit hoffte er Einvernehmen herzustellen, gar Kumpanei. Geschlossen stehe diesem Treiben das sozialistische Lager gegenüber, die Freundschaft zur Sowjetarmee nannte er unverbrüchlich. Mot.Schütze Breitenbach in der ersten Reihe, Abiturient und Heine- und Tucholsky-Verehrer, sann unterdessen nach, was »unverbrüchlich« im Wortsinn heiße, wo es seinen Stamm habe und ob es noch anderweitig angewendet werden könne als im Bezug auf die Sowjetunion und die Freundschaft zu ihr – ihm fiel kein Beispiel ein. Er konnte doch nicht seiner Simone schreiben: »Wir treffen uns am Sonnabend 18 Uhr, ich verlasse mich unverbrüchlich darauf.« Echt Quatsch zu denken: Mutter wusch ihm seine Socken unverbrüchlich. Gib mir mal 'ne Zigarette, kriegst sie morgen unverbrüchlich wieder.

Nicht die Soldaten waren dem Major wichtig, sondern die Unteroffiziere, aus denen einmal Politoffiziere der Reserve werden sollten, wie er aktiver Politoffizier war. Dennoch wollte er die Soldaten im Auge behalten und die geringste Neigung zur Schläfrigkeit aufspüren. Es war morgens nach acht, keine sonderlich gute Zeit, gegen elf war ein Soldat munterer. Als einem in der dritten Reihe die Lider schwer wurden, fragte ihn der Major, von welchem Land die Südflanke des Warschauer Pakts besonders bedroht werde; er wußte es nicht. Mot.Schütze Breitenbach richtete sich auf eine Klippstunde ein.

»Im Ernstfall, im Verteidigungsfall«, sagte der Major, »kämpft die Nationale Volksarmee nicht allein, klar. Nun stellt euch mal folgendes vor.« Und er schilderte, wie nach einem Angriff, der ins Hinterland des imperialistischen Gegners vorgetragen wurde, zwei Verwundete auf dem Felde lagen, ein Sowjetarmist und ein Soldat der Bundeswehr. »Jetzt kommen Sie und sehen die beiden. Wen verbinden Sie zuerst?«

Natürlich wußte der Soldat Breitenbach, welche Antwort der Major hören wollte, jeder wußte es, und wäre Breitenbach nicht vom Schulteufel geritten worden und aufs Pennälerniveau abgerutscht, hätte er wie aus der Kalaschnikow geschossen die Antwort gebellt: »Den sowjetischen Freund, Genosse Major!« Dann wäre alles wie üblich weitergeflossen einem guten Ende zu, der Major hätte den Unteroffizieren bei der Auswertung hinwerfen können: Ich hoffe, Sie haben heute morgen was gelernt! Aber da nuschelte Breitenbach langsam und beinahe schläfrig: »Das kommt darauf an. Da müßte ich nachsehen, wer von den beiden schwerer verwundet ist.«

»Beide sind gleich schwer verwundet.«

»Na ja«, Breitenbach schaute sich hilfesuchend um, »das müßte ich ja erst einmal nachprüfen. Da müßte ich, also...«

»Zwei gleiche Verwundungen gibt's gar nicht!« Der Soldat Schimmel sprang Breitenbach bei, und zum Mißvergnügen des Majors redeten Schimmel und Breitenbach nun miteinander, daß *immer* ein Unterschied sei, also das könnten sie sich nun gar nicht vorstellen, zwei gleiche Verwundungen, nee, und dann fragte Breitenbach: »Genosse Major, leicht verwundet oder schwer?«

»Schuß durchs Knie.« Der Major hatte sich über Einzelheiten keine Gedanken gemacht und wollte endlich die Antwort. Wenn er einen der Unteroffiziere gefragt hätte, wäre sie prompt gekommen, aber das hätte geheißen, das Brett an der dünnsten Stelle zu bohren, so fragte er einen Soldaten in der zweiten Reihe: »Also, wen verbinden Sie zuerst?«

Der Soldat schrak auf: »Mich, Genosse Major.«

»Wieso denn Sie!«

Der Soldat Müller, Heinz-Dieter, hatte nachgesonnen, daß er, wenn sein D-Zug am kommenden Wochenende nur drei Minuten Verspätung hätte, und gewöhnlich hatte er mehr, den Bus in seine Heimatstadt nicht erreichte. Dann würde er vielleicht von einem PKW mitgenommen, wenn nicht, verlöre er drei Stunden wie schon einmal. So hatte er nur Bruchstücke gehört. »Ich verbinde zuerst mein Knie, sonst kann ich ja dem anderen nicht helfen. Kann nicht zu ihm hin.«

Natürlich wurde gefeixt. Breitenbach meldete sich wieder. »Ich weiß nicht, Genosse Major, wie die Ausrüstung der Bundeswehr mit Verbandspäckchen ist. Wenn jeder ein Verbandspäckchen hat, der sowjetische Genosse und der Westdeutsche, ist es ja kein Problem. Geht schnell. Und bei einem Knieschuß gibt es ja auch keine Lebensgefahr.«

»Also, wen verbinden Sie zuerst?«

Als die Soldaten am Tag darauf analysierten, wann diese Maßnahme so vehement eskaliert war, maßen sie der Frage des Soldaten Müller, Harry, weitreichende Bedeutung zu. »Mir ist eines nicht klar«, fragte Müller, Harry. »Was mache ich denn da, bin ich im Angriff oder wie, sagen wir mal, unser Zug geht in Schützenkette vor, da kann ich doch nicht einfach zurückbleiben, bloß weil da zwei eins ins Knie gekriegt haben.«

»Ins Knie gefickt«, zischte der EK Werner, das hörten die in der Reihe vor ihm, einer drehte sich grinsend um, einer prustete.

»Die können sich gegenseitig selber verbinden.« Der Soldat Schimmel rief es, ohne gefragt zu sein. »Und wir greifen weiter an!«

»Meinetwegen«, räumte der Major ein, »vielleicht war das Beispiel nicht besonders deutlich. Nehmen wir an, es sind zwei Bauchschüsse. Da liegen also ein sowjetischer Genosse und ein Soldat der Bundeswehr, beide mit Bauchschüssen. Und Sie sind nicht im Angriff, Sie gehen da bloß so lang. Wen verbinden Sie zuerst? Nun machen Sie doch die Sache nicht zusätzlich kompliziert!«

Der Leutnant merkte, daß in ihm Wut aufstieg. Dieses Theater hätte er sich nicht bieten lassen. Dagegen gab es Maßnahmen: die verdammte Bande zehnmal um den Block scheuchen. Das war *sein* Zug, diese Idioten blamierten nicht nur sich, sondern vor allem ihn, und natürlich waren wieder Breitenbach und Schimmel die Quertreiber, eingebildete Klugscheißer, immer auf dem Sprung, wenn sie jemanden reinlegen konnten, der ein Fremdwort falsch aussprach. Dem Breitenbach würde er den Arsch aufreißen, der schob

Wache, bis er nicht mehr wußte, ob er Männchen oder Weibchen war.

»Also an Bauchschüsse«, sagte Breitenbach, »würde ich mich überhaupt nicht ranwagen. Liegen lassen, bis ein Sani kommt. Also: 'nen Sani rufen, zurückrennen und nach 'nem Sani schreien! Ich gehe doch bloß so lang, nicht wahr? Kein Gefechtsauftrag?«

»Das gibt's doch gar nicht!« Müller, Harry, mit Breitenbach über Kreuz, wollte dem nicht den ganzen Triumph gönnen. Denn ihm war klar: Was sich heute hier abspielte, würde lange Gesprächsstoff bieten und für die Hackordnung Bedeutung haben. Breitenbach, die Großschnauze, lag enorm vorn, der Major sah gar nicht mehr aus, als wäre er ein Energiebündel, ausgeruht und vollgefressen wie die meisten aus den Stäben, dem flatterte inzwischen enorm die Hose. »Da liegen zwei verwundet, also ist gerade erst gekämpft worden, die Freunde sind im Vormarsch. Breiti«, jetzt hatte Müller, Harry, die Kurve gekriegt, ließ den Major draußen, »da latschst du so durch die Botanik, bloß so, na Mensch, das kannst du mir doch nicht erzählen! Das ist doch beinahe wie Entfernung von der Truppe.«

»Breiti ist desertiert!« rief EK Werner.

»Ruhe jetzt!«, das war der Leutnant. »Quatschen Sie nicht rein, Genosse Werner!«

Der Major blickte den Leutnant mißbilligend an. Das fehlte nun noch, daß es strittig war, wer hier das Sagen hatte. Das war ihm ja nie passiert, daß sich jemand bemüßigt fühlte, ihm das Heft aus der Hand zu nehmen. Natürlich war ihm bekannt, wie ein Zugführer nach ein paar Jahren nervlich verschlissen war. Hinterher würde er mit dem ein paar deutliche Takte reden müssen, über seinen Zug und diesen Zwischenruf jetzt. »Also«, ganz klar war dem Major nicht, wie er fortsetzen sollte, »nun mal von vorne, und ich verbitte mir jedes Affentheater. Ich kann auch andere Saiten aufziehen, damit das klar ist! Und Ihnen da«, er blickte Breitenbach an, »rate ich gut, die Sache nicht durch den Kakao zu ziehen. Also noch einmal die Lage. Ein sowjetischer Genosse und ein Soldat der Bundeswehr liegen nebeneinander, sie sind verwundet, wie, spielt keine Rolle. Die Verwundung spielt keine Rolle. Und ob Sie nun da langgehen oder nicht, spielt auch keine Rolle. Wem helfen Sie zuerst?«

»Da muß man ganz einfach fragen.« Müller, Harry, war aufgesprungen, ohne sich gemeldet zu haben. »Ich frage: Towarischtsch, Kamerad, schto ne rabotatsch, schto kaput. Und den Bundi frage ich dasselbe, natürlich auf deutsch.«

»Und wem helfen Sie dann?«

»Beiden.«

»Wem Sie *zuerst* helfen!«

»Wer am schlimmsten verwundet ist.«

»Ich habe gesagt«, der Major dämpfte die Stimme, es klang gefährlich, »beide sind *gleich verwundet.*«

»Genosse Major, das haben Sie beim ersten Beispiel gesagt. Beim Knieschuß. Nicht beim Bauchschuß. Ich dachte, das sei jetzt ein neues Beispiel. Deswegen wollte ich erst fragen, russisch und deutsch. Wozu haben wir denn Russisch gelernt!« Müller, Harry, blickte sich strahlend um, besonders in Richtung von Müller, Heinz-Dieter, dem Abgänger einer achten Klasse, der sich kürzlich gerühmt hatte, nicht ein einziges russisches Wort je gelernt zu haben, und dabei hatten sie ihn sechsmal vor den Direktor zitiert, der hatte ihn zur Schnecke machen wollen, aber Müller, Heinz-Dieter, hatte erst gesagt, wahrscheinlich hätte er einen doofen Defekt im Kopp, und dann hatte er gar nichts gesagt, und der Direx war vor Wut fast krepiert. »Dieter, jetzt siehste alt aus!« rief Müller, Harry, in unverhohlenem Triumph.

»Ich will jetzt end-lich ei-ne Ant-wort!« Der Major dehnte wütend die Silben. Es blieb still, als hielten alle den Atem an, die Unteroffiziere blickten zu Boden im sicheren Gefühl, daß auch für sie etwas Schlimmes nachkam, wenn sich der Major weiter so blamierte, er würde es alle spüren lassen. Breitenbach war verdammt vorgeprellt, das war ihm klar, wenn er jetzt noch eins draufsetzte, kriegte er eins ins Kreuz, dann wäre es am besten, er bräche sich das Bein und verschwände für ein paar Wochen im Lazarett.

»Bauchschuß«, sagte da Tannebaum, der eigentlich Fichte hieß und von dem es niemand gedacht hätte, »ich kann mir das schwer vorstellen. Ich meine, der eine ging doch vor, ich meine den sowjetischen Freund, und der andere ging zurück. Deutlich gesagt: Er türmte. Der Bundi. Da hätte er doch eins in den Rücken kriegen müssen.«

»Voll in den fetten Arsch.«

Wer das mehr vor sich hin als für die Öffentlichkeit bestimmt gesagt hatte, war im Augenblick nicht wesentlich, es wurde erst am Tag darauf eruiert und trug Schimmel Ruhm ein, dabei hatte er doch bloß Breitenbach beispringen wollen, damit der zum Luftholen kam, auch hatte er, der doch am Anfang die Debatte ziemlich mitbestimmt hatte, gefürchtet, seine Einfälle gerieten ins Hintertreffen. Der Leutnant sprang auf und schrie, er lasse sich das nicht länger bieten, und dabei wurde ja nicht ihm etwas geboten, sondern dem Major. Der brüllte jetzt auch, er verbitte sich diesen flapsigen Ton: »Das können Sie mit sonst jemandem machen, das haben Sie sich vielleicht im Kindergarten erlauben können, aber nicht mit mir! Alle raustreten! Antreten!«

Vor der Tür drängten die Unteroffiziere von den EK weg, als wären die von einer Seuche befallen; sie informierten sich im Nu, ohne daß einer von ihnen das Kommando dazu hätte geben müssen. Als der Leutnant herauskam, standen sie schon in ausgerichteten drei Gliedern, und als er brüllte: »In Richtung Sturmbahn im Laufschritt marsch, marsch!«, fühlten sie sich keineswegs betroffen. In des Leutnants Befehlen feuerten Panzer, stürzten Wurfgranaten aus dem Himmel, knatterten Hubschrauber an, und die EK warfen sich hin und sprangen nach vorn. Manchmal trafen sich die Blicke von Breitenbach und Müller, Harry, von Schimmel und Werner, sie sahen in den Gesichtern der anderen, daß auch sie dieses Springen und Werfen als Ausdruck enormen Jubels empfanden; Lust und Kraft machten sich so Luft. Da befahl der Leutnant Breitenbach und Werner, den größten, massigsten ihrer Kumpane zum Horizont und zurück zu schleppen, denn er habe einen Bauchschuß, und sofort darauf ereilte Schimmel und Müller, Harry, mit einem kaum leichteren Mann das gleiche Schicksal. Und wieder wüteten Panzer und Hubschrauber und zuletzt gar Schiffsgeschütze aus allen Richtungen. »Ihnen wird das Feixen vergehen!« schrie der Leutnant; sein Fisteln wurde zum Röcheln.

Schließlich befahl der Major: »Lassen Sie antreten, Genosse Leutnant.«

Die EK standen anfangs keuchend, allmählich ging ihr Atem ruhiger. Sie sahen zu, wie die Unteroffiziere und der Major in den Bus stiegen. Eine Maßnahme war vorbei, über die sie noch lange würden reden müssen. Es war ein Spaß gewesen und weit mehr, das fühlten alle, und Breitenbach dachte: Im letzten Krieg hätten sie uns vielleicht alle in die Strafkompanie geschickt. Er würde das Ding seinem Opa erzählen und ihn fragen. Oder stünden sie, wäre das vor fünfzig Jahren passiert, jetzt schon an der Wand? Sein Opa war Obergefreiter gewesen, damals.

Es blieb eine gute Stunde Zeit bis zum Mittagessen; bis dahin, fürchteten die EK, könne sich der Leutnant noch allerhand einfallen lassen. Wozu war denn die Sturmbahn da. Sie sahen ihn vor dem Zug, wie ein Zugführer nun einmal vor den Soldaten zu stehen hat, die er befehligt. Dort war er natürlicherweise allein, und je länger er so stand, desto verlassener kam er ihnen vor. Sie hatten ihm verdammt was eingebrockt, und er würde sich rächen, sofort und eine Woche lang und an Schimmel und Breitenbach vielleicht bis zu dem Tag, an dem sie ihre Klamotten auf Kammer abgaben. Diese Blamage ließ der Major nicht auf sich sitzen, die gab er nach unten weiter.

Der Leutnant war fahl, die Falten zwischen den Brauen und die Stränge am Hals hatten sich verstärkt. So wirkten, empfand es Tannebaum, der eigentlich Fichte hieß, Fußball-Oberligaspieler, wenn sie dreißig waren, oder eben Zug- und Kompanieführer, gehetzte Hunde beide. Bis zum Essenfassen würde der Leutnant sie nun scheuchen. Und Breitenbach dachte: War eine gewaltige Kiste, die sie da gebaut hatten. Dafür mußten sie nun etwas einstecken, es bestand kein Grund, sich darüber aufzuregen. Für einen Spaß dieser Klasse mußte gezahlt werden.

Da sagte der Leutnant, er sagte es mehr, als er es befahl: »Bis zur Mittagspause Putz- und Flickstunde. In die Unterkünfte – im Laufschritt – marsch!«

Die EK machten kehrt und deuteten drei Laufschritte an, dann verfielen sie in Trott. Vor der Tür ihres Blocks drehten sich einige um, der Leutnant stand unbeweglich an der alten Stelle. Der Himmel war noch immer von der gleichen Farbe wie der Sand des Hofes. Hinter dem Küchenblock wurde gesungen: »Soweit die braune Heide reicht, gehört das Jagen mir.« Also rückte die vierte Kompanie zum Essen an, die sang das seit unvorstellbaren Zeiten bei dieser Maßnahme und würde es durchhalten bis zum Jüngsten Tag. Unter diesem Lied und unter diesem Himmel blieb der Leutnant zurück.

Eine Woche später kam die medizinisch-technische Assistentin Simone, Breitenbachs Braut, auf die Idee, in dieser Minute hätte einer der EK, die sie perfide Mistkerle nannte, zurückgehen und sich beim Leutnant entschuldigen sollen. Und Breitenbach seufzte: »Du hast ja keine Ahnung. Hast du denn ganz vergessen: zwei Bauchschüsse?« Und weil er beim vierten Bier war, setzte er hinzu: »Zwei unverbrüchliche Bauchschüsse.«

Ruth Rendell
Die neue Freundin

»Du weißt, was wir das letzte Mal gemacht haben?« sagte er.

Auf diesen Anruf hatte sie seit Wochen gewartet. »Ja.«

»Wie wär's mit einer Wiederholung? Hättest du Lust dazu?«

Das hatte sie, wollte aber auch nicht allzu eifrig auf seinen Vorschlag eingehen. »Warum nicht?«

»Dann am Freitagnachmittag, ja? Ich habe den ganzen Tag frei, und Angie fährt am Freitag immer zu ihrer Schwester.«

»Nicht *immer,* David.« Sie kicherte.

Auch er lachte kurz auf. »Aber diese Woche fährt sie. Ob wir wohl deinen Wagen nehmen können? Angie braucht unseren.«

»Aber klar doch. Ich hol dich gegen zwei ab, ja?«

»Ich lasse die Garage offen, damit du direkt hineinfahren kannst. Ach, und noch etwas, Chris – richte es so ein, daß du ein bißchen länger bleiben kannst. Ich wäre so gern einen ganzen Abend mit dir zusammen.«

»Ich will's versuchen«, sagte sie und dann: »Ich kann's bestimmt einrichten, ich sag Graham einfach, ich treffe mich mit meiner neuen Freundin.«

Er sagte auf Wiedersehen, und er freue sich auf den Freitag. Christine legte den Hörer auf. Sie hatte es fast aufgegeben gehabt, auf seinen Anruf zu warten. Trotzdem mußte noch ein Körnchen Hoffnung in ihr gewesen sein, denn sie hatte den Hörer nie neben den Apparat gelegt, wie es ihre Gewohnheit war.

Das letzte Mal hatte sie es an einem Donnerstag vor drei Wochen getan, an dem Tag, an dem sie Angie besuchen wollte und David allein zu Hause gewesen war. Christine hatte sich angewöhnt, den Hörer in der Tagesmitte neben den Apparat zu legen, um nicht ständig Anrufe für die Midlandbank entgegennehmen zu müssen. Ihre Telefonnummer unterschied sich nur um eine Zahl von der der Bank. An den meisten Tagen nahm sie den Hörer um halb zehn ab und legte um halb vier wieder auf. Am Donnerstagnachmittag ging sie fast regelmäßig zu Angie und kümmerte sich nicht um das Telefon.

Christine kannte Angies Mann ziemlich gut. Wenn sie an den Donnerstagen ein bißchen länger blieb, sah sie ihn, sobald er aus der Arbeit kam. Manchmal gingen sie und Graham, Angie und David zu viert aus. David war Firmenvertreter wie Graham – oder Verkaufsrepräsentant, wie er sich lieber nannte, und nach dem Lebensstandard ihrer Freundin zu schließen, mußte er wesentlich erfolgreicher sein als Graham. Sie hatte ihn nie besonders anziehend gefunden, denn obwohl er groß war, wirkte er irgendwie mädchenhaft und hatte hellblondes, welliges Haar.

Graham war ein schwergebauter, sehr dunkler Mann mit dunkel gebräunter Haut. Er mußte sich zweimal täglich rasieren. Christine war mit ihm gegangen, seit sie fünfzehn gewesen war, und an ihrem achtzehnten Geburtstag hatten sie geheiratet. Sie hatte nie einen anderen Mann näher gekannt, und wenn sie jetzt mit einem Mann allein war, war sie verlegen und fürchtete sich vor ihm. Sie hatte Angst, daß ein Mann über sie »herfallen« könnte, und der Gedanke allein erschreckte sie. Lange Zeit trug sie ein Taschenmesser in ihrer Handtasche herum, für den Fall, daß sie sich verteidigen mußte. Als sie eines Abends mit ein paar Freunden von Graham aus gewesen waren und sie ein paar Gläser getrunken hatte, vertraute sie ihm ihre Ängste an.

Er sagte, sie sei albern, schien sich jedoch zu freuen, daß sie so empfand.

»Als du weggingst, um mit diesen Leuten zu reden und ich mit John allein blieb, war mir furchtbar zumute. Ich war schrecklich nervös und wußte nicht, was ich mit ihm reden sollte.«

Graham brüllte vor Lachen. »Willst du damit etwa sagen, daß du gedacht hast, der gute alte John könnte versuchen, dich mitten in einem überfüllten Restaurant zu vergewaltigen?«

»Ich weiß nicht«, antwortete Christine. »Ich weiß nie, was sie tun werden.«

»Solange du dich nur nicht vor dem fürchtest, was ich tue«, sagte Graham und fing an sie zu küssen. »Alles andere ist unwichtig.«

Es hatte keinen Sinn, ihm jetzt – zehn Jahre später – noch zu sagen, daß sie sich vor dem fürchtete, was er tat. Daß sie sich immer davor gefürchtet hatte. Natürlich hatte sie sich inzwischen daran gewöhnt, hatte keine panische Angst davor. Sie ließ es resigniert über sich ergehen und fand es manchmal sogar recht lustig. David war jedoch der einzige Mann, bei dem sie sich wohl fühlte, wenn sie mit ihm allein war.

Beim erstenmal, an jenem Donnerstag, an dem Angie zu ihrer Schwester gefahren war und Christine telefonisch nicht erreicht hatte, um ihr abzusagen, hatte sie sich bei ihm wohl gefühlt. Und hinterher war sie glücklich und sorglos gewesen, obwohl das, was vorgegangen war, ihr am nächsten Tag wie ein Traum vorkam. Es schien einfach unglaublich. Schon ziemlich bald hatte er gefragt: »Wirst du es Angie erzählen?«

»Nicht wenn du es nicht willst.«

»Ich glaube, es würde sie aufregen, Chris. Es könnte sogar das Ende unserer Ehe bedeuten. Siehst du...« Er zögerte. »Siehst du, es war das erste Mal, daß ich... Ich meine, bisher hat niemand...« Er hatte ihr tief in die Augen gesehen. »Dem Himmel sei Dank, daß du es warst!«

Am nächsten Donnerstag hatte sie Angie besucht, wie gewöhnlich. In der Zwischenzeit hatte sie von David kein Wort gehört. Sie war lange geblieben, um ihn zu sehen, und ihr war vor lauter Spannung ein bißchen übel geworden. Als er hereinkam, hatte sie Herzklopfen bekommen.

Er sah ganz anders aus als am vergangenen Donnerstag, als er am Tisch gesessen und bei Radiomusik gelesen hatte. Er trug einen grauen Flanellanzug und eine graue, gestreifte Krawatte. Als Angie das Zimmer verließ, war Christine mit ihm eine Minute allein, und sie fühlte das Aufflackern jener Wachsamkeit, die der Vorläufer ihrer Angst war. Er brachte ihr einen Drink. Sie sah auf, begegnete seinem Blick, und alles war in Ordnung. Er lächelte ihr mit Verschwörermiene zu und legte den Zeigefinger auf seine Lippen.

»Ich ruf dich an«, flüsterte er ihr zu.

Sie mußte aber noch zwei Wochen warten. In der Zwischenzeit war sie zweimal bei Angie, und Angie war zweimal bei ihr. Dann gingen sie zu viert zusammen aus, und während Graham die Drinks holte und Angie sich hinter der Tür mit der Aufschrift *Damen* aufhielt, sah David sie lächelnd an und berührte unter dem Tisch ihren Fuß ganz leicht mit dem seinen.

»Ich ruf dich an, ich hab's nicht vergessen.«

An einem Mittwoch rief er schließlich an. Am nächsten Tag erzählte Christine ihrem Mann, sie habe eine neue Freundin, ein Mädchen aus ihrer Firma. Am Freitag wolle sie mit dieser neuen Freundin ausgehen und komme nicht vor elf zurück. Sie hatte große Angst, daß er den Wagen nehmen würde – der *ihm* beziehungsweise der Firma gehörte –, aber zufällig hatte er den ganzen Tag im Büro zu tun, und dann fuhr er immer mit dem Zug. Christine hatte kein schlechtes Gewissen, weil sie ihn anlog, denn es handelte sich ja nicht um eine schmutzige Affäre. Es war ganz anders.

Am Freitag zog sie sich sehr sorgfältig an. Wenn sie zu Angie ging, trug sie normalerweise Jeans, ein T-Shirt und darüber einen Pullover. Das hatte sie auch das erste Mal angehabt, als sie mit David allein gewesen war. Jetzt schlüpfte sie in Rock und Bluse und holte ihre schwarze Samtjacke aus dem Schrank. Sie nahm die vorgeheizten Wickel aus dem Haar und bürstete es zu Locken, die ihr offen auf die Schultern fielen. Für Kleidung konnte sie nie viel ausgeben, dazu war nicht genug Geld da. Die Hypothek für das Haus fraß ein Drittel von Grahams Verdienst und die Hälfte des Gehalts, das sie für ihren Halbtagsjob bekam. Aber sie konnte sich eine schwarze Strumpfhose leisten, zu der sie die Schuhe mit den höchsten Absätzen trug, die sie besaß – ihre schwarzen Pumps.

Das Tor von Angie und Davids Garage stand weit offen, und der Wagen war nicht da. Christine bog in die Zufahrt ein, fuhr in die Garage und machte das Tor hinter sich zu. Eine Tür am Ende der Garage führte auf den Hof und in den Garten hinter dem Haus. Die Küchentür war unverschlossen wie am Donnerstag vor drei Wochen und eigentlich an jedem Donnerstagnachmittag. Sie machte die Tür auf und trat in die Küche.

»Bist du das, Chris?«

Die Stimme klang männlich. Nur sein Anblick konnte ihre Unruhe beschwichtigen. Als sie in der Halle stand, kam er die Treppe herunter.

»Du siehst bildhübsch aus«, sagte er.

»Du aber auch.«

Er trug ein Kostüm aus marineblauer Seide mit einem Muster aus hellroten und weißen Blumen. Der Rock war sehr kurz, die Jacke mit einem breiten marineblauen Wildledergürtel an der Taille eng geschnürt. Das lange dunkelblonde Haar fiel ihm über die Schultern, er war stark geschminkt und hatte sich diesmal auch die Fingernägel lackiert. Er war viel schöner als das erste Mal.

Damals, vor drei Wochen, hatte laute Radiomusik Christines Eintritt übertönt, und sie hatte plötzlich vor diesem Mädchen gestanden, das am Tisch gesessen und in der ›Vogue‹ gelesen hatte. Im ersten Moment hatte sie geglaubt, es sei Davids Schwester. Sie hatte vergessen, daß Angie ihr erzählt hatte, David sei ein Einzelkind. Das Mädchen hatte langes blondes Haar und trug ein rotes, getupftes Sommerkleid, weiße Sandalen und um den Hals eine weiße Perlenkette. Als Christine sah, daß sie kein Mädchen, sondern David vor sich hatte, wußte sie nicht, wie sie reagieren sollte.

Stumm und reglos hatte er sie angestarrt und dann das Radio ausgeschaltet. Und dann hatte Christine etwas absolut Albernes, in dieser Situation ganz und gar Unangebrachtes gesagt.

»Was machst du um diese Zeit zu Hause, David?«

Darüber hatte er lächeln müssen. »Ich bin fertig für heute, also habe ich mir den Rest des Tages freigenommen. Ich hätte die Hintertür abschließen müssen. Aber setz dich, da du schon mal hier bist.«

Sie setzte sich. Sie mußte ihn ununterbrochen ansehen. Er sah nicht aus wie ein als Mädchen verkleideter Mann, er sah aus wie ein Mädchen und war viel hübscher als sie oder Angie.

»Weiß Angie Bescheid?«

Er schüttelte den Kopf.

»Aber warum tust du es?« platzte sie heraus und sah sich im Zimmer um, in Angies kleinem, unordentlichem Wohnzimmer, betrachtete das Radio, das Exemplar der ›Vogue‹. »Was hast du davon?« Plötzlich fiel ihr etwas ein, das sie in einem Illustriertenartikel gelesen hatte. »Hat deine Mutter dir Mädchenkleider angezogen, als du noch klein warst?«

»Ich weiß nicht«, erwiderte er. »Vielleicht. Ich erinnere

mich nicht. Ich will kein Mädchen sein. Ich ziehe mich nur gern manchmal wie ein Mädchen an.«

Der erste Schock war vorüber, und sie fand zu ihrer alten Ungezwungenheit zurück. Sein Aussehen hatte nichts Groteskes. Er erinnerte sie auch nicht an einen dieser Männer, die auf der Bühne Frauen darstellten. Ihr kam der sonderbare Gedanke, daß es *schöner* und irgendwie kultivierter war, eine Frau zu sein, und wenn alle Männer den Frauen ähnlicher gewesen wären... Das war natürlich albern, es war unmöglich.

»Und es genügt dir, dich schick zu machen und allein hier zu sitzen?«

Er antwortete nicht sofort. Dann meinte er: »Da du schon fragst – am liebsten würde ich ja so ausgehen, und...« Er unterbrach sich und sah sie an. »Am liebsten möchte ich, daß viele Leute mich so sehen. Bisher hatte ich noch nie die Courage dazu.«

Die kühne Idee kam ihr, ohne daß sie einen Moment überlegen mußte. Sie wollte es tun, und sie begann vor Erregung zu zittern.

»Komm, dann gehen wir eben aus, du und ich. Und zwar jetzt sofort. Ich fahre mein Auto in eure Garage, damit du einsteigen kannst, ohne daß die Nachbarn dich zu sehen bekommen, und dann fahren wir irgendwohin. Genau das tun wir jetzt, David. Einverstanden?«

Sie wunderte sich hinterher, daß es ihr so großen Spaß gemacht hatte. Nach außen hin war es doch nichts anderes als ein Spaziergang zweier Mädchen in Hampstead Heath. Hätte Angie ihr den Vorschlag gemacht, hätte sie gedacht, das sei eine trübsinnige Art, einen Nachmittag zu verbringen. Aber mit David... Es hatte ihr nicht einmal etwas ausgemacht, daß er viel besser angezogen, größer, hübscher und anmutiger war als sie. Es störte sie auch jetzt nicht, als er die Treppe herunter auf sie zukam und vor ihr stehenblieb.

»Was unternehmen wir heute?«

»Diesmal gehen wir nicht in den Park«, antwortete er. »Machen wir einen Einkaufsbummel.«

In einem der großen Warenhäuser kaufte er sich eine Bluse. Christine ging mit ihm in die Kabine, und er probierte die Bluse an. Später gingen sie doch in den Park. In den Hyde Park diesmal. Später am Abend aßen sie in einem Restaurant, und Christine stellte fest, daß sie die einzigen Frauen ohne männliche Begleitung waren.

»Ich bin dir dankbar«, sagte David und legte auf dem Tisch die Hand über die ihre.

»Es macht mir Spaß«, antwortete sie. »Es ist so – verrückt. Es macht mir wirklich einen Heidenspaß. Aber du solltest meine Hand lieber nicht festhalten. Der Mann dort drüben guckt schon komisch.«

»Aber Frauen halten sich bei den Händen«, wandte David ein.

»Nur *diese* Sorte Frauen. – David, das könnten wir doch an jedem Freitag machen, an dem du nicht arbeiten mußt.«

»Warum nicht?« sagte er.

Es gab nicht den geringsten Grund für Schuldgefühle. Sie tat Angie nicht weh und war Graham nicht untreu. Sie ging nur ganz harmlos mit einem anderen Mädchen aus. Graham interessierte sich nicht für ihre neue Freundin, er fragte nicht einmal, wie sie hieß. Christine begann sich nach den Freitagen zu sehnen, konnte sie kaum erwarten – besonders nicht jenen Moment, in dem sie Angies Haus betrat und David die Treppe herunterkam, und auch nicht jenen Moment, in dem sie aus dem Wagen stiegen und er die ersten Blicke auf sich zog. Sie besuchten den Holland Park, sie gingen in den Zoo, in die Kew Gardens. Im Kino legte der Mann auf dem Nachbarsitz David die Hand aufs Knie. David war begeistert, es war ein Triumph für ihn, aber Christine flüsterte ihm zu, sie müßten die Plätze wechseln, und das taten sie auch.

Wenn sie sich am Ende eines Abends trennten, küßte er sie zart auf die Lippen. Er duftete nach *Alliage, Je Reviens* oder *Opium*. Im Lauf des Nachmittags gingen sie gewöhnlich in eines der großen Kaufhäuser und besprühten sich aus den Probierflaschen.

Angies Mutter lebte im Norden Englands. Da sie nach einer Operation noch erholungsbedürftig war, fuhr Angie zu ihr, um sie zu pflegen. Sie rechnete damit, zwei Wochen auszubleiben, und in der zweiten Woche ihrer Abwesenheit mußte Graham mit dem Verkaufsmanager seiner Firma nach Brüssel reisen.

»Wir könnten übers Wochenende wegfahren«, sagte David.

»Graham ruft bestimmt an«, wandte Christine ein.

»Dann nur für eine Nacht. Nur von Samstag auf Sonntag. Du kannst ihm sagen, daß du mit deiner neuen Freundin ausgehst und erst spät nach Hause kommst.«

»Na schön.«

Sie war traurig, weil sie nichts Hübsches zum Anziehen hatte. David hatte eine kleine, aber sehr elegante Auswahl an Kostümen, Kleidern, Schuhen, Schals und schöner Unterwäsche. Er bewahrte sie in einem Schrank im Büro auf, zu dem nur er einen Schlüssel hatte. Hin und wieder nahm er in seinem Aktenkoffer das eine oder andere Stück heimlich nach Hause mit und brachte es auf demselben Weg wieder zurück ins Büro.

Christine fand es einfach ungerecht, daß sie in ihrem grauen Flanellrock, der weißen Seidenbluse und der schwarzen Samtjacke wegfahren sollte, während David in einem Kleid von Zandra Rhodes erschien. In einem Anfall von Leichtsinn kaufte sie sich für zwei Wochengehälter ein Leinenkostüm.

Sie fuhren mit Davids Wagen. Er hatte alle Vorbereitungen übernommen, und Christine dachte, ihr Ziel sei ein Motel, ungefähr zwanzig Meilen außerhalb von London. Sie hatte geglaubt, es sei David ziemlich gleichgültig, wohin sie fuhren. Doch er überraschte sie durch seine Wahl eines Hotels in einem dreihundert Jahre alten Haus an der Küste von Suffolk.

»Wenn wir's schon tun, dann auch mit Stil«, sagte er.

Sie fühlte sich bei ihm geborgen, und sie war sehr glücklich. Immer wieder versuchte sie sich vorzustellen, was sie empfinden würde, wenn sie jetzt unterwegs wäre, um eine Nacht mit ihrem Geliebten in einem Hotel zu verbringen? Wenn die Person neben ihr kein schwarz und weiß gemustertes Seidenkleid mit scharlachroter Jacke, sondern einen Männeranzug mit Hemd und Krawatte getragen hätte? Wenn das Gesicht, das sie so gern ansah, nicht mit Rouge und Maskara geschminkt und gepudert, sondern rauh und nicht mehr ganz frisch rasiert gewesen wäre? Es gelang ihr nicht, sich das vorzustellen. Eigentlich konnte sie nur daran denken, daß sie dann wohl an der ersten roten Ampel aus dem Wagen springen würde.

Sie hatten nebeneinanderliegende Einzelzimmer. Sie waren sehr klein, aber Christine sah ein, daß ein Doppelzimmer für David ein paar Peinlichkeiten mit sich gebracht hätte, da er sich irgendwann einmal – sie dachte höchst ungern daran – rasieren und ausziehen, sich gewissermaßen in seinen Urzustand zurückversetzen mußte.

Als sie ihr Nachthemd und das zweite Paar Schuhe auspackte, kam er herein und setzte sich aufs Bett.

»Das macht Spaß, nicht wahr?«

Sie nickte, blinzelte ihr Spiegelbild an und bearbeitete ihre Lider mit einer kleinen Bürste. David schminkte sich die Augen immer sehr schön. Sie drehte sich zu ihm um und lächelte.

»Komm, jetzt gehen wir runter und trinken etwas«, sagte er.

Der Speisesaal, die Bar, die Hotelhalle hatten niedrige Balkendecken und geschnitzte Wandtäfelungen. David sagte, es sei eine Täfelung mit Faltwerkfüllung. An den Wänden hingen goldgerahmte alte Landkarten und Jagdszenen, und auf den Tischen standen kupferne Krüge mit Rosen. Hohe, weit geöffnete Türen führten auf eine Terrasse. Die Sonne stand noch hoch am Himmel, und es war sehr warm. Während Christine auf der Terrasse in der Sonne saß, holte David die Drinks. Als er zurückkam, brachte er einen Mann mit, einen untersetzten, dicken Mann von etwa vierzig Jahren, der ein Tablett mit vier Gläsern trug.

»Das ist Ted«, sagte David.

»Ich bin entzückt«, sagte Ted, »und ich habe meinen Freund gebeten, sich uns anzuschließen. Sie haben doch nichts dagegen?«

Die Spielregeln verlangten, daß sie sagte, sie habe nichts dagegen. David sah sie an, und sein Blick verriet ihr, daß er Ted ganz bewußt »angemacht« hatte.

»Aber warum denn?« fragte sie ihn hinterher. »Warum wolltest du das? Du hast mir doch gesagt, es war dir unangenehm, als dir der Mann im Kino die Hand aufs Knie legte?«

»Das war so direkt – so körperlich. Das hier ist nur Spaß. Du glaubst doch nicht, daß ich mich von ihm anfassen lasse!«

Ted und Peter saßen beim Abendessen am Nebentisch. Christine war schweigsam und zurückhaltend, aber David flirtete mit den beiden. Ted beugte sich immer wieder herüber, flüsterte mit ihm, und David kicherte und lächelte.

Man sah ihm an, daß er sich unglaublich amüsierte. Christine wußte, daß die beiden sie und David nach dem Abendessen auffordern würden, mit ihnen auszugehen, und sie begann sich zu ängstigen. Angenommen, David trieb den Spaß auf die Spitze und ließ sich dazu hinreißen, mit Ted zu verschwinden, ließ sie mit Peter allein? Peter hatte ein rotes Gesicht, ein schwarzes Bärtchen und einen Kinnbart und auf der linken Wange eine Warze, aus der schwarze Haare wuchsen. Christine und David aßen Steaks, und der Ober brachte ihnen scharfe und spitze Steakmesser. Sie benutzte ihr Messer nicht. Das Steak war sehr zart. Als niemand aufpaßte, steckte sie das Steakmesser in ihre Handtasche.

Ted und Peter tranken noch Kaffee und Brandy, als David plötzlich aufstand. »Kommst du?« wandte er sich an Christine.

»Ich nehme an, du hast mit den beiden noch eine Verabredung für später getroffen?« fragte Christine, nachdem sie den Speisesaal verlassen hatten.

David sah sie an. Seine scharlachroten Lippen verzogen sich zu einem breiten Lächeln. Dann lachte er.

»Ich habe ihnen einen Korb gegeben.«

»Hast du das wirklich?«

»Ich hab dir angesehen, daß du am liebsten das Weite gesucht hättest. Außerdem wollen wir doch allein sein, nicht wahr? Ich jedenfalls möchte mit dir allein sein.«

Ihre Erleichterung war so groß, daß sie fast laut seinen Namen gerufen hätte, so daß jeder es hören konnte. Sie beherrschte sich, aber sie zitterte. »Natürlich möchte ich mit dir allein sein«, erwiderte sie.

Sie hakte ihn unter. Es war schließlich ganz alltäglich, daß Mädchen untergehakt gingen. Männer drehten sich nach David um, und einer pfiff sogar hinter ihm her. Sie wußte, daß der Pfiff nur David gelten konnte, weil er mit seinem langen blonden Haar und den hochhackigen roten Sandalen so attraktiv aussah. Sie schlenderten die kleine Seepromenade entlang. Es war auch jetzt, um halb neun, noch zu warm für einen Mantel. Es waren viele Leute unterwegs, aber keine Menschenmassen. Der Ort war zu exklusiv, um die Masse anzuziehen. Sie gingen bis ans Ende des Piers, tranken noch ein Glas im »Ship Inn« und ein zweites in den »Fishermen's Arms«. In den »Fishermen's Arms« versuchte ein Mann, David anzusprechen, doch diesmal war er kalt und abweisend.

»Ich würde gern den Arm um dich legen«, sagte er auf dem Rückweg. »Aber ich glaube, das geht nicht gut, obwohl es dunkel ist.«

»Laß es lieber«, sagte Christine. Und dann plötzlich: »Das war der schönste Abend meines Lebens.«

Er sah sie an. »Meinst du das wirklich ernst?«

Sie nickte. »Es war der schönste, ehrlich.«

Sie kamen ins Hotel. »Ich lasse uns noch ein paar Drinks heraufbringen. In mein Zimmer. Einverstanden?«

Christine setzte sich aufs Bett. David ging ins Bad. Um sich zu schminken, dachte sie, vielleicht auch um sich zu rasieren, bevor der Kellner ihn sieht, der die Drinks bringt. Es klopfte, und der Kellner kam mit einem Tablett herein, darauf standen zwei hohe Gläser mit einer Flüssigkeit, in der Früchte und Blätter schwammen. Daneben zwei rosafarbene Servietten, zwei aufgespießte Oliven und zwei grün verpackte Pfefferminzbonbons.

Christine kostete den Drink. Sie aß eine Olive. Sie machte die Handtasche auf, nahm Spiegel und Lippenstift heraus und zog sich die Lippen nach. David kam aus dem Badezimmer. Er hatte die goldblonde Perücke abgenommen und sich das Gesicht gewaschen. Rasiert hatte er sich nicht, und auf Kinn und Wangen waren helle Bartstoppeln zu sehen. Er war barfuß, hatte nackte Beine und trug einen sehr männlichen marineblauen Frotteebademantel. Sie bemühte sich, ihre Enttäuschung zu verbergen.

»Du hast dich aber verändert«, sagte sie strahlend.

Er zuckte mit den Schultern. »Es gibt Grenzen.«

Er hob sein Glas, und sie hob ihr Glas, und er sagte: »Auf uns!«

Irgendwo, ganz tief in ihr, begann sich Panik zu regen. Plötzlich war er so ganz, so unverwechselbar Mann. Sie rutschte ein Stückchen von ihm weg.

»Ich wünschte, wir hätten das ganze Wochenende für uns.«

Christine nickte nervös. Ihr wurde bewußt, daß sie angefangen hatte, am ganzen Körper leicht zu zittern. Er hatte es ebenfalls bemerkt. Schon einmal war ihm aufgefallen, daß starke Gefühlsaufwallungen sie zum Zittern brachten.

»Chris«, sagte er.

Völlig passiv und verängstigt saß sie da.

»Ich bin in Wirklichkeit gar nicht wie eine Frau, Chris. Ich spiele es nur manchmal zum Spaß. Das weißt du doch, nicht wahr?« Die Hand, die sie berührte, roch nach Nagellackentferner. Auf dem Handgelenk wuchsen Haare, die sie bisher noch nie gesehen hatte. »Ich bin dabei, mich in dich zu verlieben«, sagte er. »Und dir geht es genauso, nicht wahr?«

Sie konnte nicht sprechen. Er nahm sie bei den Schultern. Er preßte die Lippen auf ihren Mund, legte die Arme um sie und begann sie zu küssen. Seine Haut war ein wenig rauh, und er roch genauso nach Mann wie Graham. Sie schüttelte sich, ein Schauer überlief sie. Er stieß sie aufs Bett und fing an sie auszuziehen – seine Lippen lagen noch auf den ihren, sein Körper lastete schwer auf ihr.

Sie tastete hinter sich, schob die Hand in die offene Handtasche und zog das Messer heraus. Weil sie seinen regelmäßigen Herzschlag an ihrer rechten Brust fühlte, wußte sie, wohin sie stechen mußte, und sie stach und stach und stach. Hellrotes Herzblut sprudelte auf ihre Kleider, auf das Bett und auf die beiden Pfefferminzkrembonbons auf dem Tablett.

Herbert Rosendorfer
Das Denkmal

Ich hätte nicht gedacht, daß es so etwas noch gibt. Ich bin selbstverständlich, wie jeder Schriftsteller, von meiner Bedeutung überzeugt. Manche Leute meinen, ich überschätzte mich, andere wieder sind anderer – also meiner – Ansicht. Ich bilde mir ein, daß diejenigen, die mich als bedeutend einschätzen, in der Überzahl sind, aber das kann eine Täuschung sein, weil ich natürlich mit solchen, die nicht meiner Meinung über mich sind, überhaupt nicht oder jedenfalls kein zweites Mal rede. Aber daß es so etwas noch gibt, hätte ich nicht gedacht.

Am Spätnachmittag des 26. Oktober vorigen Jahres läutete es. Vor meiner Tür standen drei Herren. Es handelte sich weder um reisende Handelsvertreter noch um missionierende Mormonen. Die drei Herren waren ein Ausschuß des Gemeinderates meiner Heimatgemeinde Eichkatzelried, unter ihnen der Kultur- und Sportreferent des Ortes, in dem meine Wiege stand. Da ich, seit ich diese Wiege verlassen habe, nur mehr sehr wenig mit Eichkatzelried zu tun hatte, war ich etwas überrascht, bat aber die Herren herein und bot eine Erfrischung an. Der Kultur- und Sportreferent wählte Kaffee, die beiden anderen Ausschußmitglieder einen klaren Obstschnaps.

Sie hätten, sagte nach dem Genusse der ersten Tasse Kaffee der Kultur- und Sportreferent (Dr. Kranabitter hieß er), die lange Reise von Eichkatzelried bis hierher zu mir nach reiflicher Überlegung unternommen. Man habe, fuhr er fort, in Eichkatzelried von meinem schriftstellerischen Wirken vernommen, mehr noch: man habe seit einigen Jahren meinen Werdegang aufmerksam verfolgt. Ich sei, sagte Dr. Kranabitter, da Eichkatzelried weder einen Olympiasieger noch einen Fußballnationalspieler, weder einen General noch einen Minister hervorgebracht habe, bislang der bedeutendste Sohn Eichkatzelrieds, und im Zuge der verkehrstechnischen Neugestaltung des Marktplatzes habe sich eine unschöne leere Ecke neben dem Rathaus (zwischen der Sparkasse und dem Gasthof »Roter Adler«) ergeben. Dort wolle man mir ein Denkmal setzen.

Ich habe, wie gesagt, nicht gedacht, daß es so etwas noch gibt. Die drei Herren nahmen mein Erstaunen als freudige Zustimmung zur Kenntnis. Dr. Kranabitter fuhr fort: man habe einen akademischen Bildhauer der Landeshauptstadt bereits mit der Ausführung des Denkmals betraut. (Der Bildhauer hieß auch Kranabitter; er war ein Vetter des Kultur- und Sportreferenten.) Der Sockel mit der Inschrift sei bereits fertiggestellt. Man habe sich aber nun vor Anfertigung der Statue überlegt, daß ich – im Gegensatz zu zahlreichen anderen Dichtern – noch lebe. Man wolle mir die Wahl lassen.

Dr. Kranabitter legte mir vier Entwürfe des Bildhauers Kranabitter vor: Rosendorfer auf einem Pferd, mit der rechten Hand nach vorn zeigend; dito auf einer Art kurzem Kanapee sitzend, den Kopf sinnend in die Hand gelegt; dito aufrecht schreitend, ein Schriftstück vor sich ausrollend; dasselbe ohne Schriftrolle, versunken in die Ferne blickend.

»Ich pflege weder zu reiten noch auf Rollen zu schreiben«, sagte ich, »da mir das Kanapee überhaupt nicht gefällt, bleibt wohl nur Entwurf Nummer IV. Nur, meine Herren, sagen Sie selber, trage ich solche Hosen?«

Dr. Kranabitter, der die drei verworfenen Entwürfe schon wieder eingesteckt hatte, drehte betroffen den vierten Entwurf um, betrachtete abwechselnd die Zeichnung und meine Hose. Auch die beiden anderen Ausschußmitglieder zeigten sich beunruhigt.

»Hm, hm«, sagte Dr. Kranabitter.

Auf dem Denkmalsentwurf trug ich ungefähr ein Mittelding zwischen Knickerbocker und Wickelgamaschen.

»Was hat sich denn Ihr akademischer Bildhauer dabei nur gedacht?« fragte ich.

Eine Spur von Unmut mischte sich in die Stimmung der drei Herren: »Woher soll Herr akademischer Bildhauer Kranabitter wissen, was für Hosen Sie tragen.«

»Solche Hosen trägt niemand«, sagte ich. »Das sind keine Hosen, das ist – mit Verlaub gesagt – ein Strampelanzug. Ich habe noch nie jemanden mit solchen Hosen gesehen. Oder trägt vielleicht Herr akademischer Bildhauer Kranabitter derartige Beinkleider?«

»Sie sind also, mein Herr, mit dem Denkmal nicht einverstanden«, sagte Dr. Kranabitter.

»Mit dem Denkmal schon, aber nicht mit der Hose.«

»Was wünschen Sie dann für eine Hose?«

Ich bat mir Bedenkzeit aus. Es sei dies, sagte ich, ein Garderobeproblem, mit dem ich mich bisher noch nie konfrontiert gesehen habe. Man möge einsehen, daß ich das nicht so von einer Minute auf die andere entscheiden könne.

»Gut«, sagte Dr. Kranabitter. »Wir kommen morgen wieder. Wir hätten zwar gedacht, daß wir heute noch nach Eichkatzelried zurückfahren können. Aber, na ja. Wir werden hier übernachten. Diese Spesen wird der Denkmalfonds auch noch verkraften.« Den akzeptierten Entwurf ließ man mir da.

Ich heftete ihn neben den großen Schrankspiegel meiner Frau, zog einen gedeckten Flanellanzug, getöntes Hemd und eine rotkarierte Krawatte an und stellte mich in die entsprechende Positur. Ich war nicht zufrieden. Ich probierte dann den Smoking, danach eine Kombination mit schwarzem Blazer, danach eine leinene Sommerhose und meine wollene Hausjacke. Das gefiel mir noch am ehesten. Da kam aber meine Frau dazwischen.

Sie machte mich darauf aufmerksam, daß die wollene Hausjacke zwar bequem sei, aber nicht unbedingt der Nachwelt übermittelt werden müsse. Die Caritas habe sie bei der letzten Haussammlung schon nicht mehr angenommen.

Ich verzichtete also auf die Jacke.

»Das rot-weiß-blau gestreifte Hemd«, sagte meine Frau weiter, »ist dir erstens zu eng, und zweitens brauchst du dir über die Farben wohl keine Gedanken zu machen. Ich nehme an, dein Denkmal ist aus Erz oder Stein, also nicht bunt.«

Das war zweifellos richtig und vereinfachte die Sache etwas. Dennoch erkannte ich, daß ich die Sache systematisch angehen müsse. Ich fuhr in die Stadt und betrachtete mir alle Denkmäler. Dabei stellte ich fest, daß man auf dem Denkmal entweder Stiefel oder Sandalen trägt. Ich weiß nicht, ob ich gegen Stiefel oder Sandalen eine größere Abneigung habe. In Stiefeln oder in Sandalen in Erz gegossen zu werden, würde mir über den Tod hinaus Unbehagen bereiten. Einige wenige der ehernen und steinernen Herren trugen, soviel ich sehen konnte, Zugstiefeletten mit seitlichem Gummieinsatz. Größere Auswahl gab es unter den Kopfbedeckungen. Ich hatte zwar zunächst gedacht, daß ich mich barhaupt verewigen lassen wollte, meine Frau aber wies mit Recht darauf hin, daß sich häufig Tauben auf Denkmäler setzen. Das sieht weniger komisch aus, wenn man etwas auf dem Kopf trägt. Eine Krone oder ein Helm kam für mich nicht in Frage.

»Du kannst unmöglich deine karierte Schirmmütze tragen«, sagte meine Frau. »Nimm den Hut.«

Auch der Hut gefiel ihr nicht. Er hatte eine zu schmale Krempe, eigentlich überhaupt fast keine Krempe, es war nur so ein Jägerhütchen.

»Es müßte«, sagte meine Frau, »mehr ein weiter, breitkrempiger Schlapphut sein.«

Schlapphüte trage ich so wenig wie Sandalen.

»Dann ein Barett.«

Ich habe in meinem Leben noch nie ein Barett getragen. Barette und Baskenmützen finde ich lächerlich. Dazu gehört, für meine Vorstellung, unbedingt ein Kleppermantel und Hosen mit Fahrradspangen.

»Ein Mantel –!« sagte meine Frau. »Dann erübrigt sich fast alles andere.«

Sehr gut. Ich holte den Mantel. »Nicht den Trenchcoat, den wuzelst du immer so ins Auto, daß er ganz verknittert ist. Hol den Wintermantel.«

»Ich kann doch nicht jahraus, jahrein im Wintermantel da oben stehen. Ich weiß, wie heiß es in Eichkatzelried werden kann. Und ich im Wintermantel. Da lachen ja die Hühner.«

»Ich wüßte was«, sagte meine Frau, »aber das wirst du wohl nicht mögen.«

»Und?«

»Ganz einfach: ohne Kleider. Denke an David von Michelangelo, zum Beispiel.«

»Hm«, sagte ich. »Irgendwie ist mir das auch nicht recht. So nackt herumstehen. Und in Eichkatzelried sind sie sehr katholisch ...«

»Wahrscheinlich bist du nur zu prüde dazu.«

»Ich bin überhaupt nicht prüde –«

»Ja, was andere anbelangt, besonders Mädchen.«

»Kurz und gut: nein. Ich lasse mich nicht nackt abbilden.«

»Dann eine Toga.«

Toga ... Es hätte den Vorteil, fuhr meine Frau fort, daß

dann der Lorbeerkranz auf dem Haupt weniger anachronistisch aussehe als bei einem Straßenanzug.

»Von einem Lorbeerkranz hat niemand etwas erwähnt«, sagte ich.

»Willst du vielleicht einen Degen? Wie ein Feldmarschall? Wer was auf sich hält, trägt auf dem Denkmal einen Lorbeerkranz.«

»Ich weigere mich, einen Kranz aufzusetzen.«

»Das ist nur ungewohnt.«

»Ich will mich aber nicht daran gewöhnen.«

»Eine Leier wäre natürlich ein gewisser Ersatz für den Lorbeerkranz.«

»Leier!« schrie ich. »Ja – eine Leier, und zwar *so*.« Ich stellte mich in die Position: ›Rosendorfer, dem Denkmal-Ausschuß seine Leier nachwerfend.‹

»Du darfst die Leute nicht verprellen«, besänftigte mich meine Frau. »Sie meinen es gut.«

Ich beruhigte mich wieder. Wir sahen gemeinsam noch einmal den Entwurf des akademischen Bildhauers Kranabitter an. Da fiel mir ein, daß die Stadt Erewan im Kaukasus Tschaikowski ein Denkmal gesetzt hat. Das Denkmal stellte Stalin dar, Tschaikowski-Musik hörend. Wäre so etwas Ähnliches nicht eine Lösung? Stalin hat meine ja nun immerhin schon denkmalswürdigen Werke nicht gelesen. Es müßte aber auch nicht Stalin sein. Wer käme in Frage: Mao? Franco? Kennedy? Papst Johannes? »Muß es eine politische Persönlichkeit sein?« wandte meine Frau ein.

»Du hast recht«, sagte ich. »Wer weiß, ob Stalin jemals Tschaikowski gehört hat. Ich werde vorschlagen: Goethe, Rosendorfer lesend. Dem Goethe können sie dann eine Toga anziehen.«

Als die drei Herren des Ausschusses am nächsten Tag wiederkamen, unterbreitete ich ihnen den Vorschlag mit Goethe. Die Herren zeigten sich etwas betroffen. Das wäre nicht in ihrem Sinne, sagte Dr. Kranabitter. Ich sah alle Probleme, die ich weggeräumt gedacht, mit einem Schlag wieder vor mir aufgetürmt. Ich erzählte von den Schwierigkeiten, der Toga, der Leier und von all dem. Dr. Kranabitter lachte: »Da können Sie ganz erleichtert sein. Das Problem ist längst gelöst: Sie tragen auf dem Denkmal die original Eichkatzelrieder Standschützen-Tracht.«

Kniehosen mit großem Latz, Wadenstrümpfe, bestickte Hosenträger und einen kühnen Schlapphut mit Quasten. Ich wagte nicht, es Herrn Dr. Kranabitter ins Gesicht zu sagen: ich habe nie in meinem Leben die originale und dennoch für meinen Begriff unkleidsame Eichkatzelrieder Standschützen-Tracht getragen. Ich käme mir darin vor wie ein Clown.

»Und einen Stutzen über die Schulter«, sagte Dr. Kranabitter, »das gehört zur Tracht.«

Ich konnte meinen Mund nicht schnell genug halten und fügte hinzu: »– und eine Fahne in der Hand.« Ich befürchtete, daß mir Dr. Kranabitter eine Ohrfeige gäbe, er sagte aber nur: »Wenn Sie wollen... nicht schlecht, im Grund genommen. Hier ist übrigens der Entwurf des Herrn akademischen Bildhauers Kranabitter für den Kopf des Denkmals. Wir haben vergessen, Ihnen das Blatt gestern zu zeigen. Aber Sie wissen ja wohl, wie Sie aussehen. Der Kopf ist nach dem Foto gearbeitet, das auf Ihrem letzten Buch hinten drauf ist. Nur der Bart ist Zusatz des Künstlers.«

»Wieso einen Bart?«

»Der Bildhauer glaubt, Ihren Kopf ohne Bart künstlerisch nicht vertreten zu können.«

»Aha«, sagte ich. Einen Schnurrbart hätte ich mir noch eingehen lassen. Aber von dem Entwurf blickte mir ein finsterer Rübezahl mit einer filzigen Matratze bis zum unteren Bildrand entgegen. »Mit Stutzen und Fahne«, sagte ich, »und in der Tracht mit Schlapphut... das ist ja der reinste Andreas Hofer.«

Dies hätte ich nicht sagen sollen. Die drei Herren sahen sich an. Nachzutragen wäre hier, daß Eichkatzelried, meine Heimat, in dem schönen Tirol liegt. Die drei Herren sahen sich lange an. Und so bekam Eichkatzelried ein Andreas-Hofer-Denkmal.

Angelika Schrobsdorff
Der schöne Mann

Er war so schön, daß es schon beinahe peinlich war. Hätte er wenigstens irgendeinen kleinen Fehler gehabt – leichte X-Beine zum Beispiel oder eine zu niedrige Stirn. Aber nein – er sah aus wie ein personifiziertes Werbefoto: ein Mann, der einem strahlend ein Glas schäumenden Sekts entgegenhält; ein Mann, der in einem modischen Pullover über einen Golfplatz schreitet; ein Mann, der mit einem bildhübschen Mädchen und einem modisch gestutzten Pudel in einem schnittigen Sportwagen sitzt. Ein Mann kurzum, der noch schmackhafter macht, was schon schmackhaft ist, der das symbolisiert, was ein normaler Durchschnittsmensch für das Non-plus-ultra hält. Das also war Anton Huber, oder wie er sich zu nennen pflegte: Tonio Hubert.

Ich lernte ihn auf einem privaten Faschingsfest kennen, und sein Auftritt wird mir unvergeßlich bleiben. Er kam ziemlich spät, aber als er kam, schien es zu knistern und zu zischen.

Tonio Hubert und Fasching, das waren zwei untrennbare Dinge. Er paßte in diesen Rahmen aus Flitter, Flirt, Musik und Sekt wie ein Pin-up-Girl in einen Bikini. Und noch besser paßte er in das schwarze Trikot, die weiße Seidenbluse, die breite rote Schärpe. Es war nicht klar, ob er einen Spanier darstellte, einen Piraten oder einen Zigeuner. Aber das war ja auch unwichtig. Was er zum Audruck bringen wollte und auch im Übermaß brachte, war Leidenschaftlichkeit, Männlichkeit und eine gar prächtige Figur. Er war groß und einwandfrei proportioniert: breit die Schultern, flach der Bauch, schmal die Hüften, lang die Beine. Und das Gesicht: schwarz die Haare, blau die Augen, gerade die Nase, voll und doch männlich der Mund, makellos die Zähne. Die Frauen wurden unruhig und die Männer ironisch.

Ich muß gestehen, daß sich auch in mir einiges regte. Ich war damals Anfang zwanzig, in einem Alter also, in dem man noch auf den Mann seiner Träume wartet, auf den großen, starken, herrlichen Mann – in anderen Worten, auf einen Tonio Hubert.

Sein Anblick weckte sogleich die romantischsten Vorstellungen in mir. Ich sah mich mit ihm auf Luxusschiffen, in eleganten Hotels, Festsälen und intimen Bars. Ich sah mich in seinen Armen, tanzend, träumend oder verzückt seinen Kuß erwartend. Ich sah Kerzen, Kristall, rote Rosen, Sterne, Samtvorhänge und goldgerahmte Spiegel. Ich hörte Geigen, zärtliches Flüstern, Meeresrauschen... Und dann hörte ich die Stimme meines Begleiters, eines jungen Mannes, der sehr verliebt in mich war.

»Daß du auf so was reinfällst, hätte ich nie gedacht!«

»Auf was?« fragte ich und merkte zu spät, daß ich immer noch den schönen Mann anstarrte.

»Auf das, was du mit deinen Augen förmlich auffrißt.«

Jetzt beeilte ich mich, in eine andere Richtung, aber ja nicht in die Augen meines jungen Mannes zu schauen.

»Ich weiß nicht, wovon du sprichst.«

»Tu nicht noch dämlicher als der dämliche Beau!«

»Diesen Ton brauche ich mir wohl nicht gefallen zu lassen«, sagte ich und wandte mich beleidigt ab. Leider lenkte er sofort ein: »Entschuldige bitte«, sagte er, »aber es macht mich rasend, wenn sich ein Mädchen wie du von einem Blödian wie dem da beeindrucken läßt.«

»Woraus schließt du, daß er ein Blödian ist?«

Er machte eine wegwerfende Handbewegung: »Schöne Männer sind dumm, da gibt es einfach keine Ausnahme.«

»Aus dir spricht der pure Neid!«

»Ach! Bin ich deiner Meinung nach so mies, daß ich Grund hätte...«

»Aber nein, mein Lieber, vielleicht bin ich nur nicht das Mädchen, das du dir erträumst...«

Zum Glück wurde ich von einem Cowboy zum Tanz fortgerissen.

Auch Tonio Hubert tanzte. Er tanzte natürlich mit einer bildhübschen Frau. Ich beobachtete die beiden. Sie tanzten, als wären sie aus einem Guß. Sie klebten aneinander von den Wangen bis hinab zu den Fußspitzen. Ich fand die Frau widerlich und wünschte nichts sehnlicher, als an ihrer Stelle zu sein. Ich war nicht die einzige, die das wünschte. Tonio Hubert hatte im wahrsten Sinne des Wortes alle Hände voll zu tun. Er tanzte, flirtete, küßte, knutschte sich durch ein gutes Dutzend hübscher, hingebungsvoller Frauen. Schließlich kam ich an die Reihe – wenn auch nur durch einen glücklichen Zufall. Er griff nämlich nach einer üppigen, tief dekolletierten Blondine, die aber, noch bevor seine Hand sie erreichte, von einem andern weggeschnappt wurde. So landete die Hand dann schicksalsschwer auf meiner Schulter. Er merkte den Irrtum erst, als wir schon eine Weile getanzt hatten und er der Blondine, beziehungsweise mir, über den Rücken strich.

»Nanu«, sagte er, »Stoff anstatt Haut... wer bist du denn?«

»Ich bin eine hochgeschlossene Brünette.«

»Er löste seinen Körper ein wenig von meinem, um mir ins Gesicht blicken zu können.

»Na, du bist aber hübsch!« rief er, schob mich noch ein Stück weiter ab und vergewisserte sich, daß meine Figur hielt, was das Gesicht versprach.

»Das nennt man einen guten Fang!« Er lachte und griff mir mit der größten Selbstverständlichkeit an die Brust: »Sag, warum versteckst du all die bezaubernden Sachen unter so viel Stoff?«

Ich wußte nicht recht, was ich tun und sagen sollte. Im Grunde war mir die Faschingstour, dieses beziehungslose Duzen und zielstrebige Betasten zuwider. Jedem anderen hätte ich wütend auf die Finger geschlagen, aber bei Tonio Hubert wurde ich weich in den Knien, und meine Stimme, als ich sie endlich wiederfand, klang beängstigend schwach: »Bitte«, flüsterte ich, »tun Sie das lieber nicht.«

»Aber Süße, es ist doch Fasching!«

Dieser dumme Einwand hätte mich im allgemeinen noch mehr erbost als der Griff nach meinem Busen. Da er aber aus dem Mund eines unwiderstehlichen Mannes kam, fand ich nur mich selber dumm.

»Ich weiß«, sagte ich verlegen, »aber ich bin...«

Ich hatte sagen wollen: Ich bin in diesen Dingen etwas eigenartig, aber er unterbrach mich: »Ah, jetzt verstehe ich«, rief er, »du bist mit einem eifersüchtigen Freund hier.«

»Das auch«, nickte ich.

»Wie schade!«

»Ja«, stimmte ich zu, »sehr schade!«

»Aber tanzen darfst du doch hoffentlich mit mir.«

»Ja, tanzen darf ich.«

Er zog mich wieder in seine Arme und hielt mich sehr fest.

»Wollen wir hier verschwinden?« fragte er und streifte mit seinen Lippen mein Ohr.

»Ich würde gerne, aber ich traue mich nicht.«

»Wie heißt du?«

Ich sagte ihm Vor- und Nachnamen.

»Und deine Telephonnummer?«

Ich sagte ihm auch die Telephonnummer, sogar zweimal hintereinander und sehr deutlich.

Er wiederholte sie.

»Und wenn Sie sie vergessen?« fragte ich beunruhigt.

»Kennst du den Pelzsalon Friedmann?«

»Natürlich.«

»Also da kannst du mich jederzeit erreichen.«

»Arbeiten Sie dort?«

»Und ob«, sagte er und das klang, als sei er der Besitzer persönlich.

Die Schallplatte war zu Ende, und ich betete, daß man ganz schnell eine neue auflegen möge. Aber es dauerte und dauerte, und schließlich war es zu spät. Mein junger Mann schoß auf uns zu, packte brutal meine Schulter und riß mich aus den Armen Tonio Huberts.

»Wenn Sie sich Ihre schöne Fratze noch länger erhalten wollen«, fauchte er, »dann verschwinden Sie – aber schnell!«

Und der schöne Mann verschwand, so schnell, wie ich noch niemanden hatte verschwinden sehen.

Dennoch – entscheidend blieb für mich der erste Eindruck, und der war nun einmal überwältigend gewesen. Ich wartete sehnsüchtig auf Tonio Huberts Anruf, wartete einen Tag, zwei Tage, drei Tage und versank dabei immer mehr in Melancholie. Am vierten Tag schließlich begann ich, um den Pelzsalon Friedmann zu schleichen, aber es dauerte noch zwei weitere Tage, bis ich mich ins Innere hineintraute. Es war ein luxuriöses Geschäft, und dementsprechend waren die Verkäuferinnen – vornehm tuende, blasierte Geschöpfe. Ich fragte eine von ihnen nach Herrn Hubert. Sie musterte mich mit einem Blick, der mir mißfiel, und sagte, Herr Hubert habe sein Büro im zweiten Stock, dritte Tür rechts, und ob ich angemeldet sei. Ich bejahte geistesgegenwärtig, und daraufhin deutete sie mit einer herablassenden Handbewegung zur Treppe. Ich stieg die Treppe hinauf, und mit jeder Stufe wurde mir unbehaglicher zumute. Wie sollte ich Tonio Hubert meinen Besuch erklären? Wie konnte ich den Eindruck verwischen, daß ich ihm nachlaufe. Ich war schon fast an der Tür, als mir ein glorreicher Gedanke kam. Ich würde ihn fragen, ob er nicht eine Arbeit für mich hätte – keine feste Stellung, sondern nur eine kleine Beschäftigung. Mit diesem prächtigen Einfall bewaffnet, klopfte ich forsch an die Tür.

»Herein!« rief er, und der Klang seiner Stimme spornte mein Herz zu einem holprigen Trab an. Ich atmete einmal tief durch und trat ein.

Sein Büro war ausgesprochen enttäuschend. Ich hatte einen großen Raum erwartet, dicke Teppiche, einen gewaltigen Schreibtisch und Ledersessel. Statt dessen war das Zimmer klein, die Möbel beinahe schäbig. Aber was spielte das letzten Endes für eine Rolle. Da saß Tonio Hubert hinter einem fast leeren Schreibpult, und sein Anblick versetzte jetzt auch meinen Magen in eine Art schlingernde Bewegung. Er war und blieb schön – selbst in dieser dürftigen Umgebung, selbst im hellen Tageslicht, selbst im nüchternen grauen Flanell.

»Guten Tag«, sagte ich verlegen, und obgleich ich mich sehr herausgeputzt hatte, kam ich mir klein und unscheinbar vor.

»Ah«, rief Tonio Hubert, »was für ein reizender Besuch!«

Er kam mir mit ausgestreckter Hand und strahlendem Lächeln entgegen, und trotzdem hatte ich das Gefühl, daß er gar nicht wußte, wer ich war.

»Sie erinnern sich nicht an mich, nicht wahr?«

»Aber natürlich erinnere ich mich an Sie. Ein so hübsches Mädchen vergißt man doch nicht!«

Er ging um mich herum, wahrscheinlich auf der Suche nach irgendeinem Anhaltspunkt – Haare, Beine, Hände, Nase –, aber er schien der Sache nicht näherzukommen. Ich fürchtete, an falscher Stelle eingeordnet zu werden, und darum sagte ich: »Dieses Faschingsfest bei den Schöndorfs war eigentlich ziemlich langweilig, fanden Sie nicht?«

Jetzt fiel der Groschen, und sein Gesicht leuchtete auf wie das Startsignal in einem Spielautomaten.

»Bis auf den Tanz mit Ihnen«, sagte er galant, »war es wirklich nicht aufregend?«

Ich war sehr erleichtert und schaute mit dankbarem Lächeln zu ihm auf. Er nahm mich beim Kinn, bog meinen Kopf ein wenig zurück und blickte mir in die Augen: »Hätten Sie Ihren eifersüchtigen Freund zu Hause gelassen, es wäre noch eine sehr schöne Nacht geworden.«

»Ja«, sagte ich leise und war ganz betäubt von dem Blau seiner Augen und dem Wunsch, geküßt zu werden.

»Aber die werden wir nachholen, nicht wahr, meine Süße?«

»Ja«, sagte ich noch leiser.

Draußen klappte eine Tür, dann hörte man die Stimme einer Frau und das Klicken hoher Absätze. In Tonios Augen kam ein wachsamer Ausdruck. Er ließ rasch mein Kinn los und ging zum Schreibtisch.

»Wie war noch Ihre Telephonnummer?« fragte er.

Ich gab ihm die Nummer und nannte vorsichtshalber auch noch meinen Namen.

»So«, sagte er, steckte den Zettel in die Brusttasche und zwinkerte mir mit einem Auge zu: »Jetzt kann nichts mehr passieren. Ich rufe Sie ganz bestimmt an.«

Das klang fast nach einer Verabschiedung, aber ich war keineswegs bereit, mich so schnell von ihm zu trennen. Vielleicht rief er mich doch wieder nicht an, und dann mußte ich einen guten Grund haben, ihn anzurufen.

»Ich wollte Sie noch etwas fragen ...«, begann ich zaghaft.

Er stand da, drehte nervös einen Bleistift zwischen den Fingern und schien auf etwas zu horchen. Ich öffnete meine Tasche, schnappte sie wieder zu und kam mir maßlos aufdringlich vor.

»Frag doch, meine Süße«, sagte er abwesend.

»Ja, also ich wollte fragen, ob Sie nicht irgendeine ...«

Plötzlich ging er zur Tür, öffnete sie, spähte kurz in den Gang hinaus und schloß sie wieder. Dieses rätselhafte Zwischenspiel verwirrte mich derart, daß ich endgültig verstummte.

»Merkwürdig«, sagte Tonio Hubert, »ich dachte, es hätte geklopft.«

Er lachte, trat hinter mich, schob mein Haar beiseite und preßte seine Lippen lange und heiß auf meinen Hals.

»Das magst du, nicht wahr?« fragte er, seines Erfolges sicher.

»O ja...«, flüsterte ich.

Wieder klappte eine Tür, und Tonio richtete sich abrupt auf.

»Wir müssen uns unbedingt bald sehen«, sagte er. »Dieses Drecksbüro – übrigens ist es nur ein Provisorium – scheint mir wirklich nicht der geeignete...«

Er unterbrach sich und lauschte angespannt auf das Klikken, das sich jetzt eindeutig und sehr energisch der Tür näherte.

»Das wird meine Chefin sein«, sagte Tonio Hubert und verschanzte sich eilfertig hinter seinen Schreibtisch.

Es war zweifellos die Chefin, Margot Friedmann, die gleich darauf, ohne anzuklopfen, ins Zimmer barst. Sie war groß und üppig wie eine Bavaria und gewissenhaft angemalt wie eine alternde amerikanische Diva, die auf ein Comeback hofft. Ihr Haar war zu rot und ihr großflächiges Gesicht zu straff, um von seiner Echtheit zu überzeugen. Echt war allein der prachtvolle Bibermantel, die schweren Goldreifen an ihren Armen, der große Brillant an ihrer fleischigen, sorgfältig gepflegten Hand. Ihr erster Blick galt mir, ein kurzer, harter, eindringlicher Blick, der mich packte, zerpflückte und wieder fallen ließ. Gleich darauf hatte sie Tonio aufs Korn genommen, und in ihrem Gesicht erschien ein kleines boshaftes Lächeln, das unter ihrer eng gespannten Haut plattgedrückt wurde: »Die wievielte Sekretärin oder Vorführdame ist das in dieser Woche?« fragte sie.

Er sah sie stumm an. In seinem Gesicht mischte sich Unsicherheit und Tücke.

»Du schweigst, Toni? Hast du die Zahl vergessen? Na ja, macht nichts. Hauptsache, ich behalte sie, nicht wahr? Komm, gib mir eine Zigarette.«

Er erhob sich sofort, hielt ihr ein Päckchen Zigaretten hin und gab ihr Feuer.

Ich stand da, und der kalte Schweiß brach mir am ganzen Körper aus.

Ich wußte nicht, was das alles zu bedeuten hatte, was zwischen diesen beiden vorging, dem schönen jungen Mann und der despotischen Frau, die alt genug war, seine Mutter zu sein. Warum sprach sie in diesem giftigen Ton mit ihm? Warum duzte sie ihn? Und warum ließ er sich das gefallen – er, dem doch alle Türen offenstanden!

Margot Friedmann rauchte ein paar Züge, und dabei fixierte sie Tonio, der sich jetzt ebenfalls eine Zigarette anzündete.

»Deine Hände sind ein wenig zittrig, mein Lieber. Solltest du dich etwa übernommen haben ... ich meine natürlich auf dem Fasching, nicht im Büro.«

»Ich war seit drei Tagen nicht mehr auf dem Fasching«, verteidigte er sich wie ein kleiner Junge.

»Um Fasching zu feiern, muß man nicht unbedingt auf Feste gehen, das weißt du doch, Toni!«

Er zuckte die Schultern und ging an seinen Platz hinter dem Schreibtisch zurück.

Margot Friedmann lachte, wenn man den unangenehmen Ton und die krampfhafte Grimasse ein Lachen nennen konnte. Dann wandte sie sich wieder mir zu und musterte mich ein zweites Mal, etwas länger diesmal und mit hinterhältiger Freundlichkeit.

»Hübsch«, sagte sie schließlich, »sehr hübsch. Aber glauben Sie mir, Kind, weibliche Angestellte habe ich genug – übergenug – dank meines rührigen Personalchefs, oder wie immer er sich zu nennen pflegt.« Ich sah hilflos zu Tonio Hubert hinüber, aber er wich meinem Blick aus.

»Sollten Sie wirklich Arbeit suchen«, fuhr die unausstehliche Person fort, »dann wenden Sie sich doch an das Modehaus Schneider. Ich weiß zufällig, daß man dort eine hübsche Verkäuferin sucht, und wäre bereit, Ihnen ein Empfehlungsschreiben mitzugeben.«

Jetzt hatte ich genug. Die Hitze stieg mir ins Gesicht, und meine Stimme war heiser, als ich sagte: »Ich brauche Ihr Empfehlungsschreiben ebensowenig wie eine Stellung im Pelzsalon Friedmann oder im Modehaus Schneider.«

»Ei sieh da! Was brauchen Sie dann?«

»Darüber bin ich Ihnen keineswegs eine Erklärung schuldig. Auf Wiedersehen.«

»Moment«, rief Tonio Hubert, den mein Mut offenbar angesteckt hatte, »warten Sie, ich begleite Sie hinunter.«

Sein Gesicht war entschlossen und sein Schritt fest, als er mir zur Tür folgte.

»Mein Gott«, sagte ich, als wir im Gang waren, »das ist ja eine widerliche alte Hexe!«

»Ja«, sagte Tonio Hubert, »das ist sie.«

»Ist sie immer so gemein und ausfallend?«

»Immer wenn ein junges, hübsches Mädchen auftaucht. Dann zerfrißt sie der Neid.«

»Aber wie kann sie sich erlauben, in einem solchen Ton mit Ihnen zu sprechen?«

»Sie spricht mit allen ihren Angestellten so.«

»Und duzt sie auch?«

»Hin und wieder.«

»Also ich an Ihrer Stelle würde sofort kündigen. Sie können sich doch nicht wie ein Schuhputzer behandeln lassen!«

»Nein«, sagte er, »das kann ich wirklich nicht.«

Er begleitete mich bis vor die Tür. Die Verkäuferinnen folgten uns mit den Blicken. Zwei tuschelten sich etwas zu.

»Also Servus, meine Süße. Wir sehen uns, bald... sehr bald!«

Ich sah zu ihm auf. Er war schön wie immer. Und trotzdem – etwas von dieser häßlichen Szene war an ihm haftengeblieben, hatte seiner Schönheit den Glanz genommen.

Ein paar Tage später rief er mich an und noch am selben Abend, um sechs Uhr, holte er mich ab. Er fuhr einen cremefarbenen Mercedes 190 SL, der ihm ebenso gut stand wie der elegante Kamelhaarmantel und der sportliche kleine Hut. Sein Gesicht war gebräunt, und dadurch trat das Blau seiner Augen, das Weiß seiner Zähne noch stärker hervor. Ich fragte ihn, wo er sich die schöne Farbe geholt hätte.

»Ich war übers Wochenende in Kitzbühel«, erklärte er, »na, da ist zur Zeit was los!«

Das Autoradio spielte Tanzmusik, und er erzählte mir, was zur Zeit in Kitzbühel los sei.

Ich hörte kaum hin, aber ich sah ihn oft an. Ich fand ihn immer noch ungewöhnlich anziehend, aber so aufgeregt wie beim ersten und zweiten Mal war ich nicht mehr. Immer, wenn das atemberaubende Schwindelgefühl in mir aufzusteigen begann, kam mir die peinliche Szene in seinem Büro in den Sinn. Ich sah ihn dann mit dem betretenen Gesicht eines gescholtenen Schulbuben vor diesem mächtigen, gebieterischen Weib stehen, und das atemberaubende Schwindelgefühl versickerte.

»Wie geht es eigentlich Ihrer reizenden Chefin?« fragte ich.

»Sie ist zum Glück verreist«, sagte er.

Eine Weile später parkte er den Wagen in einer stillen Straße vor einem eleganten Appartementhaus.

»Da sind wir«, verkündete er und schien es für selbstverständlich zu halten, daß ich ihm in die Wohnung folgen würde.

Wir stiegen aus, fuhren im Lift in den obersten Stock und betraten ein hübsches kleines Appartement, in dem alles einen funkelnagelneuen Eindruck machte. Die Möbel, modern und recht dekorativ, stammten zweifellos aus einem teuren Geschäft. Das weißlackierte Bücherregal war fast leer, dafür war der Einbauschrank, den er jetzt öffnete, um seinen Mantel hineinzuhängen, brechend voll.

»Mach dir's bequem«, sagte er, »jetzt haben wir endlich einen langen, schönen Abend vor uns!«

Er zog die Vorhänge zu, schaltete eine Tischlampe mit rotem Schirm an und legte eine Schallplatte auf. Dann holte er eine Flasche Sekt aus der Küche.

»So«, sagte er befriedigt, »jetzt hätten wir alles.«

Ja, jetzt hatten wir alles: zärtliche Musik, gedämpftes Licht und eine Flasche Henkell trocken.

Braucht man mehr, um eine stimmungsvoll-anregende Atmosphäre herzustellen, um sich aufeinander vorzubereiten?

Tonio Hubert hatte keine Bedenken, was den planmäßigen Ablauf des Abends betraf. Er füllte unsere Gläser, stieß mit mir an und sagte: »Auf uns ...« oder etwas Ähnliches; er zündete zwei Zigaretten an und steckte mir eine davon zwischen die Lippen; er erzählte zwei, drei Witze, ein wenig Gesellschaftsklatsch und ein paar uninteressante Geschichten aus seinem Leben; er rückte näher an mich heran, ließ mich seine Hände fühlen und seine Fingerfertigkeit bewundern; er fragte mich, ob ich schon mal in dem neu eröffneten chinesischen Restaurant gewesen wäre, ob ich leicht Kinder kriegte und ob ich Ski laufen könne.

Ich muß gestehen, daß sich dieses Vorspiel ungünstig auf mich auswirkte. Das atemberaubende Schwindelgefühl war völlig erloschen, und anstatt dessen hatten sich gewisse Zweifel gemeldet. Hätte er wenigstens seinen schönen Mund gehalten und seine einfältige Vertreter-Suada nicht ganz so weit aufgedreht, ich wäre bereit gewesen, ihm eine erträgliche Durchschnittsintelligenz zu konzedieren. Aber so hatte ich nur die Wahl: mir seine Dummheit einzugestehen und – da mir so viel an seinem Äußeren lag – zu akzeptieren. Oder sie nicht zu akzeptieren und auf sein Äußeres zu verzichten.

Es war ein Glück, daß mich Tonio Hubert in diesem Augenblick des Zwiespalts küßte und all das wieder erweckte, was ich fast schon zu Grabe getragen hatte. Jetzt brauchte ich wirklich nichts mehr als zärtliche Musik, gedämpftes Licht und eine Flasche Henkell trocken, um mich bereitwillig dem allen hinzugeben.

Er küßte mich lange. Er streichelte mich. Er flüsterte anerkennende Worte. Er streifte mir den Pullover über den Kopf und öffnete das Strumpfband an meinem rechten Bein. Dann plötzlich – ohne Übergang, ohne ein weiteres Wort – ließ er von mir ab, stand auf und begann, sich zu entkleiden. Er tat es langsam und mit Bewegungen, die an eine kultische Handlung erinnerten. Er warf das Jackett ab, entknotete die Krawatte, öffnete das Hemd. Öffnete es Knopf für Knopf, schlug es auseinander, streifte es mit einer geradezu leidenschaftlichen Gebärde von den Schultern. Ein kleines stolzes Lächeln war in seinem Gesicht, als er mir seinen tadellosen Oberkörper präsentierte. Es vertiefte sich, als er an sich hinabschaute und nun selber die Pracht gewahrte, die ihn wohl immer wieder freudig erschauern ließ. Nach einem Moment gemeinsamer Bewunderung kamen die Schuhe an die Reihe, die Strümpfe, und dann war es soweit.

Ich hatte noch nie einen Mann gesehen, der sich mit solchem Genuß die Hose auszog wie Tonio Hubert, und ich erkannte, daß diese spannende Entkleidungsszene gar nicht mir galt, sondern nur ihm selber. Er war völlig in seinem eigenen Bann, dem Bann seines schönen Körpers, den er weitaus mehr liebte als den Körper irgendeiner Frau. Ich saß da mit heruntergerutschten Strümpfen und halbnacktem Oberkörper und hatte das teils belustigte, teils unangenehme Gefühl, restlos überflüssig zu sein. Dann streifte Tonio die vorletzte Hülle ab, und eine Art bestürzter Faszination hielt mich an meinem Platz fest. Was würde jetzt folgen?

Tonio Hubert sah zu mir hinüber. Er zeigte sein strahlendstes Lächeln und griff nach der Unterhose. Ich erwartete einen Tusch, aber statt dessen fing das Telephon an zu klingeln. Tonio, der gerade neben dem Apparat stand, nahm mit der einen Hand den Hörer ab, und gleichzeitig begann er, das letzte Bekleidungsstück von seinen bemerkenswert schmalen Hüften zu schälen.

»Hier spricht das Bestattungsinstitut Pietät«, meldete er sich und bewies mir damit, daß er nicht nur schön, sondern auch unglaublich witzig war.

Aber noch ehe ich meinen Beifall in ein Lächeln umsetzen konnte, erstarrte sein Gesicht, und seine Hand ließ von der Unterhose ab, so daß mir nun doch noch das Allerletzte verborgen blieb.

Im Zimmer war es plötzlich sehr still. Nur aus dem Hörer kam – wie aus einer anderen Welt – die undeutliche Stimme einer Frau. Dann verstummte die Stimme, und nach einem sekundenlangen Schweigen sagte Tonio mit der Miene eines Mannes, dem man die Schlinge um den Hals gelegt hat: »Aber natürlich freue ich mich ...«

Fasziniert von dieser jähen Verwandlung, sah ich ihn neugierig an. Er bemerkte meinen Blick, deutete auf die Sprechmuschel, tippte sich an die Stirn und drehte mir dann den Rücken zu. Ich hörte jetzt nicht mehr die Stimme der Frau und versuchte, aus Tonios einsilbigen Antworten irgendwelche Schlüsse zu ziehen. »Nein«, sagte er, »aber ja... bestimmt nicht ... natürlich ... wieso? schlafen... jawohl, schlafen...! und wie... ach Unsinn! ... auch nicht ... nein ... nein, das geht jetzt nicht!« Dann folgte eine längere Pause und danach: »Ich bin allein, ich schwöre es!«

Ich starrte Tonios Rücken an, ein makelloser Rücken, ein Sinnbild der Kraft und des Mutes. Ich griff nach meinem Glas und trank den letzten Schluck Sekt. »Hallo!« rief Tonio, »so warte doch, Margot ... Hallo!...«

Und dann knallte er den Hörer auf die Gabel, zerrte sich gleichzeitig die Unterhose über die Hüften und stürzte zum Stuhl, auf dem seine Sachen lagen. So langsam er sich kurz zuvor ausgezogen hatte, so schnell zog er sich jetzt an.

Die Geschichte begann mich zu ärgern. Ich hatte den ganzen Abend nur eine klägliche Chargenrolle gespielt und ihm, dem schönen Heldendarsteller, Glanz und Glorie überlassen. Ich hatte ihm die Stichworte gegeben, ich hatte Beifall gespendet, und nun saß ich wie eine vergessene kleine Statistin in einer Ecke und mußte zusehen, wie die Kulissen weggeräumt wurden und der Heldendarsteller sich das Gesicht abschminkte.

»Was geschieht hier eigentlich?« fragte ich.

Er schien mich in der Aufregung tatsächlich vergessen zu haben, denn bei dem Klang meiner Stimme fuhr er herum und starrte mich fassungslos an.

»Du sitzt ja immer noch so da!« rief er. »Zieh dich doch an, Kind! Du mußt hier schleunigst verschwinden!«

Ich zündete mir eine Zigarette an und rührte mich nicht.

»Vielleicht sind Sie so freundlich, mir eine nähere Erklärung zu geben«, sagte ich.

»Für nähere Erklärungen ist jetzt keine Zeit mehr!« Er knöpfte sich in fliegender Hast das Hemd zu: »Sie kann jeden Augenblick hier sein!«

»Wer, wenn ich fragen darf?«

»Wer! Meine Chefin natürlich. Sie war nicht davon abzubringen, hierherzukommen.«

»Ich denke, sie ist verreist.«

»Das dachte ich auch, verdammt noch mal.«

»Ich wußte gar nicht, daß Chefinnen auch am Privatleben ihrer Angestellten so regen Anteil nehmen.«

»Es geht hier nicht um private Dinge, sondern um geschäftliche. Eine sehr dringende Angelegenheit. Irgend etwas scheint schiefgegangen zu sein.«

»Den Eindruck habe ich auch.«

Er war jetzt fix und fertig angezogen, trat mit entschlossenem Gesicht auf mich zu und packte mein Handgelenk: »Jetzt hör mal, Süße: meine Chefin ist eine Hysterikerin, und du möchtest doch keinen Skandal heraufbeschwören und womöglich noch ein paar Ohrfeigen abkriegen, oder?«

Ich erschrak. Nichts war mir widerlicher als Hinterhofszenen.

»Wenn sie es wagt, mich anzurühren, hole ich die Funkstreife«, erklärte ich großspurig. »Und das gleiche gilt für Sie. Also lassen Sie auf der Stelle meinen Arm los!«

»Aber Süße», sagte er und ließ mich los, »jetzt sei bitte nicht so böse. Du mußt doch einsehen...« Er unterbrach sich, hielt den Atem an und starrte mit einem Ausdruck des Entsetzens zum Fenster: »Ach, du lieber Gott, da hält ein Auto!«

Ich hatte mir im Nu den Pullover über den Kopf gezogen und die Strümpfe befestigt. Tonio Hubert rannte zum Fenster, schob den Vorhang ein wenig zur Seite und spähte hinaus: »Tatsächlich«, flüsterte er, »da ist sie schon!«

Mit ein paar Schritten war er wieder am Tisch, ergriff Flasche, Gläser und Aschenbecher und stürzte damit in die Küche.

Unten klappte eine Autotür, gleich darauf klingelte es.

Tonio Hubert schoß ins Zimmer: »Bist du jetzt endlich fertig?« rief er in heller Verzweiflung.

»Ja«, sagte ich, »ich bin fertig, aber ich verschwinde nicht durch die Hintertür, und im Schrank verstecke ich mich auch nicht.«

»Tu, was du willst!« schrie er mich an, und am liebsten hätte er mich wohl aus dem Fenster geworfen.

Er stellte den Plattenspieler ab und schaltete die Deckenbeleuchtung ein.

Es klingelte, und diesmal brach der gellende Ton nicht ab.

»An Ihrer Stelle würde ich aufmachen.«

»Gottverdammte Weiber!« fluchte Tonio Hubert, lief in die Diele und drückte den Türöffner. Ich folgte ihm, zog meinen Mantel an und knöpfte ihn langsam zu.

»Wenn du jetzt verschwindest«, sagte Tonio bittend, »dann tust du mir damit einen großen Gefallen.«

Ich streifte mir die Handschuhe über – den linken, dann den rechten. Meine Wut auf den schönen Mann war stärker als meine Angst vor der rabiaten Frau.

»Das dumme ist«, sagte ich, »daß ich Ihnen keinen Gefallen tun möchte.«

Die Fahrstuhltür klappte. Ich sah Tonio Hubert mit einem spöttischen Lächeln an. Er war unter seiner markanten Bräune blaß geworden, und auf seiner rechten Wange, in der Nähe des Ohres, prangte ein leuchtender Lippenstiftfleck.

»Luder«, zischte er, und dann riß er mit wahrem Todesmut die Tür auf.

»Wisch dir den Lippenstift ab«, sagte die Chefin, noch bevor sie die Schwelle überschritten hatte. Ihre Stimme klang gleichgültig.

»Lippenstift? Aber Margot ... ich habe doch keinen ...«

»Nun mach schon!«

Sie trat an ihm vorbei in die Diele. Ihr Nerzmantel war prachtvoll und ihre Selbstbeherrschung bemerkenswert.

»Kind«, sagte sie mit einem flüchtigen Blick auf mich, »Sie

können den Mantel ruhig wieder ausziehen. Wenn hier jemand geht, dann ist es der da.«

Sie deutete auf Tonio, der sich mit einem Taschentuch im Gesicht herumfuhr.

»Vielen Dank«, sagte ich kalt, »aber ich möchte trotzdem gehen.«

»Dann gehen Sie. Komm ins Zimmer, Toni, es dauert nur ein paar Minuten.«

Er folgte ihr mit der tückischen Unterwürfigkeit eines Vorstadtköters. Die Tür blieb einen Spalt offen, und ich konnte der Versuchung nicht widerstehen, mein Gehen etwas hinauszuzögern.

Im Zimmer war es eine Weile still. Ich hörte das Klicken eines Feuerzeuges und dann, erst drei, vier Zigarettenzüge später, die Stimme Margot Friedmanns: »Du bist ein Dreckskerl, Anton Huber, ein elender, charakterloser Dreckskerl. Und ich...« Ihre Stimme war vollkommen ausdruckslos, »ich bin durch dich ein elendes, charakterloses Stück geworden. Das ist es, was ich dir nie und nimmer verzeihen werde. Pack deine Sachen und komm mir nicht mehr unter die Augen.«

»Aber Margot, du kannst doch wegen so einer Nichtigkeit...«

»Gib mir die Wohnungsschlüssel, Toni. Das Auto kannst du behalten. Ich habe es dir geschenkt.«

»Margot, so gib mir doch die Chance...«

»Nein, Toni, nicht mehr. Aber verlaß dich drauf – du wirst noch genug Frauen finden, die dir die Chance geben werden, sie zu belügen und zu betrügen. Es gibt so viele alte, reiche, würdelose Frauen.«

Ich ging auf Zehenspitzen zur Tür, öffnete sie vorsichtig und schlüpfte hinaus. Mir war erbärmlich zumute. Während ich auf den Fahrstuhl wartete, schaute ich noch einmal zurück.

»Tonio Hubert« stand da auf einem großen goldenen Messingschild.

Anton Huber, die Bisamratte, dachte ich und stieg in den Lift.

Umberto Eco
Platon im Striptease-Lokal

Wenn sie auf der kleinen Bühne des »Crazy Horse« erscheint, geschützt durch einen großmaschigen schwarzen Netzvorhang, ist Lilly Niagara schon nackt. Sogar etwas mehr als nackt, denn sie trägt einen aufgeknöpften schwarzen BH und Strapse. Den ersten Teil ihrer Nummer verbringt sie damit, sich langsam anzukleiden, soll heißen, träge in ihre Strümpfe zu fahren und das lose von ihren Schultern hängende Zaumzeug festzuschnüren. Den zweiten Teil widmet sie der Wiederherstellung ihres Anfangszustandes. Dergestalt, daß dem Publikum, unsicher, ob diese Frau sich nun aus- oder angezogen hat, nicht bewußt wird, daß sie in Wirklichkeit gar nichts getan hat. Denn selbst ihre trägen und leidenden Gesten, kontrapunktisch begleitet von einem verschreckten Gesichtsausdruck, bekunden so klar die professionelle Absicht und stellen sich so ausdrücklich in die Tradition einer hohen Schule, die inzwischen bereits aus Lehrbüchern erlernbar ist, daß sie nichts Überraschendes an sich haben – und somit auch nichts Verführerisches. Verglichen mit der Technik anderer Striptease-Göttinnen, die es so trefflich verstehen, ihre Offerte mit einer anfänglichen Unschuld zu dosieren, aus der sie dann plötzlich Entschlüsse von unerwarteter Schamlosigkeit hervorziehen, in Reserve gehaltene Laszivitäten, wilde, der letzten Infamie vorbehaltene Ausbrüche (Göttinnen also einer dialektischen, okzidentalen Form von Striptease), verglichen damit ist die Technik der Lilly Niagara schon *beat* und *hard*. Sie erinnert uns heute eher an die Figur der Cecilia in Moravias ›La Noia‹: eine gelangweilte Sexualität, bestehend aus Gleichgültigkeit und dargeboten mit einer Könnerschaft, die wie ein Urteil ertragen wird.

Lilly Niagara will somit die letzte Stufe des Striptease erreichen: die Endstufe, auf der es nicht mehr darum geht, das Schauspiel einer Verführung zu geben, die sich an niemand bestimmten wendet, die der Menge Versprechungen macht und das Versprochene im letzten Moment zurückzieht; sondern auf der es gilt, die äußerste Schwelle zu überschreiten und auch das Verführungsversprechen noch zu umgehen. Ist der traditionelle Striptease das Angebot eines Koitus, der sich unversehens als »interruptus« erweist, womit er in seinen Anhängern eine Mystik der Privation befördert, so züchtigt der Strip à la Lilly Niagara sogar noch die Prahlerei der neuen Adepten, indem er ihnen enthüllt, daß die versprochene Realität nicht nur bloß betrachtet werden kann, sondern nicht einmal die Fülle des bloßen Betrachtens gewährt, da man über sie schweigen muß. Gleichwohl bestätigt Lilly Niagaras byzantinische Kunst die gewohnte Struktur des konventionellen Striptease und seiner Symbolnatur.

Nur in einigen sehr verrufenen Nachtlokalen kann man die Mädchen, die sich auf der Bühne zur Schau stellen, hinterher zum Verkauf ihrer Reize bewegen. Im »Crazy Horse« wird man sogar dezent darauf hingewiesen, daß es ungehörig sei, nach käuflichen Fotos zu fragen – was man zu sehen bekommt, ist nur für ein paar Minuten auf den magischen Brettern der Bühne zu sehen. Und wer die Artikel über den Striptease liest oder die literarischen Kommentare, die manche der in den größeren Etablissements angebotenen Programmhefte schmücken, der wird erfahren, daß es für die Nackttänzerin charakteristisch sei, ihr Metier mit nüchterner Professionalität zu betreiben, um privatim einer häuslichen Liebe zu pflegen – mit Verlobten, die sie zur Arbeit bringen, mit von Eifersucht zerfressenen Ehemännern, hinter undurchdringlichen Wänden. Und man sollte diese Behauptung nicht geringschätzen, war doch die hochnäsige und naive Belle Epoque ganz im Gegenteil darum bemüht, ihrer Klientel einzureden, daß ihre Divas nimmersatte Ungeheuer seien, privat wie öffentlich, männer- und vermögenverschlingende Frauen, Priesterinnen der raffiniertesten Ruchlosigkeiten im Boudoir.

Doch die Belle Epoque entfaltete ihren sündigen Prunk für eine reiche herrschende Klasse, der sie sowohl das Spektakel wie auch das Nach-Spektakel gewähren mußte, das heißt den vollen Besitz der Objekte als unveräußerliches Vorrecht des Geldes.

Der Striptease hingegen, den unsereiner sich heutzutage für recht bescheidene Summen zu jeder Tages- und Nachtzeit ansehen kann, auch in Hemdsärmeln, es gibt keine Kleiderordnung mehr, und sogar zweimal hintereinander, wenn einem danach ist, denn die Show läuft in Permanenz – der

Striptease wendet sich an den Durchschnittsbürger, und indem er ihm seine Minuten der religiösen Sammlung gewährt, suggeriert er ihm unterderhand seine Theologie, die durch heimliche Überredung eingetrichtert und nicht *per quaestiones* dargelegt wird. Das Wesen dieser Theologie besteht darin, daß der Gläubige zwar die Pracht der weiblichen Fülle bewundern, aber nicht von ihr Gebrauch machen darf, denn dieses Recht steht ihm nicht zu. Gebrauchen kann er, wenn er will, die Frauen, die ihm von der Gesellschaft zugebilligt oder vom Schicksal zugeführt werden; doch ein maliziöses Plakat im »Crazy Horse« weist ihn darauf hin, daß er, falls er nachher zu Hause nicht mehr mit seiner Frau zufrieden sein sollte, sie zu Lockerungs- und Bewegungskursen schicken könne, welche die Direktion nachmittags für Studentinnen und Hausfrauen organisiere. Es bleibt ungewiß, ob diese Kurse tatsächlich existieren, auch ob der Kunde sich trauen wird, seiner Gattin den Vorschlag zu unterbreiten; was zählt, ist, daß sich der Zweifel in seine Gedanken einnistet: Wenn die Stripteaseuse *die* Frau ist, wäre dann seine Frau etwas anderes? Und wenn seine Frau sehr wohl als Frau anzusehen ist, wäre die Stripperin dann etwas Höheres – die Weiblichkeit, die Sexualität, die Ekstase, die Sünde, das Böse?

Auf jeden Fall ist sie das, was ihm, der sie betrachtet, nicht zusteht: der Ursprung, den er nicht zu fassen bekommt, das Ziel der Ekstase, das er nie erreichen darf, das Gefühl des Triumphes, das ihm versagt ist, die Fülle der Sinne und die Beherrschung der Welt, von denen ihm nur erzählt worden ist. Das typische Striptease-Verhältnis verlangt, daß die Frau, die das äußere Schauspiel ihrer Möglichkeiten zur Befriedigung der Wünsche des Mannes gegeben hat, keinesfalls konsumierbar ist. Eine im »Concert Mayol« verteilte Broschüre, die mit angestrengt libertinösen Betrachtungen anfängt, endet mit einem aufschlußreichen Gedanken: Der Triumph der nackten Frau, heißt es da sinngemäß, die sich im Scheinwerferlicht den geilen Blicken eines vorgebeugten Parketts darbiete, bestehe genau in dem maliziösen Bewußtsein, daß in diesem Augenblick jeder, der sie da begaffe, sie mit seiner gewohnten häuslichen Kost vergleiche; er bestehe mithin im Bewußtsein einer Demütigung anderer, während das Vergnügen des Gaffenden zum Großteil aus der eigenen Demütigung resultiere, die als Wesen des Rituals empfunden, erlitten und akzeptiert worden sei.

Wenn psychologisch gesehen der Striptease ein sadomasochistisches Verhältnis begründet, ist soziologisch gesehen dieser Sadomasochismus wesentlich für die Lehre, die damit erteilt wird: Striptease demonstriert dem Betrachter, der sich mit der Frustration abgefunden hat und sie sucht, daß die Produktionsmittel nicht in seinem Besitz sind.

Doch wenn der Striptease soziologisch gesehen ein unleugbares Kasten- (oder meinetwegen auch Klassen-)Verhältnis ins Spiel bringt, so bewegt er metaphysisch gesehen den Betrachter zu einem Vergleich zwischen den ihm erlaubten Lüsten und denen, die ihm prinzipiell versagt sind: Er vergleicht die Wirklichkeit mit ihrem Modell, seine Weibchen mit der Idee von Weiblichkeit, seine sexuellen Erfahrungen mit der Idee von Sexualität, die Nackten, die er hat, mit der für ihn nie erreichbaren, überirdischen Nacktheitsidee. Danach muß er in seine Höhle zurück und sich mit den Schatten begnügen, die ihm zustehen. So führt der Striptease unterderhand die platonische Situation zurück auf die soziologische Realität der Unterdrückung und Fremdbestimmung.

Hinweggetröstet über die Tatsache, daß er zu den Schalthebeln des gesellschaftlichen Lebens keinen Zugang hat und daß das Modell seiner Erfahrungen sanktioniert ist durch ein Reich der Ideen, an dem er nichts zu ändern vermag, kann der Striptease-Betrachter getrost zu seinen Alltagspflichten zurückkehren, nachdem ihn das reinigende Ritual in seiner Rolle als stabile Stütze der bestehenden Ordnung bestätigt hat. Und die Häuser, die nicht so asketisch sind wie das »Crazy Horse« (ein Kloster für Zen-Mönche, höchster Grad der Vollendung), werden ihm gestatten, die Bilder dessen, was er gesehen hat, mit nach Hause zu nehmen, auf daß er im Jammer seiner conditio humana Trost finde an den unfrommen Praktiken, die ihm seine Andacht und seine Einsamkeit nahelegen.

Italo Calvino
Abenteuer eines Photographen

Wenn es Frühling wird, ziehen die Städter zu Hunderttausenden mit dem umgehängten Apparat hinaus. Und sie photographieren einander. Sie kehren zufrieden heim, wie Jäger mit der vollen Jagdtasche, verbringen die Tage voll süßer Sehnsucht in Erwartung der entwickelten Photos (zu der sie das subtile Vergnügen der alchimistischen Manipulationen in der Dunkelkammer hinzufügen, die der Familie verschlossen bleibt und herb nach Säuren riecht), und erst wenn sie die Photos vor Augen haben, scheinen sie den verbrachten Tag in greifbaren Besitz zu nehmen, erst dann gewinnt jener Gebirgsbach, jene Bewegung des Kindes mit dem Eimerchen, jener Sonnenreflex auf den Beinen der Gattin die Unwiderruflichkeit dessen, was gewesen ist und nicht mehr in Zweifel gezogen werden kann. Der Rest mag im ungewissen Schatten der Erinnerung untergehen.

Wenn Antonino Paraggi, Nichtphotograph, seine Freunde und Kollegen besuchte, verspürte er eine zunehmende Isolierung. Jede Woche entdeckte er, wie plötzlich einer begeistert an den Diskussionen über die Empfindlichkeit der Blende oder die Zahl der Din teilnahm, dem er noch gestern in der Gewißheit der Übereinstimmung seine sarkastischen Ansichten über eine Tätigkeit anvertraut hatte, die für ihn so wenig aufregend und so ohne alle Überraschungen war.

In seinem Beruf hatte Antonino Paraggi den Verteilerorganisationen seines Unternehmens Durchführungsbestimmungen zu erläutern, aber seine wahre Leidenschaft war es, mit Freunden die kleinen und großen Tagesereignisse zu diskutieren und dabei hinter dem Wirrwarr besonderer Umstände und Erscheinungen die allgemeinen Hintergründe freizulegen; kurzum, er war ein Philosoph, und es war sein ganzes Bestreben, sich auch die seiner Erfahrung am fernsten liegenden Tatsachen erklären zu können. Nun spürte er, daß etwas im Wesen des photographierenden Menschen ihm entging, der geheime Anruf, durch den sich fortwährend neue Jünger des Objektivs anwerben ließen, von denen die einen die Fortschritte ihrer technischen und künstlerischen Fähigkeiten rühmten, die anderen im Gegenteil das ganze Verdienst dem Apparat zuschrieben, den sie erworben hatten und der imstande war (wenn man sie hörte), Meisterwerke hervorzubringen, auch wenn er unfähigen Händen anvertraut war (wie, so erklärten sie, beispielsweise den ihren; denn wenn es darum ging, die technischen Vorzüge des Apparats herauszustellen, nahmen sie sogar in Kauf, daß die eigenen Talente geschmälert wurden). Antonino Paraggi begriff, daß weder das eine noch das andere entscheidend war: Das Geheimnis lag anderswo.

Es muß gesagt werden, daß es auch ein gewisser Selbstbetrug war, wenn Antonino Paraggi die Photographiersucht als das ansah, was ihn allmählich von seinen Freunden trennte. So mußte er dafür nicht einen anderen und auffallenderen Vorgang verantwortlich machen. Was nämlich geschah, war, daß seine Altersgenossen sich einer nach dem anderen verheirateten, Familien gründeten, während Antonino Junggeselle blieb. Auch bestand zwischen den beiden Phänomenen ein Zusammenhang, da häufig die Photographierleidenschaft ganz natürlich und beinahe physiologisch als Folge der Vaterschaft entstand. Einer der ersten Instinkte der Eltern, nachdem sie ein Kind in die Welt gesetzt haben, war es zu photographieren; und bei der Schnelligkeit des Wachstums erwies es sich als notwendig, es oft zu photographieren, weil nichts vergänglicher und leichter zu vergessen war als ein Kind von sechs Monaten, schnell ausgelöscht und abgelöst von jenem von acht Monaten und dann von einem Jahr; und die ganze Vollkommenheit, die ein Kind von drei Jahren in den Augen der Eltern erreicht haben konnte, reicht nicht hin, um zu verhindern, daß die neue Vollkommenheit der vier an ihre Stelle trat, um sie zu zerstören, so daß nur das Photoalbum blieb, wo alle diese flüchtigen Vollkommenheiten sich bewahrten und richtig einordneten, da jede nach einer eigenen unvergleichlichen Absolutheit verlangte. In der Sucht der jungen Eltern, den Sprößling in den Sucher zu bringen, um ihn in die Unbeweglichkeit des Schwarzweißbildes oder des Farbdias zu verwandeln, sah der Nichtphotograph und Nichterzeuger Antonino vor allem eine Krankheit, ein Abgleiten in den Wahnsinn, der in jenem schwarzen Gerät verborgen war. Aber seine Überlegungen über den Zusammenhang Ikonothek – Familie – Wahnsinn waren nur flüchtig und nicht ganz ehrlich: Sonst hätte er begriffen, daß in Wirklichkeit er, der Junggeselle, die größte Gefahr lief.

In Antoninos Freundeskreis war es üblich, das Wochenende gemeinsam außerhalb der Stadt zu verbringen, eine Gewohnheit, die auf ihre Studienzeit zurückging und sich auf die Bräute und dann auf die jungen Frauen und die Kinder ausgedehnt hatte, auf die Kindermädchen und in einigen Fällen auf die angeheirateten Verwandten und neuen Bekannten. Da diese Gewohnheit nie abgerissen war, konnte Antonino so tun, als habe sich im Lauf der Jahre nichts geändert, als befinde er sich noch in Gesellschaft der jungen Männer und Mädchen von damals, anstatt in einem Konglomerat von Familien, in dem er der einzige übriggebliebene Junggeselle war.

Immer öfter war man bei diesen Ausflügen in die Berge oder ans Meer für Familien- oder Gruppenaufnahmen auf die Hilfe eines Fremden angewiesen, eines Vorübergehenden vielleicht, der sich dazu hergab, auf den Auslöser des bereits eingestellten Apparates zu drücken. In diesen Fällen konnte Antonino seine Dienste nicht verweigern: Er nahm den Apparat aus den Händen eines Vaters oder einer Mutter entgegen – die sich beeilten, in der zweiten Reihe, den Hals zwischen zwei Köpfen vorgereckt, Platz zu suchen oder sich zwischen den Kleinsten zusammenzukauern –, dann konzentrierte er all seine Kräfte auf den ausgestreckten Finger und drückte auf den Auslöser. Die ersten Male verschob eine unbedachte Bewegung das Ziel, um Schiffsmasten oder Kirchturmspitzen zu beschlagnahmen oder Großväter und Onkel zu köpfen. Er wurde beschuldigt, es absichtlich zu tun, und für üble Scherze getadelt. Das stimmte nicht: Er war bereit, seinen Finger als gehorsames Werkzeug des kollektiven Willens zur Verfügung zu stellen, allerdings gedachte er dabei seine augenblickliche Sonderstellung auszunutzen, um Photographen und Photographierte mahnend auf die Bedeutung ihres Tuns hinzuweisen. Sobald seine Fingerkuppe über dem Auslöser schwebte, sich gewissermaßen selbständig gemacht hatte, war er frei, seine Theorien in wohlbegründeten Ansprachen mitzuteilen, während er gleichzeitig gelungene kleine Gruppenszenen ins Bild brachte. (Einige Zufallserfolge hatten genügt, daß er unbefangen und vertraut mit Einstellungen und Belichtungsmessern umgehen konnte.)

»... denn wenn ihr einmal angefangen habt«, predigte er, »gibt es keinen Grund stehenzubleiben. Der Schritt zwischen der Wirklichkeit, die photographiert wird, weil sie uns schön erscheint, und der Wirklichkeit, die uns schön erscheint, weil sie photographiert wurde, ist sehr kurz. Wenn ihr Pierluca photographiert, während er die Sandburg baut, so gibt es keinen Grund, ihn nicht zu photographieren, während er weint, weil die Burg eingestürzt ist, und dann, während das Kindermädchen ihn tröstet, indem sie ihn mitten im Sand ein Schneckenhaus finden läßt. Ihr braucht nur von etwas zu sagen: ›O wie schön, das müßte man wirklich photographieren‹, und schon seid ihr auf dem Boden dessen, der meint, daß alles, was nicht photographiert ist, verloren ist, als hätte es nie existiert, und daß man, um wirklich zu leben, photographieren muß, soviel man nur kann, und um zu photographieren, soviel man kann, muß man entweder so photogen leben wie möglich, oder jeden Augenblick des eigenen Lebens als photographierbar betrachten. Der erste Weg zur Verdummung, der zweite zum Wahnsinn.« – »Verrückt und dumm bist du wohl selber«, sagten die Freunde zu ihm, »und obendrein ein Spielverderber.« – »Ein Mensch, der alles, was ihm vor die Augen kommt, wiedergewinnen will«, erklärte Antonino, auch wenn ihm niemand mehr zuhörte, »sollte folgerichtig von dem Augenblick an, da er morgens die Augen öffnet, bis zum Schlafengehen mindestens ein Photo pro Minute knipsen. Nur so werden die Rollen belichteter Filme ein getreues Tagebuch unseres Lebens enthalten, ohne daß etwas davon ausgeschlossen bleibt. Wenn ich zu photographieren anfinge, würde ich diesen Weg bis zu Ende gehen, um den Preis, dabei den Verstand zu verlieren. Ihr dagegen wollt noch eine Auswahl vornehmen. Aber was für eine? Eine verniedlichende, tröstliche Auswahl, die nur das Idyll zeigt, den Frieden mit der Natur, der Nation, den Verwandten. Sie ist nicht bloß eine photographische Auswahl, die eure; sie ist eine Auswahl des Lebens, die auch dahin führt, die dramatischen Gegensätze auszuschließen, die Widersprüche, die Spannungen der Leidenschaft, der Abneigung. So glaubt ihr euch vor dem Wahnsinn zu retten, aber ihr verfallt der Mittelmäßigkeit, dem Stumpfsinn.«

Eine gewisse Bice, Ex-Schwägerin von irgendeinem, und eine gewisse Lydia, Ex-Sekretärin irgendeines anderen, baten ihn, einen Schnappschuß von ihnen zu machen, während sie in den Wellen Ball spielten. Er willigte ein, aber da er eine Theorie gegen Momentaufnahmen entwickelt hatte, beeilte er sich, sie den zwei Freundinnen mitzuteilen.

»Was bringt euch dazu, aus der beweglichen Kontinuität eures Tages diese zeitlichen Schnitten von der Dicke einer Sekunde herauszunehmen? Indem ihr euch den Ball zuwerft, lebt ihr in der Gegenwart, aber sobald das Klicken des Auslösers sich zwischen eure Bewegungen schleicht, ist es nicht mehr das Vergnügen am Spiel, das euch bewegt, sondern jenes, euch in der Zukunft wiederzusehen, euch in zwanzig Jahren auf einem vergilbten Stückchen Pappe wiederzufinden (vergilbt in sentimentaler Beziehung, auch wenn die modernen Fixiermethoden es unverändert erhalten werden). Die Freude an der natürlichen, aus dem Leben eingefangenen Momentaufnahme bekommt sogleich einen wehmütigen Beigeschmack, einen Erinnerungscharakter, auch wenn es ein Photo von vorgestern ist. Und das Leben, das ihr lebt, um es zu photographieren, ist schon im Anfang Erinnerung an sich selber. Die Momentaufnahme für wahrer zu halten als eine gestellte Portraitaufnahme ist ein Vorurteil...«

Dabei hüpfte Antonino im Wasser um die beiden Freundinnen herum, um ihr Spiel anzufeuern und aus der Einstellung die blendenden Sonnenreflexe auf dem Wasser auszuschließen. Bei einem Kampf um den Ball wurde Bice, die sich auf die schon untergetauchte Lydia stürzte, mit dem Hinterteil nach oben, über die Wellen fliegend aufgenommen. Antonino hatte sich, um diesen Augenblick auf den Film zu bannen, rücklings ins Wasser geworfen, den Apparat in die Höhe haltend, und es fehlte nicht viel, so wäre er ertrunken.

»Sie sind alle sehr gut geworden, und die hier ist großartig«, bemerkten sie ein paar Tage danach, als sie einander die Probeabzüge aus der Hand rissen. Sie hatten sich im Laden des Photographen getroffen. »Du bist tüchtig, du mußt uns noch öfter aufnehmen.«

Antonino war zu dem Schluß gekommen, daß man zu den gestellten Portraitaufnahmen des 19. Jahrhunderts zurückkehren müsse, Aufnahmen, die für die gesellschaftliche Stellung und den Charakter der Personen repräsentativ waren.

Seine antiphotographische Polemik konnte nur aus dem Inneren des schwarzen Kastens geführt werden, wenn er Photographie gegen Photographie stellte.

»Ich hätte zu gern einen jener alten Apparate mit Blasebalg«, sagte er zu den Freundinnen, »der auf einem Dreifuß montiert ist. Glaubt ihr, daß man so etwas noch findet?«

»Ich weiß nicht, vielleicht irgendwo bei einem Trödler...«

»Gehen wir auf die Suche.«

Die Freundinnen fanden die Jagd nach dem seltsamen Gegenstand lustig; gemeinsam machten sie Streifzüge durch Trödelmärkte, befragten alte Straßenphotographen, folgten ihnen in ihre elenden Behausungen... In Kellern und Abstellkammern, jenen Friedhöfen nicht mehr gebrauchter Dinge, ruhten kleine Säulen, Paravents, gemalte Hintergründe mit verblaßten Landschaften; alles, was ein altes Photoatelier wieder heraufbeschwor, kaufte Antonino. Zum Schluß konnte er einen Kastenapparat auftreiben, mit einem birnenförmigen Auslöser. Er schien tadellos zu funktionieren. Antonino kaufte ihn zusammen mit einem Sortiment Platten. Mit Hilfe der Freundinnen richtete er in einem Zimmer seiner Wohnung das Atelier ein, ganz mit alten Sachen, bis auf zwei moderne Scheinwerfer.

Jetzt war er zufrieden. »Man muß wieder von hier ausgehen«, erklärte er den Freundinnen. »Darin, wie unsere Großeltern sich in Pose setzten, in der Art, wie die Gruppen angeordnet wurden, lag eine soziale Bedeutung, ein Geschmack, eine Kultur. Eine offizielle Photographie, die Aufnahme eines Ehepaares oder einer Familie oder einer Schulklasse, vermittelte einen Eindruck von dem, was jeder Stand oder jede Institution an Ernstem und Bedeutendem in sich hatte, aber auch an Falschem und Gezwungenem, Autoritärem, Hierarchischem. Dies ist der Punkt: die Beziehungen zu der Welt klarzustellen, die jeder von uns mit sich trägt und die man heute zu verbergen trachtet, weil man glaubt, daß sie auf diese Weise verschwinden, während...«

»Aber von wem möchtest du denn eine Portraitaufnahme machen?«

»Kommt morgen vorbei, und ich werde bei euch damit anfangen.«

»Wieso, worauf willst du überhaupt hinaus?« fragte Lydia

plötzlich mißtrauisch. Erst jetzt, in dem eingerichteten Atelier, fand sie, daß alles darin ein finsteres, drohendes Aussehen hatte. »Da kannst du lange warten, ehe wir dir Modell stehen!«

Bice stimmte in Lydias spöttisches Gelächter ein, aber am nächsten Tag kam sie allein wieder.

Sie trug ein weißes Leinenkleid mit farbigen Stickereien an den Ärmeln und Taschen. Das Haar hatte sie in der Mitte gescheitelt und an den Schläfen zusammengefaßt. Sie lachte verstohlen, den Kopf zur Seite geneigt. Antonino ließ sie eintreten, und während er ihre halb anmutige, halb spöttische Art sich zu geben beobachtete, überlegte er, welche Züge wohl ihren wahren Charakter bestimmten.

Er ließ sie in einem großen Lehnstuhl Platz nehmen und steckte den Kopf unter das schwarze Tuch seines Apparates. Es war eine jener Kassetten mit einer Glasrückwand, in der sich das Bild schon beinahe wie auf einer Platte spiegelte, gespenstisch, ein wenig milchig, von jeder Zufälligkeit in Raum und Zeit losgelöst. Und es kam Antonino vor, als sähe er Bice zum erstenmal. Sie hatte eine Nachgiebigkeit in den gesenkten, ein wenig schweren Augenlidern, im Vorstrekken des Halses, die etwas Verborgenes verhieß, so wie ihr Lächeln sich hinter dem Akt des Lächelns selbst zu verbergen schien.

»Jawohl, so, nein, den Kopf mehr dorthin, die Augen aufzuschlagen, nein, senken«, Antonino jagte unter dem schwarzen Tuch hinter etwas in Bice nach, das ihm auf einmal sehr kostbar erschien, absolut.

»Jetzt liegt dein Gesicht im Schatten, komm mehr ins Licht, nein, vorher war es besser.«

Es gab viele mögliche Photographien von Bice und viele unmöglich zu photographierende Bices, aber das, was er suchte, war jenes Bild, das alle anderen enthielt.

»Ich kriege dich nicht«, seine Stimme kam erstickt und kläglich unter dem schwarzen Tuch hervor, »ich kann dich nicht aufnehmen.«

Er machte sich von dem Tuch frei und richtete sich wieder auf. Er hatte alles von Anfang an falsch gemacht. Jener Ausdruck, jenes Geheimnis, das ihm zum Greifen nah auf ihrem Gesicht erschien, war etwas, das ihn in den Treibsand der Seelenzustände, der Stimmungen hineinzog: Auch er hatte versucht, das entfliehende Leben, das Ungreifbare festzuhalten, genau wie die Knipser der Momentaufnahmen.

Er mußte den entgegengesetzten Weg einschlagen: auf ein Bild ganz an der Oberfläche, sichtbar und eindeutig, hinzielen, das nicht vor dem herkömmlichen Klischee zurückschreckte, vor der Maske. Da die Maske vor allem ein soziales, historisches Produkt ist, enthielt sie mehr Wahrheit als jedes Bild, das sich als »wahr« ausgab; sie trug eine Menge von Bedeutungen in sich, die sich nach und nach enthüllen würden. War es nicht gerade mit dieser Absicht geschehen, daß er sich sein Atelier eingerichtet hatte?

Er beobachtete Bice. Er mußte von ihrer äußeren Aufmachung ausgehen. In Bices Art, sich zu kleiden und zurechtzumachen, dachte er, war die halb sehnsüchtige, halb spöttische, im Geschmack jener Jahre liegende Absicht zu erkennen, sich auf die Mode von vor dreißig Jahren zu berufen. Die Photographie hätte diese Absicht betonen sollen: Wieso hatte er nicht daran gedacht?

Antonino machte sich auf die Suche nach einem Tennisschläger; Bice sollte stehen, in Dreiviertelaufnahme, mit dem Rakett unter dem Arm, das Gesicht mit einem Ausdruck wie auf einer sentimentalen Postkarte. Wieder unter dem schwarzen Tuch, erschien Antonino das Bild von Bice – in dem, was es an Schlankheit und für jene Pose Geeignetem hatte, und in dem, was es an Ungeeignetem und beinahe Widersprüchlichem hatte, und was die Pose betonte –, sehr interessant. Er ließ sie mehrmals die Stellung ändern, wobei er die Geometrie der Beine und Arme mit Bezug auf den Tennisschläger und den Hintergrund studierte. (Auf der idealen Karte, die ihm vorschwebte, mußte das Netz des Tennisplatzes zu sehen sein; doch man konnte nicht zuviel verlangen, Antonino begnügte sich mit einem Ping-Pong-Tisch.)

Aber noch fühlte er sich nicht auf sicherem Boden: Wollte er etwa versuchen, Erinnerungen zu photographieren, oder womöglich das aus dem Gedächtnis emportauchende, verschwommene Echo der Erinnerung? Er hatte es abgelehnt, nach Art der Sonntagsphotographen die Gegenwart als zukünftige Erinnerung zu leben; aber ließ er sich nicht statt dessen auf ein ebenso unwirkliches Unterfangen ein: der Erinnerung einen Körper zu geben, um ihn an die Stelle der Gegenwart zu setzen?

»Bewege dich, was stehst du so steif da, halte das Rakett in die Höhe, zum Donnerwetter! Tu, als spieltest du Tennis!« schrie er plötzlich. Er hatte begriffen, daß man nur durch Übertreibung der Posen eine verfremdende Wirkung erzielen konnte; nur dadurch, daß man eine auf halbem Weg angehaltene Bewegung fingierte, konnte man den Eindruck des Stillstehenden, des nicht Lebenden geben.

Bice führte seine Befehle fügsam aus, auch wenn sie ungenau und widersprechend waren, passiv, als wollte sie zeigen, daß sie außerhalb dieses Spiels stünde, und doch gab ihm dies gerade dadurch den Anschein einer von ihr geführten geheimnisvollen Partie. Während Antonino sie anwies, die Beine und die Arme so und so zu stellen, erwartete er von ihr nicht so sehr die bloße Ausführung seiner Befehle, sondern daß sie sich plötzlich auflehnte: eine unvorhersehbare, aggressive Antwort auf die Gewalt, die er immer mehr über sie auszuüben geneigt war.

Es war wie in bösen Träumen, dachte Antonino, als er im Dunkel begraben die durch das gläserne Viereck gefilterte Tennisspielerin betrachtete: wie in den Träumen, wenn etwas aus den Tiefen der Erinnerung auftaucht, sich zu erkennen gibt und sogleich in etwas Unerwartetes verwandelt, das schon vor der Verwandlung erschreckt, weil man nicht weiß, in was es sich verwandeln könnte. Wollte er die Träume photographieren? Dieser Verdacht ließ ihn verstummen, den Kopf unter dem Tuch verborgen, die Birne des Auslösers in der Hand, wie blödsinnig; unterdessen setzte Bice, sich selbst überlassen, ihren grotesken Tanz fort, in übertriebenen Tennisbewegungen erstarrend, Rückhandschlag, Drive, Rakett in die Höhe oder zu Boden, als wäre der Blick, der aus dem gläsernen Auge kam, der Ball, den sie fortwährend zurückschlug.

»Genug, was soll diese Komödie, so habe ich es nicht gemeint«, und Antonino bedeckte den Apparat mit dem Tuch, begann im Zimmer umherzugehen.

Dieses Kleid war an allem schuld, mit seinen Tennis- und Vorkriegszeit-Beschwörungen... Zugegeben, das Portrait, an das er dachte, ließ sich nicht im Straßenkleid aufnehmen. Dazu bedurfte es einer gewissen Feierlichkeit, eines gewissen Pomps, wie bei den offiziellen Photos von Königinnen. Nur im Abendkleid würde Bice zu einem photographischen Sujet, mit dem Dekolleté, das eine klare Grenze zwischen dem Weiß der Haut und dem Dunkel des Stoffs bezeichnete, unterstrichen von dem Funkeln der Juwelen, eine Grenze zwischen der zeitlosen und in ihrer Nacktheit unpersönlichen Frau und der gesellschaftlichen Abstraktion des Kleides, Sinnbild einer ebenso unpersönlichen Rolle wie die Drapierung einer allegorischen Statue.

Er trat an Bice heran, begann ihr Kleid am Halse aufzuknöpfen, es ihr über die Schultern zu streifen. Gewisse Damenbildnisse aus dem neunzehnten Jahrhundert waren ihm in den Sinn gekommen, wo aus dem Weiß des Papierblatts das Gesicht, der Hals, die entblößten Schultern emportauchten und alles übrige im Weißen verschwamm. Das war das Portrait außerhalb von Zeit und Raum, das ihm vorschwebte: Er wußte nicht recht, wie man es machte, aber er war entschlossen, es zustande zu bringen. Er richtete den Scheinwerfer auf Bice, rückte den Apparat näher, wirtschaftete unter dem Tuch herum, um die Öffnung des Objektivs einzustellen. Er schaute. Bice war nackt.

Sie hatte das Kleid auf die Füße hinabgleiten lassen; darunter trug sie nichts; sie hatte einen Schritt vorwärts gemacht, nein, einen Schritt zurück, der wie ein Vorrücken der ganzen Gestalt im Bild war; sie stand gerade, hoch, vor dem Apparat, ruhig vor sich hinblickend, als wäre sie allein.

Antonino fühlte, wie ihr Anblick das ganze Blickfeld ausfüllte, es der Flut der zufälligen und fragmentarischen Bilder entzog, Zeit und Raum in einer vollendeten Form sammelte. Und als wären die Überraschung ihres Anblicks und die Belichtung der Platte zwei miteinander verbundene Reflexe, drückte er auf den Auslöser, lud den Apparat wieder auf, knipste, legte eine neue Platte ein, knipste, fuhr fort, Platten auszuwechseln, zu knipsen, und die ganze Zeit murmelte er unter dem Tuch hervor: »Ja, jetzt, so ist's recht, jawohl, noch einmal, so bekomme ich dich gut, noch mal.«

Er hatte keine Platten mehr. Er kam unter dem Tuch hervor. Er war zufrieden. Bice stand vor ihm, nackt, wartend.

»Jetzt kannst du dich anziehen«, sagte er, glücklich, aber schon in Eile, »laß uns fortgehen.«

Sie schaute ihn verwirrt an.

»Jetzt habe ich dich gehabt«, sagte er.

Bice brach in Tränen aus.

Antonino entdeckte am gleichen Tag, daß er in sie verliebt war. Sie begannen miteinander zu leben, und er kaufte die modernsten Apparate, Teleobjektive, perfekte Ausrüstungen, richtete ein Labor ein. Er hatte auch Vorrichtungen, um sie nachts photographieren zu können, wenn sie schlief. Bice erwachte unter dem Blitz, ärgerlich; Antonino knipste weiter, Bice, die sich aus dem Schlaf löste, Bice, die mit ihm zürnte, die vergeblich den Schlaf wiederzufinden suchte, indem sie das Gesicht im Kissen vergrub, Bice, die sich wieder versöhnte, die in diesen photographischen Vergewaltigungen Liebesakte erkannte.

Die Wände von Antoninos Labor waren mit Filmen und Photoabzügen bedeckt, und auf allen war Bice zu sehen, wie sich im Gitternetz eines Bienenstocks Tausende von Bienen zeigen, die immer dieselbe Biene sind: Bice in allen Stellungen, Verkürzungen, Kleidungen, Bice in Pose gestellt oder ohne ihr Wissen aufgenommen, eine in eine Staubwolke von Bildern zersplitterte Identität.

»Du mußt von Bice besessen sein. Kannst du nichts anderes photographieren?« Diese Frage hörte er immer wieder von seinen Freunden und auch von ihr.

»Es geht nicht einfach um Bice«, antwortete er. »Es ist eine Frage der Methode. Wenn du dich einmal entschließt, eine Person oder eine Sache zu photographieren, dann mußt du sie immer weiterphotographieren, nur diese, zu jeder Tages- und Nachtzeit. Die Photographie hat nur einen Sinn, wenn sie alle Möglichkeiten von Bildern erschöpft.«

Aber er erwähnte nicht, was ihm vor allem am Herzen lag: Bice auf der Straße einzufangen, wenn sie nicht wußte, daß er sie sah, sie unter den Beschuß versteckter Objektive zu nehmen, sie nicht nur zu photographieren, ohne sich blicken zu lassen, sondern ohne sie zu sehen, sie zu ertappen, wie sie war, wenn sie seinen Blick nicht auf sich fühlte, keinen Blick. Nicht, daß er etwas Besonderes hätte entdecken wollen; er war nicht eifersüchtig im üblichen Sinn des Wortes. Es war eine unsichtbare Bice, die er besitzen wollte, eine Bice, die absolut allein war, eine Bice, deren Gegenwart seine Abwesenheit und die aller anderen voraussetzte.

Ob man es als Eifersucht bezeichnen konnte oder nicht, es war auf alle Fälle eine schwer zu ertragende Leidenschaft. Bald darauf verließ Bice ihn.

Antonino verfiel in Depression. Er begann ein Tagebuch zu führen: photographisch selbstverständlich. Den Apparat umgehängt, im Haus eingeschlossen, in einen Lehnstuhl vergraben, knipste er verbissen den Blick ins Leere. Er photographierte die Abwesenheit Bices.

Er klebte die Photos in ein Album: Da sah man Aschenbecher voller Stummel, ein ungemachtes Bett, einen feuchten Fleck auf der Mauer. Er verfiel auf die Idee, einen Katalog all jener Dinge zusammenzustellen, die nie photographiert werden, die sich nicht nur dem Objektiv der Kameras entziehen, sondern auch vom Menschen systematisch übersehen werden. Bei jedem Gegenstand verweilte er Tage, wobei er ganze Filmrollen verbrauchte; er photographierte ihn in Zwischenräumen von Stunden, so daß er die Veränderungen des Lichtes und der Schatten festhalten konnte. An einem Tag beschäftigte er sich nur mit einer leeren Ecke des Zimmers, mit einer Heizungsröhre und sonst nichts: Er war versucht, diesen Punkt und nur diesen bis ans Ende seiner Tage zu photographieren.

Er vernachlässigte die Wohnung, Blätter und alte Zeitungen lagen ausgebreitet auf dem Boden herum, und er photographierte sie. Die Photos in den Zeitungen wurden gleichfalls photographiert, und eine indirekte Verbindung zwischen seinem Objektiv und dem Photoreporter stellte sich her. Um jene schwarzen Flecken hervorzubringen, hatte sich die Linse anderer Objektive auf Angriffe der Polizei, ausgebrannte Autos, Athleten im Lauf, Minister, Angeklagte gerichtet.

Antonino empfand jetzt ein besonderes Vergnügen dabei, die häuslichen Gegenstände in ein Mosaik von Außenaufnahmen eingerahmt abzubilden, gewaltsame Tintenflecken auf weißen Blättern. Er überraschte sich dabei, das Leben des Photoreporters zu beneiden, der sich bewegte, der den Massenaufläufen folgte, dem vergossenen Blut, den Tränen, den Festen, dem Verbrechen, den Konventionen der Mode, der Falschheit der offiziellen Anlässe; der Photoreporter, der über die Extreme der Gesellschaft berichtete, über die Reichsten und über die Ärmsten, über die außergewöhnlichen Ereignisse, die sich dennoch in jedem Augenblick, an jedem Ort abspielten. »Soll das heißen, daß nur der Ausnahmezustand einen Sinn hat?« fragte sich Antonino. »Ist der

Photoreporter der wahre Antagonist des Sonntagsphotographen? Schließen ihre Welten einander aus? Oder gibt die eine der anderen einen Sinn?« Damit begann er die in den Monaten seiner Leidenschaft angehäuften Photos mit und ohne Bice zu zerreißen, die an den Wänden aufgehängten Probeabzüge herunterzureißen, die Negative zu zerschnipseln, die Diapositive zu zerbrechen; die Abfälle dieser methodischen Zerstörung häufte er auf den am Boden ausgebreiteten Zeitungen auf.

»Vielleicht ist die wahre, totale Photographie«, dachte er, »ein Haufen von Bruchstücken privater Bilder, vor dem zerknitterten Hintergrund der Zerstörungen und der Krönungen.«

Er bog die Zipfel der Zeitungen zu einem riesigen Bündel zusammen, um es in den Kehricht zu werfen, zuvor aber wollte er es photographieren. Er ordnete die Zipfel so an, daß zwei Hälften von verschiedenen Zeitungsphotos gut zu sehen waren, die zufällig so lagen, daß sie zusammenpaßten. Er öffnete das Bündel sogar wieder ein wenig, damit ein Stückchen von dem Glanzpapier einer zerrissenen Vergrößerung herausragte. Er schaltete einen Scheinwerfer ein; er wollte, daß man auf seinem Photo die halb zusammengeknüllten und zerrissenen Bilder erkennen konnte, zugleich ihre Unwirklichkeit und Zufälligkeit begriff, aber auch ihre Wirklichkeit und Bedeutungsschwere, die Kraft, mit der sie sich an die Aufmerksamkeit anklammerten, die sie zu verjagen suchte.

Um das alles in eine Photographie hineinzubekommen, mußte man eine außergewöhnliche technische Gewandtheit erwerben, aber erst dann würde Antonino aufhören können zu photographieren. Wenn alle Möglichkeiten erschöpft waren, in dem Augenblick, da der Kreis sich schloß, so begriff Antonino, war Photographien zu photographieren der einzige Weg, der ihm blieb, der wahre Weg sogar, den er bis dahin dunkel gesucht hatte.

Rahel Hutmacher
Herzanfall

Ich fuhr heim, obwohls noch mitten in den Ferien war; wohin hätt' ich sonst gehen sollen. Ich war eine prüde alte Jungfer, die zu ihrer prüden alten Mutter zurückwollte: Fritz hatte recht. Obwohls zum Fürchten heiß war, fror ich in meiner alten Haut. Deine Haut sieht aus wie ein runzliger alter Fisch. Ja, ja.

Ich fuhr den ganzen Tag, ohne einmal anzuhalten. Die Autostopper saßen am Straßenrand und rührten sich nicht, schöne junge Tote in der Hitze. Heute nahm ich keinen mit. Nie wieder würde ich einen mitnehmen. Sie waren schön und jung, und ich war alt: Nichts hatte ich mit ihnen zu schaffen, nichts. Mit dir ist nichts mehr anzufangen, Fritz hatte recht.

Gegen Abend nahm ich doch jemanden mit, ein junges Mädchen. Ich stellte mir vor, wie sie nachts am Straßenrand stand und von einem Mann aufgelesen wurde, der ihr weiß was antat; da hielt ich an.

Sie grüßte nicht und bedankte sich nicht. Sie stieg schweigend ein und setzte sich ihren schmutzigen Rucksack auf den Schoß wie ein schweres Kind.

Das kannst du hinten hinlegen, sagte ich.

Nein, sagte sie.

Wohin willst du, fragte ich. Sie war jung, sie hätte eine meiner Schülerinnen sein können.

Ist mir egal, sagte sie.

Du mußt doch irgendwohin wollen, sagte ich. Aber sie sah schweigend aus dem Fenster, als wäre jetzt alles gesagt und geklärt. Also fuhr ich weiter. Mir konnts ja egal sein.

Als sie ihre Zigaretten hervorholte, sagte ich: Rauch bitte nicht in meinem Auto; sie nickte und tat die Zigaretten wieder weg. Einmal sagte sie: Hast du kein Radio hier. Es störte mich, daß sie mich duzte. Ich sagte Nein. Sonst redeten wir kein Wort.

Ich fuhr und fuhr; solang ich fuhr, war der ganze Schmerz, waren die Angst und die Kränkung weg. Ich fuhr und fühlte nichts. Ich war tot; alle waren längst schon tot, nur wußten sies nicht oder wolltens nicht wissen, Fritz und meine Mutter, die schönen Autostopper am Straßenrand und das Mädchen neben mir. Ihre strähnigen langen Haare flatterten, als wüchsen ihr Tuchstreifen aus dem Kopf und nicht Haare.

Dann wurde es dunkel, und ich merkte plötzlich, mein Nacken schmerzte, ich war hungrig und durstig; und dieses Mädchen roch nicht gut, auch das merkte ich erst jetzt. Alles tat mir weh.

Ich werde beim nächsten Hotel anhalten und übernachten, sagte ich zu dem Mädchen und war froh, daß ich sie bald loswurde mit ihren fettigen Haaren und ihrem Schweißgeruch.

Okay, sagte sie.

Und du, sagte ich, wo bleibst du.

Weiß ich nicht, sagte sie und sah weiterhin geradeaus, als sähe sie in dieser Dunkelheit ein schönes Land und müßte es jetzt andächtig und genau betrachten.

Ist das denn nicht gefährlich, sagte ich. Höhnisch sagte die Stimme von Fritz in mir: Prüde, prüde.

Das Mädchen zuckte die Schultern, das sah sehr verächtlich aus, und sagte nichts. Sie holte wieder ihre Zigaretten hervor. Rauch nicht in meinem Auto, sagte ich scharf, und die Stimme in meinem Innern höhnte: Jungfer, Jungfer, Lehrerin.

Ach ja, sagte das Mädchen gleichmütig, als wäre sie Verbote und Enttäuschungen gewohnt, und ich zerbrach mir den Kopf, was ich mit ihr machen sollte.

Ich wollte sie loswerden. Aber sie war so jung, ich konnte sie doch nicht mitten in der Nacht hier irgendwo stehenlassen. Aber auch wenn ich gewollt hätte, hätte ich sie gar nicht einladen können; ich hatte kaum Geld bei mir. Ich hatte nur mein Zeug in den Koffer geworfen und war weggefahren, so schnell ich konnte. Eine klügere und erfahrenere Frau als ich hätte zuerst von Fritz das geliehene Geld zurückverlangt; da fing ich an zu weinen.

Als ich vor Tränen nichts mehr sehen konnte, fuhr ich an den Straßenrand und hielt an. Ich legte den Kopf aufs Steuerrad, schluchzte und weinte.

Das Mädchen blieb neben mir sitzen wie eine schweigende, stinkende Pflanze, während ich weinte und weinte über das, was Fritz mir angetan hatte, was das ganze Leben mir angetan hatte.

Das nächste, woran ich mich erinnere, ist der alte Portier, der so schnell redete. Ich stand hilflos da und fand kein mir vertrautes Wort in dem rasenden Fluß von Wörtern, die aus ihm hervorstürzten. Das Mädchen nickte schließlich und antwortete ihm etwas. Er gab mir einen warmen Schlüssel in die Hand und wies uns, immerfort redend, die Treppe hinauf. Noch immer liefen mir die Tränen übers Gesicht, wer weiß, was er dachte. Wahrscheinlich wars ihm ganz egal.

Wir gingen mehrere Treppen hoch, und das Mädchen stank. Im Auto hatte ich alle Fenster offen gehabt. Hier, in diesem stickigen grauen Gang, roch sie so heftig nach fettigen Haaren und verschwitztem Frauenkörper, daß ich versuchte, den Atem anzuhalten. Prüde, prüde, frigide, sagte die Stimme von Fritz wie ein Lautsprecher in meinem Innern. Ich ging hinter diesem Mädchen her und weinte mir die Seele aus dem Leib, und mir war übel und schwindlig.

Das Zimmer war schrecklich, aber das merkte ich erst am nächsten Tag. Mir war schlecht; mein Herz brannte und stach. Etwas Reißendes, Tobendes zerquetschte mir das Herz. Ich stand ganz still in diesem dröhnenden grauen Trichter, klammerte mich an das Eisenrohr und dachte, jetzt sterbe ich, jetzt muß ich sterben.

Das Mädchen stellte meinen Koffer aufs Bett, stieß das Fenster auf und drehte am Wasserhahn, aus dem ein gelbroter Wasserstrahl kam; ich hatte den ersten Herzanfall meines Lebens und sagte zu dem Mädchen: Wasch dich mal gründlich.

Ich sah das Mädchen gleichmütig nicken und fühlte, wie mein Herz stampfte und zerrissen wurde. Ich hörte das Mädchen sagen: Ich hab' aber nichts zum Waschen da.

Auf grauen Knien ging ich zu meinem Koffer und gab ihr alles, mein Shampoo, meine Seife, mein Handtuch, und krümmte mich dabei vor Schmerzen. Nie hatte ich bisher mit jemandem mein Handtuch geteilt, und daß man sich, um seine Liebe zu beweisen, die Zähne mit der Zahnbürste des Geliebten putzt, fand ich schon immer widerlich und töricht. Aber jetzt riß etwas Hartes, Graues mein Herz auf; ich wußte nichts mehr von dem, was ich einmal gewußt und gelernt hatte, und lieh diesem vollkommen fremden Mädchen meinen Waschlappen und meine Zahnbürste.

Sie zog sich aus und wusch sich. Ich saß auf dem Bettrand,

hatte einen Herzanfall und Todesangst und sah ihr beim Waschen zu. Sie wusch sich die Haare; Schaum flog bis zu mir aufs Bett, und ich wußte nicht, ob das in meinem Gesicht meine erkaltenden Tränen waren oder die Schaumflocken, die um mich flogen wie weiße Federchen.

Dann konnte ich wieder atmen und lebte noch: saß auf dem Bettrand und sah einem nackten Mädchen zu, wie es sich wusch. Ich sah zum ersten Mal in meinem Leben eine nackte Frau, nachdem ich erst vor ein paar Tagen zum ersten Mal in meinem Leben einen nackten Mann gesehen hatte. Vor dem nackten Fritz hatte ich mich geschämt und gefürchtet und war vor Ratlosigkeit gelähmt gewesen. Jetzt fühlte ich mich wie ein kleines Kind, das sitzt und zusieht, während die Tränen auf seinem Gesicht trocknen: nur dasitzt und zusieht, friedlich und vollkommen furchtlos.

Wir schliefen im selben Bett, es gab in diesem Zimmerchen nur dieses weiße Eisenbett. Das Mädchen legte sich neben mich und schlief sofort ein, und ich schlief auch ein.

Nachts wachte ich auf, weil ich mit der Stirn auf der Armbanduhr lag. Ich legte die Uhr auf den Boden neben das Bett, und das Mädchen drehte sich um und legte sich in meinen Arm.

Ich war eine prüde alte Jungfer. Ich war beinahe fünfzig, und Fritz hatte es nicht glauben können, daß er der erste Mann in meinem Leben war. Erst neckte er mich deswegen, später verhöhnte er mich: vertrocknet, alt, gar keine richtige Frau. Ich war ungeschickt und voller Angst, etwas falsch zu machen, etwas nicht zu wissen, was ich als Frau hätte wissen sollen; und Fritz war wütend.

Jetzt lag ich in dem engen Bett, hielt diese junge Frau im Arm und fühlte im Dunkeln, wie sie ihre Hand auf meine Wange legte. Sie streichelte mich, und ich ließ mich streicheln, ohne mich zu wundern oder zu ängstigen. Es war keine Angst übriggeblieben.

Die Hand der jungen Frau war rauh und warm. Ich roch mein Shampoo in ihren Haaren, die mich im Gesicht und dann auf den Brüsten und dann auf dem Bauch kitzelten. Ich war gestrandet; ich war mit dem Leben davongekommen. Ich ließ mir das Nachthemd ausziehen und hörte meiner Stimme zu, die ganz von selber, ohne daß ich etwas davon wußte oder etwas dazu tat, zu stöhnen und zu rufen begann und schließlich in das dunkle Zimmer hineinschrie und nicht mehr aufhören wollte zu schreien.

Ich schlief in ihrem Arm ein wie ein Kind, und sie hielt mich, als wäre ich ein Kind. Sie sagte freundliche Wörter zu mir, die ich nicht verstand, aber das machte nichts. Sie strich mir über die Haare, und ich schlief gänzlich getröstet ein. Am andern Morgen wachte ich auf, und sie war weg, und mein Geld war auch weg, und die goldene Armbanduhr auch, die meiner Mutter gehörte und die sie mir unter tausend Mahnungen für die Reise geliehen hatte.

Es machte mir überhaupt nichts aus. Ich hätte mich aufregen sollen, aber ich regte mich nicht auf. Es war, als hätte ich dies alles schon lange gewußt und immer erwartet, und jetzt wars geschehen, und alles war gut und vollkommen gerecht.

Ich mußte Geld auftreiben. Ich stammelte in dieser fremden Sprache herum. Ich behielt das häßliche Zimmerchen und lag fast die ganze Zeit, bis das Geld ankam, im Bett: als wäre ich von einer schrecklichen Krankheit genesen, als wäre ich endlich am richtigen Ort angekommen; und als ich nach Hause kam, sagte meine Mutter sofort: Wo hast du meine Uhr.

Ich log. Ich log sie an und log die Kollegen an, als sie nach meinen Ferien fragten, und sie glaubten mir alles, nur meine Mutter glaubte mir kein Wort. Sie jammerte ihrer Uhr nach und machte mir wochenlang Vorwürfe deswegen, aber zum ersten Mal in meinem Leben waren mir ihre Tränen, ihre Vorwürfe und ihr gekränktes Schweigen vollkommen egal.

Hoimar von Ditfurth
Welten hinter der Wirklichkeit

In diese Jahre – es wird 1932 gewesen sein – fällt eine Episode, die mir wie in einer Offenbarung eine gänzlich neue Welt erschloß. Eine Welt, von deren Existenz ich bis dahin nichts geahnt hatte und von der eine Faszination auf mich ausging, die mich mein ganzes Leben nicht mehr losgelassen hat. Es begann mit einem Zufallsgeschenk. Von irgendwoher – aus einer der alten Kisten auf dem Bückeburger Dachboden? – kam ich unversehens in den Besitz eines uralten, primitiven Mikroskops. Sein stark zerkratzter Messingtubus wurde durch bloße Reibung von einem Eisenring festgehalten, in dem man ihn mit vorsichtig drehenden Bewegungen auf und ab zu schieben hatte, um die Schärfe einzustellen.

Mein Interesse an dem neuen Spielzeug drohte mangels geeigneter Beobachtungsobjekte schon zu erlahmen, als – zweiter Glücksfall – eine im Obergeschoß unseres Hauses wohnende Biologielehrerin sich die Mühe machte, mir ein Einmachglas mit dem Bodensatz aus einem Aquarium und ein paar Objektträger zu beschaffen. Fräulein Gaßner – mein Gedächtnis hat den Namen in unauslöschlicher Dankbarkeit bewahrt – weihte mich auch in den richtigen Umgang mit den Utensilien ein. Und dann hatte ich plötzlich die Welt des belebten Mikrokosmos leibhaftig vor Augen: Glockentierchen, die mit ihren feinen Wimpern Wasser in sich hineinstrudelten, um sich bei der leisesten Erschütterung der Tischplatte durch das spiralige Einrollen des lebendigen »Seils«, mit dem sie sich festhielten, blitzartig aus dem Gesichtsfeld in Sicherheit zu bringen. Pantoffeltierchen, die wie kleine Boote im Zickzack durch den Wassertropfen unter dem Mikroskop kreuzten. Gefräßige Rädertierchen und wieselflinke Schwimmalgen. Wann immer ich ein neues Mikrowesen entdeckte, zeichnete ich es sorgfältig auf Papier, um mir von Fräulein Gaßner seinen Namen sagen zu lassen.

Am meisten angetan hatten es mir die »Wechseltierchen«, die Amöben. Wie kleine Schleimtröpfchen flossen sie unter ständigem Wechsel ihrer Form träge mal in diese, dann wiederum scheinbar ziellos in eine andere Richtung. Gestaltlose

Winzlinge aus Eiweiß und doch ohne jeden Zweifel »lebendig«. Ihr Anblick konfrontierte mich zwingend und unmittelbar mit der Frage, wie sie das eigentlich machten, worin das Geheimnis bestand, durch welches sie sich von »normalen« (toten) Eiweißtropfen unterschieden. Ich hatte diese Fragen natürlich nicht in dieser Eindeutigkeit und klar formuliert in meinem Kopf. Aber die Existenz des Geheimnisses, das sich hinter den mikroskopischen Lebewesen in meinem unscheinbaren Wassertropfen verbarg, die ahnte ich mit einer Intensität, die meine Finger beim Umgang mit dem Objektträger zittern ließ. Während der unzähligen Stunden, die ich den folgenden Winter hindurch über meinem Mikroskop saß, hob ich in unregelmäßigen Abständen immer wieder den Kopf, um mich meiner Umgebung zu vergewissern. Es erschien mir nahezu unglaublich, daß die Welt meines Kinderzimmers und die Mikrowelt auf meinem Objektträger zur selben Zeit nebeneinander existierten.

Heute bin ich davon überzeugt, daß dieser durch mancherlei Zufälle zustande gekommene Einblick in die Welt der Mikroorganismen vor allem deshalb eine so starke und bleibende Wirkung auf mich ausgeübt hat, weil er mir – glücklichster Zufall von allen – im »richtigen« Alter zuteil wurde. Wäre ich einige Jahre jünger gewesen, hätte mein Aufnahmevermögen mir wohl keine noch so vage Ahnung davon vermitteln können, daß ich etwas Staunenswertes vor Augen hatte. Und nur wenige Jahre später hätte die Gefahr bestehen können, daß die Gewöhnung an die Welt der alltäglichen menschlichen Begebenheiten mich schon so weit mit Beschlag belegt hätte, daß ich den Anlaß zu wirklichem Staunen nicht mehr zu erkennen vermocht hätte. Denn wenn man es sich abgewöhnt hat, Wunder für möglich zu halten, sieht man sie selbst dann nicht mehr, wenn man mit der Nase auf sie stößt.

Ich kann mich irren. Verallgemeinerungen sind immer gefährlich. Trotzdem kann ich den Gedanken nicht verdrängen, daß das für alle Kinder gilt. Es ist die geläufige Erkenntnis der Entwicklungspsychologen und selbstverständlich auch aller Eltern, welche die Entwicklung ihrer Kinder mit offenen Augen verfolgen, daß wir alle in unserer Kindheit phantasievoller, aufgeschlossener, neugieriger und schöpferischer sind als in späteren Jahren. Es ist, salopp formuliert, ziemlich deprimierend zu beobachten, mit welch trauriger Regelmäßigkeit aus interessierten und einfallsreichen Kindern Erwachsene mit einem ziemlich langweiligen Innenleben zu werden pflegen. Vielleicht muß ein derartiger Verlauf aber nicht als unabwendbar hingenommen werden? Ist es nicht denkbar, daß die Chance einer rechtzeitigen (zur rechten Zeit erfolgenden) Entdeckung der außerhalb des Horizontes der eigenen Alltagsexistenz gelegenen Wirklichkeiten immunisieren könnte gegen die abtötende Wirkung lebenslanger Gewöhnungsprozesse?

Zeit meines Lebens hat mich der Gedanke an die bedrükkend große Zahl der Menschen verfolgt, die – ohne es zu wissen – niemals wirklich zum vollen Leben erwachen. Die den Rahmen ihrer geistigen Existenz während der uns zugemessenen knappen Zeitspanne zwischen Geburt und Tod nicht annähernd auszufüllen imstande sind, weil sie dem seelischen Abnutzungsprozeß alltäglicher Gewöhnung erliegen, ohne der Weite des ihnen grundsätzlich offenstehenden Welthorizonts überhaupt gewahr zu werden. Auch bei ihnen handelt es sich um Fälle »nicht gelebten Lebens«, so lebhaft sie in ihrer Alltagswelt äußerlich auch zu agieren scheinen.

Haben wir einen solchen Zustand womöglich als eine Art partielle seelische Blindheit aufzufassen, die sich infolge des Ausbleibens eines stimulierenden Schlüsselerlebnisses in einer »sensiblen Phase« während der Entwicklungsjahre einstellt? Vieles spricht dagegen, daß es so simpel zugeht. Auf der anderen Seite aber ist die Verantwortung der Umgebung unübersehbar. Erschreckend deutlich wird sie in den Fällen, in denen extreme äußere Not keine Chance läßt, über die Zwänge nackten Lebenserhalts hinaus zur Besinnung kommen zu können. In die Schuld, die wir gegenüber den am Rande des Hungertodes dahinvegetierenden Millionen in den sogenannten Entwicklungsländern auf uns laden, haben wir auch diesen Aspekt einzubeziehen. Die Menschen dort hungern nicht bloß, was allein sie qualvoll genug leiden ließe. Die bestehende politische Weltordnung, für die wir die Verantwortung mitzutragen haben, beraubt sie a priori zugleich aller Chancen, die in jedem von ihnen angelegten Möglichkeiten eigentlicher Menschwerdung verwirklichen zu können: ein Tatbestand millionenfachen Seelenmordes, der zum Himmel schreit.

Auch oberhalb der Grenzen minimaler Existenzsicherung aber, und, aus anderer Ursache, gerade in den Sphären satter Wohlhabenheit, sind, was diese Fragen angeht, schuldhafte Einflüsse der Gesellschaft anzuerkennen und heute im Prinzip auch allgemein bekannt (ohne daß sich dadurch an der Situation das geringste änderte). In unserer Wohlstandsgesellschaft handelt es sich nicht um seelischen Mord, sondern eher um eine Art psychische Selbstverstümmelung. Man rennt bei den meisten Zeitgenossen schon offene Türen ein, wenn man auf die geist- und phantasietötenden Effekte einer alle Lebensbereiche, gerade die der Heranwachsenden, erfassenden Werbetechnik hinweist. Auf eine mit Hilfe wissenschaftlicher Strategien synthetisch konstruierte »Jugendkultur«, welche den einzelnen seiner persönlichen Individualität beraubt, indem sie ihn unmerklich in das reibungslos funktionierende Objekt eines anonym bleibenden Systems kommerzieller Interessen verwandelt.

Denn die seelische Blindheit für die Faszination der hinter dem alltäglichen Augenschein gelegenen Wirklichkeiten tritt nicht nur als Folge abstumpfender Gewöhnung auf. In unserer Gesellschaft ist sie meist das Resultat einer schon in früher Jugend einsetzenden Blockierung der seelischen Aufnahmefähigkeit durch das von unserer zivilisatorisch organisierten Kunstwelt ausgehende Trommelfeuer belangloser Reize und Informationen. Die Kinder und Jugendliche mit gnadenloser Unwiderstehlichkeit in ihren Bann ziehende Attraktivität der realitätsfernen Videoscheinwelten stellt dafür nur ein (besonders perniziöses) Beispiel dar. Die weltweit zu beobachtenden »alternativen« Protestbewegungen erscheinen mir in diesem Zusammenhang primär als Symptome einer gesunden Abwehr, die auf diese seelenzerstörenden Zwänge unserer Zivilisation mit bemerkenswerter Instinktsicherheit reagiert. Diese Behauptung behält ihre Gültigkeit als Diagnose auch dann, wenn bedauerlicherweise zuzugeben ist, daß sich solche Bewegungen durch den aggressiven Überschwang ihres Protestes im konkreten Einzelfall unnötig oft ins Unrecht setzen.

Wie immer man die Frage der Ursachen auch beurteilen mag, das Phänomen der seelischen Blindheit besteht, und es ist bedrückend. Die Möglichkeit, daß eine individuelle Lebensspanne verstreichen kann, ohne daß der diese unwiederholbare Zeitstrecke durchlebende Mensch sich im Rahmen der ihm grundsätzlich gegebenen Möglichkeiten »zur Eigentlichkeit seiner Existenz aufschwingt« (wie ein Existenzphilosoph es formulieren würde), ist unüberbietbar tragisch. Ein Mensch, der zeit seines Lebens auf den engen Rahmen unmittelbarer sinnlicher Anschauung beschränkt bleibt, fristet ein Kümmerdasein gemessen an dem, was menschliche Existenz sein kann.

Ob er sich von der Beschränkung auf solche geistige Enge nun durch philosophische Besinnung befreit oder durch die Hinwendung zu den uns von der Naturwissenschaft erschlossenen Hintergründen unserer Alltagswelt, macht letztlich keinen Unterschied. Auf beiden Wegen kann man die Grenzen naiven Welterlebens hinter sich lassen und den Horizont seiner unmittelbaren Erfahrung überschreiten (»transzendieren«). In beiden Fällen legt dieser Schritt die Sicht frei auf die Voraussetzungen und das Geheimnis unserer Existenz. Wer ihn einmal getan hat, der wird von da ab – auch wenn er zum philosophischen »Räsonieren« gar nicht neigt – sein Dasein und das seiner Mitmenschen mit anderen, neuen Augen sehen.

Die Welt der Protozoen ist ja nur ein konkretes Einzelbeispiel. Der Wege, die über die Grenzen des vom alltäglichen Welterleben ausgefüllten Horizonts hinausführen, gibt es viele. Durch Fräulein Gaßner lernte ich einen zweiten, vielleicht noch grundsätzlicheren kennen. Allerdings muß hier verdienstes- und dankbarkeitshalber eingeschoben werden, daß der erste Anstoß, ihn zu betreten, wieder von meinem Vater ausging. Ich erinnere mich noch gut eines gemeinsamen Spazierganges im Harrl, dem fast am Rande unseres Bückeburger Gartens beginnenden Bergwald, während eines seiner sporadischen Wochenendbesuche. Auf irgendeine Weise waren wir, oder vielmehr war ich, nachdem ich mir einige in der Zwischenzeit angesammelte Fragen hatte beantworten lassen, darauf verfallen, ihm die Frage zu stellen, ob es eigentlich Dinge gebe, die man *nicht* erklären könne. Ich habe das damals ganz sicher nicht so präzise ausgedrückt, aber das war der Kern meiner Frage, und mein Vater verstand sofort, was ich meinte. Seine Antwort bestand in einem Benehmen, das auf einen zufälligen Beobachter recht seltsam gewirkt hätte: »Jetzt will ich nach links gehen«, sagte er laut in den Wald hinein – und tat es im nächsten Augenblick. »Und jetzt will ich meinen rechten Arm heben«, lautete das nächste Kommando, das er sich selbst gab und ebenso prompt ausführte. Während ich ihm etwas erstaunt zusah, begann er, mir den Zusammenhang zwischen seinen in ähnlicher Weise noch für einige Augenblicke fortgesetzten »Übungen« und meiner Frage zu erläutern. Obwohl er, so etwa lautete seine Erklärung sinngemäß, sich nach Belieben entscheiden könne, diese oder jene Bewegung auszuführen, und das dann auch tun könne (oder auch nicht, wenn er es sich anders überlege), sei er völlig außerstande, mir zu erklären, wie er das mache. Er glaube auch nicht, so fügte er hinzu, daß es irgendeinen Menschen gebe, der das wisse.

Selbstverständlich begann ich im nächsten Augenblick, die bei meinem Vater beobachteten »Übungen« nachzumachen, um auszuprobieren, ob es mir genauso ging. Es ging mir genauso, stellte ich fest, was mich offengestanden mehr befriedigte als beeindruckte, weil mir die Hintergründigkeit des Sachverhalts damals noch verschlossen blieb. Der Fall erschien mir aber doch anregend genug, um die Frage anzuschließen, ob es noch andere solche Unerklärlichkeiten gebe. Nach kurzem Nachdenken konnte mein Vater tatsächlich mit einem weiteren Beispiel aufwarten, das seiner sinnlichen Anschaulichkeit halber meinem Begriffsvermögen sehr viel angemessener war als der abstrakte Fall einer »bewußten Willensentscheidung«. Er verwies mich auf den blauen Himmel über uns und forderte mich auf, einmal zu überlegen, wie weit es da wohl hinaufgehe. In kürzester Zeit waren wir uns einig darüber, daß es sehr schwer war, sich vorzustellen, daß es dort oben »unaufhörlich weiterging«, aber gleichzeitig auch gänzlich unmöglich, sich eine Grenze auszudenken, die dieser Unaufhörlichkeit irgendwo ein Ende setzte.

Ich weiß noch, daß ich versuchte, mir eine riesige Kugel vorzustellen, die den Raum des Himmels über mir irgendwo ganz weit entfernt abschloß. Als ich meinem Vater diese »Lösung« unterbreitete, war es ihm natürlich ein leichtes, mich mit der einfachen Gegenfrage, wie es denn meiner Ansicht nach hinter dieser kugelförmigen Grenze weitergehe, aufs neue in Ratlosigkeit zu versetzen. Auch daß das für jede andere ausdenkbare Grenze ebenso gelte, leuchtete mir unmittelbar ein. Die Angelegenheit beschäftigte mich eine ganze

Weile. Noch abends im Bett, als ich nicht einschlafen konnte, weil ich meinen Vater schon wieder auf der Rückreise nach Berlin wußte, zerbrach ich mir den Kopf vergeblich über das seltsame Geheimnis.

Der Boden war also vorbereitet, als Fräulein Gaßner Jahre später anfing, mir den Sternhimmel zu erklären. Ich erinnere mich der ersten Lektion noch in allen Einzelheiten. Wir gingen ein Stückchen die nächtliche Straße hinunter bis zu einer Stelle, an der keine Straßenlampe mehr blendete. Angesichts eines winterlich strahlenden Sternhimmels hörte ich dann zum ersten Male davon, daß alle Sterne, die ich da sah, Sonnen waren wie unsere eigene, nur eben »unendlich weit« entfernt. Meine Mentorin versuchte sogar, mir eine Vorstellung zu vermitteln von den Entfernungen, die im Spiele waren. Zum ersten Male hörte ich den Ausdruck »Lichtjahr« und hatte, wie es anfangs allen geht, Schwierigkeiten zu begreifen, daß es sich dabei um eine Entfernungsangabe handelt (»um die Strecke, die ein Lichtstrahl zurücklegt, während ein ganzes Jahr vergeht«).

Natürlich kam auch die Grenzenlosigkeit des Raumes wieder zur Sprache, den ich da leibhaftig vor Augen hatte. Und wieder wurde mir gesagt, daß es sich um eine Frage handele, auf die kein Mensch eine Antwort geben könne. Ich war elf Jahre alt, und mir schwindelte der Kopf. Abermals spürte ich geradezu körperlich die Begegnung mit einem überwältigenden Geheimnis. Die Faszination seines Anblicks ist für mich heute noch so frisch wie damals. Dabei wäre ich gänzlich außerstande gewesen, jemandem zu erklären, was es eigentlich war, das mich so in seinen Bann schlug. Noch Jahrzehnte später, als Erwachsener, empfand ich resignierend diese Unfähigkeit, sobald ich versuchte, anderen meine Faszination verständlich zu machen, um auch ihnen möglichst die Augen zu öffnen für ein Wunder, das sie nicht zu sehen schienen, obwohl sie nur den Kopf hätten zu heben brauchen, um seiner ansichtig zu werden.

Bis ich dann, noch später, auf eine Erklärung stieß, die mich endlich im tiefsten Herzen befriedigte. Karl Popper hat, wie es für seine besten Texte so charakteristisch ist, mit ganz einfachen Worten klar ausgesprochen, worauf die Erschütterung beruht, die vom Anblick des Sternhimmels ausgeht: Er führe uns das ganze Ausmaß unserer Unwissenheit konkret vor Augen. Denn unser Wissen könne immer nur begrenzt sein, während unsere Unwissenheit notwendigerweise grenzenlos sei. Und er fährt fort: »Wir ahnen die Unermeßlichkeit unserer Unwissenheit, wenn wir die Unermeßlichkeit des Sternhimmels betrachten. Die Größe des Weltalls ist zwar nicht der tiefste Grund unserer Unwissenheit; aber sie ist doch einer ihrer Gründe...«

Es ist wichtig, sich darüber klarzuwerden, daß auch das primitivste Lebewesen bereits etwas von der Welt weiß. Auch die mit bloßem Auge nicht sichtbaren Einzeller, die ich als Schüler in Klein-Glienicke unter meinem Mikroskop beobachtete, verfügen über ein solches Wissen. Ihr Weltbild ist, auf so primitiver Entwicklungsebene, natürlich unendlich armseliger als das höherer Tiere, von dem des Menschen ganz zu schweigen. Das wenige aber, was sie über die uns allen gemeinsame Welt »wissen«, stimmt. Wie könnten sie sich sonst in der Welt auch nur vorübergehend behaupten?

Wenn ein Pantoffeltierchen bei seiner Reise durch einen Wassertropfen an ein Hindernis stößt, schreibt Konrad Lorenz, und daraufhin nach kurzer Pause in irgendeiner anderen zufallsbestimmten Richtung weiterschwimmt, dann würden wir ihm zwar in den meisten Fällen einen Kurs empfehlen können, der aussichtsreicher wäre als der von ihm nach der Kollision auf gut Glück eingeschlagene. Das jedoch, was der winzige Einzeller »wisse«, sei objektiv richtig: In der ursprünglichen Richtung war tatsächlich kein Weiterkommen. Auch auf dieser Ebene also existieren bereits Übereinstimmungen von Verhaltenskategorien und objektiv zu konstatierenden Umweltbedingungen. Im Grunde ist das eine triviale Feststellung, denn ein Organismus, bei dem das nicht der Fall wäre, könnte in dieser Welt keinen Augenblick überleben.

Es gibt noch einige andere Dinge, die der Einzeller »wissen« muß (was hier nur heißen soll: auf die er zweckmäßig reagieren muß, um weiterleben zu können). Er muß zum Beispiel unterscheiden können zwischen genießbaren, also als Nahrung (Energiequelle) nutzbaren, Substanzen und anderen, denen er auszuweichen hat, weil sie giftig für ihn sind. Damit ist die Liste jedoch schon so gut wie erschöpft. Das Weltbild des Einzellers ist erbärmlich merkmalsarm. Die Eigenschaften der Welt, die es enthält, finden sich allerdings auch in unserer menschlichen Welt wieder. Pantoffeltierchen und Mensch leben in derselben Welt. Von der vergleichsweise unendlich viel größeren Reichhaltigkeit unseres menschlichen Weltbildes hat der einzellige Organismus keinen Begriff. Dennoch ist sein Weltbild, aus seiner Perspektive, vollständig. Was über dessen enge Grenzen hinaus in der Wirklichkeit sonst noch vorkommen mag, existiert für ihn einfach nicht, ohne daß seine Ignoranz ihm zum Nachteil gereichte.

Von hier aus kann man nun die ganze Evolutionsleiter nach oben emporklettern, um nur immer wieder auf den grundsätzlich gleichen Sachverhalt zu stoßen. Schon im Vergleich mit dem Weltbild einer Qualle, erst recht mit dem eines Fisches oder gar dem eines Huhns erscheint das des Pantoffeltierchens (erscheinen jeweils alle unterhalb der eigenen Entwicklungsebene realisierten Weltbilder) als vergleichsweise ärmlich und unvollständig. Aus der Perspektive eines Huhns präsentiert sich das Weltbild eines Reptils als auf einige wenige Umweltsignale »zusammengeschnurrt«, wie Jakob von Uexküll, legendärer Erstbeschreiber tierischer Umwelten, es einst anschaulich ausdrückte. Auf das Huhn wiederum würde ein Affe, wenn er von dessen Weltbild etwas ahnen könnte, gewiß mitleidig herabsehen. So, wie wir selber der permanenten Versuchung unterliegen, vom Boden unserer, im evolutiven Vergleich zwischen den irdischen Lebensformen konkurrenzlosen Weltsicht aus alle übrige Kreatur geringzuschätzen.

Auf welche der Sprossen dieser evolutiven Stufenleiter man sich in Gedanken nun auch stellt, in den entscheidenden Punkten hat man von jedem Standort aus immer wieder den gleichen Anblick, gänzlich unabhängig von den beträchtlichen Unterschieden in der jeweiligen Entwicklungshöhe. In jedem Falle ist das eigene Weltbild aus subjektiver Perspektive vollständig. (Es enthält für das Erleben des auf der betreffenden Stufe angelangten Lebewesens keine »Lücken«.) Es mag sich ferner »von oben«, von unserem menschlichen evolutiven Standort aus, noch so armselig ausnehmen, zum Überleben reicht es allemal. Und die Eigenschaften und Merkmale der Welt, die es enthält, gibt es auch in unserem Weltbild (hier freilich neben einer überwältigenden Fülle zusätzlicher Elemente). Alle diese unterhalb unserer Entwicklungsebene existierenden (»subhumanen«) Weltbilder stellen folglich Weltausschnitte dar, die der von uns erlebten Welt »partiell isomorph« sind, wie Gerhard Vollmer es genannt hat, die mit unserem Weltbild also partiell übereinstimmen.

Nun aber zur »Gretchenfrage«: Was ist vor dem Hintergrund dieser evolutionären Rückbesinnung eigentlich von unserem, dem menschlichen Weltbild zu halten? Im alltäglichen Leben gehen wir alle in naiver Gedankenlosigkeit davon aus, daß es mit »der Welt« schlechthin identisch sei. Unser erkenntnistheoretischer Exkurs hat uns bereits in Erinnerung gerufen, daß wir damit einem Irrtum erliegen. Was lehrt uns nun über die philosophische Besinnung hinaus der evolutionäre Vergleich?

Der beispiellose Erfolg und das in den letzten Jahrzehnten geradezu beängstigend angewachsene Ausmaß unseres manipulativen Umgangs mit unserer Umwelt könnten dem Gedanken Vorschub leisten, daß die bei der erkenntnistheoretischen Analyse feststellbaren Abbildungsmängel zwar grundsätzlich nicht zu leugnen sind, daß sie alles in allem aber doch relativ geringfügig sein dürften. Denn spricht dieses Übermaß des Erfolges bei dem Versuch, die Umwelt den Bedürfnissen des Menschen entsprechend umzubauen, etwa nicht für die Annahme, daß unsere kognitive Ausstattung uns eben doch ein Abbild der Welt vermittelt, das von deren objektiver Beschaffenheit nicht allzuweit entfernt sein kann? Dies wiederum liefe auf die Vermutung hinaus, daß wir, der Homo sapiens, nach rund vier Milliarden Jahren irdischer Lebensgeschichte heute definitiv die alleroberste Sprosse aller Möglichkeiten der Evolution darstellten. Just in unserer Gegenwart und verkörpert durch uns selbst hätte die Entwicklung demnach den obersten Gipfel erklommen. Und dreizehn Milliarden Jahre kosmischer Geschichte hätten zu nichts anderem gedient, als uns und unsere gegenwärtige Situation hervorzubringen. So gesehen, nimmt die Unterstellung sich bereits einigermaßen lächerlich aus. Unsere evolutionäre Rückbesinnung bestätigt bei näherer Betrachtung, daß sie das in der Tat ist.

Denn worauf allein könnten wir unseren kühnen Anspruch gründen, daß wir als die erste und einzige Lebensform über ein Gehirn verfügen, das die Welt seinem Besitzer endlich in perfekter Abbildung präsentiert? Erstens darauf (und dies ist das vom naiven Realismus jeglicher Couleur unbewußt herangezogene Hauptargument), daß unser Weltbild »geschlossen« ist, daß es keine »weißen Flecken« enthält. Wo könnten sich da denn, so fragt der Alltagsverstand rhetorisch, noch irgendwelche uns unzugänglichen Eigenschaften der objektiven Welt verbergen? Zweitens auf den unbestreitbaren Erfolg, mit dem wir uns mit Hilfe dieses Weltbildes in der Welt behaupten konnten (bis heute jedenfalls, ist man vorsichtshalber gezwungen hinzuzusetzen). Auf den ungeheuren – von nicht wenigen aber auch schon als beängstigend angesehenen – Erfolg, mit dem wir unsere Vernunft zum Zwecke des »Umbaus des Sterns Erde« (Ernst Bloch) einzusetzen vermochten.

Wer jedoch, wie wir es eben getan haben, die evolutionäre Stufenleiter der im Laufe der irdischen Lebensgeschichte aufeinanderfolgenden subhumanen Weltbilder hat Revue passieren lassen, weiß, was alle diese Berufungen und Beweise wert sind: nichts. Keines dieser von uns stammesgeschichtlich noch so weit entfernten Weltbilder, für das sich nicht mit dem gleichen Recht »subjektive Lückenlosigkeit« in Anspruch nehmen ließe. Keines auch, für das nicht mit dem gleichen Recht wie für das unsere der unbestreitbare Überlebenserfolg ins Feld geführt werden könnte, den es seinem Besitzer zuschanzte, was doch nichts anderes heißen kann als: daß es diesem ein Weltbild erschloß, das ihn zum erfolgreichen Umgang mit den ihm offerierten Eigenschaften der Welt befähigte (mochten diese auch bloß eine noch so winzige Auslese aus den Merkmalen darstellen, welche der Realität insgesamt zukommen).

Mit anderen Worten: In Wahrheit existiert nicht der Schimmer eines Beweises, der unseren in anthropozentrischem Übermut gehegten Anspruch stützen könnte, daß wir uns der Realität gegenüber in einer grundsätzlich anderen Situation befänden als irgendein anderes der uns stammesgeschichtlich vorangegangenen Lebewesen, und sei es eine nur unter dem Mikroskop sichtbare Amöbe. Von uns aus gesehen, klafft zwischen deren »Weltverständnis« und dem unseren zwar ein Abgrund. Der Unterschied ist jedoch nur relativ und nicht grundsätzlicher Natur. Anders gesagt: Wir müssen die Möglichkeit einräumen, daß der Unterschied zwischen uns und der Amöbe vor unseren Augen fast zur Bedeutungslosigkeit schrumpfen könnte, wenn wir den noch vielfach gewaltigeren Abgrund zu sehen vermöchten, der auch uns noch immer von der »Wahrheit der Welt« trennt.

Wir haben es als erste irdische Lebensform fertiggebracht, die Grenzen des uns angeborenen Erkenntnishorizonts zu überschreiten, zu »transzendieren«, wie die Philosophen sagen. Wir haben mit den künstlichen Sinnesorganen der Technik Eigenschaften der Welt aufgespürt, die uns »von Natur aus« verborgen sind: Röntgenstrahlen, magnetische Felder, Ultraschall, elektromagnetische Wellen und anderes. Wir haben es sogar gelernt, uns dieser für uns ohne technische Hilfsmittel nach wie vor nicht wahrnehmbaren Eigenschaften zur Verbesserung unserer Lebenssituation zu bedienen. Darüber hinaus haben die Klügsten unter uns die fast unglaubliche Leistung vollbracht, mit der Hilfe abstrakter mathematischer Formeln, die sie wie immaterielle Raumsonden in uns verschlossene Bereiche der Welt entsandten, Strukturen der Wirklichkeit nachzuweisen, die uns nicht nur nicht wahrnehmbar, sondern auch unvorstellbar sind: die schon erwähnte nichteuklidische Raumstruktur, die immaterielle Natur der Materie unterhalb der Ebene des Atoms, die prinzipielle Identität von Energie und Materie, um nur an einige der wichtigsten Fälle zu erinnern.

Der uns von unserer genetischen Konstitution zugewiesene Erkenntnishorizont ist von uns also in der Tat »transzendiert« worden – eine unbestreitbar atemberaubende, dem Menschen allein vorbehaltene Leistung. Die Frage ist nur, wie weit uns dieser Durchbruch eigentlich hat gelangen lassen. Manche Leute – akademische Philosophen vor allem – neigen dazu, den Durchbruch für total zu halten. Ihrer Ansicht nach hat sich der Mensch vermittels dieser Fähigkeit zur »Selbsttranszendierung« die Welt grundsätzlich ohne bleibenden Rest erschlossen. »Der Mensch ist durch seinen Erkenntnisapparat ins Absolute versetzt«, heißt das in ihren Kreisen. Der Außenstehende hört es mit Verwunderung. Solche Grenzenlosigkeit des Erkenntnisanspruchs riecht vor dem Hintergrund der Erfahrungen aus zweieinhalb Jahrtausenden menschlicher Geistesgeschichte verdächtig nach einem schweren Rückfall in überwunden geglaubte Formen anthropozentrischer Hybris. Mir kommt das so vor, als ob jemand, der gerade schwimmen gelernt hat, daraus die Gewißheit ableiten wollte, daß er nunmehr in der Lage sei, auch einen Ozean schwimmend zu überqueren.

Wieder ist es das evolutionäre Paradigma (»Erklärungsmodell«), wie mir scheint, das die Maßstäbe am ehesten in die richtigen, objektiv wahrscheinlichsten Proportionen zurechtrücken kann. Die Geschichte des irdischen Lebens ist gerade knapp vier Milliarden Jahre alt. In dieser Zeit hat sich fortwährend und ohne Pause aus dem bereits vorhandenen »Höheres« entwickelt (Organismen mit immer komplexeren Organen für einen immer differenzierteren Umgang mit der Welt). Die weitere Lebensdauer der Erde (identisch mit dem für die Zukunft der auf ihr sich abspielenden Lebensgeschichte noch zur Verfügung stehenden Zeitraum) wird von den pessimistischsten Astronomen auf mindestens noch einmal die gleiche Dauer geschätzt. (In etwa sechs bis acht Milliarden Jahren könnte unsere Sonne sich zum »roten Riesen« aufblähen und dabei die Erde »verschlucken«.) Es besteht nun nicht der mindeste Grund, aber auch wirklich nicht der leiseste Hinweis, der die Annahme rechtfertigen könnte, daß sich das bisherige Evolutionsspiel in diesem gewaltigen Zeitraum nicht mit der bisherigen Tendenz fortsetzen wird. Mindestens noch einmal vier Milliarden Jahre lang also kann aus dem, was die Lebensgeschichte auf der Erde bisher hervorbrachte, weiterhin Schritt für Schritt »Neues« entstehen, neue Lebensformen mit noch komplexeren Erkenntnisapparaten. Diesen aber wird die Welt sich dann auch in einem viel weiteren Umfange präsentieren als dem, der in unseren heutigen, noch weniger entwickelten Erkenntnishorizont hineinpaßt.

Gegen diese Auffassung sind verschiedentlich Einwände vorgebracht worden. Wiederholt wurde mir, sogar von Genetikern, entgegengehalten, daß die evolutive Entwicklung des zivilisierten Menschen zum Stillstand gekommen und abgeschlossen sei. Ich halte diese häufig zu hörende Behauptung für falsch. Sie wird von den Kritikern vermutlich aus der zutreffenden Feststellung abgeleitet, daß der zivilisierte Mensch die unter natürlichen Bedingungen evolutionsrelevanten Selektionsmechanismen für sich selbst außer Kraft gesetzt hat, zum Beispiel indem er mit medizinischen Methoden sonst nicht überlebensfähigen Mitgliedern seiner Art zum Weiterleben verhilft.

Dies gilt übrigens keineswegs nur für die in diesem Zusammenhang meist tendenziös angeführten relativ seltenen psychischen und körperlichen Abweichungen, sondern für fast jeden von uns. Kaum jemand, der in seinem Leben nicht schon einmal von ärztlicher Kunst vor den ohne diese Hilfe fatalen Konsequenzen »anlagebedingter« Schwächen bewahrt worden wäre: denen eines verlagerten Weisheitszahns, einer »konstitutionellen« Herz- oder Kreislaufschwäche, einem »anlagebedingten« Magenleiden, einer Stoffwechselstörung oder was es sonst noch an nachteiligen genetischen Dispositionen gibt. Außerdem ist hier auch noch die Rolle der von der zivilisierten Gesellschaftsordnung via Sozialgesetzgebung, gesetzlichem Anspruch auf Gleichbehandlung und anderen Regelungen neu eingeführten Selektionsfaktoren zu berücksichtigen, deren Effekt die von der modernen Medizin bewirkten Änderungen wahrscheinlich sogar übertrifft.

Damit aber geht die genetische »Auslese« auch bei unserer Spezies selbstverständlich ununterbrochen weiter, mit dem einzigen (gravierenden) Unterschied, daß wir die natürlichen Auslesefaktoren durch zivilisatorische Faktoren ersetzt haben. Die genetische Durchschnittsausstattung der Bevölkerung ändert sich folglich weiterhin, jetzt eben nicht mehr nach dem Maßstab physischer Überlebenstüchtigkeit, sondern nach Maßgabe sittlicher, moralischer Wertvorstellungen. Manche fürchten daher sogar, keineswegs ganz unberechtigt, schon das Heraufziehen einer Gesellschaft, in der immer mehr Hilfsbedürftige von einer immer kleiner werdenden Zahl noch voll leistungsfähiger Mitmenschen »mitgeschleppt« werden müßten. Immerhin: Die Zahl der Zukkerkranken hat sich in den entwickelten Industrieländern in den letzten Jahrzehnten bereits fast verdoppelt, und ähnliche Zahlen liegen für die Bluterkrankheit vor.

Gleichviel: Der »Genpool« auch der zivilisierten Menschheit ändert sich also auch nach der Ausschaltung natürlicher Auslesefaktoren weiterhin mit (neu ausgerichteter) systematischer Tendenz, und eine Population, bei der das der Fall ist, evoluiert per definitionem – in welche Richtung auch immer. Es mag ja sein, daß Homo sapiens für die prometheische Anmaßung wird büßen müssen, daß er die Fortsetzung seiner

Evolution selbst in die Hand genommen hat. Es mag durchaus sein, daß er aus diesem Grunde im weiteren Verlauf der Erdgeschichte nicht mehr an der Spitze des evolutiven Fortschritts zu finden sein wird. Noch wahrscheinlicher freilich ist es heute, daß man ihn in Zukunft dort deshalb vergeblich suchen wird, weil er seine Umwelt in egozentrischer Maßlosigkeit ruiniert und sich damit selbst aus dem Rennen wirft.

Der Evolution bliebe auch dann noch Zeit genug, ihren weiteren Fortschritt einem vertrauenswürdigeren biologischen Kandidaten anzuvertrauen (auch wenn der dann möglicherweise aus dem Riesenreich der Einzeller ausgelesen werden müßte, weil alle über dieses Stadium heute schon hinausgelangten Lebensformen bereits zu eng spezialisiert sind, um der Aufgabe gerecht werden zu können). Aber auch für einen erneuten Start von dieser Ebene aus beständen gute Aussichten. Immerhin, Zellentstehung und Zellkernteilung, Photosynthese und enzymatische Aktivitäten wie Atmung und Verdauung brauchten nicht nochmals erfunden zu werden, und allein dafür hatte die Evolution bei ihrem ersten Anlauf schon fast die Hälfte der seit dem Beginn der Lebensentstehung verstrichenen Zeit aufwenden müssen.

Vor allem aber möchte ich unterstreichen, daß mein Argument – die Erschließung neuer Welthorizonte im Falle einer evolutiven Weiterentwicklung über die bis heute biologisch verwirklichten kognitiven Funktionen hinaus – prinzipiellen Charakter hat: Es gilt völlig unabhängig von der Frage, ob es dazu auf diesem Planeten kommen wird. *Wenn,* das ist alles, was ich behaupte, uns haushoch überlegene Lebensformen die Welt betrachteten, dann würden sie mit ihren den unsrigen so weit überlegenen Erkenntnisapparaten jenseits der Grenzen des uns zugänglichen Weltbildes gewiß nicht auf lauter weiße Flecken stoßen, sondern auf Eigenschaften der objektiven Realität, die für uns unwahrnehmbar, unvorstellbar und unausdenkbar sind. *Die Welt ist oberhalb der von uns erreichten Stufe der Erkenntnis nicht zu Ende. Sie ist nach oben offen.* Die gegenteilige Annahme wäre Ausdruck anthropozentrischer Vermessenheit reinsten Wassers, vergleichbar nur mit dem jahrtausendelang die Köpfe der Menschen beherrschenden Wahn, sie befänden sich mit ihrer Erde im Mittelpunkt des ganzen Weltalls.

MARGARET ATWOOD, geboren am 18. November 1939 in Ottawa, Dozentin an verschiedenen Universitäten Kanadas, gehört zu den großen Schriftstellerinnen unserer Zeit. Sie ist Präsidentin des kanadischen PEN-Zentrums und lebt in Toronto.

(Abdruck mit freundlicher Genehmigung des claassen Verlags GmbH, Düsseldorf. Aus: M. A., Unter Glas. Erzählungen. Düsseldorf 1986. Deutsch von Helga Pfetsch. Die Originalausgabe erschien 1977 unter dem Titel ›Dancing Girls & Other Stories‹ bei McClelland and Stewart Limited, Toronto, und 1982 bei Jonathan Cape Ltd., London.)

MAXIM BILLER, geboren 1960 in Prag, lebt seit 1970 in Deutschland. Seine Reportagen, Interviews, Kolumnen, Kommentare, Kritiken und Rezensionen für ›Tempo‹, ›Elaste‹, ›Spiegel‹ und ›Zeit‹ erregten Empörung und Aufsehen. Sein Erzählungsband ›Wenn ich einmal reich und tot bin‹ (1990) begeisterte die Kritik.
Von Maxim Biller ist im Deutschen Taschenbuch Verlag erschienen: ›Die Tempojahre‹ (dtv-Bd. 11427).

(Abdruck mit freundlicher Genehmigung des Kiepenheuer & Witsch Verlags, Köln. Aus: M. B., Wenn ich einmal reich und tot bin. Erzählungen. Köln 1990.)

HEINRICH BÖLL, geboren am 21. Dezember 1917 in Köln, gestorben am 16. Juli 1985 in Langenbroich, erhielt 1972 den Nobelpreis für Literatur. Von Heinrich Böll sind im Deutschen Taschenbuch Verlag erschienen: ›Irisches Tagebuch‹ (dtv-Bd. 1), ›Zum Tee bei Dr. Borsig. Hörspiele‹ (dtv-Bd. 200), ›Als der Krieg ausbrach‹ (dtv-Bd. 339), ›Nicht nur zur Weihnachtszeit‹ (dtv-Bd. 350; auch als dtv großdruck 2575), ›Ansichten eines Clowns‹ (dtv-Bd. 400), ›Wanderer, kommst du nach Spa…‹ (dtv-Bd. 437), ›Ende einer Dienstfahrt‹ (dtv-Bd. 566), ›Der Zug war pünktlich‹ (dtv-Bd. 818), ›Wo warst du, Adam?‹ (dtv-Bd. 856), ›Gruppenbild mit Dame‹ (dtv-Bd. 959), ›Billard um halbzehn‹ (dtv-Bd. 991), ›Die verlorene Ehre der Katharina Blum‹ (dtv-Bd. 1150; auch als dtv großdruck 25001), ›Das Brot der frühen Jahre‹ (dtv-Bd. 1374), ›Hausfriedensbruch. Hörspiel/Aussatz. Schauspiel‹ (dtv-Bd. 1439), ›Und sagte kein einziges Wort‹ (dtv-Bd. 1518), ›Ein Tag wie sonst. Hörspiele‹ (dtv-Bd. 1536), ›Haus ohne Hüter‹ (dtv-Bd. 1631), ›Du fährst zu oft nach Heidelberg und andere Erzählungen‹ (dtv-Bd. 1725), ›Das Heinrich Böll Lesebuch‹ (dtv-Bd. 10031), ›Was soll aus dem Jungen bloß werden? Oder: Irgendwas mit Büchern‹ (dtv-Bd. 10169), ›Das Vermächtnis‹ (dtv-Bd. 10326), ›Die Verwundung und andere frühe Erzählungen‹ (dtv-Bd. 10472), ›Weil die Stadt so fremd geworden ist...‹ (dtv-Bd. 10754; zusammen mit Heinrich Vormweg), ›NiemandsLand. Kindheitserinnerungen an die Jahre 1945 bis 1949‹ (dtv-Bd. 10787; zusammen mit Jürgen Starbatty), ›Frauen vor Flußlandschaft‹ (dtv-Bd. 11196), ›Eine deutsche Erinnerung. Interview mit René Wintzen‹ (dtv-Bd. 11385), ›Rom auf den ersten Blick‹ (dtv-Bd. 11393), ›Heinrich Böll zum Wiederlesen‹ (dtv großdruck 25023); ›In eigener und anderer Sache. Schriften und Reden 1952–1985‹ (9 Bände in Kassette – dtv 5962) in Einzelausgaben: ›Zur Verteidigung der Waschküchen. 1952–1959‹ (dtv-Bd. 10601), ›Briefe aus dem Rheinland. 1960–1963‹ (dtv-Bd. 10602), ›Heimat und keine. 1964–1968‹ (dtv-Bd. 10603), ›Ende der Bescheidenheit. 1969–1972‹ (dtv-Bd. 10604), ›Man muß immer weitergehen. 1973–1975‹ (dtv-Bd. 10605), ›Es kann einem bange werden. 1976–1977‹ (dtv-Bd. 10606), ›Die ‚Einfachheit' der ‚kleinen' Leute. 1978–1981‹ (dtv-Bd. 10607), ›Feindbild und Frieden. 1982–1983‹ (dtv-Bd. 10608), ›Die Fähigkeit zu trauern. 1984–1985‹ (dtv-Bd. 10609).

(Abdruck mit freundlicher Genehmigung des Kiepenheuer & Witsch Verlags, Köln. Aus: Heinrich Böll. Werke. Band 2. Köln 1977, 1987.)

Christine Brückner, geboren am 10. Dezember 1921 in Schmillinghausen/Waldeck, arbeitete in verschiedenen Berufen. 1946 Examen als Diplom-Bibliothekarin, Studium der Kunstgeschichte und Literatur, seit 1954 freie Schriftstellerin. Lebt in Kassel.

(Abdruck mit freundlicher Genehmigung des Hoffmann und Campe Verlags, Hamburg. Aus: C. B., Wenn du geredet hättest, Desdemona. Ungehaltene Reden ungehaltener Frauen. Hamburg 1983.)

Charles Bukowski, geboren am 16. August 1920 in Andernach, lebt seit seinem 2. Lebensjahr in Los Angeles. Er begann nach wechselnden Jobs als Tankwart, Schlachthof-, Hafenarbeiter und Briefträger zu schreiben.
Von Charles Bukowski sind im Deutschen Taschenbuch Verlag erschienen:
›Gedichte die einer schrieb bevor er im 8. Stockwerk aus dem Fenster sprang‹ (dtv-Bd. 1653), ›Faktotum‹ (dtv-Bd. 10104), ›Pittsburgh Phil & Co. Stories vom verschütteten Leben‹ (dtv-Bd. 10156), ›Ein Profi. Stories vom verschütteten Leben‹ (dtv-Bd. 10188), ›Eintritt frei. Gedichte 1955–1968‹ (dtv-Bd. 10234), ›Der größte Verlierer der Welt. Gedichte 1968–1972‹ (dtv-Bd. 10267), ›Diesseits und jenseits vom Mittelstreifen. Gedichte 1972–1977‹ (dtv-Bd. 10332), ›Das Schlimmste kommt noch oder Fast eine Jugend‹ (dtv-Bd. 10538), ›Gedichte vom südlichen

Ende der Couch‹ (dtv-Bd. 10581), ›Flinke Killer‹ (dtv-Bd. 10759), ›Nicht mit sechzig, Honey. Gedichte‹ (dtv-Bd. 10910), ›Das Liebesleben der Hyäne‹ (dtv-Bd. 11049), ›Pacific Telephone. 51 Gedichte‹ (dtv-Bd. 11327), ›Die letzte Generation. Gedichte‹ (dtv-Bd. 11418).

(Abdruck mit freundlicher Genehmigung des Kiepenheuer & Witsch Verlags, Köln. Aus: C. B., Die letzte Generation. Gedichte 1981–1984. Köln 1988. Deutsch von Carl Weissner.)

Italo Calvino, geboren am 15. Oktober 1923 in Santiago de las Vegas/Kuba, gestorben am 19. September 1985 in Siena, studierte Literatur in Turin, arbeitete später als Redakteur und Lektor.

Von Italo Calvino sind im Deutschen Taschenbuch Verlag erschienen: ›Das Schloß, darin sich Schicksale kreuzen‹ (dtv-Bd. 10284), ›Die unsichtbaren Städte‹ (dtv-Bd. 10413), ›Wenn ein Reisender in einer Winternacht‹ (dtv-Bd. 10516; auch als dtv großdruck 25031), ›Der Baron auf den Bäumen‹ (dtv-Bd. 10578), ›Der geteilte Visconte‹ (dtv-Bd. 10664), ›Der Ritter, den es nicht gab‹ (dtv-Bd. 10742), ›Herr Palomar‹ (dtv-Bd. 10877), ›Abenteuer eines Reisenden‹ (dtv-Bd. 10961), ›Zuletzt kommt der Rabe‹ (dtv-Bd. 11143), ›Unter der Jaguar-Sonne‹ (dtv-Bd. 11325), ›Marcovaldo oder Die Jahreszeiten in der Stadt‹ (dtv-Bd. 11415).

(Abdruck mit freundlicher Genehmigung des Carl Hanser Verlags, München. Aus: I. C., Abenteuer eines Lesers. Ausgewählte Erzählungen. München und Wien 1986. Deutsch von Helene Moser.)

Angela Carter, geboren am 7. Mai 1940 in Eastborne/England, arbeitete nach dem Studium als Polizeireporterin, reiste dann um die ganze Welt, war zwei Jahre in Japan, lehrte an verschiedenen Universitäten und lebt heute in London.

Von Angela Carter sind im Deutschen Taschenbuch Verlag erschienen: ›Die infernalischen Traummaschinen des Doktor Hoffman‹ (dtv-Bd. 10850), ›Nächte im Zirkus‹ (dtv-Bd. 11048), ›Nichts heilig. Feministische Ansichten‹ (dtv-Bd. 11165), ›Schwarze Venus‹ (dtv-Bd. 11227).

(Aus: A. C., Schwarze Venus. Erzählungen. Deutscher Taschenbuch Verlag GmbH & Co. KG, München 1990. Deutsch von Joachim Kalka.)

Hoimar von Ditfurth, geboren am 15. Oktober 1921 in Berlin, gestorben am 1. November 1989 in Freiburg, war Professor für Psychiatrie und Neurologie und gehörte zu den erfolgreichsten deutschen Wissenschaftsjournalisten.

Von Hoimar von Ditfurth sind im Deutschen Taschenbuch Verlag erschienen:

›Dimensionen des Lebens‹ (dtv-Bd. 1277; zusammen mit Volker Arzt), ›Der Geist fiel nicht vom Himmel‹ (dtv-Bd. 1587), ›Im Anfang war der Wasserstoff‹ (dtv-Bd. 1657), ›Querschnitte‹ (dtv-Bd. 1742; zusammen mit Volker Arzt), ›Kinder des Weltalls‹ (dtv-Bd. 10039), ›Wir sind nicht nur von dieser Welt‹ (dtv-Bd. 10290; auch als dtv großdruck 25027).

(Abdruck mit freundlicher Genehmigung des claassen Verlags GmbH, Düsseldorf. Auszug aus: H. v. D., Innenansichten eines Artgenossen. Meine Bilanz. Düsseldorf 1989.)

UMBERTO ECO, geboren am 5. Januar 1932 in Alessandria/Piemont, ist Ordinarius für Semiotik an der Universität Bologna und Verfasser zahlreicher Schriften zur Theorie und Praxis der Zeichen, der Literatur und der Kunst sowie der Ästhetik des Mittelalters.

Von Umberto Eco sind im Deutschen Taschenbuch Verlag erschienen: ›Der Name der Rose‹ (dtv-Bd. 10551; auch als dtv großdruck 25033), ›Nachschrift zum ‚Namen der Rose'‹ (dtv-Bd. 10552), ›Über Gott und die Welt‹ (dtv-Bd. 10825), ›Über Spiegel und andere Phänomene‹ (dtv-Bd. 11319), ›Auf dem Wege zu einem Neuen Mittelalter‹ (dtv großdruck 25025), ›Lector in fabula‹ (dtv-Bd. 4531); ›Zeichen in Umberto Ecos Roman ‚Der Name der Rose'‹ (dtv-Bd. 11129; hrsg. von Burkhart Kroeber).

(Abdruck mit freundlicher Genehmigung des Carl Hanser Verlags, München. Aus: U. E., Platon im Striptease-Lokal. Parodien und Travestien. München und Wien 1990. Deutsch von Burkhart Kroeber.)

THEODOR FONTANE, geboren am 30. Dezember 1819 in Neuruppin, gestorben am 20. September 1898 in Berlin, war zunächst Apotheker, seit 1849 freier Schriftsteller und Mitarbeiter verschiedener Zeitungen. Die vorliegende Geschichte ist erstmals 1888 in der ›Vossischen Zeitung‹ abgedruckt worden.

Von Theodor Fontane sind im Deutschen Taschenbuch Verlag erschienen:

›Effi Briest‹ (dtv-Bd. 2117), ›Der Stechlin‹ (dtv-Bd. 2184).

JULIEN GREEN, französischer Schriftsteller amerikanischer Herkunft, geboren am 6. September 1900 in Paris, wuchs zweisprachig auf und wurde protestantisch erzogen. 1916 konvertierte er zum Katholizismus. 1919–1922 Studium der Philologie an der Universität von Virginia. 1929 erlangte er mit seinem Roman ›Leviathan‹ Weltruhm. 1971 wurde er Mitglied der Académie française.

Von Julien Green sind im Deutschen Taschenbuch Verlag erschienen: ›Junge Jahre‹ (dtv-Bd. 10940), ›Paris‹ (dtv-Bd. 10997), ›Jugend‹ (dtv-Bd.

11068), ›Leviathan‹ (dtv-Bd. 11131), ›Von fernen Ländern‹ (dtv-Bd. 11198), ›Meine Städte‹ (dtv-Bd. 11209), ›Der andere Schlaf‹ (dtv-Bd. 11217), ›Mont-Cinère‹ (dtv-Bd. 11234), ›Moira‹ (dtv-Bd. 11404).

(Abdruck mit freundlicher Genehmigung des Carl Hanser Verlags, München. Auszug aus: J. G., Moira. Roman. München und Wien 1989. Deutsch von Georg Goyert.)

Ulla Hahn, geboren am 30. April 1946 in Brachthausen/Sauerland, war nach dem Studium der Literaturwissenschaft, Geschichte und Soziologie und ihrer Promotion Lehrbeauftragte an den Universitäten Hamburg, Bremen und Oldenburg. Seit 1979 arbeitet sie als Redakteurin bei Radio Bremen.

(Abdruck mit freundlicher Genehmigung der Deutschen Verlags-Anstalt GmbH, Stuttgart. Aus: U. H., Herz über Kopf. Gedichte. Stuttgart 1981.)

Peter Handke, geboren am 6. Dezember 1942 in Griffen/Kärnten, studierte Jura in Graz, lebt nach verschiedenen Reisen und langen Auslandsaufenthalten heute wieder in Österreich. Neben zahlreichen anderen Preisen erhielt er 1973 den Georg-Büchner-Preis, 1988 den Großen österreichischen Staatspreis.

(Abdruck mit freundlicher Genehmigung des Residenz Verlags Ges. m. b. H., Salzburg. Aus: P. H., Noch einmal für Thukydides. Salzburg und Wien 1990.)

Marlen Haushofer, geboren am 11. April 1920 in Frauenstein/Oberösterreich, gestorben am 21. März 1970 in Wien, studierte Germanistik in Wien und Graz und lebte später in Steyr. 1968 erhielt sie den österreichischen Staatspreis für Literatur.

Von Marlen Haushofer sind im Deutschen Taschenbuch Verlag erschienen:

›Begegnung mit dem Fremden‹ (dtv-Bd. 11205), ›Die Frau mit den interessanten Träumen‹ (dtv-Bd. 11206), ›Bartls Abenteuer‹ (dtv-Bd. 11235; auch als dtv großdruck 25054), ›Wir töten Stella‹ (dtv-Bd. 11293), ›Schreckliche Treue‹ (dtv-Bd. 11294), ›Die Tapetentür‹ (dtv-Bd. 11361), ›Die Wand‹ (dtv-Bd. 11403).

(Abdruck mit freundlicher Genehmigung des claassen Verlags GmbH, Düsseldorf. Aus: M. H., Schreckliche Treue. Erzählungen. Düsseldorf 1986.)

HEINRICH HEINE, geboren am 13. Dezember 1797 in Düsseldorf, studierte nach einer kaufmännischen Lehrzeit Jura. Der große Erfolg der ›Reisebilder‹ (zu denen die hier leicht gekürzt abgedruckte ›Harzreise‹ von 1824 gehört) ermöglichte ihm ein Leben als freier Schriftsteller. 1831 ging Heine nach Paris, wo er bis zu seinem Tod am 17. Februar 1856 lebte. Er gilt als bedeutendster deutscher Lyriker zwischen Romantik und Realismus und als Begründer des modernen Feuilletonismus.

EIKE CHRISTIAN HIRSCH, geboren am 6. April 1937 in Bilthoven/Niederlande, ist Theologe, Rundfunkredakteur und Glossenschreiber (›Deutsch für Besserwisser‹) mit einem Hang zur liebenswürdigen Gemeinheit. Für seine Verdienste um den Witz (›Der Witzableiter‹) bekam er 1986 den Kasseler Preis für grotesken Humor. Er lebt heute in Hannover.
Von Eike Christian Hirsch sind im Deutschen Taschenbuch Verlag erschienen:
›Den Leuten aufs Maul‹ (dtv-Bd. 10823), ›Deutsch für Besserwisser‹ (dtv-Bd. 10952), ›Mehr Deutsch für Besserwisser‹ (dtv-Bd. 10992), ›Expedition in die Glaubenswelt‹ (dtv-Bd. 11047).

(Abdruck mit freundlicher Genehmigung des Hoffmann und Campe Verlags, Hamburg. Aus: E. C. H., Kopfsalat. Spott-Reportagen für Besserwisser. Hamburg 1988.)

RAHEL HUTMACHER, geboren am 14. September 1944 in Zürich, Ausbildung als Diplom-Bibliothekarin, 1971–1975 Studium der Psychologie in Zürich, lebt und arbeitet seit 1976 als Dozentin für psychologische Gesprächsführung in Zürich und Düsseldorf.

(Abdruck mit freundlicher Genehmigung der Autorin. Aus: Sandgeflüster. Erotische Reisegeschichten. Berlin 1985.)

TAMA JANOWITZ, geboren 1958 in San Francisco, besuchte verschiedene Schulen in Massachusetts und Israel. Sie studierte in Princeton und am Hollins College und lebt heute in New York.

(Abdruck mit freundlicher Genehmigung des Wilhelm Goldmann Verlags GmbH, München. Aus: T. J., Sonnenstich. Erzählungen. München 1989. Deutsch von Lutz-W. Wolff.)

HANNA JOHANSEN, geboren am 17. Juni 1939 in Bremen, studierte in Marburg und Göttingen, verbrachte zwei Jahre in den USA und lebt seit 1970 in der Schweiz.
Von Hanna Johansen sind im Deutschen Taschenbuch Verlag erschienen:

›Über den Wunsch, sich wohlzufühlen‹ (dtv-Bd. 10766), ›Zurück nach Oraibi‹ (dtv-Bd. 11407).

›Die Freundin‹ 263
(Abdruck mit freundlicher Genehmigung des Carl Hanser Verlags, München. Aus: H. J., Die Schöne am unteren Bildrand. Erzählungen. München und Wien 1990.)

Ivan Klíma, geboren am 14. September 1931 in Prag, studierte Literaturwissenschaft und Philosophie, war Verlagslektor, Reporter und Redakteur. 1969/70 hielt er Vorlesungen über tschechische Sprache und Literatur an der Michigan University in Ann Arbor/USA. Lebt seit 1970 wieder in Prag. Bekannt wurde er vor allem durch seine Theaterstücke.

›Hochzeitsreise‹ (1969) 252
(Abdruck mit freundlicher Genehmigung des Carl Hanser Verlags, München. Aus: I. K., Liebende für eine Nacht, Liebende für einen Tag. Erzählungen. Luzern und Frankfurt am Main 1971. Deutsch von Alexandra und Gerhard Baumrucker.)

Siegfried Lenz, geboren am 17. März 1926 in Lyck/Ostpreußen, lebt heute als freier Schriftsteller in Hamburg.

Von Siegfried Lenz sind im Deutschen Taschenbuch Verlag erschienen: ›Der Mann im Strom‹ (dtv-Bd. 102; auch als dtv großdruck 2500), ›Brot und Spiele‹ (dtv-Bd. 233), ›Jäger des Spotts. Geschichten aus dieser Zeit‹ (dtv-Bd. 276), ›Stadtgespräch‹ (dtv-Bd. 303), ›Das Feuerschiff‹ (dtv-Bd. 336), ›Es waren Habichte in der Luft‹ (dtv-Bd. 542), ›Der Spielverderber‹ (dtv-Bd. 600), ›Haussuchung. Hörspiele‹ (dtv-Bd. 664), ›Beziehungen. Ansichten und Bekenntnisse zur Literatur‹ (dtv-Bd. 800), ›Deutschstunde‹ (dtv-Bd. 944; auch als dtv großdruck 25057), ›Einstein überquert die Elbe bei Hamburg‹ (dtv-Bd. 1381; auch als dtv großdruck 2576), ›Das Vorbild‹ (dtv-Bd. 1423), ›Der Geist der Mirabelle. Geschichten aus Bollerup‹ (dtv-Bd. 1445; auch als dtv großdruck 2571), ›Heimatmuseum‹ (dtv-Bd. 1704), ›Der Verlust‹ (dtv-Bd. 10364; auch als dtv großdruck 2591), ›Die Erzählungen 1949–1984‹ (3 Bände in Kassette – dtv 10527), ›Über Phantasie. Gespräche‹ (dtv-Bd. 10529), ›Elfenbeinturm und Barrikade. Erfahrungen am Schreibtisch‹ (dtv-Bd. 10540), ›Zeit der Schuldlosen und andere Stücke‹ (dtv-Bd. 10861), ›Exerzierplatz‹ (dtv-Bd. 10994), ›Ein Kriegsende‹ (dtv-Bd. 11175), ›Das serbische Mädchen‹ (dtv-Bd. 11290).

›Der Amüsierdoktor‹ 7
(Abdruck mit freundlicher Genehmigung des Hoffmann und Campe Verlags, Hamburg. Aus: S. L., Das Feuerschiff. Erzählungen. Hamburg 1960.)

Theo Löbsack, geboren am 19. Oktober 1923 in Thale im Harz, studierte Naturwissenschaften in Halle und Jena. Nach seiner Promotion

1948 arbeitete er als Redakteur in Hamburg und ist seit 1958 freischaffender wissenschaftlicher Schriftsteller.
Von Theo Löbsack sind im Deutschen Taschenbuch Verlag erschienen: ›Die manipulierte Seele‹ (dtv-Bd. 1712), ›Das manipulierte Leben‹ (dtv-Bd. 10484), ›Das unheimliche Heer‹ (dtv-Bd. 11389).
›Der Mensch, ein verrückt gewordenes Tier...‹ 285
(Auszug aus: T. L., Unterm Smoking das Bärenfell. Was aus der Urzeit noch in uns steckt. Frankfurt am Main 1990. © 1990 Deutscher Taschenbuch Verlag GmbH & Co. KG, München.)

Erich Loest, geboren am 24. Februar 1926 in Mittweida/Sachsen, war 1944/45 Soldat, danach Hilfsarbeiter, später Volontär und Redakteur an der ›Leipziger Volkszeitung‹. Seit 1950 freischaffender Schriftsteller, im November 1957 aus politischen Gründen verhaftet und zu einer siebenjährigen Zuchthausstrafe verurteilt, lebt seit 1981 in der Bundesrepublik Deutschland.
Von Erich Loest sind im Deutschen Taschenbuch Verlag erschienen: ›Es geht seinen Gang oder Mühen in unserer Ebene‹ (dtv-Bd. 10430), ›Die Mäuse des Dr. Ley‹ (dtv-Bd. 10687), ›Völkerschlachtdenkmal‹ (dtv-Bd. 10756), ›Schattenboxen‹ (dtv-Bd. 10853), ›Zwiebelmuster‹ (dtv-Bd. 10919), ›Froschkonzert‹ (dtv-Bd. 11241), ›Durch die Erde ein Riß‹ (dtv-Bd. 11318), ›Pistole mit sechzehn‹ (dtv-Bd. 11431).
›Bauchschüsse‹ (1989) 306
(Abdruck mit freundlicher Genehmigung des Linden-Verlags GmbH, Künzelsau. Aus: E. L., Bauchschüsse. Zehn Erzählungen. Künzelsau und Leipzig 1990.)

Christine Nöstlinger, geboren am 30. Oktober 1936 in Wien, lebt als freie Schriftstellerin abwechselnd in ihrer Geburtsstadt und im Waldviertel. Sie schreibt Kinder- und Jugendbücher und ist für Zeitungen, Rundfunk und Fernsehen tätig.
Von Christine Nöstlinger sind im Deutschen Taschenbuch Verlag erschienen:
›Haushaltsschnecken leben länger‹ (dtv-Bd. 10804; auch als dtv großdruck 25030), ›Werter Nachwuchs‹ (dtv-Bd. 11321), ›Die feuerrote Friederike‹ (dtv junior 7133), ›Mr. Bats Meisterstück‹ (dtv junior 7241), ›Ein Mann für Mama‹ (dtv junior 7307), ›Liebe Susi! Lieber Paul!‹ (dtv junior 7577), ›Maikäfer flieg!‹ (dtv junior 7804), ›Der Denker greift ein‹ (dtv junior 70164).
›Der Schrei nach der Mama‹ 51
›Ich merke doch, daß du was hast!‹ 276
›Unvernünftiges Gleichheitsprinzip‹ 304
(Abdruck mit freundlicher Genehmigung des Verlags Niederösterreichisches Pressehaus, St. Pölten. Aus: C. N., Manchmal möchte ich ein Single sein. St. Pölten und Wien 1990.)

Joyce Carol Oates, geboren am 16. Juni 1938 in Lockport/New York, studierte Englisch und Philosophie, lehrt heute an der Princeton University.
Von Joyce Carol Oates sind im Deutschen Taschenbuch Verlag erschienen:
›Grenzüberschreitungen‹ (dtv-Bd. 1643), ›Jene‹ (dtv-Bd. 1747), ›Lieben, verlieren, lieben‹ (dtv-Bd. 10032), ›Ein Garten irdischer Freuden‹ (dtv-Bd. 10394), ›Bellefleur‹ (dtv-Bd. 10473), ›Im Dickicht der Kindheit‹ (dtv-Bd. 10626), ›Engel des Lichts (dtv-Bd. 10741), ›Unheilige Liebe‹ (dtv-Bd. 10840), ›Letzte Tage‹ (dtv-Bd. 11146), ›Die Schwestern von Bloodsmoor‹ (dtv-Bd. 11244).

(Erstveröffentlichung unter dem Titel ›Stalking‹ in ›The North American Review‹, Juni 1972. Deutsche Rechte beim Deutschen Taschenbuch Verlag GmbH & Co. KG, München. Deutsch von Charlotte Franke.)

Ruth Rendell, geboren 1930 in London, wuchs in Essex auf und arbeitete nach dem Schulabschluß als Journalistin für verschiedene Zeitungen. Seit dem Erscheinen ihres ersten Buches ›From Doon with Death‹ (1964) schreibt sie fast jährlich einen neuen Krimi und Kurzgeschichten, die zum Teil unter dem Pseudonym Barbara Vine veröffentlicht und mit zahlreichen Preisen ausgezeichnet wurden.

(Abdruck mit freundlicher Genehmigung des Rowohlt Taschenbuch Verlags GmbH, Reinbek bei Hamburg. Aus: R. R., Die neue Freundin. Kriminalstories. Reinbek bei Hamburg 1986. Deutsch von Edith Walter.)

Herbert Rosendorfer, geboren am 19. Februar 1934 in Bozen, lebt seit 1939 in München, wo er zunächst an der Akademie der Bildenden Künste und später Jura studierte. Er war Gerichtsassessor in Bayreuth, dann Staatsanwalt und ist seit 1967 Richter in München.
Von Herbert Rosendorfer sind im Deutschen Taschenbuch Verlag erschienen:
›Das Zwergenschloß‹ (dtv-Bd. 10310), ›Vorstadt-Miniaturen‹ (dtv-Bd. 10354), ›Briefe in die chinesische Vergangenheit‹ (dtv-Bd. 10541; auch als dtv großdruck 25044), ›Stephanie und das vorige Leben‹ (dtv-Bd. 10895), ›Königlich bayerisches Sportbrevier‹ (dtv-Bd. 10954), ›Die Frau seines Lebens und andere Geschichten‹ (dtv-Bd. 10987), ›Ball bei Thod‹ (dtv-Bd. 11077), ›Vier Jahreszeiten im Yrwental‹ (dtv-Bd. 11145), ›Eichkatzelried. Geschichten aus Kindheit und Jugend‹ (dtv-Bd. 11247), ›Das Messingherz oder Die kurzen Beine der Wahrheit‹ (dtv-Bd. 11292), ›Bayreuth für Anfänger‹ (dtv-Bd. 11386), ›Der Ruinenbaumeister‹ (dtv-Bd. 11391).

›Die springenden Alleebäume‹ (1969) 245
›Das Denkmal‹ (1973) 328

(Abdruck mit freundlicher Genehmigung des Nymphenburger Verlags in der F. A. Herbig Verlagsbuchhandlung GmbH, München. Aus: H. R., Ball bei Thod. Erzählungen. München 1980. ›Das Denkmal‹ erschien dort unter dem Titel ›Was trägt der Mann von Welt auf dem Denkmal?‹)

Angelika Schrobsdorff, geboren am 24. Dezember 1928 in Freiburg im Breisgau, veröffentlichte 1961 ihren ersten Roman (›Die Herren‹), lebt heute in Jerusalem.
Von Angelika Schrobsdorff sind im Deutschen Taschenbuch Verlag erschienen:
›Die Reise nach Sofia‹ (dtv-Bd. 10539), ›Die Herren‹ (dtv-Bd. 10894).
›Der schöne Mann‹ 334

(Abdruck mit freundlicher Genehmigung des Langen Müller Verlags in der F. A. Herbig Verlagsbuchhandlung GmbH, München. Aus: A. S., Diese Männer. Erzählungen. München und Wien 1966.)

Isaac Bashevis Singer, geboren am 14. Juli 1904 in Radzymin/Polen, emigrierte 1935 in die USA, lebt heute in New York. 1978 erhielt er den Nobelpreis für Literatur.
Von Isaac B. Singer sind im Deutschen Taschenbuch Verlag erschienen: ›Feinde, die Geschichte einer Liebe‹ (dtv-Bd. 1216), ›Der Kabbalist vom East Broadway‹ (dtv-Bd. 1393), ›Leidenschaften. Geschichten aus der neuen und der alten Welt‹ (dtv-Bd. 1492), ›Das Landgut‹ (dtv-Bd. 1642), ›Schoscha‹ (dtv-Bd. 1788), ›Das Erbe‹ (dtv-Bd. 10132), ›Eine Kindheit in Warschau‹ (dtv-Bd. 10187), ›Verloren in Amerika. Vom Schtetl in die Neue Welt‹ (dtv-Bd. 10395), ›Die Familie Moschkat‹ (dtv-Bd. 10650), ›Old Love. Geschichten von der Liebe‹ (dtv-Bd. 10851), ›Ich bin ein Leser. Gespräche mit Richard Burgin‹ (dtv-Bd. 10882), ›Der Büßer‹ (dtv-Bd. 11170).
›Das Interview‹ 35

(Abdruck mit freundlicher Genehmigung des Carl Hanser Verlags, München. Aus: I. B. S., Ein Tag des Glücks und andere Geschichten von der Liebe. München und Wien 1990. Deutsch von Ellen Otten.)

Amy Tan wurde 1952, zweieinhalb Jahre nach der Einwanderung ihrer Eltern in die USA, in Oakland/Kalifornien geboren. Sie studierte Linguistik und war später in der Behindertenarbeit sowie als freie Wirtschaftsautorin tätig. Heute lebt sie als freie Schriftstellerin in San Francisco.
›Vier Himmelsrichtungen‹ 53

(Abdruck mit freundlicher Genehmigung des Wilhelm Goldmann Verlags, München. Aus: A. T., Töchter des Himmels. Roman. München 1990. Deutsch von Sabine Lohmann.)

Keto von Waberer, in Augsburg als Tochter einer Deutschen und eines Bolivianers geboren, verbrachte ihre Kindheit in Tirol, lebte viele Jahre in Mexiko und in den USA, wohnt heute als freie Schriftstellerin in München. Sie studierte Kunst und Architektur, arbeitete als Architektin, Übersetzerin und Journalistin.
Von Keto von Waberer sind im Deutschen Taschenbuch Verlag erschienen:
›Blaue Wasser für eine Schlacht‹ (dtv-Bd. 11090), ›Der Schattenfreund‹ (dtv-Bd. 11326), ›Die heimliche Wut der Pflanzen‹ (dtv-Bd. 11405).
›Das Seil‹ 248
(Abdruck mit freundlicher Genehmigung des Kiepenheuer & Witsch Verlags, Köln. Aus: K. v. W., Der Mann aus dem See. Erzählungen. Köln 1983.)

Christa Wolf, geboren am 18. März 1929 in Landsberg/Warthe, studierte Germanistik in Jena und Leipzig, arbeitete als Verlagslektorin und lebt heute als freie Schriftstellerin in Berlin.
Von Christa Wolf ist im Deutschen Taschenbuch Verlag erschienen:
›Der geteilte Himmel‹ (dtv-Bd. 915; auch als dtv großdruck 25020).
›Beispiele ohne Nutzanwendung‹ (Mai 1978) 29
(Abdruck mit freundlicher Genehmigung des Luchterhand Literaturverlags GmbH, Frankfurt am Main. Aus: C. W., Die Dimension des Autors. Essays und Aufsätze, Reden und Gespräche 1959–1985. Darmstadt und Neuwied 1987.)

Herbert Rosendorfer im dtv

Foto: Isolde Ohlbaum

Das Zwergenschloß
und sieben andere Erzählungen
dtv 10310

Vorstadt-Miniaturen

Hintergründig-groteske Alltagsszenen. dtv 10354

Briefe in die chinesische Vergangenheit

Ein chinesischer Mandarin aus dem 10. Jahrhundert gelangt mittels einer Zeitmaschine in das heutige München.
dtv 10541 / dtv großdruck 25044

Stephanie
und das vorige Leben

Eine fesselnde Geschichte auf dem schmalen Grat zwischen Traum und Wirklichkeit. dtv 10895

Königlich bayerisches Sportbrevier

Rosendorfer beschreibt alle bayerischen Sportarten wie Fensterln, Maibaumkraxeln, Fingerhakeln, Maßkrugstemmen ... dtv 10954

Die Frau seines Lebens
und andere Geschichten · dtv 10987

Ball bei Thod · Erzählungen

Der makabren Titelgeschichte folgen noch 37 weitere. dtv 11077

Vier Jahreszeiten im Yrwental
Vier Berichte

Vier Kinder erleben die Ereignisse zwischen Untergang des Hitlerreiches und Aufstieg der Demokratie mit, an die sie sich vierzig Jahre später erinnern.
dtv 11145

Eichkatzelried
Geschichten aus Kindheit und Jugend · dtv 11247

Das Messingherz
oder Die kurzen Beine der Wahrheit

Albin Kessel, Autor durchschnittlich-populärer Bücher wie »Die Friesen«, »Die Diabetiker« usw. wird eines Tages vom Bundesnachrichtendienst angeworben ... Ein hintersinniger, heimtückischer Behördenroman. dtv 11292

Bayreuth für Anfänger

Ein liebenswert-frecher Führer durch die Festspielstadt. dtv 11386

Der Ruinenbaumeister

»Wer in einen Zug steigt, in dem sechshundert Nonnen eine Wallfahrt nach Lourdes antreten, ist froh, ein Abteil für sich allein zu finden.« ... auch wenn er darin plötzlich lauter groteske, komische, märchenhafte, erotische und turbulent-dramatische Abenteuer erlebt. dtv 11391

Fay Weldon im dtv

Die Teufelin

Die loyale, aber leider ziemlich unattraktive Ruth erträgt lange die sexuellen Eskapaden ihres Mannes. Irgendwann ist sie allerdings mit ihrer Geduld am Ende. Sie dreht den Spieß um und plant einen Rachefeldzug. Das erste, was in Rauch aufgeht, ist das Eigenheim. dtv 11132

Herzenswünsche

Was Helen und Clifford aus der großen Liebe machen (natürlich eine Scheidung und diverse andere Dinge und noch eine Scheidung und die eine oder andere Karriere) und wie ihre verlorene Tochter Nell viel schöner und klüger wird, als es ihre Eltern verdient haben. dtv 11197

Du wirst noch an mich denken

Ein Mann und drei Frauen, die Geschiedene, die Neue und die Halbtagssekretärin – aus dieser nicht ungewöhnlichen menschlichen Konstellation macht Fay Weldon eine rasante psychologische Studie über Schein und Sein; mit einer Komik, die manchmal mörderisch ist. dtv 11225

Kleine Schwestern

Zusammen mit dem Antiquitätenhändler Victor, ihrem zwanzig Jahre älteren Liebhaber, fährt Elsa für ein Wochenende aufs Land. Der Besuch bei Victors reichen Freunden wird für Elsa zu einer Tour de force durch Liebe, Lügen, Sex und andere Ungeheuerlichkeiten. Aus Prinzen werden Frösche, und nichts bleibt, wie es war. dtv 11305

Frau im Speck

Aus einer von Wohlstandsspeck, Diätkuren und den üblichen Midlife-crises-Affairen bedrohten Ehe hat sich Esther in eine schmuddelige Souterrainwohnung geflüchtet. Was sie dort tut? Sie ißt, und zwar alles, was fett macht. Eine »beste Freundin« taucht auf und spielt den »rettenden Engel«... dtv 11378

Sterndame

Sandra geht mit ihrem Ehemann auf eine Party und verläßt diesselbe mit einem anderen. Das Pikante am vorliegenden Fall: Die Dame ist eine prominente Fernseh-Astronomin, der Gatte ein bekannter Anwalt, und der »Neue« Boss einer Jazz-Band, übrigens ebenfalls verheiratet. dtv 11426 (August 91)

dtv
Crime
Ladies

Amanda Cross:
In besten Kreisen

Unter den Fittichen der Literaturprofessorin Kate Fransler fühlen sich die New Yorker »Stadtratten« auf dem Lande ausgesprochen wohl. Der ländliche Friede wird jedoch jäh gestört, als tödliche Schüsse eine Bauersfrau aus der Nachbarschaft niederstrecken.
dtv 11348

Rosamond Smith:
Der Andere

Molly Marks muß erfahren, daß ihr Geliebter einen Zwillingsbruder vor ihr verheimlicht. Fasziniert und schockiert versucht sie, das Geheimnis der beiden Brüder zu ergründen, und wird dabei zum Opfer eines grausamen Spiels.
dtv 11370

Joan Smith:
Schmutziges Wochenende

Kaum ist Loretta in Paris, gibt es Trouble: Erst wird sie von einem abscheulichen Typ angemacht, dann findet sie in der Wohnung, wo sie übernachten will, einen schlafenden Fremden. Schließlich entdeckt sie einen Haufen blutbesudelte Laken. dtv 11387

Suzanne Prou:
Die Schöne

In der Nähe eines kleinen südfranzösischen Dorfes wird die unbekleidete Leiche eines jungen Mädchens gefunden. Ihre Identität wird nie aufgeklärt, ihr Mörder nie gefunden. Da taucht eines Tages eine junge Frau auf, die der Toten auf fatale Weise ähnelt.
dtv 11349

Frances Fyfield:
Schatten im Spiegel

Die rothaarige Sarah hat nichts gegen Männer, aber sie hat was gegen Charles Tysall. Irgendwie machen ihr seine Annäherungsversuche Angst. Tatsächlich scheint seine Bekanntschaft gerade rothaarigen Frauen schlecht zu bekommen...
dtv 11371